"博学而笃志,切问而近思。"
(《论语》)

博晓古今,可立一家之说;
学贯中西,或成经国之才。

复旦博学·复旦博学·复旦博学·复旦博学·复旦博学·复旦博学

主编简介

崔运武,云南大学二级教授、特聘教授、博士研究生导师,主要从事公共管理与公共政策的教学与科研。曾任云南大学公共管理学院院长,现任云南省人民政府参事,兼任教育部公共管理类教学指导委员会委员、云南省高校公共管理类教指委主任。

主持完成国家社会科学基金项目、教育部人文社科项目、国家教育科学规划重点项目、国家重大教改项目等国家级和教育部科研和教改项目10余项;出版个人学术专著12部,主编著作和教材多部,发表学术论文100余篇。

获国家"万人计划"领军人才(2014)、云岭学者(2013)、宝钢优秀教师特等奖(2009)、国家教学名师(2006)、国家教学成果二等奖(主持、2005),以及云南省有突出贡献的社科专家、云南教育功勋奖等。

曾主持相关国家精品课程(2004)、国家级教学团队(2008,两负责人之一)。

公共事业管理

● 第二版

主编 崔运武

复旦博学
公共管理硕士（MPA）系列

复旦大学出版社

内容提要

公共事业管理是有中国特色社会主义的公共服务管理。教材分为上下两篇。上篇基于公共事业管理的基本理论与技术方法，并结合我国具体的管理实践，介绍了公共事业管理的若干基本问题、模式与体制、组织及其活动方式、技术与方法，以及公共事业的绩效管理。下篇针对公共事业管理的不同领域，如科技事业、教育事业、文化事业、卫生事业等，介绍了其基本内涵、特点、改革实践、发展趋势等。

本教材是基于长期教学实践和科研基础，可作为研究生及MPA学生的教材，也可在本科相关课程教学中使用，还可以作为相关政府部门管理人员的培训教材，以及相关研究人员的参考资料。由本书主编主持的"公共事业管理概论"课程被评为国家级精品课程。

第二版前言

公共事业管理,是我国 1997 年进行学科专业调整之际设立的一个新专业,也是一个充分反映时代变革和改革成果,并需要不断深入改革和创新的中国特色公共服务的实践和研究领域。我们在本教材第一版就提出,公共事业管理,是在当代公共治理形成的治道变革态势下,在公共管理社会化和公共服务市场化成为处置公共事务基本方式情况下,我国根据公共服务需求迅猛变化,结合原有事业单位基本服务内涵,及现实中事业单位管理体制改革的趋势而提出的,公共事业管理是中国特色的公共服务管理。

本教材第一版出版之际,我国改革开放进入了社会主义新时代。新时代十年,中国特色社会主义市场经济体制确立,中国特色社会主义市场经济体制改革不断深入。同时,国家治理体系与治理能力现代化改革也在步步深入。进入新时代的中国,政治、经济、社会、文化和生态环境各领域改革成果不断涌现。在社会治理领域,基于共建共治共享的基本社会制度,一个党委领导、政府负责、社会协同、公众参与、法制保障和科技支撑的新格局已基本确立,社会管理和公共服务改革成绩斐然。

火热的改革,不仅呼唤和激励着人们投入改革实践,也要求人们对改革的现实进行总结,对改革的深入进行应有的思考,并将思考中得到学界认可的成果及时反映到教材建设和人才培养中来,故在 2020 年之际,在复旦大学出版社的建议和要求下,我们启动了教材修订工作,撰写《公共事业管理》(第二版)。体会感悟新时代十年来的改革,不断深化对改革内在逻辑的认识,我们的本次教材修订主要是从以下三个方面展开。

其一,进一步坚定了公共事业管理是具有中国特色公共服务管理的认识,并将这一认识努力贯穿于内容调整和表述上。

我们坚持公共事业管理是中国特色公共服务管理的认识。

第一,我国的事业单位从建立之际到目前的组织职能和性质定位,以及活动的范围与方式,决定了事业单位提供的产品本质上是公共服务,而且,这一公共服务通过"事业"定位和定性,通过事业单位管理体制建构和运行规范,尤其是今天公共事业概念的提出与应用,表达的是中国共产党和人民政府站在社会本位立场上对公众需要的回应,对社会公共利益的尊重与维护。公共事业是一种目的和手段完全同一的真正的社会公共服务。

第二,当下中国社会管理与公共服务改革中,根据中国现实条件和需求:一是事业单位仍然是公共服务提供的主体,且是公共服务组织中规模最大、专业水平最高、人员素质最好的主体;二是当前我国公共服务的提供,基于中国特色社会主义市场经济的基础和发展需求,既构建了党委领导、政府负责、社会协同多元主体协同的公共服务提供主体系统,更积极探索了公共服务提供方式的变革,即公共管理的社会化和公共服务的市场化的改革,形成了一个既符合当代世界公共服务改革基本趋势,更符合中国特色社会主义市场经济运行要求的公共服务体制。因此,中国的公共事业管理成为了既代表当代世界公共服务先进水平,又具有中国特色的公共服务管理。

根据公共事业管理是中国特色公共服务管理的认识,我们在教材修订中努力认识和总结新时代十年来我国社会管理与公共服务改革,以及事业单位改革的新进展和新成果,对教材的内容和表述进行了尽可能的调整。

其二,基于本教材作为 MPA 教材的定位,保持了教材体系的系统性并在一定程度上强化了教材内容必须的理论性。

本教材有幸成复旦大学出版社 MPA 系列教材之一种,得益于复旦大学出版社对我们所做的公共事业管理的研究的认同。我们认为,MPA 虽然是专业学位研究生,但其首先是研究生,培养目标是具有现代公共精神、掌握现代公共管理理论和方法的公共管理实践工作者。作为有三年以上实践经验的公共管理者及相关管理者,系统的理论学习是现代公共精神得以增进的重要渠道,而且通过系统而深入的理论学习和方法的掌握来反思以往的公共管理实践,更要为今后的工作打造一把锋利的解剖现实的手术刀。因此,系统的理论学习在 MPA 研究生的学习中应该是第一位的。

这样,我们在第二版的修订中继续在教材的体系完整和理论的深度上努力。首先,坚持了教材体系和内容的完备性,即整个教材从根本上逻辑地展开和回答公共事业管理、公共事业管理的模式、公共事业管理的体制、公共事业管理的方式方法等基本问题,然后根据所提出的公共事业管理的内容、体制和方法等,对当代中国公共服务的主要领域进行分析。其次,在每个具体内容的阐述上,不仅讲清是什么和怎么样,也强调并重视从根本上回答为什么。

其三,根据目前我国公共管理案例建设和使用的实际情况,本版教材没有在每一章后附上案例。

通过案例进行学习,可谓当前大学经济管理类专业尤其是专业研究学位研究生教学的表征,但我们在本次教材修订中,统一删除原教材案例,并不再在每一章后附上相关案例。我们如此修订的原因有三。

第一,目前我国公共管理领域中有学习或讨论价值的公共管理案例有限。根据案例学习的要求,案例学习讨论的主要目标,主要不在于通过案例的学习和讨论发现知识或原理(这几乎是不现实的),更为重要的是理论的运用和思想的交流和碰撞。

任何一个国家的公共管理,都是在本国既有的历史文化传统和现实的政治与管理制度下展开的,因而面对公众不断增长的公共服务需要,做什么和为什么做,可能不同的国家和地区可以找到相同或相通之处,但他人为什么可以如此做所依赖或可能依赖的现实条件却是不同的,这也是公共管理中十分关键的。就此而论,一些所谓的西方国家的公共管理经典案例,在中国学习和讨论的价值并不明显。而在我国,虽然20世纪80年代中期以来,党中央就明确提出决策的科学化和民主化,公共管理的现实变革也在推进,但客观地说,尤其是我们的决策和一些执行过程的确立和实施,相当程度上对社会公众来说还不明确,因而从案例的性质和学习要求来说,真正有学习或讨论价值的案例的形成仍然需要努力。

第二,改革现实的迅猛发展,往往让所谓的案例迅速贬值。当前中国的改革已走向顶层设计与基层探索相结合、政策创新与迅速修订完善法律、依法改革的进程。不可否认的是,当下学术界和高校研究者对改革现实参与、理解和把握,是远远落后于改革现实发展的。这样,改革的迅猛发展和研究的滞后,使得即便原来具有一定学习和讨论价值的案例,也很快会在新法律的出台或法律修订以及新的政策出台后,失去学习或讨论的价值。尤其是教材出版有滞后性,往往等教材出版了,一些实际上早就没有讨论价值的案例,更显得落后于通过法律调整和新政策出台的现实,原来似有讨论价值的东西,已然成为常识。这些相当程度上影响了教材的质量。

第三,案例学习实际上一直伴随争议,需要对案例及案例教学保持应有的理性。案例教学目前可谓国内管理学界教学的"宠儿",但实际上,案例学习是否有价值及价值有多大，或者说其投入产出比如何，一直伴随着争论。持反对意见者的理由主要可以归为其认为"大陆法系"通过理性对法律的把握进行判案，比"英美法系"的主要参照判案方式进行判案更为合理、更有效率。

如上所述，基于当前我国 MPA 培养目标的定位，以及理论教学在实现教育目标中的价值等，笔者一直主张公共管理的教学尤其是 MPA 教学首先更需要系统而深入的理论学习。因为基于现有的案例情况，以及在有限的教学时间等情况下，很难在课堂上提供让来自公共管理一线的工作三年以上的学习者见到更为丰富、更为真切也更有学习价值的现实场景。

此次的修订，我们所提的上述理由，得到了复旦大学出版社的基本认可，故而统一取消了每章后所附的案例。

感谢教材第一版责任编辑邬红伟先生与孙程姣女士的厚爱和支持。感谢责任编辑张鑫先生的关心和所付出的努力。本次修订仍然是通过集体努力完成。具体工作展开由崔运武根据复旦大学出版社的要求提出修订任务，分工完成各自原负责的章节。具体分工如下：第一章、第二章，崔运武；第三章，李玫；第四章、第五章，邓崧；第六章、第九章，侯江红；第七章，王燕玲；第八章、第十章，刘新林；第十一章，马桑。

一本合格的教材乃至一本优秀的教材，一定是教材体系全面而科学，内容结构严密合理，表达深入浅出又规范简洁，同时，既讲述清楚学科专业的基本知识，又能将读者带到学科前沿，介绍绝大多数同行认可的新的观点与理论。这些要求的达成也是我们在此次修订中去努力的。但遗憾的是，由于我们的水平有限，时间不足，在此方面以及上述的一些调整还存诸多不足。当然，要达成一本合格乃至优秀的教材，对教材编写者而言是一个永无止境的努力过程。故此，希望使用本教材的广大师生，以及相关的关注者提出批评建议，以有利于下一次的修订。

崔运武

2023 年 3 月于昆明

第一版前言

公共事业管理是当代公共管理的一个重要领域,在我国,就其内涵和运行特点而言,它基于公众社会性的基本生活需求,又与传统的事业单位活动及其事业单位管理体制密切相关,更得益于当代中国建立社会主义市场经济体制改革的需要与发展,因而是一个具有中国特色的公共服务及运行管理领域。正因为如此,自1993年我国建立社会主义市场经济体制以来:一方面,公共事业管理已成为现实改革中一个重要的实践领域;另一方面,自1997年国家调整高校专业目录,正式建立公共事业管理专业以来,公共事业管理专业已成为一个发展迅猛的本科专业,并逐步拓展到研究生教育和MPA教育领域。

云南大学是国内最早经教育部批准建立公共事业管理专业的两所院校之一。基于现实培养人才的需求和对改革的关注,我们于20世纪90年代开始了较系统的公共事业管理的研究,以及专业建设和教材与课程建设,在国内最早推出了由高等教育出版社出版的被列为国家"面向21世纪教材"的"公共事业管理基础课程教材"(共四本:《公共事业管理概论》《公共伦理学》《公共组织学》《公共组织财务管理》),并在"十五"和"十一五"期间继续探索,使公共事业管理成为我校MPA和科学学位研究生教育的一个基本方向。2004年,《公共事业管理概论》被评为国家级精品课程。

2002年左右,复旦大学出版社即向我们约稿主要针对研究生和MPA教育的《公共事业管理》的教材,这给我们提供了一个新的思考和探索的平台。但十分遗憾的是,由于教学科研任务的繁重,当然也由于我们感到自己的探索还没有新的结果,因而迟迟没有交稿。感谢复旦大学出版社的邬红伟老师,一方面不断地向我们提出要求,提供信息和帮助,另一方面始终给我们以宽容,从而使我们没有放弃。在总结整个团队这些年的研究、本科教学和MPA教学等所得后,我们终于完成了本书。

本书是集体努力的结果,由崔运武拟定写作提纲,提出写作基本思路和内容框架,在集体讨论的基础上,分工完成,具体分工如下。

　　第一章、第二章:崔运武;第三章:李玫;第四章、第五章:邓崧;第六章、第九章:侯江红;第七章:王燕玲;第八章、第十章:刘新林;第十一章:马桑。

　　本书在编辑出版过程中,得到了邬红伟老师与孙程姣女士的大力支持和指点,于此,我们对他们表示衷心的感谢!

　　当然,虽然我们付出了努力,但由于我们水平所限,也由于当代中国的社会管理和公共服务改革正在不断地向纵深发展,我们一时难以给予应有的理解与总结,因而书中的不足与错误在所难免,恳切地希望广大读者给予批评指正,以便我们在今后的研究中有针对性地进行修正。

崔运武

2012年8月于云南大学龙泉路寓所

目 录

上篇 公共事业管理基本理论与技术方法

第一章 导论:公共事业管理的若干基本问题 …… 003
第一节 理解公共事业管理的若干基本概念 …… 003
一、公共需求与公共问题 …… 003
二、公共事务 …… 006
三、公共产品与公共服务 …… 008
第二节 公共事业及其属性 …… 013
一、我国传统的"事业"及其转型 …… 013
二、公共事业的基本内涵和特征 …… 018
三、公共事业产品性质分析 …… 021
第三节 公共事业管理及其特征和原则 …… 028
一、公共事业管理的界定 …… 028
二、公共事业管理的基本特征 …… 032
三、公共事业管理的基本原则 …… 034
第四节 公共事业管理与其他相关管理的关系 …… 038
一、公共事业管理与公共管理 …… 039
二、公共事业管理与行政管理 …… 040
三、公共事业管理与企业管理 …… 042

本章小结 …… 045
概念术语 …… 046
复习思考题 …… 046

第二章 公共事业管理的模式与体制 ········ 048
第一节 概念、演变与决定因素 ········ 048
  一、公共事业管理模式的基本内涵 ········ 048
  二、公共事业管理模式的历史演变 ········ 049
  三、公共事业管理模式的实质及其决定因素 ········ 055
第二节 当代公共事业管理模式的机理与特点 ········ 058
  一、公共事业管理市场模式机理形成的基础 ········ 059
  二、当代公共事业产品提供方式 ········ 064
  三、当代公共事业管理模式的基本特点 ········ 066
第三节 当代公共事业管理的层次与体制 ········ 070
  一、宏观公共事业管理 ········ 071
  二、微观公共事业管理 ········ 075
  三、宏观与微观层次之间的关系及公共事业管理体制 ········ 078
本章小结 ········ 080
概念术语 ········ 080
复习思考题 ········ 080

第三章 公共事业管理组织及其基本活动方式 ········ 082
第一节 政府与公共事业管理 ········ 082
  一、公共事业管理中的政府 ········ 083
  二、政府在公共事业管理中的地位 ········ 087
  三、公共事业管理中政府的基本活动方式 ········ 090
第二节 非营利组织与公共事业管理 ········ 095
  一、非营利组织概述 ········ 096
  二、非营利组织在公共事业管理中的地位 ········ 099
  三、非营利组织在公共事业领域中的基本活动方式 ········ 104
第三节 事业单位与公共事业管理 ········ 106
  一、事业单位的基本内涵和特征 ········ 106
  二、事业单位改革的必要性及基本原则 ········ 110
  三、事业单位改革的目标取向和分类改革 ········ 114
第四节 企业与公共事业管理 ········ 118
  一、公共事业管理中的企业 ········ 118

二、企业在当代公共事业管理中的作用 …………………………… 123
　　三、企业在公共事业领域中的基本活动方式 …………………… 125
本章小结 ……………………………………………………………………… 129
概念术语 ……………………………………………………………………… 130
复习思考题 …………………………………………………………………… 130

第四章　当代公共事业管理的技术与方法 ……………………………… 131
　第一节　公共事业产品政策制定的方法 ………………………………… 131
　　一、公共事业的战略管理 ……………………………………………… 131
　　二、公共产品政策制定方法 …………………………………………… 138
　第二节　公共事业产品的政府管制 ……………………………………… 146
　　一、公共事业产品的基本内涵 ………………………………………… 146
　　二、政府管制的含义与背景 …………………………………………… 147
　　三、政府管制理论的发展 ……………………………………………… 147
　　四、政府管制理论的中心内容 ………………………………………… 149
　　五、政府管制理论的最新发展 ………………………………………… 151
　　六、政府管制与管制方式 ……………………………………………… 152
　第三节　公共事业的项目管理 …………………………………………… 154
　　一、项目的基本内涵和地位 …………………………………………… 155
　　二、项目目标和项目范围 ……………………………………………… 155
　　三、公共事业的管理模式 ……………………………………………… 158
　　四、政府公共事业项目管理过程分析 ………………………………… 159
本章小结 ……………………………………………………………………… 162
概念术语 ……………………………………………………………………… 163
复习思考题 …………………………………………………………………… 163

第五章　公共事业绩效管理 ……………………………………………… 164
　第一节　公共事业绩效管理概述 ………………………………………… 164
　　一、公共事业绩效管理理念的树立和绩效管理的形成 ……………… 164
　　二、公共事业绩效管理的含义 ………………………………………… 165
　　三、公共事业绩效管理活动的基本构成 ……………………………… 166
　　四、公共事业部门绩效管理的意义 …………………………………… 167

第二节　公共事业绩效评估的手段和方法 ……………… 168
　一、公共事业绩效评估标准 ……………………………… 168
　二、公共事业绩效评估指标体系 ………………………… 169
　三、绩效评估的具体方法 ………………………………… 173
第三节　公共事业绩效管理中的标杆管理 ……………… 176
　一、标杆管理的概念 ……………………………………… 176
　二、标杆管理在公共事业管理中的应用 ………………… 178
第四节　公共事业绩效管理的公众满意评价 …………… 180
　一、公共事业管理公众满意评价的产生和实质 ………… 181
　二、公共事业管理公众满意评价的基本方法 …………… 182
　三、实施公共事业管理公众满意评价的条件 …………… 182
第五节　公共事业绩效管理的改进 ……………………… 183
　一、公共事业绩效管理存在的问题 ……………………… 183
　二、改善公共事业单位绩效评估对策 …………………… 186

本章小结 …………………………………………………… 189
概念术语 …………………………………………………… 190
复习思考题 ………………………………………………… 190

下篇　公共事业分类管理概述

第六章　科技事业管理 …………………………………… 193
第一节　科技事业活动的类别 …………………………… 193
　一、按照科技事业活动的性质分类 ……………………… 193
　二、按研究活动的目的和功能分类 ……………………… 195
第二节　科技事业活动的公共产品属性 ………………… 196
　一、受益的非排他性和消费的非竞争性 ………………… 196
　二、突出的外部性 ………………………………………… 197
第三节　政府介入科技事业的必要性 …………………… 198
　一、科学技术研究的基本特征 …………………………… 198
　二、科学技术研究具有较强的外部性 …………………… 199
　三、市场对科技人员劳动价值评价的扭曲 ……………… 200
　四、科技成果交易市场的客观存在 ……………………… 201

五、技术创新活动具有负外部性 ……………………………… 201
第四节　科技事业管理的基本内涵 ……………………………… 203
　　一、政府在科技事业中的职能定位 …………………………… 203
　　二、科技事业管理的主要内容 ………………………………… 204
本章小结 …………………………………………………………… 213
概念术语 …………………………………………………………… 214
复习思考题 ………………………………………………………… 214

第七章　教育事业管理 …………………………………………… 215
第一节　教育事业产品及其类别划分 …………………………… 215
　　一、教育事业产品 ……………………………………………… 215
　　二、以教育事业的目标和功能为标准的类别划分 …………… 216
　　三、以教育事业的对象和层次为标准的类别划分 …………… 219
第二节　教育事业产品的性质 …………………………………… 225
　　一、教育事业产品的准公共性 ………………………………… 225
　　二、政府参与教育事业活动的必要性分析 …………………… 227
　　三、政府参与教育事业活动的有限性 ………………………… 231
第三节　现代社会教育事业管理的基本内涵 …………………… 232
　　一、确立教育发展规划 ………………………………………… 233
　　二、制定教育政策 ……………………………………………… 234
　　三、颁行教育法规 ……………………………………………… 234
　　四、管理教育产品的生产 ……………………………………… 235
　　五、保障教育经费 ……………………………………………… 237
　　六、实施教育督导评价 ………………………………………… 238
　　七、管理教育市场 ……………………………………………… 239
　　八、引导舆论导向 ……………………………………………… 239
第四节　国外教育事业管理的发展趋势 ………………………… 240
　　一、教育管理价值取向人本化 ………………………………… 240
　　二、教育体制调整，扩大办学自主权 ………………………… 241
　　三、教育规划体现平等 ………………………………………… 242
　　四、教育投入多元化 …………………………………………… 243
　　五、教育生产追求卓越 ………………………………………… 244

六、引导终身教育，扩大职业教育，推进家庭教育……………… 245
　　七、教育督导凸现民主、专业、高效、服务的理念……………… 245
第五节　我国教育事业管理的改革与完善…………………………… 246
　　一、我国教育管理体制改革的目标模式………………………… 247
　　二、我国教育事业管理改革与完善的对策措施………………… 253
本章小结…………………………………………………………… 256
概念术语…………………………………………………………… 257
复习思考题………………………………………………………… 257

第八章　文化事业管理……………………………………………… 258
第一节　文化事业管理概述…………………………………………… 258
　　一、现代社会文化事业活动的类别和基本内容………………… 258
　　二、文化事业产品的准公共性…………………………………… 260
　　三、政府介入文化事业产品市场的必要性……………………… 262
　　四、现代社会文化事业管理的基本内涵………………………… 263
第二节　西方文化事业管理…………………………………………… 268
　　一、美国：市场主导型…………………………………………… 268
　　二、英国：政府市场并重型……………………………………… 270
　　三、法国：政府主导型…………………………………………… 273
第三节　我国文化事业管理改革……………………………………… 275
　　一、理顺文化事业管理体制，调整文化事业管理部门结构…… 275
　　二、构建适应市场经济需要的政府文化事业管理职能体系…… 276
　　三、改革文化事业管理手段，突出法律手段、经济手段的主导作用
　　　　………………………………………………………………… 277
　　四、把握好管理与服务的关系，突出政府的服务功能………… 278
　　五、进行文化事业投融资体制改革，拓展文化事业的投融资渠道…… 279
本章小结…………………………………………………………… 281
概念术语…………………………………………………………… 282
复习思考题………………………………………………………… 282

第九章　卫生事业管理……………………………………………… 283
第一节　现代卫生事业活动的基本内容及类别划分………………… 283

一、现代卫生事业的基本内容 ………………………………………… 283
　　二、现代卫生事业的类别划分 ………………………………………… 284
第二节　卫生事业的公共产品属性 ………………………………………… 286
　　一、较强的正外部性 …………………………………………………… 286
　　二、一定的非排他性和消费竞争性 …………………………………… 286
第三节　政府介入卫生事业的必要性 ……………………………………… 287
　　一、卫生产品的外部性 ………………………………………………… 287
　　二、卫生产品信息的不对称 …………………………………………… 288
　　三、公众对卫生产品需求的不确定性 ………………………………… 288
　　四、市场配置医疗资源无法实现医疗卫生服务的高效和公平 ……… 289
第四节　现代卫生事业管理的基本内容 …………………………………… 290
　　一、制定区域卫生规划 ………………………………………………… 290
　　二、医疗卫生服务的生产与提供 ……………………………………… 291
　　三、建立统一的全民基本医疗保障制度 ……………………………… 292
　　四、建立国家基本药物制度 …………………………………………… 293
　　五、构建基于全生命周期健康管理理念的公共卫生体系 …………… 294
　　六、引导和鼓励社会资本兴办医疗机构 ……………………………… 295
　　七、充分发挥第三部门在医疗卫生领域的独特作用 ………………… 296
　　八、医疗卫生市场的监管 ……………………………………………… 297
　本章小结 …………………………………………………………………… 303
　概念术语 …………………………………………………………………… 304
　复习思考题 ………………………………………………………………… 304

第十章　体育事业管理 ………………………………………………………… 305
　第一节　体育事业管理概述 ………………………………………………… 305
　　一、现代体育事业活动的基本内容和分类 …………………………… 305
　　二、体育事业产品的准公共性 ………………………………………… 309
　　三、现代体育事业管理的基本内容 …………………………………… 311
　第二节　西方国家的体育事业管理 ………………………………………… 313
　　一、美国政府的体育事业管理 ………………………………………… 313
　　二、西方发达国家政府参与体育事业管理的特点 …………………… 317
　第三节　我国体育事业管理改革 …………………………………………… 318

一、当前我国体育事业管理体制 ················· 318
　　二、我国体育事业管理体制改革的必要性 ········· 321
　　三、我国体育事业管理的改革趋势 ··············· 323
本章小结 ·· 328
概念术语 ·· 329
复习思考题 ······································ 329

第十一章　公用事业管理 ·························· 330
第一节　现代公用事业的基本内容 ················ 330
　　一、公用事业的内涵 ··························· 330
　　二、公用事业的技术经济特性 ··················· 331
第二节　政府介入公用事业产品市场的必要性 ······ 333
　　一、公共品的特性与政府管制 ··················· 333
　　二、公用事业的技术特征与政府管制 ············· 334
　　三、信息不对称与政府管制 ····················· 335
　　四、外部性问题与政府管制 ····················· 337
　　五、普遍服务与政府管制 ······················· 338
第三节　现代公用事业管理的基本内容 ············ 340
　　一、强调法律监管 ····························· 340
　　二、激励性管制 ······························· 342
　　三、强化社会管制 ····························· 348
　　四、提供财政资金支持 ························· 350
本章小结 ·· 352
概念术语 ·· 352
复习思考题 ······································ 352

参考文献 ·· 354

上 篇
公共事业管理基本理论与技术方法

第一章 导论：公共事业管理的若干基本问题

公共事业管理是公共管理中一个基本而重要的领域。本章从阐述、理解、把握公共事业管理的若干基本概念出发，结合我国传统的事业及其事业单位管理体制的演变发展，并借助现代公共产品理论，对我国的公共事业及公共事业管理做出界定，分析公共事业管理的基本属性、特征和内容，以及公共事业管理的责任、伦理与基本原则，指出公共事业管理与其他相关管理活动的区别和联系，以及当前学习研究公共事业管理的价值。

第一节 理解公共事业管理的若干基本概念

现代社会的公共事业，是为了解决一定公共问题以满足相应公共需求的产物，也是一个处理特定公共事务的过程，还是一个提供一定公共产品或公共服务的过程。理论上，特定的公共需求、公共问题和公共事务是分析和认识公共事业的逻辑起点。因此，要理解公共事业管理，必须从认识公共需求、公共问题、公共事务、公共产品和公共服务等基本概念入手。

一、公共需求与公共问题

（一）公共需求

需求是人对客观事物需要的表现。[①] 人对客观事物的需求基本上可以

---

① 在经济学中，需要和需求是有区别的。前者是人的主观愿望的表达，后者则是有货币支撑能力的对商品的需要。但在当前公共管理领域中，人们对此一般不做严格的区分，且多以需求来表达主体基于一定环境对公共品的需要。本书对此亦不做严格的区分，并根据公共管理学科的方式使用"需求"。特此说明。

分为两类：一类是人类在种族发展过程中，为了维持生命和延续种族，从而形成的对某些事物的天然需求，如对营养、自卫、繁殖后代的需求；另一类是人类在社会生活中，为了提高物质和精神生活水平，从而形成的高级的物质需求和精神需求，如对社交、劳动、文化、科学、艺术、政治生活等的需求。

从需求的主体来看，需求又可以分为个体需求和公共需求两个部分。由于人类社会是由个体通过一定的方式所组成的共同体，因而不论是原始社会还是现代社会，个体对利益的追求即对客观事物的需求，是人类活动的出发点和归宿，因而个体的需求既是人类社会所有需求的基础，也是社会需求中最基本的需求。正常情况下，个体的这一需求首先表现为上述需求中的天然需求，并随着天然需求的满足而产生高级的物质需求和精神需求。

但人类社会的本质在于它是一个在一定区域内的个体以一定方式所组成的共同体，因而生活在一个特定的区域内的人类就必然会产生既是个体的又带有共同性的需求。所谓公共需求，就是具有公共性的需求，是人类社会共同体所具有的带有共同性、共享性的需求。公共需求与每个人的利益密切相关，但个体又不能享受其消费独占权。公共需求是一个社会中满足和保证公众基本生活的需求。

基于个体需求而形成的公共需求，反映了在一定条件下个体为了生存发展而形成的对客观事物的需求。由于客观事物是随着历史的发展而变化的，因此公共需求也会随着历史的发展而变化。不同的时代存在不同的公共需求，且同一历史发展阶段，不同的国家或地区的公共需求的具体内涵也不会完全相同。一般来说，现代社会的公共需求主要分为如下六个方面：

第一，维护社会公共秩序与安全秩序的公共需求，如国防、公安、外交等；

第二，维护经济秩序和市场交易秩序的公共需求，如市场监管、知识产权保护、公正司法等；

第三，为全体社会成员提供公共设施与公共管理的公共需求，如医疗保健、义务教育、公共交通、公共图书馆等；

第四，建立社会保障与救济体系，扶助社会弱势群体的公共需求，如公共组织的扶贫、社会保险等；

第五，公共资源与公共财产管理的公共需求，如国有资产管理、保护环境、自然资源和人文资源等；

第六，随着社会经济的发展进步，公众对人权、自由等公民权利的公共需求。

（二）公共问题

问题是主客观矛盾的表现。人的需求是无限的，但需求的满足是在一定客观条件下完成的。因而在现实的工作和生活中，由于既有客观条件的制约，或者随着客观环境和条件的变化和发展，任何一个组织、团体或个体，在其需求的满足上，都会遇到各式各样主观和客观的不一致，或者说主客观之间的矛盾，继而产生各种问题。因此，问题是一个普遍存在的现象。

在客观存在的问题中，不同问题涉及的范围和影响的大小是不一样的。其中，一些问题涉及的是个别企业内部或家庭内部个人的事情，波及范围小，影响是个体性的；另一些问题则是一个社会或地区所有人都面临的，或者说是这一社会或地区所共同的，如我们今天十分关注的人类生存环境问题、城市交通问题、社会人口问题、社会犯罪与社会秩序问题、资源合理利用问题、社会弱势群体保护问题等。这些问题是一个社会或地区人们共同面临的，是这个特定社会或区域内带有公共性的问题，即公共问题。

因此，所谓公共问题，通常是指具有广泛性、复合性和不可分性等特征的社会问题，是关系到一个社会或一个地区绝大多数社会成员切身利益和生活质量的问题，是属于公共领域的共同性问题。

对公共问题与私人问题的区别可以从量和质两个方面进一步认识。从量的方面看，公共问题所涉及的范围或影响所及，牵涉一个地区大多数人的利益，影响多数人或团体的活动，具有广泛性或者普遍性。例如：公共安全事故往往动辄死伤数十人，牵涉许多家庭和部门；公共环境直接或间接关系到周围多数人的生活，甚至超出一国界线而成为国际性的问题。在当代，随着公众交往日益增加，公共问题已经无处不在、无时不在，公共问题变得十分突出且重要。

从质的方面看，在本质上，公共性是公共问题的关键所在。在公共问题上，公共性表现为这一问题超越了私人问题狭隘的个人利益限定，体现出公众共有的价值观和根本利益。因此，公共问题通常与人类社会的制度、价值等密切相关，体现了"公意"，是一定社会中绝大多数人的利益、价值、观念及生存条件受到威胁时出现的问题，或说是与一定社会中绝大多数人的基本生活的满足息息相关的问题。

公共问题不仅与私人问题在量和质上有明确的区别，而且与公共需求也有不同。公共问题与公共需求的区别在于：公共需求是一定社会中绝大多数社会成员对客观事物共有的、具有共享性的需求；而公共问题则是共同的需求形成后,由于客观条件的制约而无法满足主观的需求,继而产生的主客观之间的矛盾,是一个客观存在的现象。因此,由于公共问题超出个人问题和团体问题的范畴,是与广泛的社会生活发生关系的客观存在的现象,社会问题能否解决以及在什么范围和程度上得到解决,必然会产生广泛的社会影响。为了维持正常的社会秩序,促进社会发展与进步,必须认真解决人类社会出现的公共问题。

二、公共事务

(一)公共事务的概念

所谓事务,泛指人类生活中客观存在的一切活动和所遇到的一切社会现象。事务与需求和问题密切相关。马克思主义认为,利益是人类活动的出发点,当人有了对利益的追求,即有了对客观事物的需求后,或者由于满足这一需求的客观条件不足从而形成矛盾,或者在利益的驱动下展开了满足需求的活动,从而就有了客观存在的活动或者客观存在的社会现象,即形成了人类社会的事务。即,有了需求并产生问题后,就形成了事务。在人类社会中,由于任何事务的形成与解决都存在一定目的,并受限于资源与行动条件,而正是这些目的和限制因素使人类事务具有利益属性,也就使得人类社会的事务本质上是一种社会事务。

相应地,公共需求的产生和公共问题的出现必然在客观上导致公共事务的产生,或者说必然表现为社会公共事务。因此,所谓社会公共事务,是指涉及社会公众整体的生活质量和共同利益的那些社会事务。具体言之,在一个社会中,公共事务是企业和个人家庭所不愿做也不能做,但又是既对整个经济和社会的发展,也对社会全体公民基本生活来说必不可少的事务。

对公共需求和公共问题的分析已表明,作为公共需求和公共问题发展必然结果和表现形式的公共事务,无疑也是社会分工的产物,是在私人事务的基础上集中了社会中所有公民共同关注的事务而形成的,因而虽然公共事务与私人事务之间往往存在着排斥性,但更多具有互补性。公共事务的范围广泛,从劳动管理到国防、行政、治安等国家事务,以及法律事务、艺术、教育、科学等都在其中,且其范围随着社会和经济的发展不断变动。

从理论上看,对公共事务这一概念及其相关问题的阐述,是从理论上更为系统地对公共需求和公共问题的把握,它主要通过对公共事务概念的界定、对其特征的描述和类别的划分等，实际上从一个具有操作性的层面，给出了把握公共需求和公共问题的标准，解答如何解决公共问题以满足公共需求。

（二）公共事务的类别

作为涉及社会公众整体生活质量和共同利益的社会事务即公共事务，其活动过程和结果涉及人类社会生活的政治、经济和社会等诸方面。因此在一个社会中，公共事务可以相应地分为政治事务、经济事务和社会事务三个类别。

所谓政治事务，即社会公共层面上的政治事务，主要涉及国家主权、领土完整、政权稳固、社会安定、民族利益和国家利益等各项事务，具体表现为外交工作、国防工作、公安工作、国家安全工作、司法行政、民族工作、宗教工作等。

所谓经济事务，即社会公共层面上的与整个经济运行直接有关的事务，主要包括宏观调控和经济管理两个方面的事务。宏观调控是通过制定和执行财政、金融和产业政策，弥补市场经济的局限，以及协调宏观经济与微观经济，以引导整个国民经济健康、持续、快速地发展。经济管理主要以三种方式对经济活动的微观层面进行管理。一是引导经济活动，即制定行业发展规划和政策，以及投资分配、技术改造等经济政策，引导企业行为，推动产业结构的调整与优化，保证产业内部的综合平衡与协调发展。二是创造良好的外部环境，即制定并监督执行经济法规，完善市场的各种竞争规则、准入规则和行为规则，规范市场主体行为和运行秩序，加强市场监督，消除分割、封锁市场的行政性壁垒，营造公平竞争的市场环境，培育与发展市场中介组织，健全服务中介体系，使会计、律师、公证、咨询等社会中介机构的行为客观公正。三是通过适宜的方式管理国有经济。

所谓社会事务，即在社会公共层面上的非政治、非经济的事务，也就是通常狭义的社会事务。狭义社会事务的范围，主要包括教育、科学、文化、卫生、体育、民政、社会保障、环境保护等。我国传统的公共事业主要就是指这一狭义的社会事务。

（三）公共事务的层次

相应地，从一定的组织（主要是公共组织或公共部门）对社会公共事务管理的角度看，社会公共事务通常也分为三个层次：第一个层次是大概念，即指公共部门管理的所有事务都属于社会公共事务，包括上述涉及社会公共利益或整体利益层面的政治事务、经济事务和狭义社会事务；第二个层次是中概念,即指除经济事务外,公共部门管理的其他事务,主要是社会公共政治事务和狭义的社会事务;第三个层次是小概念,即指除经济、政治事务外,公共部门管理的其他事务都属于社会公共事务,也就是狭义的社会事务。

另外,从社会事务涉及社会成员的面来说,还可以分为公益性的社会事务和互益性的社会事务。前者指涉及一个国家或社会的所有成员的公共事务,后者则指涉及社会中部分成员的公共事务,即只是在一个社会中特定范围内的公共事务。

三、公共产品与公共服务

(一) 公共产品

作为一种解释现实的理论,公共产品与公共事务所描述的对象是一致的,但其研究和阐述问题的角度不同。公共产品主要是通过产品概念和范畴对社会中不同属性的产品进行把握,明确公共事务的边界,给出一个特定的处理公共事务的工具。

1. 公共产品的概念

公共产品也称为"公共商品""公共物品"或"公共品",它是人类文明发展的产物。在理论上,率先对公共产品做出严格定义的是美国经济学家保罗·A. 萨缪尔森。1954年,他在《经济学与统计学评论》上发表的《公共支出的纯理论》中提出,纯粹的公共产品或劳务是指这样的产品或劳务,即每个人消费这种物品或劳务都不会导致别人对该产品或劳务消费的减少。[①]

所谓公共产品,是指那些按照私人市场的观点来看待的公共事务,是与私人产品相对应、用于满足社会公共消费需求的物品或劳务。什么是公共消费需求呢?就是我们上面所说的公共需求。进一步看,实际上人的活动具有两重性,即个体性和社会性。前者是指作为个体的人,需求一定的产品来满足其生存和发展需求,如衣、食、住、行等;而后者则是指作为社会的人,其生存依赖于社会环境,如国防、治安、教育、卫生等,这是人们生活中不能缺少的。这种与每个人的利益密切相关,但每个人又不能享受其消费独占权的,且是作为一定社会所共有的保证居民基本生活的需求就是公共需求。

---

① Paul A. Samuelson, "The Pure Theory of Public Expenditure", *The Review of Economics and Statistics*, Vol. 36, No. 4, 1954, pp. 387-389.

一般来说，可以根据满足需求的不同，把整个产品分为两类：一类是私人产品，即满足私人需求或私人消费需求的产品；另一类是公共产品，即满足公共需求的产品。在一个社会中，公共产品的范围十分广泛，如政治、法律、国防、治安、大中型水利设施、城市规划、公共道路、环境保护和治理、环境卫生、天气预报、科学研究，以及铁路、城市公共交通设施、广播、电视、教育、通信服务等，乃至抗旱、防洪等，都属于公共产品的范畴。公共产品直接或间接地为企业的生产和个人家庭生活提供服务，是社会总产品中重要的不可缺少的部分，而且，随着社会和经济的发展，社会公共产品总体上呈扩大的趋势。

2. 公共产品的特征

那么，如何判断一个产品是否是公共产品？或者说公共产品不同于私人产品的特点是什么？在现代社会，作为人类劳动的结果，公共产品与私人产品的区别主要不在于生产的方式或资金来源，而在于消费方式的不同。

萨缪尔森在系统研究了公共产品的特性后，于1954年提出了被各国学者基本认同的确认公共产品的两个标准，即非排他性和非竞争性。[①]

第一，非排他性。非排他性与排他性相对应。排他性是指排斥他人消费的可能性，如你在使用一件产品时别人就不能使用，或当你能完全拥有一件产品时，别人就不能拥有。一般来说，凡是企业和个人家庭能完整地占有其消费权的产品，都具有消费上的排他性。这种产品是私人产品。公共产品的非排他性也称为"消费上的非排斥性"，是指一个人在消费这类产品时，无法排除其他人也同时消费这类产品，而且，即使你不愿意消费这一产品，你也没有办法排斥。如你走在一条公路上时，你无法排除其他人也走这条公路；即使你不愿意接受公路上的路灯的光照，但凡你走上这条有路灯的公路，就必须受到照射。

非排他性还有一层含义，是指虽然有些产品在技术上也可以排斥其他人消费，但这样做是不经济的，或者是与公众的共同利益相违背的，因而是不允许的。比如，你可以在公路上设置路障来限制其他人通行，但如此会付出两方面的成本：一是需建设路障并派人进行日常管理，即增加了管理成本；二是使本来可以走这条马路的人不再能走，带来了效率的损失，这也是一种成本。因而即使在马路上设立路障在技术上是可行的，但却是不经济的。同样以马

---

① Paul A. Samuelson, "The Pure Theory of Public Expenditure", *The Review of Economics and Statistics*, Vol. 36, No. 4, 1954, pp. 387-389.

路为例，虽然私人可以出资建设，但由此可能带来高额收费而影响公众的利益，因而或由政府投资建设，或必须将此作为公共产品进行必要的公共管理。

公共产品的非排他性主要与其劳务产品属性有关，但根本原因是其收益的外溢性，即它具有外部收益。比如，在一些国家中，普通教育是每个适龄公民都可以享用的公共产品，普通教育对个人来说是提高了文化素质，但这一结果对整个社会和国家都具有重要的价值，即这一教育产品存在外溢性。又如电灯，如果放在家里，就只能为家里的人提供光亮，但如果安放在马路上，则可以为所有经过的人提供光亮，在这里，电灯本身没有发生变化，仅仅是人们利用的方式不同，就有了不同的收益。

由于非排他性使一个产品既不能被个人所排斥，也不能为个人所拒绝，具有极大的外部收益，是一种人人都有权使用、人人都获益的产品，因此，非排他性使产品具备了公共性的特征，这是衡量一个产品是否属于公共产品的重要特征之一。非排他性决定了公共产品不适合由个人、家庭或企业经营，而只能由政府或其他非政府的公共组织来进行经营和管理。

第二，非竞争性。非竞争性是相对于私人产品所具有的竞争性来说的。这里的竞争性是指消费上的竞争性，公共产品的非竞争性的基本含义有二。一是边际生产成本为零。这里所说的边际成本，是指增加一个消费者对供给者带来的边际成本，而非微观经济学中分析的产量增加导致的边际成本。公共产品的边际成本为零，通常指增加一个公共消费者，公共产品供给者并不增加成本。典型的例子是海上灯塔：海上灯塔作为一种公共产品，可以在黑暗的海面上为船舶航行提供引导。通常多引导一艘船并不需增加任何生产成本。一般来说，边际生产成本是否为零是判断某一产品是否具有竞争性的重要标准。二是边际拥挤成本为零。即在公共产品的消费中，每个消费者的消费都不影响其他消费者的消费数量和质量，也就是说，这种产品不但是共同消费的，也不存在消费拥挤现象，不存在消费者为获得公共服务需排除他人而付出代价。

一般认为，公共产品具有非竞争性，其原因是公共产品的消费具有可分割性，即它可以分割成很多单元，每个公共产品的消费者消费的仅仅是其中的某一单元，而非整个产品，因而它不会同其他消费者的利益相冲突。因此，有的人也将可分割性作为公共产品的一个特征。

总之，公共产品的非排他性和非竞争性是其基本特征，同时，也使其在生产和消费上与私人产品存在明显不同。首先，公共产品都必须具有相当的规模才能同时提供给公众并使其同时消费,因而其成本是很高的,但正由于它可以同时为许多人消费,因而每个消费者所分摊的费用并不一定很高。这也就决定了在现代社会中,公共产品的费用最好由所有的居民共同分担。这种共同分担的基本形式就是通过税收,以公共支出予以保证。其次,公共产品的非排他性决定了它不仅可以让许多人同时消费,还可以反复消费,因而其效率远远高于私人产品,这也就意味着公共产品不可能由营利机构来经营管理,而只能由政府或非营利组织来负责。最后,公共产品由于具备非排他性,故而存在"免费搭车"的现象,即不管是否付费都可以获得消费利益,这使得有些人认为既然不付费就可以获得利益,而付费也未必能获得更多利益,从而尽可能地逃避付费。因此,公共产品的生产费用通常需要以税收的方式强制分摊。

必须注意的是,萨缪尔森关于公共产品特点的概括虽然得到了广泛认同,长期以来被用于对公共产品的判别,但事实上,这一概括也一直被人们质疑。

其一,萨缪尔森所阐述的公共产品两个特征,是对公共产品自然特征的概括性描述,潜在结论是这两个特征是天然决定的,因而一种产品的公共产品性质也是天然决定的,是不以人的意志为转移的或无法改变的。但是,现实中各种产品的经济性质却是不断变化的,而且在许多情况下受制于人的作用。例如在古代社会中,无论是在东方还是在西方,教育都是私人产品,直至工业革命发生,义务教育开始萌芽,教育开始具备公共产品的性质,而随着社会经济的发展,当代社会的义务教育年限还在增加。这意味着产品的经济属性随着客观环境条件的改变而在发生变化。

其二,萨缪尔森对公共产品两个特征的概括是高度抽象的,只适用于对理论上的纯公共产品的分析,即同时具有完整的非排他性和非竞争性的产品,而不适用于现实中公共产品的分析。因为现实中多数的公共产品实际上很难同时完整地具有这两个特征,通常,很多公共产品的消费在一定的条件下存在一定的排他性或竞争性。

目前,人们对公共产品特征的概括总结仍然不统一,但认为公共产品经济属性的获得即决定一个产品是公共产品还是私人产品,主要源于后天的制度安排,则越来越成为人们的共识。具体言之,公共产品与私人产品的区别主要不在于生产的方式或资金来源,而在于消费方式的不同,之所以如此,实际上源于不同产权制度的安排。因此,公共产品的特征主要体现在它与私人产品的差别上,而公共产品和私人产品的差别就是在产品交易或分配过程中的差别。公共产品是公共消费的,任何特定范围内的成员都可以无偿地获得特定产品的消费。而一种产品作为私人产品,则要通过购买或付费的方式来实现消费者的排他性消费。因此,私人产品是通过市场交换,从其提供者转移到其消费者手中,因而有交易成本;而公共产品是由公共部门直接提供给公众消费的,从其提供者转移到消费者手中的过程不存在市场交易,交易成本为零。[①] 这些认识对准确地把握公共产品的生产和提供方式,从而确立新的公共管理的模式和方式极为重要。

(二) 公共服务

公共服务是一个与公共产品密切相关的概念,它从另一个特定的角度,提供了处置某些公共事务以满足公共需求的分析工具。

1. 公共服务的概念

服务,通常指提供活动以满足他人某种需求的一种行为活动。这一类活动通常是通过一定的物质载体提供无形产品的过程,具有生产过程与消费过程同一的特点,如餐饮服务、金融服务等。相应地,从满足需求的范围和主体的角度看,公共服务就是指为了满足公共需求,以一定主体提供活劳动产品的活动。

目前人们一般认为,所谓公共服务,就是指政府(或相关部门)运用其权威资源,根据特定的公共价值(如权利、慈善和正义等),通过公共政策回应社会需求,使最大多数的人得到最大的福利的行为活动。或者说,公共服务是指政府或非营利组织等公共部门以及部分私营组织为满足社会公共需求、维护公共利益、依法进行公共物品的生产与供给的行为活动。

公共服务与一般私人服务相比,具有明确的特点:公共服务不以营利为目的,始终关注的是社会的公平;公共服务的对象或顾客群体是比较模糊的;公共服务的具体内涵和提供方式,具有历史性和区域性。

2. 公共服务的广义与狭义

显然,目前对公共服务的理解,有广义和狭义之分。广义的公共服务,基本上与公共产品所指的内容相同,即指政府或相关部门针对公共需求,解决公共事务的一切活动,包括提供有形的产品和无形的服务。

狭义的公共服务,是在对公共产品或广义的公共服务理解的基础上,基

---

① 袁义才:《公共产品的产权经济学分析》,《江汉论坛》2003 年第 6 期,第 25—28 页。

于是否满足公众的直接需求,以及侧重于是否提供非物质形态的产品来进一步界定的。第一,公民作为人,有衣食住行、生存、生产、生活、发展和娱乐的需求。这些需求可以称作公民的直接需求。狭义的公共服务满足公民生活、生存与发展的某种直接需求,能使公民受益或获得享受。譬如,教育是公民所需求的,他们可以从受教育中得到某种满足,并有助于他们的人生发展,如果教育过程中使用了公共权力或公共资源,那么就属于教育公共服务。第二,狭义的公共服务通常是指通过建立一定的设施,提供满足公众基本需求的非物质形态的产品,如科学、教育、文化、卫生、体育等。

本书在分析公共事业与公共事业管理过程中所说的公共服务,主要是指狭义的公共服务。

第二节 公共事业及其属性

在当代中国,公共事业与传统的"事业"及其改革发展息息相关:在实践上,它是基于传统的"事业"及其活动领域与方式,并在建立和完善社会主义市场经济体制改革的逐步深入过程中,随着社会公共需求不断增长所促成的事业内涵扩大和公共性凸显的基本公共服务领域;在理论上,它是在中国特色的社会主义市场经济和管理体制下,针对社会性的公共需求,解决相应公共问题的有中国特色的公共服务概念与活动体系。

一、我国传统的"事业"及其转型

对一个社会来说,狭义的或社会性的公共事务与公众日常生活密切联系在一起,因而对这一类事务的管理方式对一个社会的存在和发展来说是基础性的。由于社会经济发展程度和历史文化传统不同,不同的国家对这一类事务的管理方式各有不同。

自1949年中华人民共和国成立以来,我国在特定的历史条件下,对这一类社会的基本公共服务,是由政府出面主办"事业"单位,建立相应的事业单位管理体制来生产和提供特定的产品——事业产品来完成的。因此,虽然整个事业活动具有必不可少的公共性和公益性,但同时具有更为突出的政治性,从而在相当长的历史时期中,整个事业活动首先是以政治需求为核心,对公众主体的需求反映并不充分。改革开放以来,尤其是建立社会主义市场经济体制改革的展开,使得这一在计划经济体制下所形成的"事业"及其管理体制与社会主义市场经济体制的不适应日益突出。随着国际国内形势的变化,社会管理与公共服务日益重要,事业活动不能不在原有的领域内,围绕着不断增长的公共需求,构建与社会主义市场经济体制相适应的活动范围与方式,从而促成传统的"事业"向一种新的形态——公共事业的转型。

(一)我国传统"事业"的形成及其基本含义

1. 我国"事业"与事业单位管理体制的形成

"事业"及事业单位和事业单位管理体制,是中华人民共和国成立后,在特定历史条件下所形成的特定的公共服务及其运行体制。

具体言之,中华人民共和国成立后,一方面,随着政治上的解放,整个社会政治热情高涨,公众对教育、文化、科技、卫生等产品的需求空前高涨,同时,为了真正使公众获得解放,巩固新生的革命政权,发展新中国的科学技术和文化,国家也需要尽快提高广大民众的教育文化水平,改善民众的身体素质和生活条件,因而必须将科教文卫体等作为社会的公共事务,在短时间内发展起新中国的科教文卫体等各项事业。

另一方面,1949年后我国面临的是近一个世纪来饱受战争创伤的社会,接手的是国民党政府留下的发展程度极为低下又濒临崩溃的国民经济,并受到帝国主义国家严密的经济封锁以及战争威胁。在这样特殊的历史条件下,为了最大限度地集中有限的资源,改善人民的生活、巩固和发展新生的政权,一个必然选择就是通过公有化改革,迅速确立起高度集中统一的管理体制,由政府统一管理人权、物权和财权,政府直接配置社会资源,直接组织和管理经济活动和社会活动。因此,随着计划经济体制的确立,作为计划经济管理体制的一个重要组成部分,我国即把科教文卫体等社会事务和活动视为政府必须负责的事业,成立了由政府投资并主办的事业单位,以之为提供相应公共服务的基本机构,并逐步形成了政府通过高度计划对特定社会事务进行直接管理的体制——事业单位管理体制。

2. "事业"、事业单位与事业单位管理体制的基本内涵

从事业单位及其管理体制形成的简单概述中可以看出,"事业"在我国是一个有特定内容的概念,而且,由于事业单位活动所涉及的是广大群众对于科教文卫体等产品的基本需求,因而"事业"、事业单位和事业单位管理体

也是被广泛使用的概念。

关于"事业"的界定,1955年第一届全国人大第二次会议《关于1954年国家决算和1955年国家预算的报告》中首次使用了"事业单位"这一名词,此后逐步形成了一个关于事业内涵的基本界定,即事业是指人们所从事的,具有一定目标、规模和系统的对社会发展有影响的经常活动,是"没有生产收入,由国家经费开支,不进行经济核算的事业(对'企业'而言)"[①],如教育事业、文化事业、科学事业、卫生事业、公用事业等。这一界定反映出,"事业"是我国特有的与全体人民整体利益有关的、以满足公众关于科教文卫体等特定公共需求为基本活动内容的社会活动,在本质上属于社会公共事务的范畴,涉及的主要是通常所说的非政治、非经济的公共事务,即狭义的社会公共事务,从处理公共事务、解决公共问题以满足公共需求的角度看,"事业"所涉及的是特定的社会公共服务。

计划经济管理体制下所形成的事业单位,一般认为它不具有行政职能,也不以营利为目的,而是为了满足社会的公共需求,保证和改善社会公众的基本生活,在国家的领导下,主要利用国家财政拨款,从事科技、教育、文化、卫生、体育等活动的实体性社会组织——一个特定的公共服务机构。就事业单位所提供的产品的性质来看,事业活动具有服务性、公益性。

相应地,事业单位管理体制,指的是国家或政府通过财政支持建立事业单位,通过全面负责事业单位的运行,向社会提供一定形式的事业产品以满足公众需求的公共服务运行管理体制。其运行机制和管理方式具有政府投资、政府主办、政府管理的基本特点,一定程度上体现为政府事业。事业单位管理体制反映的是一定条件下我国处理社会公共事务的发展水平。

(二)改革开放以来我国事业的变化及转型

随着建立社会主义市场经济体制改革的深入,公共需求在数量上日益增长,在质量上日益提高,反映在社会公共事务上则其日趋繁杂,公众主体性也日益增强。这一切使得传统的事业单位所涉及的范围明显扩大,事业产品提供主体和提供方式不得不发生相应的变化,从而在科教文卫体等领域内,社会公共服务的目标、内容和方式客观上发生了变革,传统的相当程度上政治性极强的"事业"开始向新型的社会事业转型,与社会主义市场经济相一致的

---

① 中国社会科学院语言研究所词典编辑室编:《现代汉语词典》(第7版),商务印书馆2019年版,第1194页。

新型社会公共事业正逐步形成。

1. 经济政治和社会管理改革的深入,促成了"事业"内涵的变化

第一,"政企分开""政社分开"和"企社分开"改革促进了社会公共事务增加。在建立社会主义市场经济体制改革逐步深入的过程中,随着在重新认识和正确规范政府与企业、政府与社会、企业与社会关系基础上的"政企分开""政社分开"和"企社分开"改革的展开,随着对传统的以分房制度、医疗制度和保险制度等为基本内容的传统福利制度的改革的深入,以往单位所承担的社会职能逐步剥离,计划经济体制下的"单位人"逐步向市场经济下的"社会人"转变,单位福利开始转为市场经济下的社会保障,成为社会公共事务。同时,随着社区建设的展开,为基层社区提供基本的公共设施和公共服务相当程度上也成为一项社会公共事务。

第二,科学技术的发展对社会公众的生活产生了日益技术化的影响。随着科学技术的发展而形成的社会公众的生活日益技术化,除了传统的邮政、电话等外,以现代数字通信为核心的无线通信、互联网等已成为社会公众日常生活的一个重要部分,从而在信息资源的共享有效地拓展人们经济和社会活动天地的同时,也使"信息服务"和"信息管理"成为社会的公共事务,必须由公共部门从宏观上进行统筹管理。

第三,社会经济的发展使公众需求的质量不断提高并日益多元化。随着建立社会主义市场经济体制改革的深入,人民群众在生活条件、文化层次逐步提高的基础上,自主意识、利益保护意识、政治参与意识及能力都在不断增强。这反映在社会公共事务方面,广大群众对自己所在社区的环境卫生、治安、绿化等,以及社区的医疗等服务,到整个社会的科技、教育、文化、卫生、社会保障事业发展,再到计划生育、环境保护与可持续发展等,越来越关注和关心,对公共产品和公共服务质量的要求日益提高,个性化也日益增强。

2. 事业活动的公共性日益凸现

随着改革的深入,事业活动的基本特点也发生了变化,以往首先体现出的政治性、计划性开始淡化,公共性开始显现。这一变化较为充分地反映在以下三个方面。

一是事业活动目标的公共性。传统的事业活动涉及的主要是与公众基本生活和利益相关的社会事务,如科技、教育、文化、卫生等,活动也体现着一定的公益性。但是,由于特定历史条件下公众需求的相对单一、满足公共需求条件的限制,以及特定的政治需求等,因而事业活动相当程度上没有以具

体的公众需求为起点,而是优先从政治管理的需求出发,通过财政支撑予以统一计划实施。

改革开放以来,尤其是随着建立社会主义市场经济体制改革的展开,事业活动必须以公共需求为出发点,以维护和增进公共利益为归宿成为事业活动最基本的要求。一方面,随着公众需求的丰富和多元化,以及公众自主意识、利益保护意识、政治参与意识及能力的不断增强,作为提供特定公共服务的事业活动必须以公众为本,以解决公共问题满足公共需求为起点,而且在整个活动过程中必须体现出平等、正义、公平、民主等公共伦理价值,这正逐步成为社会的共识,成为事业活动的基本要求。另一方面,虽然市场经济作为一种以市场机制为基础、对有限资源合理进行配置的手段十分有效,但其在满足社会公共需求方面尤其是在传统的事业活动领域内的不足也同样十分明显。例如,市场不能有效地解决涉及社会基本利益和公众需求的基础的科技、教育、文化、卫生等问题,不能解决好诸如路灯、街头垃圾桶等公用设施问题,不能自发地控制人口并统筹经济与人口、资源和环境的协调发展,等等。因此,随着我国社会主义市场经济体制的初步建立和逐步完善,事业活动必须从公众的基本需求出发,以当代所要求的方式保证事业活动成为一种基本的社会公共服务,从而弥补市场机制的不足,维护和增进公共利益,促进市场的发展和社会进步,这也是当代公共事业活动的基本要求。

二是事业活动承担主体的公共性。社会主义市场经济体制的初步建立对事业活动提出的首先也是最为根本的要求就是必须具有公共性,这决定了事业领域中活动的组织不能以营利为目标,而必须以维护和增进公共利益为组织第一要义。公共事业活动主体具有公共性已成为当前中国事业活动对组织的基本要求,也是一个基本的现实。无疑,这种组织就是公共组织。在当代公共管理社会化和市场化的影响和要求下,为了最大限度地整合社会资源以满足公众不断增长的需求,一些企业可以而且应该进入事业活动领域,但必须是在政府管制下,在有关法律法规的规定下进行活动,在平衡效率与公平、效率与民主、效率与质量等方面发挥重要作用。以保证公众的基本利益和生活需求为前提,就意味着进入事业活动领域的组织首先必须具有公共性。今天,事业活动的承担主体在其活动中必须具有公共性已成为一个基本要求,一个鲜明的组织特征。

三是事业活动手段与方式的公共性。同样随着社会主义市场经济体制的初步建立,基于计划经济体制所建立的政府、市场和社会的关系开始按市场经济的要求逐步变革,其中一个重要的调整就是对公权力与私权力各自活动的领域进行了明确的区分。对公权力而言,市场经济条件下最根本的要求就是其形成与运行必须具有合法性并受到公众的监督。这是公权力公共性的本质体现。总体上看,活动于事业领域的主要组织——公共组织,其运行所依据的就是公权力,因此,涉足事业活动的组织,不仅其组织的产生、设立与废止及其活动都必须是法定的,具备合法性,而且他们的行为方式和结果都必须合法,要承担相应的责任。如对政府而言,事业活动的公共性和公共权力的公共性,要求对以往就由政府统管的科、教、文、卫等事业,必须按社会主义市场经济条件下对公共事务管理的要求进行管理,并将人口、资源和环保等涉及全社会公共利益的事务纳入社会管理范畴,同时,对直接关系到公众利益的公共交通、道路、水、电、煤气等产品生产企业,即传统的公用事业,也必须在宏观上将之作为社会公共事务,由公共部门根据公共权力运行的要求,从维护和增进公共利益出发,选取相应的方式进行统筹管理。

总之,随着改革的深入,传统事业领域内社会公共事务大量增加,"事业"公共性开始凸现,与社会主义市场经济体制相适应的解决特定公共需求的要求和相应的活动目标、主体及方式的出现,使公共事业的框架和基本内涵得以确立,传统"事业"向公共事业转型。

二、公共事业的基本内涵和特征

根据对公共需求、公共问题、公共事务和公共服务的认识,以及传统事业的基本内涵和基本性质,结合当前我国传统事业的转型所展现的事业活动的价值取向和要求,可以得出我国公共事业的基本内涵,并归纳出其基本特征。

(一) 公共事业的基本内涵

所谓公共事业,是随着我国社会主义市场经济体制的建立和事业单位管理体制改革而正在形成发展的社会全体公众的事业,是面向社会,以满足社会公共需求为基本目标,直接或间接为国民经济提供服务或创造条件,关系到社会全体公众基本生活质量和共同利益,并且不以营利为主要目的的公共服务活动。简言之,公共事业是当代中国特定的公共服务。

从产品的角度看,公共事业是一个生产和提供公共事业产品以满足公众需求的相关行业部门的活动。就其涉及范围和基本特性而言,公共事业属于狭义社会公共事务的范畴;而从传统事业的基本内涵来看,公共事业涉及的具体内容或活动，主要是科学、教育、文化、卫生、体育，由通信、邮电、铁路和公共交通、水、电、煤气组成的公用事业，以及社会保障等。①

对公共事业基本内涵的理解，还必须注意的是从社会产品的角度看，处理公共事务就是生产并向公众提供特定的产品或提供特定的服务。任何一种社会产品的生产和提供都是一个投入和产出的过程，是一个价值创造，并通过必须的方式（其中，既可以有传统的非市场的方式，也可以有今天的特定市场的方式）分配并消费而最终实现价值的过程。因此，公共事业不再是传统的"非经济"事务，而是与经济或市场有着天然的联系。确定公共事业内涵的基本标准不是"非核算"或与经济无关，也不是看它是否由非企业和非私人家庭操作，而是看这一产品的提供是否与公众的基本日常生活相连，是否首先满足公共需求与维护和发展公共利益。

（二）公共事业的基本特征

公共事业作为一种满足特定公共需求的社会活动，具有以下的基本特征。

1. 公共性

公共性是公共事业最主要和本质的特征。如上所述，如果从活动的本身和过程看，公共事业的公共性主要体现在它的活动目标、承担主体和活动的手段方式上。就活动目标而言，公共性体现在公共事业涉及的是在一定的经济条件下与社会全体公众基本生活质量和共同利益有关的、市场不会做或者不能完全交由市场做的事务，为此，满足社会公共需求，维护和增加公共利益，为整个社会的安全和发展创造条件，是活动的出发点和归宿，而且，其活动的结果涉及社会的方方面面，影响社会的整体运行目标和进程。就活动承担主体而言，其公共性体现在活动于这一领域或行业中的组织，主体是以非营利为目标的公共组织，如政府、准政府组织、非政府组织等，以及被纳入公共管理社会化和市场化管理框架，以政府管制为前提而进入这一领域活动的其他组织。就活动的手段方式而言，公共性主要体现在其活动得以展开所依据的是公共权力，由此，其活动的方式方法必须遵循社会对公共权力运行的要求，并具体而完整地贯穿于整个活动过程中。

如果从公共事业活动结果所涉及的对象来看，由于活动结果的享有者是

---

① 从公共服务的基本内涵看，我国公共事业在当前还应该包括社会保障活动，即基本医疗卫生服务、社会养老服务等，但从目前我国本科教育的专业划分来说，社会保障专业是一个与公共事业管理专业相平行的属于公共管理类的专业。作为公共事业管理基本专业教材，本教材在下面的分类管理概述中，就不再涉及社会保障领域，特此说明。

一个国家、社会或一个地区的全体社会成员,因而公共性表现为公众性。由于服务内容涉及一个国家、社会或一个地区的共同需求,因而这一国家全体公民或这一地区全体成员都可以享受解决这一共同需求所带来的利益,因而公共性也表现为公用性。由于服务的目标是维护和增进公共利益,一个国家的全体公民或一个地区的全体成员都可以获得这种利益,因而公共性还表现为公益性。

2. 非营利性

非营利性可以说是公共事业公共性的一个更为具体的表现。由于公共事业活动的基本目标是满足公众的基于基本生活的物质和精神需求,因而事业产品的生产和提供涉及的是基本的社会服务。从社会发展的角度看,这些基本的社会服务是保证一个社会安全稳定和发展的基本条件,是社会必须用社会的积累获得这些基本条件必须支付的成本。因此,在一般情况下,事业产品的生产和提供是以公共财政作为主要基础的,事业产品具有非营利性,社会公众可以无偿地享受这一产品。虽然在现代社会,有时为了弥补公共事业的经费不足,或者为了平衡在享受公共事业所提供的服务方面实际存在的差异,也会采用收费的办法,但是,特定的管理政策决定了这种收费绝不是以营利为目的,因而总体上具有非营利性。相应地,随着现代社会公众需求的扩大,有偿享受一定的公共服务正成为一个发展趋势。

必须指出的是,在现代社会中,企业也可以承担公共事业产品的生产,但由于有相应的政策法规的限制和必需的财政补贴,因而这些企业要在保证社会效益的前提下,并在规定的利润空间里进行相关事业产品的生产和提供。因此,这些涉及公共事业的企业的活动首先不是由市场自由决定的,活动在总体上体现为非营利性,或者说,在现代社会,进入公共事业领域活动的企业的营利是在一定限制下的特定的营利。

总体上看,公共事业公共性的基本要求,决定了公共事业活动的承担主体的首要目标是满足公众的基本需求,是维护和增进公共利益。基于必要的资金来源保证,事业产品的提供是非营利的。在公平与效率不能兼顾的情况下,公共事业产品的提供必须首先保证公平。

3. 规模性

由于公共事业活动的目的是满足公共需求,其产品涉及的范围广,因而必须具有一定的规模才能满足一个国家或地区公众的普遍需求。而建立一个公共服务体系需要大量的投入,且往往大部分属于经常性支出,加之公共事业的有些内容通常需要达到一定的规模后才能提供相应的服务,如公路、港口、机场、铁路等即如此,同时,这些基础设施也具有投资大、建设周期长、资金回收慢的特点,因此必须形成一定的规模才能收到效益。所以,现代公共事业普遍具有规模性的特点,要求充分考虑公共需求的涉及范围,在需求所及的范围内打破条块分割,通盘规范,统筹安排,以最适宜的规模向公众提供最多最好的公共事业产品。

4. 服务性

当代中国的公共事业,对基于传统的事业单位的活动和整个事业单位管理体制来说,主要是通过建立一定的设施,如学校、医院、科研机构和基础设施,通过提供以非物质的服务为基本内容的活动来满足公众需求,具有生产过程与消费过程同一的特点,所提供的产品大多呈非物质形态,即大多以提供服务作为其基本的产品。因此,当代中国的公共事业相当程度上是一种狭义的公共服务,具有鲜明的服务性特征。

三、公共事业产品性质分析

要更为深入地把握公共事业的基本性质和特点,进而准确地认识公共事业管理,还必须对当代公共产品理论的一个重要发展——准公共产品理论进行分析。因为,理论上,虽然公共事务理论给出了公共事业内涵和活动的基本范围及其基本性质,但由于公共事务与私人事务并不对立而更多是互补,且公共事务与私人事务之间是逐步过渡的,中间有巨大的中间地带,此外公共事务的处理或解决通常是以一定的产品的形式来表现和实现的,因而需要有更为具体的具有操作性的标准来对公共事业进行界定和划分。准公共产品理论就是这样一个有用的分析工具。准公共产品理论不仅能使人增进对公共事业基本性质的认识,而且也能使我们将公共事业管理的职能通过产品方式进行研究,即使运用微观的方法来分析公共事业管理主体的活动成为可能。

(一)准公共产品及其特点与分类

1. 准公共产品的基本内涵

具有非排他性和非竞争性的产品是公共产品,但在现实中同时具备这两个特征或者这两个特征表现得很鲜明的产品是很少的,换言之,正如上面提及的,人们认为萨缪尔森对公共产品的分析及其特征的概括过于抽象,较少有操作性。针对此,美国学者詹姆斯·M. 布坎南在《俱乐部的经济理论》一文中明确指出,根据萨缪尔森的定义所导出的公共产品是"纯公共产品",而完全由市场来决定的产品是"纯私人产品",但在现实世界中,大量存在的是介于公共产品和私人产品之间的一种商品,可称作"准公共产品"或"混合商品"。① 这样,布坎南在萨缪尔森提出公共产品概念及两个标准的基础上,根据纯公共产品与非纯公共产品(即准公共产品)概念,以及以"内部俱乐部理论"为基础的"布坎南模型",提出了准公共产品理论。

准公共产品理论总体上属于公共产品理论范畴,而所谓准公共产品,指具备非排他性和非竞争性两个特点中的一个,另一个不具备或不完全具备,或者虽然两个特点都不完全具备但却具有较大的外部收益的产品。准公共产品是介于纯公共产品和私人产品之间的公共产品,它构成了纯公共产品与私人产品之间广阔的中间地带,或者说,在一个社会中,准公共产品在数量上占有多数的地位。从公共管理组织提供公共服务角度看,准公共产品由于其属于公共产品的范畴,因而进入了公共服务的范畴,使得提供的公共服务通常除国防、行政和法律等外,大部分属于准公共产品,而且,也因此具有了提供这一类公共服务的应有方式。

2. 准公共产品的特点

(1) 非排他性和非竞争性特点的不充分性。非排他性和非竞争性是公共产品的基本标准,其基本内涵上文已经分析,而这种不充分性主要表现为以下两种情况:一是某些产品只符合其中的一个标准,即符合其中的第一个而不符合第二个,或者符合第二个而不符合第一个;二是虽然两个标准并非完全符合,但又并非完全具有私人产品的特性,即具有完全的排他性和竞争性。准公共产品的这一特点,使其兼有纯公共产品和私人产品的性质,但从总体上说,在公共性和私人性两者之间,其还是偏重公共性,因而才被称为准公共产品。

形成准公共产品这一特点的主要原因在于,准公共产品是一个历史的范畴,它是历史发展到一定阶段的产物,即社会的发展程度和变化使一部分本应是公共的物品,只能满足部分成员的需求,或者是某些具有私人产品特征的物品,由于关系社会公众的基本生活质量和共同利益,需求在其生产方式

---

① James M. Buchanan, "An Economic Theory of Clubs", *Economica*, Vol. 32, No. 125, 1965, pp. 1-14.

或管理上以偏于公共产品的方式进行,从而具有公共产品的性质。

(2) 外部性。外部性是指一个人的行为对第三者的福利的影响。外部性是准公共产品的又一重要特点。虽然外部性并非准公共产品独有,如纯公共产品甚至一些私人产品也具有,但准公共产品普遍具有外部性,因而这是它的一个鲜明特点。

准公共产品的外部性是指外部收益。外部收益是准公共产品的普遍现象。例如,交通的发展不仅使那些乘车的人节约时间,获得了内部收益,同时也改变了人们的时空观念,使整个社会获得了收益,这就是外部收益。例如,科学技术的发展,使运用这一技术的人获得了收益,同时也使没有直接使用这一技术的人在观念上发生了变化,并且在人们将这一技术应用于不同产品的生产上,使产品变得便宜,或者使产品的功能增加。这就是科学技术的外部收益。准公共产品的这种外部性也称为"溢出效应"。准公共产品的外部收益有两种表现形式。

一是生产的正外部性,即生产的社会成本小于私人成本。它表现为生产成本的下降。如一个人提供了技术的研究费用,由于这种技术不仅有利于企业,也为社会增加了新技术,因而有利于社会,而且,由于它能复制,使以后的生产者不必再花费研制费用,因而使得社会成本低于私人成本。如果将技术完全按照市场方式供给,则会产生消费不足的问题。

二是消费的正外部性,即消费的社会收益大于私人收益。它表现为社会对该产品的需求下降。如在教育消费中,如果教育产品的生产成本全部由私人负担,那么家长就会以自己的效用(如支付的学费相当于多少斤粮食等)来判断其效用。但在现实社会中,社会对于教育的估价往往超过个人的估价。因此,准公共物品通常会产生消费不足的问题,公共组织如政府必须以一定的方式对这些重要的准公共产品予以管理。

3. 准公共产品的分类

按照公共产品的两个基本特点及其在准公共产品中的表现,可以将准公共产品分为以下三类。

(1) 具有非排他性且非竞争性不充分的准公共产品。这类准公共产品的共同特点是具有较强的非排他性,同时又在消费上具有一定的竞争性。这里的竞争性弱于私人产品。教育就是这类准公共产品的典型例子:随着社会经济的发展和人们教育意识的加强,具有非排他性的教育逐步成为社会福利,但由于教育本身具有一定的消费竞争性,且在一定的社会历史阶段任何一个政府也难以将教育作为纯公共产品,因而一方面要以巨大的公共财政保证义务教育的实施,另一方面也允许在义务教育阶段以上的某些领域中进行竞争。

(2) 具有非竞争性且非排他性不充分的准公共产品。这类准公共产品的共同特点是具有消费上的非竞争性,同时又具有一定的消费排他性。这里的消费排他性弱于私人产品。道路是这类准公共产品的典型例子:由于其具有非竞争性,因而最适宜的方式是由非营利的组织进行管理,而由于具有一定的消费排他性,也就具有采取收费的方式进行管理的可能。

(3) 非排他性和非竞争性都不充分的准公共产品。这类准公共产品虽然非排他性和非竞争性都不充分,但又不完全同于具有排他性和竞争性特点的私人产品,或者说具有一定的排他性和竞争性,但总体上又偏于公共产品,例如文化、艺术、医疗、体育等。在一定程度上,这类产品与属于私人产品的俱乐部产品比较接近。①

总之,准公共产品总体属于公共产品的范畴,因而它与俱乐部产品还是有明显不同的,这主要表现在:第一,俱乐部产品的受益人是相对固定的,而这类准公共产品的受益人一般不固定,即其外部性是向社会发散的;第二,俱乐部产品虽然具有溢出效应,但其溢出范围通常限于少数利益相关的受益人,而这类准公共产品的溢出范围则较大。实际上在现代社会中,在纯公共产品和纯私人产品之间是一个由准公共产品及俱乐部产品构成的巨大的空间,认识这一区别具有十分重要的意义,因为一般来说,俱乐部产品相对于其成员来说是一个利益共同体,可以通过共同费用分摊实现收益内在化,而这类准公共产品由于受益人不固定,难以做到收益内在化。所以,俱乐部产品适宜私人经营,而准公共产品则更适宜作为一种大众的事业,由公共组织如政府进行相应的管理。

4. 社会产品的分类

具有非排他性和非竞争性的产品是公共产品,但在现实中,并非所有的公共性产品都同时具备这两个特征,或者这两个特征都表现得很鲜明,即现实中还存在着大量的准公共产品。如果再结合私人产品的分类进行分析,就可以获得一个更为全面也更具操作性的对公共产品的认识:公共产品一般可以分为纯公共产品和准公共产品。纯公共产品是指完全具备非排他性和非竞争性特点的产品,如国防、行政管理、基础科学研究、社会科学研究、立法、司法、环境保护

---

① 参见马国贤:《中国公共支出与预算政策》,上海财经大学出版社2001年版。

等。准公共产品是介于纯公共产品和私人产品之间的公共产品。

私人产品是与公共产品相对应的一大类产品。私人产品按其性质也可以分成纯私人产品和俱乐部产品。纯私人产品是指完全具有排他性和竞争性特点的产品,由于这类产品只适宜市场供给,所以称为"市场产品"。俱乐部产品是指虽然具有私人产品的基本特点,但却不十分强烈,且在一定程度上具有准公共产品的特征,然其受益范围较小或有特定的规定,如通常的一些会员制的运动俱乐部、读书社、行业协会等。

这样,如果从社会总产品的角度看,一个社会的产品可以分为纯公共产品、准公共产品、俱乐部产品和纯私人产品,并得到图1-1的分类。

图 1-1　社会产品分类

此外,还可以按受益范围将公共产品划分为全国性公共产品和地方性公共产品,也称作"公益性产品"和"互益性产品"。前者指全国居民都受益的公共产品,如国防、外交、全国性立法、国家行政事务管理等。后者指一定地区或社区居民受益的公共产品,如地方性行政管理、执法、道路、环卫、治安等。地方性公共产品按照受益的范围,还可以进一步划分。一般来说,地方性公共产品由地方性的公共组织提供,但具有溢出效应。通常,全国性的公共产品大多属于纯公共产品,而地方性公共产品则以准公共产品为主,有些实际上已属于俱乐部产品。

在认识公共产品时必须注意以下几点:第一,由于私有制国家也有公共产品,公有制国家也有私人产品,因此,公共产品和私人产品的划分不是由社会制度决定的,与社会制度无必然联系;第二,在不同社会中,由于受社会制度和社会发展程度的影响和制约,公共产品的范围存在着客观的差别。例如森林、土地、矿产资源等在私有制国家完全可以成为私人物品,公共性并不确定,而在公有制国家则成为公共物品,具有较强的公共性,这往往是通过法律予以明确规定的。

(二) 公共事业产品的基本性质

从社会产品的角度看,公共事业活动提供的主要是科学技术产品、教育产品、文化产品、卫生产品、体育产品,属于城市公用性质的水、电、煤气、公共交通等产品,以及邮电、通信等产品。在公共产品的视野里,事业产品总体上都属于准公共产品的范畴。但是,进一步分析可以发现,并非所有的公共事业产品都属于准公共产品的范畴。事业产品是一个由纯公共产品和准公共产品组成的混合体,大致可以分为以下两类。

1. 属于纯公共产品性质的事业产品

纯公共产品性质的事业产品主要有气象、基础科学研究、农业技术研究和推广、大型水利设施、社会科学研究等。从数量上看,这类产品在整个公共事业产品中仅占少数,但却极其重要。如基础科学研究所要解决的是人类共同面临的难题,在研究过程中,需要长期的、连续的资金投入,由于其研究的最终产品是得出相关的科学理论和方法,因而虽然这一科学的理论和方法可以肯定必然会在不同程度上对整个经济进步和社会发展产生影响甚至是巨大的影响,但这种基础科学研究的成果可以应用于哪些方面、在什么时间产生何种影响,却是应用科学研究部门的任务,且是较难准确预料的。也就是说,基础科学研究对研究者来说,虽然具有明确而巨大的外部收益,但却很难确定其内部收益,因而个人或企业很难独立承担,通常只能依赖政府拨款。

所以,公共事业的部分产品是纯公共产品,这些产品数量虽然不多,但满足公共需求,对国民经济和社会发展具有十分重要的意义。一般来说,区别公共事业产品中纯公共产品与准公共产品的界线,不是外部性而是内部收益。内部收益难以确定的基本上属于纯公共产品的范围,必须由政府通过必要的方式,如直接投资等方式直接负责,免费向大众提供。

2. 属于准公共产品的事业产品

公共事业的产品大部分属于准公共产品,如教育、医疗、卫生、体育、动植物检疫、出版、广播、影视,以及基础设施等。这些公共事业产品虽然同属准公共产品的范畴,但其外部性是不同的。

如何界定公共事业产品的排他性、竞争性和外部性三者之间的关系?这是一个困难的问题,但也是把握各类具体的公共事业产品基本性质的重要问题。世界银行在1994年《世界发展报告》(*World Development Report*)中,对基础设施服务进行过较为广泛的调查,并整理出图1-2。

	排他性		非排他性
竞争性			
私人产品			公共财产
电信	城市公交	矿物燃料发电厂	地下水 城市道路
	乡村卫生设施（现场处理）		
地方电力输送	铁路、机场、港口服务 高压输电 铁路、机场、港口设施	管道水供给系统 地表水灌溉 垃圾填埋	
城市间高速公路（收费公路）			农村道路 街道清扫 交通信号控制
俱乐部产品			纯公共产品
非竞争性			
低	外部性		高

图1-2 基础设施的外部性

(资料来源:《1994年世界发展报告》,第25页,转引自[美]桑贾伊·普拉丹:《公共支出分析的基本方法》,蒋洪、魏陆、赵海莉译,中国财政经济出版社2000年版,第132页。)

在图1-2中,处在左上方和右下方的分别是私人产品和纯公共产品。从左到右,产品的排他性是逐渐减弱的,同时,外部性逐渐增强。从上到下,产品的竞争性逐渐减弱。可以看出,最接近私人产品的是电信、地方电力输送、城市间高速公路等,而最接近纯公共产品的是农村道路、街道清扫、交通信号控制等准公共产品。据此可以看出,准公共产品的外部性主要由非排他性程度决定,非排他性越强的产品,其外部收益就越高,相应地,内部收益就越小。

总之,公共事业产品总体上是介于纯公共产品与私人产品之间的中间产品,即准公共产品,处于纯公共产品与私人产品之间的广阔地带。公共事业产品总体上属于准公共产品的性质的基本特点,以及各类公共事业产品的公共性纯度,即具体表现为外部性的大小的不同,决定了在进行公共事业管理时,必须对不同的公共事业产品的生产和供应给予不同的财政供给政策。如果以某一种统一的政策来对待公共事业,显然是不符合公共事业产品基本性质的,更是不切实际的。

第三节　公共事业管理及其特征和原则

在中国,公共事业是社会事业,是当代中国社会特定的公共服务,因此,从管理学的角度看,公共事业管理就是对这一公共服务过程的组织、计划、协调和控制。如果说,公共事业是当代中国公共服务的话,那么,公共事业管理就是当代中国一个具有社会主义特色的公共服务管理过程。

一、公共事业管理的界定

公共事业管理作为现代管理的一个重要领域,由特定的管理主体、管理客体、管理目的、管理职能和方法以及管理环境等要素构成。管理主体,即由谁来进行管理;管理客体,即管理的对象或管理什么;管理目的,即为何进行管理;所谓管理的职能和方法,即如何进行管理;管理环境,即达到管理目的的宏观条件。在这五个要素中,管理客体即公共事业的基本属性,决定着管理的目的和管理主体,相应地也就决定了管理的方式。因此,在对公共事业管理作出具体的界定之前,在对公共事业已有的分析基础上,有必要对公共事业管理中的组织,以及其运行的资源——公共权力进行概要的分析。

（一）公共事业管理中的组织与权力

1. 公共组织

现代社会是一个高度组织化的社会,人们只能通过组织才能参与社会公共生活。因此,以准公共产品的生产和提供为其基本活动的公共事业活动实际上就是一个组织过程,组织是公共事业活动最基本的要素。从公共事业所具有的公共性的本质特征,以及人类社会中公共服务提供的历史发展看,到目前为止,公共组织是公共事业活动中最基本的组织。

（1）公共组织的概念。在社会中,如果根据组织的目的是服务于个人或私人,还是服务于公共利益来划分,可以将现实生活中的组织分为两大类别,即公共的组织和私人的组织。前者的组织目标是增进公共利益而不是为组织营利,其行为会对其他组织或个人产生直接的影响;而后者的组织目标通常是通过营利服务于个人或私人利益,其行为不会直接地或明显地影响其他组织或个人。

所谓公共组织，是指不以营利为目的，致力于协调社会公共利益关系，以服务社会大众、提高公共利益为宗旨的组织。显然，公共组织是以追求社会公共利益为其价值取向而建立的特定的社会组织，公共性是其本质，这就决定了公共组织是社会公共事务的管理主体，即公共管理的主体。而作为公共管理重要组成部分的公共事业管理，其基本管理主体也必然是公共组织。

(2) 公共组织的类型。在实际中，由于划分的标准和侧重点不同，学界对公共组织的划分和表述都是不相同的。① 以公共组织是否拥有公共权力、拥有公共权力的大小及其权力的类别来进行划分，公共组织主要可以分为政府组织、非政府组织和准政府组织。

政府组织通常有广义和狭义之分。广义的政府组织包括立法、司法和行政机关，而狭义的政府组织指行政机关，即通常所说的狭义的政府。社会公共事务在任何社会中都是极为重要的存在，政府组织在对其管理中占有极为重要的、不可替代的地位。

非营利组织，即非营利的以增进社会公共利益为组织目标，且是非官方的，即组织本身并不具有行政权力的公共组织。与政府组织相较，非营利组织的最大特点是非强制性和服务性。在市场经济条件下，非营利组织数量多，而且承担着极为重要的社会公共事务管理任务，具有极为重要的地位。因为在现代公共事务尤其在狭义的社会事务的管理中，管理的一个基本要求就是必须按社会的规律来管理社会，因而在管理的基层，管理往往意味着经营和服务，而非营利组织由于自身的性质特点，常常能比政府组织更具效率。非营利组织通常包括非营利的院校、社区学校、医院、研究所、基金会、文化和科学技术团体、各种咨询服务机构等。

准行政组织或准政府组织。准行政组织是介于政府组织和非营利组织之间的一种过渡型公共组织，即非营利的、以增进公共利益为组织目标，但通

---

① 目前学术界对非官方的、非营利的，并主要从事社会公益工作的组织，由于划分的角度和侧重点不同，存在着不同的表述和称呼。如有的将社会上所有的组织分为政府组织与非政府组织两大类，然后再将非政府组织分为营利与非营利组织两大类，非营利机构通常称为 NPO（non-profit organizations），主要强调的是指非政府的、不营利并致力于社会公益的组织；有的按是否营利和是否以增进社会公益为组织目标，将社会组织分为公共组织和私人组织，然后再按是否具有行政权将公共组织分为政府和非政府组织，其中的非政府组织称作 NGO（non-governmenttal orgaizations）。我们认为，公共组织一个最基本的特点就是非营利和以增进公共利益为组织目标，是否依靠行使行政权来达到组织目标更能体现公共组织体系中的不同类型，故本书依此进行划分。

过授权等行使一定的行政权力或通过所具有的公共权威,其对公共事务的管理具有一定强制性的公共组织。在市场经济条件下,政府管理的基本范畴是社会公共事务,超出这一范围以行政权力直接管理市场,则可能导致社会资源的巨大浪费,即出现"政府失灵"。但在利益多元化的市场乃至利益多元化的公共事务领域的具体领域,仅靠柔性手段是难以达到管理目标的,因此,必须通过对一些公共组织进行行政权力授权,或通过当事人对契约的遵守或对公共组织权威的服从,以一定的强制性对当事人进行管理。现实中,我国目前的一些事业单位和一些有一定行政执法权的团体(如残联等),以及各种经济仲裁委员会、消费者权益保障委员会等即属于此类。

2. 公共事业管理中的基本权力

组织过程就是权力使用过程,即组织依据特定的权力,以一定方式作用并影响管理对象的过程。在公共事业活动中,公共组织是凭借公共权力来进行公共事业产品的生产尤其是提供的。公共权力是公共组织实施公共事业管理的基础。

公共权力从何而来?在现代社会,公共权力是通过特定的民主程序产生的,即在代议制民主制度下,公民通过选举代表参与包括对公共事业在内的整个社会公共事务的管理,从而转让个体权力以形成公共权力。因此,这一通过民主制度所形成的公共权力具有合法性,能获得公众普遍的认可和服从。相应地,这一公共权力的大小即权力作用范围的宽窄及力度的大小,也是通过民主制度确定的,即现代民主社会一般都是通过宪法形式及相关法律来规范公共权力的作用范围和力度。就此来说,现代社会的公共权力本质上仍然源于社会的共同需求,而形式上则因法而产生,是一种法定权力。

公共权力在公共事业管理中通常是按一定的环节所构成的完整过程运行的,这一过程包括了公共权力的形成、分配和控制。如公共权力的分配分为初次分配和再分配,决定分配权力大小的基本因素,是公共事务管理的层次和范围。正是有了这一公共权力的运行,静态的公共组织结构得以运转,公共组织的管理方式得以作用于管理客体并最终实现组织目标。

(二)公共事业管理的内涵

管理是一种普遍的社会活动。如果把管理活动分为主体、客体、目的、方法和环境五个基本要素,并根据各要素在实际管理活动中的作用和地位,以及它们之间的内在逻辑关系,我们可以把管理定义为在一定环境中,管理主体为了达到一定目的,运用一定的职能和手段,对管理客体加以调节控制的过程。据此,我们可以给公共事业管理做出如下的定义:所谓公共事业管理,指在当代中国的一定环境中,作为公共事业管理基本主体的以政府为核心的公共组织,①凭借公共权力,为满足社会公共需求,促进社会整体利益的协调发展,采取一定的方式对公共事业活动进行调节和控制的过程,是一个具有中国特色的公共服务管理过程。

从公共事务的角度看,这一协调和控制就是处理关系到社会全体公众整体的生活质量和共同利益的特定的社会公共事务;从公共产品的角度看,就是一定的主体对关系到社会全体公众整体生活质量和共同利益的由纯公共产品和准公共产品构成,并以准公共产品为主的产品的生产和提供的控制和协调。

理解公共事业管理这一定义,还必须注意以下三个方面。

第一,现代公共事业管理的层次性。由于公共事业产品呈现多种类型,有纯公共产品与准公共产品,或全国性公共产品和地方公共产品,或公益性和互益性公共产品的区别,因而承担组织的大小和活动层次与范围是不同的,相应地,由于涉及公共产品的生产和提供的范围不同,承担主体的公共权力配置也是有层次的。这种层次性具体表现为中央政府、地方政府、非政府组织等组织在管理过程中负有不同责任。

第二,现代公共事业管理的主体多样性。公共事业公共性的基本特征,决定了现代公共事业管理的主体首先是公共组织且核心是政府,同时,还包括非政府组织和准政府组织,如目前我国通常所说的非政府组织或非营利组织等,以及相当程度上具有准行政性的事业单位等。此外,如后文相关章节中关于现代公共事业管理模式中所要分析的,随着现代公共事业管理的社会化和市场化,涉足公共事业领域并承担具体的公共事业产品的生产和提供的组织通常还有企业组织,从而构成现代的公共部门。② 这也从另一侧面反映了公共事业管理丰富的层次性。

第三,现代公共事业管理中的"管理"丰富性。我国传统的事业管理,虽

---

① 在相当长的历史时期中,世界范围内公共服务的提供和管理者都是公共组织,尤其是政府组织,但20世纪80年代以来,新的公共服务和管理的格局正在形成,因而管理主体的内涵和外延正在发生改变。对这一情况下一章将具体分析。

② 公共部门是指被国家授予公共权力,并以社会的公共利益为组织目标,管理各项社会公共事务,向全体社会成员提供法定服务的组织。通常,公共部门包括政府与公共企业。所谓公共企业,是指在公共管理的规范下涉足公共服务领域、参与公共产品生产和提供的企业。

然最终也是一个处理公共事务、满足公共需求的过程,但在特定的计划经济体制和传统政治文化的影响下,作为管理唯一主体的政府,更多强调和体现的是政治需求和政治权力,是一种对事业单位的管制,而事业单位更多考虑的是对行政命令的执行及组织的内部管理。在当代的公共事业管理中,一方面从公共事业的根本目标是满足公众不断增长的物质和文化需求出发,更多强调的是如何生产和提供更多更好的公共事业产品,更多地注意外部环境的变化尤其是公共需求的变化及其条件,注意根据外部条件和需求的确定来进行内部的组织管理,因而体现为整个管理的理念从管制向服务的转变;另一方面与管理的层次相应,管理的内容上也有监管、实施和服务的区别。

二、公共事业管理的基本特征

(一)公共事业管理具有公共性

公共事业管理作为一项管理活动,最鲜明的特点首先就是具有公共性。这一公共性可以从两个方面来认识。

第一,公共性体现在管理目标上,即公共事业管理的目标,是满足公众特定的公共需求,维护和提高公众的基本生活质量,保证社会的稳定和发展。因此,在整个管理活动中,服从于这一目标,公共事业管理的出发点是公众特定的需求,管理活动的实施是运用公共权力整合社会资源,弥补市场机制的不足,为社会提供必需的公共产品,为社会的全面进步奠定基础,提供动力。

第二,公共性体现在管理的手段和过程中,即公共事业管理凭借的是公共权力,因而管理的手段和方式都必须按照公共权力运行的公共性的要求进行,这不仅体现在对管理者角色的定位及相应手段的选取上,同时在现代社会,更必须强调公众的参与性,这种参与既表现为公众对公共事业管理决策过程的了解与影响,并通过法律法规对公共事业管理行为进行约束,以及通过各种渠道对公共事业管理进行监督,也表现为在生产和提供公共事业产品的过程中,公众通过一定的非政府组织对一定层次和内容的公共事业进行管理。

(二)公共事业管理具有强制性

如果"管理"是管理者通过自己的行为处理、控制事务的过程或实行监管,那么在这个意义上,任何管理都带有强制性,但相比较而言,公共事业管理的强制性总体上较其他非公共性的管理更为突出。公共事业管理的强制性根本上在于其运行所凭借的是公共权力。如上所述,强制性是公共权力的最基本的表现形式,这是人类社会文明进化的结果,更是在利益多元的社会中,公共权力实现对社会公共事务进行有效控制的必要条件。就公共事业领域而言,由于公共事业本身具有的公共性和外部性,自由竞争的法则难以保证公共事业产品的生产和提供,更难以保证公共事业产品对公共利益的维护和促进。因此,必须由公共组织尤其是政府代表公众的利益,出面弥补市场机制的不足,对公共事业进行统筹管理。同时,为了保证这一统筹得以进行,作为公共权力部门的政府必然凭借公共权力的权威,从公众的需求和社会发展的要求出发,通过大量的立法、管制、政策以及规章制度等,强制规定诸如义务教育及其年限、公共卫生的基本条件、公用设施的基本规模、城市公用事业的价格等,相应地,强制规定进入这一领域活动的各类组织的条件,以及活动必须遵守的规则及其范围,等等。这一切充分体现出公共事业管理的强制性。

当然,公共事业管理具有强制性,并不意味着公共事业管理者可以随心所欲地滥用公共权力。依法进行管理,是现代公共事业管理的基本要求,也是公共事业管理强制性能发挥出应有效力的基本前提。

(三)公共事业管理具有非营利性

是否以营利为目的,是区分私营性组织与公共组织的重要标志,也是区分市场行为与公共部门行为的最根本标准。公共事业的基本特点决定了其管理主体必须是公共组织,而公共组织代表公共权力,从事社会公共事业管理的时候,就必须从组织的基本目标和公共事业活动的基本特性出发,以非营利作为依归。进一步言之,就是政府在制定公共事业管理的政策时,不能考虑从管理的结果中获得经济收益,尤其是不能考虑从中获得政府自身的经济收益。作为一项统筹管理为公众提供基本生活质量保证和促进社会进步发展事业的活动,政府在制定相关管理政策和规定,以及实施管理的过程中,必须考虑的是通过管理带来多大的社会效益。

当然,说公共事业管理必须考虑社会效益,并不意味着政府不能考虑在整个管理过程中的人力、物力和财力的投入,即要计算成本,考虑公共财政的支出额度。恰恰相反,为了在一定的物力和财力下给公众提供更多更好的公共事业产品,政府必须充分考虑投入与产出。社会效益是以经济效益作为基础的。

(四) 公共事业管理具有服务性

充分认识公共权力的主体,从满足公共需求出发进行相应的管理,服务于公众,从而使公益与私利均获得发展,这是当代公共事务管理的基本发展趋势,也是对管理者的基本要求。就公共事业管理而言,由于公共事业活动涉及的是关系人民日常生活及基本发展需求的社会性事务,直接面对公众,从产品的特点看,多是非物质服务形式,如科学、教育、文化、邮政、电信、交通、市政、气象、医疗卫生等,需要创造更多更好的条件使服务得以顺利进行,因此,公共事业管理具有明显的服务性。因为从根本上说,虽然在管理过程中,价格管制、质量检查、法律监督、经济手段等都不可或缺,但公共事业管理的目的在于统筹协调好公共事业活动,公共部门行使公共权力的目的是为公众提供最多最好的公共事业产品,首先满足公众日常基本的社会生活需求,其所进行的管理活动本质上都是为公众服务的。因此,现代公共事业管理必然要求整个管理中体现出强烈的服务意识,以服务公众作为基本的绩效指标,同时,在推动公共事业管理社会化过程中,将管理由单向度的监管转向多方位的服务,积极建立完善的公共基础设施,改革管理体制,增加服务项目,提高服务水平,既直接为公众提供更多更好的公共事业产品,也为具体的公共事业产品的生产和提供者创造必须的良好条件,使其更好地为公众服务。

三、公共事业管理的基本原则

在管理过程中,原则是在一定的时代和具体的社会环境中,管理主体对管理本质的认识及其反映,是管理主体必须遵循的行为准则。公共事业管理的基本原则即公共事业管理主体活动的基本准则,它影响着公共事业管理主体如何决定公共事业管理的目标,也制约着公共事业管理组织职能的发挥和管理方式的选择,以及如何处理管理过程中出现的种种矛盾等。

公共事业管理的基本原则由公共事业管理的基本属性所决定,或者说它是公共事业管理本质属性对管理过程的基本要求。公共事业管理是以政府为核心的公共组织凭借公共权力,采取一定的方式对公共事务进行调节和控制的过程,管理的目的是促进社会整体利益和协调发展,公共性是其本质的特征。公共事业管理的基本原则,就是要根据管理过程的基本特点以及整个公共事业管理过程和技术的最新发展趋势,围绕公共性的基本要求从不同的侧面规范和引导管理主体的行为,保证公共事业管理实现管理目标,并达到公共事业管理的最终目的。公共事业管理的基本原则主要有以下四条。

（一）公众为本原则

所谓以公众为本，就是公共事业管理必须以全体社会公众的共同利益为本。这是公共事业管理公共性这一本质特征最集中的反映，也是贯穿公共事业管理全过程的基本要求，这一基本原则有如下要求。

一是必须以维护和提高公众利益为管理的出发点和归宿。从管理过程看，公共事业管理通常针对所出现的特定社会问题，即由于社会多数成员所期望的与实际状况产生了偏差而出现的问题，确立管理的目标展开管理。在这些社会问题中，哪些反映的是个别成员的要求，哪些是社会多数成员面临的问题，或者哪些虽然是个别成员所提出但反映了较为普遍的要求，哪些虽然是一定数量的社会成员提出但没有反映出社会的共同要求，等等，极为复杂。这就需要管理主体以公众利益的基本要求为准绳，认真分析和辨别，使真正需要解决的社会问题进入公共事业管理的范畴，并以维护和提高公共利益为目的，来确立管理目标展开管理。这一点主要涉及公共事业管理中社会问题的提出及目标的确定。

二是必须以公众的特点和需求水平为依据进行管理。公共事业管理目标确定后，公共事业管理还必须靠一定的管理措施、手段和设施等将管理主体与对象联结起来，使被管理者发挥能动作用并积极参与管理过程，从而实现管理目标。在这一过程中，被管理者（公众）能否发挥出其主观能动性，相当程度上就与管理措施、手段等是否适应公众的特点和需求密切相关。

三是必须以维护和提高公众的利益为基本要求激励管理者的积极性。作为公共事业管理主体的组织和机构，其实际的运行和效能的发挥，必须依靠管理人员来完成，管理效果的取得首先跟管理人员的工作效能有关。管理人员的工作效能既与其本身的知识水平和能力有关，也与其价值取向等所决定的工作态度有关。从激励管理人员工作积极性的手段来看，既有物质的也有精神的，而让管理人员尤其是从事具体管理工作的基层管理人员明确公共事业管理的基本价值，将所从事的工作与维护和提高公众利益相连，必将极大地促进其发挥积极性。

（二）服务原则

公共事业管理就其内容而言，主要是围绕社会中大量存在的问题，通过提供公共事业产品，以提高公众生活质量，增进社会共同利益。因此，虽然管理中不可避免地存在一些需要以强制管制的方式进行管理的内容或事项,如对公用价格的管理、对环境资源的管理,但本质上仍然是在为社会公众进行服务。因而可以说,公共事业管理中虽然在形式上存在管制,但在其本质上仍是非管制的,立足点是在服务上,根本目的是为社会提供服务。这是公共事业管理发展中最重要的特征。我们认为,公共组织承担着管制管理与服务管理两大任务,但其立足点是在服务上。

进一步言之,公共事业管理必须遵循服务原则。究其原因,一是现代公共事业管理是市场经济条件下的管理,而市场经济的核心在于尊重行为主体基本权利尤其是自利权利,通过提供一定的环境或条件,让行为主体合乎规范的自利行为在实现自身利益的同时增进整个社会利益,因而公共事业管理主体必须顺应管理对象的意志和愿望来实施职能行为,为他们愿望的满足提供必要的条件。二是公共管理内容的社会性要求管理的方式方法合乎社会事务本身的规律,要求创造和提供条件以充分发挥社会权力的作用,让社会自我管理和自我服务,达到国家与社会的良性互动。

这一服务原则主要制约和影响公共事业管理的基本理念和态度,在实际管理过程中有如下规范。

第一,在宏观层面,公共事业管理主体必须清楚地认识到现代公共事业管理本质上是服务而非管制,服务是公共事业管理的内核和基础,因此,宏观公共事业管理(第三章将重点分析)最主要的是通过制定相关的政策和法规等,为社会或公众提供公共产品和服务创造良好的条件。相应地,政策和规章的制定要集中在大力增强公共事业管理机构的公共服务职能、发展和完善有关公共设施方面。

第二,公共事业管理中存在着管制的形式,但在根本上管制是服从于服务的,即管制是为了公众的基本生活质量和根本利益。因此,履行带有管制职能的公共事业管理机构在管理过程中必须树立管理就是服务的理念,要通过必要的措施将这一理念落实到管理过程中,即不是从管理主体的角度考虑如何管制被管理者,而是站在社会与民众的立场,要求公共事业管理的主体,特别是政府做好为公众服务的工作。

第三,中低层的公共事业管理机构面向社会,为公众提供优质的公共产品和服务是其最基本的职能,因而在这里最明确体现出管理就是服务的原则,这也是最基本的要求。这一原则要求中低层公共事业管理机构要以提供更好的公共事业产品为目标,采取一切措施,使公众更加容易获得公共事业产品,增强公共服务对公众需求的反应力。

(三) 社会效益优先原则

公共事业管理通过提供优质足量的公共事业产品来保证公众的基本生活质量,并促进社会公共利益发展。优质足量涉及效率,而保证公众的基本生活质量和促进社会公共利益则涉及公平即社会效益。就此而论,公共事业管理是指在公共这一特定领域中有效地增进与公平地分配社会公共利益,效率与公平是公共事业管理中必须认真考虑的两个基本目标。

效率强调的是公共事业管理过程中的投入要素与实际产出之间的关系,公平则强调公共事业管理的实际结果与公共事业管理的本质和最终目的的关系。一般来说,在公共事业管理过程中必须效率与公平两者并重,且两者存在内在联系。因为,提高效率是为了有更多更好的公共事业产品,而要真正保证高质量的公平只有以提高效率为基础。但在现实中,往往会出现两者矛盾和冲突的情况,甚至只能首先顾及其一。由于增进公共利益最终还是为了分配给社会的每一个成员,且公共事业管理本质上是一种涉及社会公众基本生活质量的管理,是以政府为核心的公共组织的管理,而在现代市场经济条件下,政府的政策机制以及非政府组织的基本职责主要解决公平问题。所以,在公共事业管理中,必须以社会效益为先,首先主要解决公平问题。

社会效益优先涉及公共事业管理中的管理战略、结果评价等,主要有以下规范。

一是在结果管理与过程管理相统一的基础上,重视结果管理。从管理过程的角度看,公共事业管理的基本内容涉及社会问题的管理,一般包含三项内容,即问题提出中的管理、问题解决的过程管理和问题解决的结果管理。其中,过程管理更多地强调效率,而结果管理更多地突出公平。社会效益优先,就要求在管理过程中不仅要围绕如何实现这个目标去协调资源管理,关注管理过程,更必须考虑目标确定的合理性以及实际分配的公平性管理,也就是必须重视结果管理,更多地突出公平。

二是在内部管理与外部管理相结合的基础上,重视外部管理。公共事业管理面向社会,解决关系社会公众基本生活的公共问题。显然,基于强调公共利益、重视结果管理、突出公平等要求,整个公共事业管理也就必须围绕公共组织对外实施管理展开。企业管理理论主要研究企业内部问题,而在传统的政府管理研究中,围绕提高"行政效率",通常把注意力放在政府的内部管理上。当然,为了实现公共事业管理的目标,加强公共组织内部的管理是必要的,在一定程度上也应该先行,但是,加强内部管理的最终归宿还是为了更好地进行外部管理,即管理社会公共事业。正因为如此,现代公共事业管理的一个重要特点,就是强调以外部管理为目标的战略管理。

三是必须在对公共事业管理的评价中,将社会效益作为绩效评估标准的最重要内容。公共事业管理具有自己的绩效评价标准,即公平与效率的统一并重在公平,具体的评估指标通常是行为的合法性、公众舆论好坏、减少各种冲突的程度、公共项目的实施与效果、公共产品的数量及其消耗程度等。这是公共事业管理中社会效益优先在评价中的具体要求和体现。

（四）法治原则

当代的公共事业管理是市场经济条件下对公共事务的管理,或说是市场经济条件下公共事业产品的生产和提供,而市场经济是法治经济,因而现代市场经济条件下的公共事业管理也必然是依法进行的管理。如,公共事业管理主体中最基本也最为重要的主体是政府,从整个国家的制度安排来讲,公共事业管理机关受立法机关和司法机关的法律监督。立法机关制定各种法律作为行政机关行政行为的依据,司法机关通过行使司法审判权来监督行政机关的活动。政府组织必须依法设立,在法律规定的范围内活动,所行使的权力不能超过法律授权的范围;行政机关有一定的存在期限,超过法律所规定的活动期限,该政府组织就要被取消;行政行为必须依法和依照相应的行政程序进行,否则就是违法。行政机关及其工作人员具有做出行政决定的自由裁量权,但自由裁量权的行使有一个制约,即不能超过法律的界限和规定。

第四节　公共事业管理与其他相关管理的关系

从学科来看,公共事业管理属于现代管理学的范畴,是公共管理学科的重要组成部分和分支学科,它与公共管理、行政管理和企业管理既有联系,又有区别。认识公共事业管理与这些相关管理的关系,既划清各自的边界,又把握它们的联系,这对学习和研究公共事业管理是十分重要的。

一、公共事业管理与公共管理

公共事业管理与公共管理既有联系，又有区别，它们两者之间的关系可以从以下方面进行认识。

（一）公共事业管理与公共管理的联系

如上所述，两者的联系在于公共管理与公共事业管理是整体与部分的关系，即公共事业管理是公共管理的重要组成部分和分支学科。因为，公共管理是对整个公共事务的管理，而公共事业管理是对狭义的社会公共事务的管理，两者是整体与部分的关系，因此从管理的目标看，两者都致力于协调社会公共利益关系，服务社会大众，提高公共利益。从管理主体来看，两者的管理基本主体都是社会公共组织；从管理的对象看，两者都是以公共事务作为管理对象；而从社会产品的角度看，两者都是通过提供纯公共产品和准公共产品来满足公共需求，解决公共问题。总之，公共管理包含公共事业管理。

（二）公共事业管理与公共管理的区别

第一，从管理对象来看，两者有宽窄之分，即公共管理的范围是广义的或一般的公共事务，即包括涉及社会整体利益的政治事务、经济事务和狭义的社会事务，公共管理就是由政务管理、经济管理和公共事业管理组成的。在现实中，政治类的公共事务管理表现为国防、国家安全、民族工作等，经济类的公共事务表现为宏观经济调控、经济计划、市场监管等，社会类的公共事务则表现为科学、教育、文化、卫生等领域中的诸多事务。而公共事业管理的对象是狭义的社会公共事务，即上述的最后一类事务。

这里，有必要对经济管理及其与公共事业管理的关系进行分析。传统的观点认为，从政府管理的角度看，市场经济条件下政府的经济管理包括政府对市场的宏观调控和管理，以及对国有企业的管理。所谓政府对市场的宏观调控，主要是在市场经济条件下，政府运用经济手段、法律手段和必要的行政手段，对社会供求总量及其构成等主要经济行动实施调节和控制，使总供给与总需求趋于平衡，实现生产力的平稳健康发展。所谓政府对市场的管理，主要是指：政府制定行业规划和行业政策，进行行业管理；引导行业产品结构的调整；维护行业平等竞争秩序，维护市场秩序；培育行业协会等非政府组织，引导行业自我管理；等等。所谓政府对国有企业的管理，就是指政府以一定的手段管理国有企业，做到国有资产的保值增值。

但从市场经济的基本要求和政府的基本性质看,我们认为将市场经济条件下政府经济管理中的国有企业管理纳入公共事业管理更为科学,也更有利于对国有企业的管理。因为,从政府是社会公共组织的基本属性要求来说,政府运行的出发点和最终目标是增进社会公共利益,政府没有营利的目的。因此,将国有企业纳入公共事业管理的范畴,就意味着从公共事业管理的角度来对市场经济条件下政府的角色进行定位,即属于政府直接经营或管理的企业,只能是与社会公众整体生活质量和利益直接相关的企业,其结果必然是政府要退出与此无关的行业或领域,并加强对某些行业或领域的经营和管理。这既有利于政府"不与民争利",避免在一些敏感的市场性极强的行业中既当裁判员又当运动员之尴尬,提高政府宏观调控和市场监管的效能,也有利于从公共事业的基本属性和公共事业管理的基本要求出发,管理好应该纳入公共事业范畴的国有企业,发展好这些国有企业并充分发挥好它们在公共事业发展中的核心作用,增进社会公共利益。

第二,相应地,从公共组织的核心——政府职能的角度看,公共管理与政府的政务管理职能、宏观调控职能、经济管理职能和社会公共事务管理职能相连,而公共事业管理的范围从狭义的社会公共事务来看,主要与政府的社会管理职能相关。

第三,从管理的手段来看,公共事业管理是指从管理狭义社会事务的角度对某些经济事务进行管理,因此,虽然管理中是刚性手段(如行政手段、法律手段、经济手段等)和柔性手段(说服、公共规范、榜样、价值导向等)并用,但在具体管理环节和更大的范围内,则是柔性手段占主导地位,或者说在实际的管理中偏重柔性手段。而公共管理由于还包括政务管理和经济管理,因而刚性手段和柔性手段都得到广泛使用。

二、公共事业管理与行政管理

行政管理是指国家行政机关依法直接管理国家事务和社会事务的活动。这是通常所说的狭义行政管理的概念。由于通常所说的行政机关就是政府,因而行政管理在一定程度上也就是政府管理。应该说,所谓的学科,就是人们从一个特定的角度并根据一定的规范对客观事物或现象进行分析研究所得出的对对象活动因果关系乃至规律的把握、说明和表达,往往针对同一客观事物,可以从不同的角度形成不同的学科。可以说,行政管理和公共事业管理一定程度上就是针对同一客观事物——社会公共事务,从不同的角度出发形成的两个密切相关的学科。因为,从学科形成的角度看,我们认为,无论是公共管理还是作为其部分的公共事业管理,都是以管理对象即社会公共事务作为逻辑起点来构建的,而目前对行政管理学科,人们更多是以管理主体即行政组织或政府作为逻辑起点来构建和划分学科的。正因为存在这种不同的划分标准,公共事业管理与行政管理两个极为相近的学科之间的关系变得很复杂。从目前人们的认识来看,一般认为两者之间是既有联系又有区别,但在什么地方有联系,区别又在哪里?则是不统一而有争议的,也即认识比较模糊。

(一)公共事业管理与行政管理的联系

第一,管理目的是同一的。虽然行政管理与公共事业管理的具体目标不一定完全相同,但作为以公共组织为基本的组织载体对社会公共事务的管理,两者的最终目标却是完全同一的,即维护社会秩序,维持和增进社会公共利益。

第二,在管理范围上有联系。公共事业管理的基本内容是对特定的公共事务即一般所说的狭义的社会公共事务的管理。而从行政管理来看,如我们在下面将更为详细地进行分析说明的,作为管理唯一主体的政府,其存在的基本前提和基本的职能,就是管理社会公共事务,特别是在市场经济条件下,政府职能必须严格限定于公共事务领域。因此,两者在特定公共事务管理上是重合的,具体来说,在诸如科学、教育、文化、卫生等领域内的纯公共事务和准公共事务,都是行政管理和公共事业管理涉及的对象。而如果从政府管理手段和内容的组合来看,行政管理可以划分为工商行政管理、税务行政、财务行政(公共财政)、审计行政等,应该说,这些行政管理都是在一定范围内针对一定对象而进行的管理,脱离了特定管理范围和对象的行政管理是不可思议的,也是不存在的。显然,作为公共事业基本内涵的特定的社会公共事务,正是上述各种行政管理活动的一个重要领域。就此而论,公共事业管理是行政管理的一个重要部分,是政府通过社会管理职能的实施实现国家意志的一种活动。

第三,在管理主体上有联系。行政管理的主体是政府组织,而公共事业管理的主体是公共组织,公共组织主要可以分为政府组织、非政府组织和准政府组织等。其中,政府组织居于公共组织的核心地位,决定着整个公共事业管理的基本方向。因此,虽然行政管理的主体与公共事业管理的主体并不完全一致,但却有密切联系。

(二)公共事业管理与行政管理的区别

正因为公共事业管理与行政管理学科的逻辑起点不同,因而在所构成的管理体系上存在明显区别。

其一,管理的对象和范围上的区别。公共事业管理的对象是特定的社会公共事务,而行政管理的对象则是广义的社会公共事务,包括政治事务、经济事务和社会事务。如果从政府职能的角度看,公共事业管理体现的是政府的社会管理职能,而行政管理则包括政府的政务管理职能、经济管理职能和社会管理职能。相应地,如果将行政管理视为政府管理的话,那么行政管理则包括政治管理、经济管理和社会管理。所以,行政管理的范围要大于公共事业管理的范围。

其二,管理主体上的区别。行政管理的主体是国家行政机关或政府部门,而公共事业管理的主体是整个社会公共组织。根据管理层次和内容的不同,从公共事业产品生产和提供的角度看,公共组织中的政府组织、准政府组织、非政府组织乃至某些特定的企业都是公共事业管理领域内承担一定任务的管理主体。

其三,管理方法和手段上的区别。通常,尤其从传统的观点看,行政管理主要依靠直接的行政管理手段,进行监督、检查等,而公共事业管理不仅具有行政管理手段,而且随着管理层次由高向低的不同,还有法律手段、经济手段,尤其是柔性手段在公共事业管理中占有十分重要的地位,从而使得整个公共事业管理中管理与服务融为一体且具有强烈的服务性,体现出整个管理的社会化和服务化趋势。所以,一般意义上说,行政管理的手段较单一,而公共事业管理的手段较丰富。

三、公共事业管理与企业管理

如果将作为公共事业管理母体学科的公共管理视为一种对公共事务治理的方式,[①]那么,无论是整个公共管理,还是政府的行政管理,与传统的政府对公共事务管理的一个显著不同,就是在注意保证公共管理的目标取向的伦

---

① 张康之:《公共管理:社会治理模式的转型》,《天津社会科学》2002年第4期,第57—63页。

理价值,即保证管理的出发点和归宿是维护和增进公共利益的同时,注意公平与效率的关系,积极寻找在当代社会条件下,以效率为基础保证公平的途径,从而更多地通过经济学的途径来研究公共管理或政府管理问题,在理论上突破传统行政管理的学科界限,把当代经济学、管理学(组织与管理理论)、政策分析等相关知识和方法融合到研究中。而在实际中,公共管理这门学科更为注重公共组织与组织外部的关系,将私营部门的战略管理及过程管理的技术引入到公共管理的实际过程中,以更好地实现公共组织目标。作为公共管理重要部门的公共事业管理的发展也正是如此。不过,当代的私营部门在生产过程中也较以往更为注重公众形象,并从特定的目的出发,一定程度上注意到了公共效益即社会效益问题。这一切都显示出当代公共事业管理与企业管理走得更近了,两者具有密切联系。

但是,公共事业管理与企业管理毕竟是社会中两个根本性质不同的组织针对不同的对象所进行的管理,因而两者之间的区别是相当明显和清晰的,具体如下。

(一)管理目的不同

公共事业管理的目的是提高人们生活质量,增进公共利益,其目的是公益性的。公共事业管理主要通过给特定社区的居民提供非营利性的产品或服务来实现组织目标。私营部门即一般的企业管理的目标是营利,其主要方式是通过提高生产和销售产品或服务的效率,来达到营利的目的。但必须注意的是,正如前面已阐述的,在当代社会,往往公民享受公共产品或服务并不是完全免费的,即可能要进行一定的成本补偿,因此,绝不可以从是否缴纳费用享用产品或服务来推断公共事业管理机构的管理目的。实际上,公共事业管理与企业管理在目的上的区别,并不在于所提供的服务或产品是免费还是收费(有偿),而在于其有偿背后的动机是什么,即是公共服务还是赚钱营利。衡量是赚钱营利还是公共服务,一个基本标准是收取的费用,在补偿成本后,是用于扩大公共服务还是作为利润。所以,不交费和交纳成本补偿费的是公共服务,其管理也就是公共事业管理,而有盈利的则是私人服务或说市场服务,其管理是工商管理或企业管理。

(二)管理所依托的权力不同

如前所述,公共事业管理中的权力是公共权力,这一权力是基于公共事务的政治权力、经济权力和社会权力的综合。就公共事业管理来说,主要是社会权力和一定的经济权力的综合,在权力主体上主要表现为行政权、社团权。而企业管理中所依托和运行的权力则主要是私有权中的财产所有权。

（三）管理的性质不同

从传统的管理划分来看，公共事业管理的对象是特定的社会公共事务，即以狭义的社会事务为主的公共事务，从增进社会公共利益为目标进行统筹管理，因此，公共事业管理总体上是一种社会管理。而企业管理以营利为目标，实施过程在经济领域，因而本质上是一种经济管理。不仅如此，由于公共事业管理关系社会全体公众利益，也关系整个社会的稳定大局，因而其管理过程和后果在相当程度上带有政治性。

正因为两种管理的根本性质不同，所以两种管理的具体运作方式也不同。公共事业管理机构和管理人员常常对政治气候十分敏感，并最直接地受政治法律思想的影响，而且通常其行事准则是法律许可的才可以做。而企业管理主要在经济领域进行，并不直接为政治所影响，其按照市场机制的要求去管理。只要顾客愿意购买，它就会大量地生产以最大限度地获得，所以经济气候是企业管理的主要影响因素，一般来说，企业行为的准则是法律不禁止的都可以做。

（四）管理的物质基础不同

公共事业管理与企业管理在管理目的上的不同，决定了两种不同性质的组织或机构在维持生存方面必然存在差异。公共事业管理既然是非营利性的，则公共事业管理组织生存主要不靠出售产品或服务来维持，主要依赖立法机构授权和公共财政支撑，即管理所需求的各种物质资源主要来自税收，其耗费的资源也是公共的。因此，公共事业管理的决策要反映公众或立法部门的意愿，公共事业管理的经费预算属于公共财政支出，不能任意由公共管理人员支配，而必须公共化，接受纳税人的监督。

这里必须说明的是，在当代，公共事业中的公用事业行业及邮政、通信和铁路等，存在着两种经营方式，一种是政府以公共财政为基础直接投资和经营，另一种是政府委托私营部门经营，其在美国被称为公共企业，但政府在进行价格管制时必须予以一定的政府补贴。显然，无论是哪一种经营方式，都以公共财政作为物质基础。

在企业管理中，由于企业管理以营利为目的，企业的生存则完全依赖于是否有盈利。因此，企业管理的决策基本上取决于市场需求，所需求的各种物质资源主要来自投资回报，来自所获取的利润，管理中的耗费也属于企业的"内部事务",其他人无权干涉。相应地,经费预算也主要根据盈利状况而定。企业是自主的,其管理所需的物质资源也是自主的,无须公开化。

(五)管理的限制因素不同

公共事业管理的主体是公共组织,作为特定社会公共事务管理的主体,公共组织(特别是政府)的活动如公共预算的编制、公共项目的制定、公共资源的使用,以及各种公共事务的日常管理等,都必须在宪法或法律的规范下进行,这与私营组织对法律遵从的要求有比较明显的不同。一般来说,私营组织也必须根据法律的要求进行活动,如价格法、反不正当竞争法、反垄断法等,但其活动的出发点是利润而不是法律,法律在其活动中仅仅是一种外部因素,服从法律规则并不是企业的原初动力,遵纪守法常常只是营利目的的附属物,其主要运行在利益轨道上。

(六)对管理人员的管理要求不同

公共事业管理中相当部分人员属于政府部门,是国家公务人员,另一部分则是专业人员。由于从事的是特定社会公共事务的管理,因此,公共事业管理人员首先必须遵循公共伦理和公共管理规范,同时,其中的国家公务员更须遵照国家关于公务员管理的有关规定。从当今的发展趋势来看,公共事业管理人员有职业化、"终身化"(即非经法定事由和程序不得辞退)的趋势。在企业管理中,管理人员当然必须遵循公共伦理道德,但一般更主要的是根据其处理特定具体事务的能力而聘用,能力本身起决定作用,而且,企业管理人员的职业化、终身化常常是不存在的。

(七)绩效评估标准不同

作为对特定公共事务的管理,公共事业管理的绩效评估标准是公平与效率的统一并重在公平。在当代企业管理中,虽然也要求经济效益和社会效益统一,但对企业管理而言,为了企业存续,经济效益是首要的评估标准。企业管理具体的评估指标主要是销售额、净收益率、资本的净收益以及生产规模的扩大程度、市场占有率的提高等。因此可以说,在绩效评估上,公共事业管理首先看社会效益,而企业管理则强调经济效益。

本章小结

公共事业是一个极具中国特色的公共服务概念。从根本上看,公共事业与公共需求、公共问题和公共事务密不可分,同时其涉及范围又与我国传统"事业"的内涵和范围有关。因此,当代中国的公共事业是指面向社会、以满足社会公共需求为基本目标、直接或间接为国民经济提供服务或创造条件、关系到社会全体公众基本生活质量和共同利益的公共服务。从社会产品的角度看,公共事业是涉及以准公共产品为主并包括纯公共产品乃至某些俱乐部产品的活动。

公共事业管理就是以一定的方式对公共事业活动进行调节和控制的过程。从公共事务的角度看,这一协调和控制就是处理关系到社会全体公众整体的生活质量和共同利益的特定的社会公共事务;从公共产品的角度看,这一协调和控制就是对关系到社会全体公众整体生活质量和共同利益的由纯公共产品和准公共产品构成,并以准公共产品为主的公共服务管理。公共事业管理的基本主体是社会公共组织,管理的权威和影响力来自社会公共权力,管理的目标是增进社会公共利益。公共事业管理本质而突出的特征是公共性或公益性。

公共事业管理与公共管理之间是整体与部分的关系。公共事业管理与行政管理之间在内容和管理主体等方面有交叉,原因是前者是从管理对象和范围进行学科建构的,而后者则是从管理主体入手形成学科的。由于公共事业管理与企业管理在管理主体、对象和目标上有本质的不同,因而两者的区别十分明显。

概念术语

公共性	公共问题	公共需求	公共事务
公共服务	公共事业	公共产品	准公共产品
公益性公共产品	互益性公共产品	事业	事业单位
事业单位管理体制		公共组织	行政组织
非营利组织或非政府组织		准政府组织	公共权力
公共事业管理	公共管理	行政管理	企业管理

复习思考题

1. 如何理解公共性?
2. 公共问题和公共需求各有什么特点?二者存在什么关系?
3. 我国传统事业单位管理体制的基本内涵是什么?
4. 社会公共事务的基本内涵和特征是什么?如何对其进行类别划分?
5. 当代中国公共事业发展的基本趋势是什么?

6. 准公共产品的基本特点是什么？其可以如何划分？
7. 公共事业产品的基本属性及其分类是什么？
8. 公共事业的基本属性和特点是什么？
9. 现代公共权力是如何形成的？
10. 现代公共组织的基本特点是什么？
11. 公共事业管理的基本属性和特点是什么？
12. 公共事业管理与公共管理、行政管理、企业管理有什么联系与区别？
13. 当前学习和研究公共事业管理有什么意义？

第二章　公共事业管理的模式与体制

一定的公共事业管理环境,决定了在既定的条件下由谁并通过什么方式生产和提供公共事业产品。这一特定主体或主体系统及其组成和活动方式,就是公共事业管理模式。公共事业管理模式一经确定,就有了相应的公共事业管理层次,也决定了相应的公共事业管理体制。当前在世界范围内,以市场为整合资源基本手段来提供公共服务的公共管理模式已初具规模,一个以政府为核心的多元主体合作、层次清晰的公共事业管理体制基本形成。

第一节　概念、演变与决定因素

公共事业管理模式是在多种因素的影响制约下产生,并随着社会经济的发展变化而演变的,其实质就是在一定的条件下,公共事业管理过程中政府与市场、政府与社会的关系状况与运行方式。

一、公共事业管理模式的基本内涵

（一）模式的基本概念

"模式"在《现代汉语词典》中的解释是:"某种事物的标准形式或使人可以照着做的标准样式。"[1]而在《英汉大词典》中,"model"一词的解释是:模型,原型、样机、样品,设计图样、样式、模式,假定的模型,(汽车等的)型号,款式,

---

[1] 中国社会科学院语言研究所词典编辑室编:《现代汉语词典》（第 7 版）,商务印书馆 2019 年版,第 919 页。

模范、典型、榜样,等等。① 目前,模式一词在社会生活中得到了极为广泛的应用,如思维模式、管理模式、经济模式、西方模式、东方模式等。

综上所述,我们可以对模式做出如下的界定:所谓模式,就是构成一个事物的因素及其各因素之间的关系,以及在这一关系下各因素的活动方式,它是既有的,能对现实做出规定并产生影响。

(二)公共事业管理模式

从社会产品的角度看,公共事业管理的中心问题,就是如何生产并向公众提供公共事业产品。在这一过程中,谁来承担公共事业产品的生产和提供,生产者和提供者是一元的还是多元的,生产者和提供者是否可以分离,它们之间的关系如何?它们是如何分工的?对这些问题的回答及其规定,就构成公共事业管理模式。换言之,公共事业管理模式,就是在公共事业产品的生产和供给过程中,承担主体构成及其相互关系的组合方式。

二、公共事业管理模式的历史演变

历史发展显示,从近代到当代,从古典自由市场经济到现代市场经济,对包括公共事业管理在内的整个公共事务管理,经历了保护模式到干预模式再到市场模式的历史演变。西方国家对公共事务尤其是对狭义的社会公共事务管理的变化,比较典型地反映了这一历史过程。② 下面以西方国家的这一变革过程为例进行说明。

(一)公共事业管理的保护模式

公共事业管理的保护模式又称"公共事业管理的保守模式",是古典自由主义经济时期出现的公共事业管理模式。这一模式的基本特点是政府对社会公共事务进行统筹,但其职能是极有限的。有限的公共事业产品基本上由社会自行提供,市场介入也有限。

具体言之,在古典自由市场经济时期,各主要市场经济国家普遍崇尚亚当·斯密的"管得最少,政府最好"的主张,政府实行自由放任政策,基本上不对国民经济和社会生活进行干预。在公共事务领域,政府的职能被严格定

---

① 陆谷孙主编:《英汉大词典》(第二版),上海译文出版社2007年版,第1241—1242页。

② 在西方国家,虽然也有公共事业的称呼,但更多的是表述为公共服务、公共服务管理。为了叙述的统一和方便,本书对西方国家公共服务管理演变的考察,统一以"公共事业产品""公共事业管理模式"的提法进行。特此说明。

位于以下三个方面:第一,保卫国家安全,使其不受外来侵略;第二,防范个人和企业在追求自身利益时发生损害社会的行为;第三,保护私人财产不受侵犯和市场机制免受破坏。因此,虽然政府还是出面提供某些私人无力提供或不愿提供的公共产品,如桥梁、道路、运河、港湾等,甚至像在美国,为了维护政府的合法性和回应社会的公共需要,在独立之初就出面资助教育事业,规定州和地方政府有责任举办教育事业,必须预先划拨土地供发展教育之用,等等,但总体上,政府的公共事业管理职能是有限的。加之在社会层面,由于不少西方国家传统的国家与社会的二元格局,因而互益性的公共事务通常也是由社区自行解决的。

这样,政府在社会公共事务管理中有限职能的定位,使市场或私人很少参与社会公共产品的提供,数量有限的社区公共事业产品供给基本由社区自行解决,构成了古典自由市场经济时期公共事业管理模式的基本内涵。在这种模式中,由于政府对社会事务和具体的经济事务的不干预,所以个人和国家财富的"守夜人"角色定位,成为了这一公共事业管理模式的主要象征。因而从政府角色定位来看待这一时期的公共事业管理模式,该模式被形象地称为公共事业管理的保护模式或保守模式。

(二)公共事业管理的干预模式

公共事业管理的干预模式又称"官僚模式""科层模式",是一种政府依靠庞大的官僚组织对社会生活进行全面干预并垄断公共事业管理的模式。在这种模式下,市场对公共事业产品的生产和提供是间接而非直接的,社会力量的参与是极为有限的。在世界范围内,这一模式形成于20世纪30年代以后,在60年代前后达到高峰,至80年代后开始成为改革的对象,逐步被新的管理模式取代。导致公共事业管理的干预模式形成的直接动因是为了解决20世纪30年代第一次世界经济危机所伴随的社会危机,而其成为现实则来自全面干预经济和社会运行的罗斯福新政。

具体言之,20世纪30年代,第一次世界经济危机产生,而以放任和自由为基本特征的传统政府管理方式已难以解决深刻的经济危机和相应的社会危机,因而,以罗斯福为首的新政派从凯恩斯的经济学说出发,强调政府的作用与力量,认为必须通过政府这只"看得见的手",将实际上并不存在的经济运行中的"自然均衡",变成政府干预下的"移动均衡"。以此为原则,罗斯福政府在推行两个"百日新政"的过程中,通过建立一系列政府管制机构,如证券交易委员会、联邦通讯委员会、联邦存款委员会、国内劳资关系委员会和民用航空委员会等,以及颁行诸如紧急银行法案、节约法案、啤酒法案、农业法案、失业救济法案、工业复兴法案、以工代赈法案、社会保障法案等一系列法案,"管制而不是公有制或国有化,反托拉斯而不是集中和合理化,分散控制而不是计划……",建立了一个几乎涉及人们生活的方方面面,但又将管理职能集中在公共事务上,既管理经济又不控制经济机构的"管制资本主义"模式,力图"将资本主义从其自身的弊病中拯救出来"。① 第二次世界大战后,这一政府全面管制、积极干预社会经济生活、直接生产和提供公共产品的模式,被其他国家仿效。

在这一政府全面干预经济和社会生活的模式的确立和实施过程中,公共事业即公共服务就是一个最主要的领域。如美国,以往较少主动关注社会福利,一般认为社会救济和社会保障只是地方政府和慈善机构的事情,但正是在解决上述经济危机的过程中,美国政府从观念到行动都发生了根本性的变化。罗斯福"新政"除了实行大量经济方面的管制和调控外,还全面介入社会生活领域,大力发展公共事业,如颁行失业救济法案、以工代赈法案、社会保障法案等一系列法案,就是直接对社会救济和保障等进行管理。同时,美国政府开始更为主动地直接投资建设和管理公共基础设施,并向社会的各个方面扩张,形成了所谓的"福利国家",即政府"为年老、病死、无依无靠、伤残以及失业提供保障;为老年人和穷人提供医疗照顾;为小学、中学、大学、研究生教育提供经费支持;为公路、水路、铁路和空中运输提供管理经费;提供警察和防火设施;提供卫生设施和污水处理;为医学、科学和技术研究提供经费;管理邮政事业,进行太空探索活动;维护公园和娱乐活动;为穷人提供住房和适当的食物;制定职业训练和劳力安排规划;净化空气和水;重建中心城市;保持充分就业和稳定的货币供应等"。② 而在欧洲大陆的其他国家,也有政府更为主动地关注社会福利,如瑞典 1932 年在社会民主党上台后,政府就积极推行福利国家政策,逐步实行所谓"从摇篮到墓地"的庞大社会福利计划,而在二战后,由于凯恩斯主义的影响和美国的示范作用,各国政府更在社会保障和其他公共事业方面全面介入,政府管理"不仅包括提供更多的基础设施

---

① [美]丹尼尔·耶金、[美]约瑟夫·斯坦尼斯罗:《制高点——重建现代世界的政府与市场之争》,段宏、邢玉春、赵青海译,外文出版社 2000 年版,第 77 页。
② [美]托马斯·戴伊:《谁掌管美国——里根时代》,张维、吴继淦、刘觉俦译,世界知识出版社 1985 年版,第 81 页。

和公共设施,而且还包括为教育和医疗卫生提供广泛的支持"。① 如此,公共事业的干预模式走向高峰。

(三) 公共事业管理的市场模式

公共事业管理的市场模式是一种在政府的主导下、多元主体参与公共事业产品生产和提供的模式。这一模式的基本特点是政府、市场和社会共同负责公共事业产品的生产和提供,政府与市场和社会分权,政府不再垄断公共服务的供给过程,市场和社会对公共事业产品的生产和提供的参与是直接而非间接的。这一模式形成于20世纪80年代以后,是对公共事业管理干预模式改革的产物。

进入20世纪后半叶,由于客观环境的大幅度变化,公共事业管理的干预模式与客观环境要求不适应的矛盾日益突出。

其一,从政府组织自身看,干预模式下的政府组织构建,由于严格的层级节制关系,导致政府组织日益刻板僵化与动作迟缓,使政府难以灵活主动地应对瞬息万变的信息社会、竞争活跃的市场经济和利益多元的公众期望。此外,由于职能部门化和政府在提供公共产品时只计产出不计投入,政府机构林立、政府部门膨胀,财政不堪重负,政府陷入了"精简—膨胀—再精简—再膨胀"的怪圈,政府管理成本从而大幅度增加,政府机构之间协调困难,极大地降低了行政效率。这一切,大大影响了政府基本功能——公共事务管理功能的发挥。

其二,从政府与社会的关系看,干预模式下的政府由于垄断了公共事业产品的供给过程,这样,面对公众日益增长的公共消费需求,一方面是政府自身负担沉重,在公共服务过程中捉襟见肘,另一方面是使政府组织外的其他社会组织,特别是非营利组织全面萎缩,结果是难以满足社会对产品而且首先是作为保证公众基本生活质量的公共事业产品的需求,理想的福利国家出现了全面的危机。

因此,从20世纪80年代起,以英国的政府改革为起点,在逐步波及其他国家并最终形成世界性的政府管理改革中,公共事业管理改革成为政府改革的基本内容。

主要西方国家推动这一改革的基本理论依据系公共选择理论和新公共

---

① 世界银行:《1997年世界发展报告:变革世界中的政府》,蔡秋生等译,中国财政经济出版社1997年版,第22页。

管理理论。公共选择理论是西方20世纪60年代末形成的一种学术思潮,代表人物是美国著名经济学家詹姆斯·M.布坎南。所谓公共选择,就是通过集体行动和政治过程来决定资源在公共领域的分配,是人们通过民主政治过程,将个人的私人选择转化为集体选择的一种过程或机制。从政府社会管理和公共服务改革的角度看,公共选择理论对政府公共事务管理改革最直接的促进,就是布坎南提出准公共产品概念,并论证公共产品生产和提供主体多元的必要性与合理性。而新公共管理理论作为一种20世纪70年代中期以后进入公共管理领域里的思潮,认为公共部门与私营部门之间在管理上并无本质的差别,私营部门管理在创新能力、经济、效率、质量、服务水平等各个方面具有优越性。在此观点的基础上,新公共管理理论提出要借用私营部门的管理模式来重塑政府,以解决政府由于职能扩张和机构膨胀而面临的财政、管理和信任危机。同时,新公共管理理论认为,公共组织可以分为政策型、服从型、服务提供型等类型。其中,只有政策型公共组织属于完全意义上的政府组织,其他类型的公共组织属于政府外组织,承担着不同的组织职能,活动于社会的不同层面,在公共产品的生产和提供中具有不同的地位。

如此,一些西方国家通过重新认识市场经济条件下的政府与市场、政府与社会的关系,从减轻财政负担、提高公共服务效率,并进而提高公共服务质量以回应公众要求出发,强调政府社会管理的必要性和重要性,尤其是强化对科学、教育等的统筹管理。同时,在如何管理好公共事务上,提出了公共管理社会化的原则,并以公共管理的市场化作为实现社会化的核心。这样,在将政府的主要职责放在公共政策的制定和监督公共政策执行的基础上,这些国家的政府大规模地削减政府职能、精简政府机构、放松管制:一方面,在包括公共事业产品生产和提供的整个公共领域,积极推行国有企业的私有化,使水、电、煤等公用事业以及铁路、航空等涉及公众基本需求的行业成为改革的重点;另一方面,支持和鼓励非营利组织的发展,通过成立政府执行机构、政府合同出租的方式,让这些组织在教育、科学、文化、卫生等领域承担起监督管理或生产提供公共事业产品的责任,最终在对公共事业的投资、监管和产品的生产提供上,形成了多元化的格局。这在一定程度上减轻了财政负担,并较好提高了公共服务质量,回应了公共需求,逐步实现了从公共事业管理干预模式向市场模式的转变。

这一改革发展状况及其新的公共事业管理的市场模式构成,反映在公共事业的投资、管理及非营利组织活动领域的扩大等方面。在公共事业投资方面,以教育事业为例,西方主要发达国家政府基本上不包办中等以上的教育事业,虽然政府对中等以上的教育有财政拨款,但学生收费、社会捐赠、教育贷款等才是教育事业经费的主要来源。以卫生事业为例,允许教会医院、私营医院、社会团体、非营利组织及其他各种非政府医疗卫生机构提供公共卫生服务,设立各种私人医疗卫生科学基金与福利基金,资助基础医学研究,救助贫困患者等。

在公共事业的管理方面,以美国教育事业为例,其高等教育管理分为官方和非官方两种。其一,官方对高等教育的管理由联邦、州和地方政府共同完成。联邦政府主要通过立法,分配和发放联邦教育经费,开展教育研究,提供一个州不能独立承担的教育服务等履行方式;州则通过州议会制定州宪法中关于教育的基本原则、基本政策、教育目标、教育标准和教育评价等,对本州内的高等教育进行直接监督管理;而地方政府则根据州的教育立法对社区学院进行管理。其二,非官方对高等教育的管理主要由半官方、民间的团体组织等主体构成,通过对高等教育实施监督、控制或影响来完成。根据这些组织的性质及其对高等教育产生影响的方式,可以分为外部集团和内部集团。外部集团主要有财团、工会、新闻机构、出版社、商会、宗教团体、政党以及由家长或纳税人组织的地方团体等,其活动方式主要是直接或间接地影响教育行政、立法、决策,并从外部监督学校的运营。内部集团主要是高等教育内部的监督组织,美国有六个地区性的高等学校质量评估机构和美国教师联合会、全国教育协会、教育理事会等数十个全国性的教育和专业协会。这些组织在高等学校评估、关系协调、规章策略制定、谋求政府支持、促进交流合作等方面发挥着政府无法替代的积极作用。

在参与公共事业的非营利组织活动领域方面,西方主要国家在积极支持非营利组织发展并建立了制度化的管理体制的基础上,其非营利组织获得了迅猛的发展。这些组织作为独立的社会组织,广泛介入公共生活领域,在公共事业管理方面承担起重要的作用。这些组织涉足的领域主要有文化娱乐、教育、科研、医疗卫生、社会服务、环境保护、慈善事业、国际救援、协会学会等。这些组织的工作除上述的承担部分对公共事业的监督职责外,更多的则直接承担了公共事业产品的生产和提供,弥补市场与政府部门的不足,执行市场不能完成的和政府部门不能有效完成的某些社会职能。这些组织作为现代公民社会最为重要的组织载体,或强化消费者监督,或弥补契约失灵,或直接生产和提供公共产品,在公共事业领域中的地位日益突出,正在促成政府、市场和社会良性互动的格局,即新的社会治理模式的形成。

三、公共事业管理模式的实质及其决定因素

从结构的角度看,公共事业管理模式,就是在公共事业产品供给过程中,承担主体构成及其相互关系的组合方式,而公共事业管理模式从保护模式向干预模式再向市场模式的演变,则从历史发展的侧面,展现出了这一模式的本质,以及这一模式之所以演变发展的决定因素。

(一)公共事业管理的实质

从公共事业管理模式的历史演变来看,一个国家或社会提供社会领域中公共产品的方式,或说生产和提供公共事业产品的方式,是随着社会经济发展变化而发展变化的。从涉足这一过程的主体来看,至目前为止,人类社会的所有组织类型即公共组织和私营组织都涉足了这一领域。在历史发展的不同时期,从可能满足公共需要的条件出发,政府组织、准政府组织、非政府组织乃至私营组织(私人),或者介入,或者不介入,或者不能介入,形成了公共事业管理的特定模式。在公共事业的活动过程中,各类组织在介入公共事业领域后,都在一定的规范和要求下,从自己的组织特点出发,在公共事业的不同层面展开了各自所能承担的活动。

公共事业管理模式演变的历史反映出,从古到今,从近代到现代再到当代,公共事业管理领域内始终有政府的身影,而政府也始终是这一领域中最为重要的主体。从组织性质来看,无论是传统的自治社会,还是今天作为社会公民自治载体的非营利组织,政府反映的是社会的基本要求。而在今天,将政府与非营利组织联系起来并在一定条件下也进入公共事业领域的市场组织,则反映了市场与公共事业的关系,并且相当程度上是政府与市场的关系。因此,涉足公共事业领域活动的各类主体及其关系,如果从作为公共事业活动中起决定意义的政府来看,最主要的有两种关系,即政府与市场、政府与社会的基本关系。

所以,公共事业管理模式在其本质上,是指在公共事业管理过程中存在或可供选择的政府与市场、政府与社会关系的处理方式,或说是政府与市场、政府与社会的分工方式。政府与社会、政府与市场关系的确定,也就从根本上决定了公共事业管理过程中各公共事业产品提供者的功能定位、参与程度和参与方法,由此构成了特定的公共事业管理模式。

（二）公共事业管理模式的决定因素

从公共事业管理模式演变和发展的进程看，社会环境对公共事业管理模式的决定，主要是通过以下因素及其相互作用而达成的。

第一，公共需要。一定历史条件下公共事业管理模式的构建，其中心任务就是公共事业产品的生产和提供，而关键则是明确应该进入的主体并规范相应的关系，形成一个能达到目标的公共事业产品生产和提供的制度。虽然公共事业管理模式本质上是政府与社会、政府与市场的关系，即政府、社会组织和市场都是进入公共事业管理领域的可能主体，但谁应该进入或不应该进入，根本上决定于公共需要的程度。

公共需要对公共事业管理模式的决定，在公共事业管理模式的形成和演变中有非常清晰的反映。在早期，虽然公共事业管理的保护模式的形成在理论上得益于亚当·斯密的自由主义经济理论，相信"管得最少的政府是最好的政府"，但根本上则是由于这一时期社会经济发展的有限，公共需要相对不够丰富和不够强烈所致，即公众对普遍的教育、科技、文化、卫生等方面的需要相对有限，教育、科技、文化、卫生等在社会发展中的作用相对还不突出，对国家统筹的要求并不明显，而现代化程度相对不高情况下对基础设施的需要，政府也足以应付。因而，有限的公共需求的满足，或者交由社会自行解决，或者由能力有限的政府有限度地承担，便构成了公共事业管理的保护模式。

正因为如此，当公共需要随着社会经济的发展和民主化程度的提高而日益强烈时，政府就必然扩大和加强自身的社会管理职能，进而导致公共事业管理模式的变化，如美国政府在19世纪后期即开始直接对科技、教育和卫生等事业进行管理。在此意义上，虽然20世纪30年代公共事业管理模式的转型直接导源于对经济危机的解决，但之所以在解决经济危机时同时开始全面干预社会领域，也在于当时经济危机和社会危机是相伴而生的，而社会危机的产生源于现有的公共事业产品的供给难以满足公众新的需要。同样，公共事业管理模式从干预模式向市场模式的转变，根本上也在于既有的公共事业产品的提供方式，即政府作为几乎是唯一的公共事业产品生产者和提供者的现实，难以满足社会经济快速发展、科学技术飞速进步、民主化浪潮高涨条件下，尤其是公共需要个性化和多元化的条件下，公众对公共事业产品数量和质量要求的提高，从而不得不调整政府职能，最大限度地整合社会资源，形成新的公共事业产品供给制度以满足公众不断增长的普遍需要。

所以，一个社会的公共事业管理模式，是随着一定社会经济发展条件下公共需要的变化而变化的。公共需要是决定公共事业管理模式发展演变的根本因素。

第二，主体意识。这里的主体意识，主要是指在一定条件下社会对公共事业管理相关问题的认识，其中的核心是一定的主体对公共事业管理相关问题的认识能力。公共事业领域内公共需要的产生，并不必然导致这一需要成为必须处理的公共性事务，然后以生产和提供公共事业产品的方式予以解决。在这一过程中，除了一定社会经济发展条件的限制外，至为关键的就是主观对客观的认识，并首先体现为政府是否对这一公共需要有意识，以及在准确地把握一定的客观条件基础上形成可行的公共事业管理目标，并对可以采取的管理方式有必要的认识。实际上，这是公共产品主体基于一定社会认识条件和经济发展条件基础上的，并立足于经验和专业知识的一种认识能力。其中，最为重要的就是政府对社会公共事务和公共事业管理的认识能力。如上所述，至为明显的是在公共事业管理市场模式的形成阶段，西方各主要国家正是在相当程度上注意到了公共需要的变化，在改革政府管理方式、提高公共服务质量、满足公众需求的目标下，通过公共选择理论和新公共管理理论与实践的互动，明确了公共事业产品生产和提供主体多元化的必要性和合理性，政府以外的组织进入公共事业产品领域的可能性，以及公共事业产品生产和提供方式及其不同组合的多样性和丰富性，从而为公共事业管理模式的转化奠定了坚实的理论基石。

第三，政府能力。在产生一定的公共需要和管理主体对此有必要认识的基础上，公共事业管理模式的形成取决于涉足其中的主体的能力。在可能涉足公共事业管理领域的主体中，作为社会中最具权威性和强制力的组织，政府能力无疑具有决定性的地位。所谓政府能力，如果从社会产品的角度看，就是政府生产和提供公共产品的能力。政府能力是涉及政府的各方面因素有机构成的结果，也是各因素相互作用的最终体现。从构成因素来看，政府能力既与政府自身的个性因素有关，如政府自身组织的完备有效性、效益意识的明确性、地位的牢固合法性、竞争力的持久有效性、形象的良好性等；还与其他非个性因素有关，如政府所处的环境、拥有的资源及资源的整合程度和方式等。正是在这两类因素的基础上，形成了政府进行公共产品生产和供给过程中的组织能力、管理能力等，从影响公共管理模式形成与发展的角度看，这是最为重要的能力。

政府在生产和提供公共产品中的组织能力和管理能力,主要取决于政府组织自身的发展程度,以及所拥有资源和资源的整合方式,即公共财政能力。从公共模式的演变来看,在早期阶段,除了公共需求及主体认识因素外,政府组织的前官僚制阶段及财政能力的不足正是主要制约因素。在第二个阶段,面对不断增长的公共需求,政府正是依靠基于德国学者马克斯·韦伯设计的"官僚模型"并针对工业化而建立的官僚制体制,即行政机构职能专门化、行政组织等级化、行政权力集中化、行政行为规范化及程式化的政府组织系统,并凭借日益增强的政府财政能力,一定限度上以较良好的组织形态和工作效率应对了公众日益增长的公共需求,成为"管理行政"模式的物质载体。在第三阶段,新公共事业管理模式的最终形成,也是与公共财政能力不足以独立应对公众需要而引入社会其他资源有关,与传统的政府组织、文官制度、行政程序、行政方法以及行政权力体制等所形成的管理体制不能适应新的需求,不得不进行改革,从而使政府自身的状况与功能得到改善的变革密切相关。

第四,社会发育程度。这里主要是指作为社会组织载体的非营利组织等的发育程度。从公共事业管理模式的历史演变中可以看出,作为政府与社会关系中"社会"的主要代表者,非营利组织作为公共事业管理模式中一个可能的管理主体,其发育程度对整个公共事业管理模式的形成有着至关重要的作用。在保护阶段,发育程度有限的非营利组织承担着社会基层有限的公共事业管理职能。在干预阶段,政府对社会事务的全面负责和直接介入,压抑了非营利组织的发展,而非营利组织的发展不足反过来强化了政府对公共事业的全面垄断。在市场阶段,在重新认识政府与社会关系的基础上,政府基于公共事务管理社会化的理念和要求所确定的支持和鼓励非政府发展的政策,促进了非营利组织数量的快速增长和涉足领域的扩大,从而使新的公共事业管理模式的形成成为可能。

第二节 当代公共事业管理模式的机理与特点

将市场机制引入公共服务领域,是当代世界绝大多数国家以市场作为资源配置的基本手段,以及在此条件下科学技术发展水平和民主发展程度在公共管理领域的反映,就此而论,公共事业管理的市场模式也就是当代的公共事业管理模式。与干预模式相比,市场模式最显著的特征就是市场对公共事业产品生产和提供的介入。市场模式形成的关键,就是在打破政府对公共事业管理的垄断并承认其他社会主体进入这一领域必要性和可能性的基础上,确立各主体之间的关系及其活动的基本领域和活动规则,也就是建立新的公共事业产品的生产和提供方式,形成当代公共事业管理模式的基本特点。

一、公共事业管理市场模式机理形成的基础

从公共产品的生产和提供来看,形成公共事业管理市场模式机理的前提,是对政府垄断公共事业产品生产和提供的否定,亦是对私人介入这一领域的必要与可能的肯定。

(一)私人参与公共产品生产和提供的必要

私人参与包括公共事业产品在内的整个公共产品生产和提供的必要,是因为在当代,政府全面干预和垄断这一领域已不可能。

政府全面垄断公共产品领域的不可能,在其现实性上是20世纪70年代以来世界范围内普遍存在的"政府失灵"。所谓"政府失灵",是指相当长的历史时期中,由于认为公共产品的非排他性和非竞争性,难以避免"免费搭车"现象的产生,以及公共产品的生产一般具有规模大、投资多、周期长,私人不愿或不能经营,因而逐步形成了公共产品的提供由政府单独负责的现实。但20世纪70年代以来,西方市场经济国家相继出现了以低经济增长、通货膨胀、财政赤字和高失业率为特征的"滞胀"现象。而在公共产品领域,则表现为虽然政府机构日益庞大,财政支出日益增加,但由于生产方式单一、生产与供给缺乏竞争,使得资源配置和生产低效率,公共产品生产数量不足,品种和质量难以满足公众日益增长的需求。同时,相伴随的是政府的贪污腐败盛行。这样,政府不仅不能有效地解决公共事务,满足不断增长变化的公共需求,政府自身反而成为一大社会问题。这一切昭示着以往政府全面干预、垄断公共产品生产和提供的福利国家出现了危机,相当程度上就是既有的政府垄断公共产品供给的模式已难以维系。

政府全面垄断公共产品领域的不可能,在理论上就是对福利经济学家们关于政府制度及其成本、公共产品生产与提供过程的认识存在的偏差的批评。作为干预式公共管理模式基本理论支持之一的福利经济学认为,政府是一种制度外的变量,而作为一种外生变量是不存在交易成本的。同时,他们

认为公共产品是关乎公众基本利益的维护和增长的基本产品，是保证社会安全和社会发展的基本产品，保持公共产品供给过程中的公平与公正是公共产品最重要的要求，带有突出的政治性。因此，福利经济学家们在现实中往往将公共产品的生产和提供作为一个不可分割的整体，把公共产品供给作为一个完全的政治过程，作为市场机制发挥作用的"永恒禁区"；在这一"禁区"中承担提供公共产品供给任务的只能是政府，且政府公务员是超出对自身利益追求的"公仆"。

现实中普遍存在的"政府失灵"，促使人们对福利经济学的相关理论进行批判性反思，对政府作为公共产品唯一提供者的合理性提出了质疑。人们认为，实际上政府作为一种社会组织，一种制度安排，一种资源配置的手段，同样是整个社会制度内的变量，其自身的运行以及向公众提供公共产品时同样存在交易成本问题。由于福利经济学将政府不正确地作为一种制度外的变量，因而也就不可能对政府运行成本和向公众提供公共产品的成本提出明确的绩效要求，从而将政府作为公共产品生产和提供的唯一主体，导致了在一个没有竞争的领域中，在缺乏绩效评估的约束条件下，政府在公共产品供给过程中只计产出而不计投入、机构膨胀、成本扩大、效率低下。此外，由于实际上政府官员在缺乏必要的制约和激励机制的条件下，难以避免特殊利益集团和个人的"寻租"，以公共权力获取集团和个人利益，导致腐败与低效同生。

这就是说，按福利经济学家们的理论导引下运行的政府，其作为公共产品的唯一供给者已失去了合理性，正如世界银行的观点所述："在许多国家中，基础设施、社会服务和其他商品及服务由公共机构作为垄断性的提供者来提供不可能产生好的结果。"[①]所以，打破政府对公共产品生产和提供的垄断，通过引入私营部门参与公共产品的生产和提供，形成竞争机制，一方面提高政府的效率和资源的利用率，另一方面扩大公共产品供给，总体上改善和提高公共产品的供给势在必行。

（二）关于私人提供公共产品的可能性

那么，私人参与公共产品的生产和提供是否可能，换言之，从公共产品本身而言，是否可以从其自身的要求形成私人提供的机制？人们认为答案是肯

---

① 世界银行：《1997年世界发展报告：变革世界中的政府》，蔡秋生等译，中国财政经济出版社1997年版，第22页、第4页。

定的。一批经济学家从不同的侧面对此进行了分析。①

肯尼斯·戈尔丁认为,在公共产品的消费上实际上存在着"平等进入"(equal access)和"选择性进入"(selective access)。② "平等进入"是指公共产品可由任何人来消费,如一个国家规定的义务教育;"选择性进入"则是指消费者只有在满足一定的约束条件——如付费后,才可以进行消费,如一个国家义务教育阶段之外的教育。戈尔丁认为福利经济学忽视了在公共产品供给方式上的"选择性进入",而从根本上说,绝大多数产品是否是公共产品并不由产品内在性质决定,而是由产品的提供方式或消费方式决定的,也就是由"平等进入"还是"选择性进入"决定的。作为公共产品而言,采取何种方式提供,一个重要的依据就是排他性技术和个人偏好的多样化。如果公共产品不能通过市场手段被充分地提供给消费者,那是因为把不付费者排除在外的技术还没有产生或者在经济上或者保证公平上不可行。很明显,这里的"平等进入"的产品是纯公共产品,而"选择性进入"的产品是准公共产品,因此,戈尔丁实际上是在区分纯公共产品和准公共产品的基础上,讨论了公共产品私人供给的可能性问题,其中为解决准公共产品的"拥挤性"问题提出了发展可操作技术的方向。

针对公共产品必须由政府直接生产和提供的重要依据,即"搭便车"问题,人们也提出了不同的看法。他们认为,所谓公共产品中的免费搭车问题缺乏经验方面的科学根据,它忽视了现实中许多影响人们表明自己对公共产品需求的重要因素。例如,一个社区中的某一成员可能会因为"搭便车"而在一定时间或某一件事上享受了超过他人的利益,但却会因此失去社区成员的信任而有损于自己的长期利益,从而对一个理性者来说,他"搭便车"的动机会大大减弱。③ 因此,通过订立契约,根据一致性同意原则来提供公共产品,可以解决"搭便车"问题。④ 比如,如果一个地区要修建一条供该地区全体成

---

① 关于私人部门参与公共产品提供可能性的分析,参阅了吕恒立的论述并借用了其中的部分资料。特此说明并致谢。参见吕恒立:《试论公共产品的私人供给》,《天津师范大学学报》(社会科学版)2002年第3期,第1—6、11页。

② Kenneth D. Goldin, "Equal Access vs. Selective Access: A Critique of Public Goods Theory", *Public Choice*, Vol. 29, No. 1, 1977, pp. 53-71.

③ Earl R. Brubaker, "Free Ride, Free Revelation, or Golden Rule?", *The Journal of Law & Economics*, Vol. 18, No. 1, 1975, pp. 147-161.

④ David Schmidtz, "Contracts and Public Goods", *Harvard Journal of Law & Public Policy*, Vol. 10, 1987, p. 475.

员使用的公路,就可以在该社区成员一致同意原则下,订立契约,规定该公路可由某个成员或某个企业投资兴建,但使用者需向投资者付费。

在论述私人部门参与公共产品生产和提供可能方面,从经验角度给出最著名论证的是科斯。科斯在其经典论文《经济学上的灯塔》(The Lighthouse in Economics)中,对灯塔这一传统的只能作为政府提供的公共产品的典范,给出了相反的例证。[①] 他指出,实际上从17世纪开始,在英国,灯塔就一直由私人——先是私人,而后是私人组织性质的领港公会——提供的,而且不存在供给不充分的情况,政府的作用仅限于灯塔产权的确定与行使方面。所以他的结论是,通过一系列的制度安排,公共产品消费的外部性可以得到解决,其生产的成本能够得到补偿,因而私人生产和提供是可能的。

(三)私人参与公共产品生产和提供的条件

深入思考公共产品的基本属性和特征可以发现,实际上只要满足或存在以下条件,私人就有可能生产和提供公共产品。

一是纯公共产品领域私人一般不进入。纯公共产品的生产和提供通常具有规模大、成本高、投资回收周期长等特点。对这类产品的生产和提供,政府可以利用其规模经济和政治权威来较为经济地提供,而私人往往难以做到。相对而言,准公共产品生产和提供的规模和范围较小,即通常是地方公共产品或说互益性公共产品,涉及的消费者数量有限,容易使消费者根据一致性同意原则,订立契约,自主地通过市场方式来进行生产和提供,并能较好地反映公众的需求和偏好。由于消费者相对较少,因此达成契约的交易成本较小,有利于提高供给的效率。

二是在公共产品的消费上必须存在排他性技术,即戈尔丁提出的"选择性进入"方式。对进入公共产品的生产和提供领域的企业或私人而言,之所以可行的一个基点就是必须有可以接受的投资回报,因而有效地将"搭便车"的人排除在外,大幅降低产品供给的交易成本,从而能激励私人提供此类产品。显然,纯公共产品由于具有明确的非排他性和非竞争性的特点,不存在"选择性进入"的可能,很难在技术上排他,因而私人一般难以进入,而准公共产品由于其非排他性和非竞争性的不充分,或两者只具其一,使得"选择性进入"成为可能。

---

① R. H. Coase, "The Lighthouse in Economics", *The Journal of Law and Economics*, Vol. 17, No. 2, 1974, pp. 357-376.

三是必须有产品的产权制度安排。这是私人进入公共产品领域参与公共产品生产和提供最重要的制度安排。所谓产权,即一个社会所强制实施的选择一种经济品使用方式的权利,或者说,一定意义上就是产品所有者对产品拥有的"充分所有权",即"对该物品拥有一项独立完整的权利,他能够占有、使用、改变、馈赠、处理或阻止他人侵犯"。[①] 其中,强制性是产权最突出的特点和最重要的要求。因为只有强制性的产权才能使所有者形成对产权的良好预期,从而产生足够的激励来行使产权。对公共产品领域而言,要使私人参与投资进行生产和提供,通过制度安排使其具有相应的产权显然是关键。

四是可以将公共产品的生产和提供作为两个环节分开。由于生产规模及不能"选择性进入"等原因,决定了私人不能提供纯公共产品,但并不意味着私人不能涉足这一领域。由于大多数公共产品的属性不是自然形成而是制度安排,因而只要通过制度安排保证公共消费就可保证产品的公共属性。这样,对某些纯公共产品而言,只要把生产和提供区分开,通过制度安排保证提供上的公共性,私人同样可以涉足这一领域。如某些国防产品也可以由私人生产,但由政府进行采购。实际上,传统上强调公共产品必须由政府完全负责,一个重要的原因就是将公共产品的生产(投资)与提供(消费方式)完全等同起来。

可以说,正是依据上述理论探索,并在实践中与理论进行互动,西方的主要市场经济国家凭借长期形成的公共意识,在重新认识政府与社会、政府与市场的基本关系基础上,以新的公共产品理念为导引,以公共管理社会化和市场化为政府公共服务改革目标,通过放松管制,允许并鼓励私人进入公共产品的生产和提供领域,从而在相当程度上缓解了财政危机,提高了政府效率,同时,也扩大了公共产品供给的数量,提高了公共产品供给的质量。如英国政府对大型国有企业英国航空、英国电信、英国石油以及城市公用事业的改革,以及美国放松管制的改革,原先被作为政府直接负责的公共产品领域,如航空、能源、银行、电信、教育等,向私人全面开放;等等。[②]

当然,随着世界范围内政府改革的深入及对公共产品认识水平的提高,人们已经认识到,由于公共产品是满足公共需要的产品,是保证社会发展和

---

① 陈晓春:《私人产品与公共产品的性质与成因研究》,《湖南大学学报》(社会科学版)2002年第6期,第36—39页。

② 可参阅周志忍相关论述。周志忍:《当代国外行政改革比较研究》,国家行政学院出版社1999年版。

社会安全的产品,因而既需要私人参与公共产品的生产与提供,但又必须通过相应的政府管制来保障和维护公共利益。政府管制在这里既体现为经济管制方面的私人提供准公共产品的价格控制等,又体现为社会管制方面的环境保护、确保公共产品质量等。对私人参与公共产品的生产和提供来说,放松经济性管制(如进入管制)是伴随着强化社会管制而出现的,因为"没有政府和没有市场的经济都是一个巴掌拍不响的经济"。① 总体上,私人参与公共产品的生产和提供是在政府一定的管制下进行的。这也是私人参与公共产品的生产和提供与私人进行市场商品生产和提供的不同,是私人参与公共产品生产和提供的又一个必要条件。

二、当代公共事业产品提供方式

在当代,人们正逐步形成这样的共识:绝大多数公共产品之所以成为公共产品,是以产权制度为核心的制度安排的结果,而从保证公共产品公共性的基本特点来看,在生产和提供两者中,更为重要的是提供方式的选择,即公共产品的提供方式较之生产方式对保证公共产品的公共性具有更为关键的作用。所谓公共产品的提供即公共产品的交换和消费,是公共产品通过交换进入社会消费的过程。任何产品只有通过消费才能体现出其价值,在这一点上公共产品毫不例外。目前,随着私人对公共产品生产与提供的参与,公共产品的提供有了公共提供、市场提供和混合提供三种基本方式。

(一) 公共提供

所谓公共提供,是指公共产品由政府无偿地向消费者提供,以满足社会公共消费的需要。对于消费者来说,他可以无条件地获得这些公共产品的消费权,而无须付出任何代价或者报酬。属于公共提供的公共产品,主要是公共产品中的纯公共产品,如气象信息、基础科学研究、农业技术的研究和推广、大型水利设施、社会科学研究等。

采取公共提供的方式对这些公共产品进行供给,是由纯公共产品的供给规律决定的。我们知道,纯公共产品具有非排他性和非竞争性特点,这一特点决定了这类公共产品的提供既不可能收费,也没有必要收费。

---

① [美]保罗·A. 萨缪尔森、[美]威廉·D. 诺德豪斯:《经济学(第12版)》(上册),高鸿业等译,中国发展出版社1992年版,第87页。

其一，这类公共产品的受益是社会公众，而非具体地对某些人提供服务，即没有具体的受益者，因而无法收费。

其二，这类事业产品在增加消费者人数时并不增加政府开支，如在一个社会中，增加收听气象预报的人并不会增加气象预报的成本，因此，政府没有理由对新进入的消费这些产品的人进行收费。相反，从提高这些产品使用效率来看，不收费才是最合理的选择。这也就是说，如果政府对这类产品进行收费，那将是不明智的，或将妨碍这些产品效率的提高。

其三，由于受益对象的不确定，因而即使政府要想对这些产品进行收费，在技术上也是十分困难的，同时也会产生不公平的现象。

这类公共产品的生产提供一般由政府自己的组织机构进行，也可以由政府以外的非营利组织使用财政资金进行，如我国现有的事业单位。

（二）市场提供

所谓市场提供，指主要由市场提供给生产公共产品单位经费。在一般情况下，提供者将通过收费来收回成本，并有一定的利润。在这种情况下，公共产品的提供单位自负盈亏，实行企业化经营。通常，公共产品的市场提供可以按竞争的方式进行，但总体上这是由政府管制下的市场提供。

在现实中，采取市场提供的公共产品主要是这样一些准公共产品，即具有一定外部收益，且生产风险较大的产品，或者如果投资，由于行业的特性还容易发生垄断而引起资源效率下降的产品。这类准公共产品性质的产品，主要是属于公用事业范围的水、电、煤气、城市公共交通等，以及电讯、邮政、铁路等。实际上，这些产品相当程度上是一种特定的私人产品，通常，在一些国家是由政府所开办的企业即公共企业来生产的，因而又称为"政府经营的市场产品"。由于这类产品具有准公共产品的性质，因而必须由政府制定一定的规则进行统筹管理。

从私人参与公共产品生产和提供来看，如果以私人为主体，这一市场提供方式可以有如下表现形式。

一是私人的完全提供。即公共产品的投资、生产以及提供完全由私人单独完成，私人通过收费的方式向消费者收取费用。科斯所分析的灯塔以及现代私人电视台的加密频道只有通过付费才可以观看等，就是很好的例证。

二是私人与社区的联合提供。即私人与社区通过有条件的联合来提供公共产品，私人通过与社区公众订立契约的方式，得到社区可给予的一些优惠（如提供场地等），这样，私人就可以以较低的价格来提供社区公共产品，或者社区从私人那里购买一定量的产品,作为社区公共产品提供给社区成员进行消费等。

（三）混合提供

所谓混合提供,是指政府以成本价格为基础,通过政府补贴和向受益人收取一定费用的方式来提供公共产品。混合提供具有如下的基本特点:一是以成本价格为基础,是一种非营利的提供方式;二是在构成成本的支出中,一部分向受益人收费,另一部分由政府补贴,其补贴比例可在1%—100%之间;三是适用于有明确受益人且通过公共消费而获得一定利益的公共产品。

混合提供方式是提供公共产品的一个基本方式。属于这一方式提供的公共产品主要有教育、卫生、医疗、体育、出版、广播、文化等。政府通过补贴的方式提供这类公共产品。具体有以下两种情形。

第一,公共生产下的混合提供,即以"政府补贴,政府经营"的方式进行混合提供。经营这类产品的组织即为国有企业。这也是现阶段我国大多数事业单位采用的方式。

第二,私人生产下的混合提供。即以"私人经营、政府采购"的方式进行混合提供。从政府的角度看,采用这一方式的目的主要是降低收费标准,维护公众的基本生活需求和利益,同时,也可以减少政府的投入。当然,在这种情况下,合理的政府管制措施是一个十分重要的因素。而从私人的角度看,则是在公共产品的生产和提供过程中,私人和政府形成某种联合,政府对私人提供公共产品给予一定的补贴和优惠政策,如政府补贴私人治理沙漠等,抑或政府和私人签订合同,私人负责生产,政府进行采购后再提供给公众。在这种情况下,公共产品的生产和提供就分开了。

三、当代公共事业管理模式的基本特点

无论是从当代世界范围内的改革实践,还是从新的公共事业产品生产和提供方式的组合运行机理来看,当代公共事业管理模式具有如下鲜明特点。

（一）政府主导和统筹

同样明显的是,随着公共事业管理市场模式的形成,政府以外的社会组织广泛参与公共事业管理,干预模式下政府对公共事业管理的垄断被打破,但政府在公共事业管理中的地位与作用并没有因此而降低。恰恰相反,相当程度上,公共事业管理市场模式的形成,加强了政府的社会管理职能。从政府的产生及其合法性来看:一方面由于第二次世界大战结束尤其是20世纪下半叶后阶级矛盾和阶级对抗在很多国家相对缓和,西方各主要国家国内阶级统治职能有所减弱;另一方面随着社会经济的发展和民主的进步,社会公共需求扩大,使得处理社会公共事务、满足公共需求成为维护统治更为直接的任务,因而这些国家政府不能不在社会公共服务尤其是公共事业领域内强化和扩张职能,加强对科学、教育、卫生等领域的管理。

这一加强首先最为直接地体现在对公共事业的统筹规划和投入上。第二次世界大战后,随着科学技术在社会经济发展和提升国家实力与竞争力中的作用日益突出,以及公众日常生活的日益技术化及其对科学技术的需求,一些西方国家政府敏锐地注意到了这一巨大的现实需求,从而纷纷从国家发展的角度,制定国家科技发展战略和规划,制订实施计划,大幅增加研发投入并制定相关发展政策等,加强对科技发展的统筹。其中,有代表性的如美国政府提出"保持高精尖技术领域的优势"的科技发展战略,日本政府制定了"科学立国"的战略构想,提出以发展尖端技术为中心的知识密集型产业为主导,推进整个产业的工艺和制品的知识密集化,等等。在教育领域,美国传统上虽然十分重视教育的作用,但在管理上基本上是由各州政府自己安排管理的,近几十年来,随着国力竞争日益体现为人才竞争并在相当程度上落实为教育竞争后,美国成立了联邦政府层面的管理教育部门以加强对全国教育的统筹和管理,并加大对教育的投入,另如英、法、日等国也都通过不同的方式,强化政府对教育的管理,通过不断的改革促进教育的发展。

当然,西方各国在新的历史条件下强化社会管理职能,碰到的一个基本问题就是如何走出政府独力承担、机构不断膨胀却效率低下且难以满足公众需求的困境,正是由于对公共产品认识的深化,从而找到了由政府在宏观上把握公共需求在数量和结构上的平衡,制定相关公共政策的应对办法。在一些重要产品由政府直接生产和提供的同时,通过制定和执行保证公众基本利益的相关法律和规则,最大限度地引入政府以外的组织,整合社会资源,扩大公共事业产品提供的来源,最终形成了公共事业管理的多元构成格局。正是在这一意义上,当代公共事业管理的市场模式,实际上是一个政府统筹和主导下社会广泛参与的模式。这一模式以政府为核心,同时重视发挥非营利组织和其他组织乃至企业在公共事业投资和管理中的作用,努力满足不断增长的社会公共需求。

(二) 多元构成

在当代世界范围内,面对现实中不断增长的巨大公共需求,基于当代科学技术和社会经济发展所提供的可能,为了走出政府独家承担社会公共服务难于满足公众需求的困境,随着对公共产品提供方式以及生产和提供方式认识的深化,现实中的一系列改革最终打破了政府对公共事业的垄断,政府以外的组织如非营利组织乃至企业等,开始广泛地以不同的方式参与到公共事业产品的生产和提供过程中,最终使得公共事业管理从政府独家垄断的干预模式,转变成包括政府在内多种类型的社会组织合作的市场模式,形成了社会广泛参与、共同生产和提供公共事业产品的格局。

这一社会各类主体对公共事业管理的广泛参与,主要表现在对公共事业的投资方面,形成了公共事业管理多元投资的良好局面,在管理上出现了以分权化和社会化为标志的管理主体多元化。在公共事业产品生产和提供的领域,以非营利组织的迅猛发展为基础,社会各类主体广泛地参与到公共事业中。

(三) 以市场为基础

市场模式作为当代公共事业管理的基本模式,其结构上由以政府为主导的多元主体构成。在这一基本构成中,包含着政府与社会、政府与市场的基本关系。这一特定的多重关系不仅是结构多元的反映,而且在其运行中还表现为更为具体的政府统筹和规划、投资的多元化、管理上的分权化和社会化,其中,社会化是最显著的标志。而这一切都架构在以市场为基础之上。

一般来说,作为个体的私人和企业,对利益的追求是其活动正当而基本的出发点和归宿,因而,公共事业产品的生产和提供有必需的利润,是吸引其进入公共事业管理领域的基本条件。同时,对非营利组织来说,能够从自身对社会的服务中获取一定的收益,正是其能生存和发展的条件。如前所述,由于对公共性的理解在相当长的历史时期中是与政治或政府等同的,传统上认为,由于私人和企业活动的基本性质,公共利益问题是不能在市场中得到解决的,因而必须由政府代表公众来解决,公共利益实现过程是一个非市场的选择过程,典型的说法是公共领域或政治领域是市场经济的永恒禁区。正是在这一理念下,形成了政府对公共事业产品生产和提供的独立承担乃至垄断。但实际上,如前面两节所分析的:一方面,由于客观上在公共事业产品的生产和提供中存在着由税率和公众需求构成的特定的市场,且政府依托公共财政生产和提供公共事业产品也是构成整个社会资金投入与商品价格的一个重要组成部分;另一方面,由于准公共产品理论的建立,对私人进入公共产品生产和提供领域必要性的可行性条件认识的深化,对最终必须以提供方式决定公共产品的确定,使得关于包括公共事业产品在内的整个公共产品政策,即公共政策的制定和执行分离成为可能。

前面的分析已表明,当代西方国家的改革的一个重要突破,就是将公共政策的制定和执行尽可能分离,承认其他组织在承担公共产品的生产和提供中获得必要利益的正当性,并将此作为非营利组织得以存在的一个基本前提,从而使私人和企业进入公共产品领域成为可能,并形成了非营利组织生存和发展的必要空间,如通过制定相应的公共事业产品的政策并形成必须的政府管制,对能够进行经营性投资、开展市场竞争的领域,如图书发行、大众娱乐项目及职业体育活动、公用事业等,交给社会资本经营;对不完全适宜市场化经营的领域,交民营企业承包;而另一些不适宜市场化的公共服务领域如博物馆、图书馆等,也可引入效益、效率机制进行管理。从而,通过管理理念和管理职能输出方式市场化的改革,完善整个公共事业的管理。最终,以这一特定的市场为基础,实现公共服务的社会化,构成了公共事业管理的市场模式,从而整合了社会资源进行公共事业产品的提供,相当程度上使政府改革走出了困境。所以,以市场为基础,公共产品和服务的市场化是当今公共事业管理的一个基本发展方向,是当代公共事业管理模式的一个显著特征。实际上,当代公共事业管理模式被称作"市场模式",正是对这一本质特征的形象说明。

(四)法制化与规范化

以政府为主导的社会广泛参与的多元公共事业管理模式的形成,在促进社会参与公共事业管理、整合社会资源以满足公共需求的同时,也使得活动于公共事业领域内的主体及其相互关系日益丰富且复杂。因此,如何通过一定的规定确定各主体间的关系及其在公共事业产品生产和提供中的责任,保证公共事业管理过程和结果的公平与公正,就成为内含于公共事业管理干预模式的基本内容。而西方国家自近代以来,由于其特定的政治文化传统,逐步形成了社会治理上的法理政治,信奉通过法律、法规的制定和执行来实现对社会政治、经济和文化的管理,因而,随着对社会公共事务管理改革的展开和深入,公共事业管理中的法制化和规范化也日益成为新模式的鲜明特点。

所谓公共事业管理的法制化,就是指通过建立健全法律法规体系,对公共事业实施管理。这既体现在大量公共事业活动的立法上,也体现在对活动于公共事业领域内各主体地位、权限、管理内容和活动程序的具体规定上。在立法上,西方主要国家针对科、教、文、卫等各个领域颁布了较为全面的法律法规。如20世纪80年代以来,为了加快科技成果的转化,美国先后出台了一系列相关的法律,著名的如《史蒂文森-怀勒技术创新法》(1980)、《小企业创新开发法》(1982)、《联邦政府技术转让法》(1986)、《综合贸易与竞争法》(1988)、《国家竞争力技术转让法》(1989)等。可以说,正是通过相关法律法规的制定和实施,将新的历史条件下的公共事业管理纳入法制轨道,确立了不同的公共事业领域内各类主体地位和权限以及活动的范围和责任等,同时,也减少了市场的负外部性,使参与公共事业活动的个人或组织能履行好必须承担的公共责任和社会义务。借助法律的权威性、强制性和稳定性,公共事业得到长足发展。

所谓公共事业管理的规范化,就是指公共事业管理部门在法律的基础上,通过研究制订一系列关于公共事业管理的规章、制度,以确保管理的科学性、合法性、公正性和可行性的活动。在这方面,西方主要国家借助于较为完善的行政组织体系和较高的组织水平,制定了比较全面而成熟的关于公共事业管理的规章,明确了不同的管理层级和不同的管理主体具体的行为的程序、标准、规范和责任,从而构成了一个全面的关于管理的规范体系。这样就将公共事业管理的目标具体化并落实到具体的管理过程和环节上,将管理目标尽可能地细化和量化,变得可操作,达到了十分详尽的程度,一定程度上保证了管理过程与目标的一致性。

第三节 当代公共事业管理的层次与体制

当代公共事业管理的基本模式是市场模式,并具有政府主导、多元参与和关系规范的特点。由于当代绝大多数国家都是按一定标准将国土划分为若干区域并分层次进行管理的,且公共事业管理是政府社会管理的一个基本领域,因而与从中央到地方再到具体实施环节的管理体制相一致,基于市场模式的公共事业管理也就分为若干管理层级,涉足于其间的公共事业管理主体则按照各自在国家和社会中的地位具有自己的活动领域和任务。总体上看,当代公共事业管理可以分为宏观和微观两个基本层次。宏观公共事业管理和微观公共事业管理既区别又联系,共同构成了特定的公共事业管理体制。

一、宏观公共事业管理

宏观公共事业管理,是指涉及全社会的公共服务,即关系到全社会公众基本生活质量和公共利益的公共事业产品的供给,管理效果具有宏观性的公共事业管理。就公共事业管理本身来说,这一宏观性是由其特定的管理目标、管理方式和管理的基本内容决定的。

(一)宏观公共事业管理的基本目标

在当代,随着经济和社会的发展,公众在公共事业领域内的需求呈现出总量不断增大、质量要求不断提高和需求结构从单一走向繁杂的趋势,因此,保证并满足公众不断发展的需求,促进社会生活的有序化,是当代公共事业管理所要完成的基本任务。

在现代社会,随着公众对公共事业产品要求的日益提高,虽然提供公共事业产品已不由公共财政独力支撑,但无可否认的是,从投入量来看,公共财政仍然是公共事业发展经济基础的最主要构成部分。公共财政来源于税收,因而公共事业产品供给的能力就取决于公共财政状况,也就是取决于一定时期的税率(实际上,非政府组织及一些公用事业单位提供公共事业产品的能力相当程度上也取决于税率)。这样,与市场中的商品供求相类似,在公共事业管理的高层也存在着一个特殊的"市场",管理者(政府)为了使社会生活有序化,必须在供给(立法机关所确定的税率)与需求(公众和各种利益集团的利益与要求)之间进行平衡。这种平衡是整个社会公共事业领域内的公共需求的总体规模与公共事业产品供给的总体规模的基本平衡。同时,这一总体公共需求构成要与总体公共事业产品的构成相适应。

保证公共事业领域内的公共需求与公共事业产品供给的宏观平衡,是宏观公共事业管理的基本目标。其原因在于:在任何一个社会历史发展时期,相对于不断发展的社会公共需求来说,社会的公共事业产品供给是有限度的,因而,公共部门就必须从社会的经济发展水平出发,通过一定的手段如公共政策的制定与执行,一方面加强公共产品生产,并节约开支,扩大供给,另一方面将公众的需求引导和规范为一定时期社会经济发展水平能保证和满足的需求,从而达到供给与需求的总量平衡,满足一定条件下公众对公共事业产品不断扩大的要求。同时,公共产品总量的提高和与需求平衡过程,实际上也是一个政府通过公共政策等引导和调节公共事业产品结构调整与质量提高的过程,因而,公共事业产品质上的提高和构成上与需求适应性的增强也就与总量的提高相伴随,从而满足了不同地区和不同的公众对公共事业产品多样化和高质量的需求。而且,这一供给的针对性的增强不仅使交易成本降低,也实际上增加了交易总量。这表明,宏观平衡是完成当代公共事业管理基本任务的基础和最有效的方式,这必然成为一个国家和社会公共事业管理在总体上首先必须达到的基本目标。

总之,公共事业的宏观管理的基本目标是宏观平衡,它涉及公共事业产品的需求总量和供给总量,管理的效果带有总量的性质,由此发生的一切管理活动都属于宏观公共事业管理的范围。

(二) 宏观公共事业管理的基本方式和内容

宏观公共事业管理的基本方式是间接管理,其管理是一个不直接作用于公共事业产品供给的间接的管理过程。这一间接管理方式充分地表现在宏观公共事业管理机构的计划、组织、协调和控制的基本职能发挥上。[①]

从计划职能看,承担宏观管理任务的公共事业管理部门首先是根据全社会公共事业范围内的公共需求状况和公共事业产品的供给能力,根据社会未来发展的需要,通过理性的选择,制定出相关的公共政策。这一公共政策根据现实的需要,可以是法律,也可以是大政方针,或是更为具体的计划、方案、程序安排等。通过公共政策的制定和实施:一是对社会公共事业的发展进行调控,以引导和调节社会公共需求的趋向和发展,以及公共事业产品的生产投入、产出方向和规模,从而改善全社会公共事业产品的供求状况;二是规范公共事业领域内公共产品生产和公共服务提供单位的行为,建立各种检查监督制度来保证有关法律法规的执行、调节公共事业产品的交易活动(现代社会的公共事业产品作为准公共产品,并不是完全免费的,具有一定的商品性);三是规划、引导具体公共事业服务部门的数量、比例及布局,达到公共事业产品供给的地区间平衡。

从组织职能看,承担宏观管理任务的公共事业管理部门最主要的工作是根据所确定的政策、计划和方案等完成两方面任务。一是设立新的组织或维护原有的必须的组织以处理公共事业管理事务,并使技术程序、正式的政策

[①] 这里对宏观公共事业管理基本职能的分析,及下面对微观公共事业管理基本职能的分析,参阅了张良等著《公共管理导论》(上海三联书店 1997 年版)第四章"公共管理的基本职能"的相关内容并得到启发,特说明并致谢。这里的具体分析论述反映的是本书作者的观点。

法规和文书程序按组织运作的要求组成一个严密而完整的系统。二是协调公共事业管理各部门与外部各相关集团、部门、单位之间的关系，以改善和创造一个有利于公共事业管理进行的环境，使公共事业管理的目标实现和公众利益实现有机结合。

从协调职能看，承担宏观管理任务的公共事业管理部门的主要工作，是协调外部环境和构建本部门内部的协调机制。通常，这一职能由专门的机构如协调委员会来承担，其权力是由法律赋予的。在外部协调中，主要是在各利益集团之间进行有效斡旋，经常而及时地从上级获取新的工作安排等，争取上级部门或各业务主管对本部门工作的理解和支持，提醒下级业务主管留心上级关心的其他事务等；而在内部协调中，主要是致力于在组织内部贯彻本部门的全部要求，形成沟通意识，争取工作人员对组织目标的理解和支持。

从控制职能看，承担宏观管理任务的公共事业管理部门的主要工作，是外部控制和内部控制。对于前者而言，由于公共事业管理机构设立的目的、高级管理层的权力，以及哪些权力可以对外或向下授权等是法律规定的，因此，高层管理机构需要经常从立法部门和不同的利益集团那里了解信息，以随时掌握本机构或部门权力的控制和行使，同时，还要与对本机构工作可能有影响的部门保持联系，以便准确了解来自外部的因素对他们行使的控制权力的影响。对于后者而言，主要表现为通过必要的控制程序，如一系列正式的指示、准确计算下属完成某项任务所需要的时间、确定工作中哪些方面需要调整纠正等，保证整个部门按计划完成公共事业管理任务。

可见，在宏观公共事业管理中，以计划职能为起点，通过所形成的不同层次的公共政策相应地展开其组织、协调和控制职能。这些职能的发挥以组织或部门为界，可以分为内部管理和外部管理两个方面。但无论是内部管理还是外部管理，显然都没有直接涉及具体地向公众提供公共事业产品，乃至具体的对公共事业产品生产和供给过程的监督，表现为对具体的公共事业产品的生产和提供的间接管理。

宏观公共事业管理以公共事业产品的需求与供给的宏观平衡为目标，围绕公共政策的制定和实施，其基本职能的发挥主要涉及以下四方面内容。

第一，对公共事业范围内公共事业产品这一特殊"市场"进行预测。其中包括全社会公共事业产品总需求和总供给的趋势预测、各类公共事业产品的需求量和供给量预测，等等。

第二，制定和分析公共事业范围内的社会指标，如教育方面的某一年龄阶段中某一学历人群的占比、社会价值方面的公众整体的生活满足程度、环境保护方面的空气污染指数，等等。一方面作为制定公共政策必需的基础，另一方面通过发布社会指标及相关信息，指导和引导公共产品生产以及公共服务提供的投资方向和产品流向。

第三，制定有关公共事业的公共政策，即计划、方案、程序安排等。其中，既包括公共事业产品的品种、数量（常常以发展计划和确立公共项目来表现），也包括全社会公共事业范围内如何生产和提供公共事业产品的基本规范的制定和安排。

第四，根据所确定的公共事业管理的目标，进行一系列旨在提高管理效能不针对具体公共产品而针对机构内部运行和机构外部环境的组织、协调和控制工作。

（三）宏观公共事业管理机构

承担宏观公共事业管理任务的是公共事业管理主体系统中的一个特定的部分，即主要是高层次的政府组织。

在公共事业管理的主体系统中，主要由高层次的政府组织承担宏观公共事业管理的职责，其原因：一是宏观公共事业管理指围绕公共事业范围内的公共政策的制定和实施，而制定公共政策的主体就是政府；二是进行全社会公共事业范围内公共事业产品需求与供给总平衡需要全社会最强有力的也是公认的公共权威，这一公共权威无疑是政府，且是管理职权和范围覆盖全社会的高层次的政府。

由于公共事业管理范围内的公共政策的基本形式有法律、政令、计划、方案等，因此，承担宏观公共事业管理的政府是广义的政府，即包括立法、行政、司法机关在内的广义政府。在实际中，涉及宏观公共事业管理的或承担宏观公共事业管理任务的政府机构：一是立法机构，如我国的人民代表大会；二是司法机构，如法院、检察院等；三是行政机关即政府管理部门，如政府的科、教、文、卫管理部门，环保部门，民政部门，计划生育部门，又如财政、计划、物价、税务等专职部门，以及涉及公众基本生活质量的一些经济管理部门，如交通运输部门、电讯管理部门等。在不同的国家或地区，这些涉及宏观公共事业管理的政府管理部门（行政机关，即狭义的政府），其名称、数量等是不同的。

还必须注意的是，这里所说的高层次的政府组织，高层次主要是指上述政府部门中的决策层。其中，首先是指中央一级政府，而地方政府则具有相对性。即在整个国家的公共事业管理中，地方政府组织是中央政府的下属，是中央政府宏观管理的对象,而在一个省、市的范围内,它又具有一定的公共政策制定权,负有根据国家有关公共事业的公共政策,统一管理本地区公共事业的责任,因而在这一意义上也是宏观公共事业管理机构。

二、微观公共事业管理

微观公共事业管理,是指涉及公共事业领域内各类具体的公共事业产品的生产与提供,以及对这些具体的公共事业产品质量和提供这些公共事业产品的组织的直接的监督管理。这一管理带有个量和局部性质,即是带有微观性的公共事业管理。同样,就公共事业管理本身来说,这一微观性是由其特定的管理目标、管理方式和管理的基本内容决定的。

(一)微观公共事业管理的基本目标

微观公共事业管理的目标,是在基层公共事业领域中不断完善公共服务。

由宏观公共事业管理机构所制定的有关公共事业的公共政策总体上是比较抽象的一般原则,它的适用范围也比较广,虽然宏观公共事业管理机构也负有贯彻这些公共政策的责任,但由于其管理方式是间接的,这些抽象的一般观念、原则等只有通过一定的形式落实到具体的管理层,通过具体的管理行动才能变成现实。因此,基层公共组织的基本任务,就是根据上级部门所制定的公共政策及根据这些公共政策所形成的特定的公共项目、具体的任务等,凭借上级部门的授权展开管理活动。这一管理活动分为两个基本方面。

其一,维护好基层公共事业活动的基本秩序。公共事业管理的需求来自环境,而针对需求所形成的公共政策的最终落实也必然是在环境之中。良好的基层公共事业活动的秩序是实现既定公共事业管理目标的必要条件。因此,在有关公共事业的公共政策形成后,相关公共组织必须对具体的公共事业产品的生产和提供是否合乎相关的法律法规和政策进行直接的监督管理。从而形成一个合乎公共政策引导方向的良好的基层公共事业活动环境,为公共事业产品顺利地高质量生产和提供打下基础。在现代公共事业管理中,即便是监管或管制,由于管理对象与管理最终目标的同一性,以及管理中的服务化发展趋势,因而在基本点上,这一通过直接的监督管理对基层公共事业活动基本秩序的维护,总体上也体现为一种面向公众的服务,即一种公共服务。

其二,更好地为社会提供公共事业产品。直接面对公众的公共组织根据社会的公共政策或上级部门的具体布置,通过努力提高管理效率,直接为社会提供更多更好的公共事业产品。这些公共组织的活动具有不同的含义:从管理活动的角度看,如果将管理分为监管和服务,这些直接从事社会公共事业产品的生产和提供的组织,显然从事的是服务,它们的活动是"管理就是服务"的最好体现;而从社会自身运行的角度看,这些组织是社会自身的管理层,它们直接从事社会公共事业产品的生产和提供,是社会的自我服务,属于社会自我管理的范畴。总体上看,应该说这些组织的活动是一种公共服务。

总之,相对于从全社会出发以达到宏观平衡的公共事业管理来说,上述两个方面的活动是在基层公共事业管理活动中产生的,其效果是个量的和局部性的,是微观层次的公共事业管理。发生于基层公共事业管理层面,围绕更好地为公众提供公共服务的具体活动,都属于微观公共事业管理活动的范畴。

(二)微观公共事业管理的基本方式和内容

对微观公共事业管理基本目标的阐述已表明,微观公共事业管理的基本方式是直接管理,其管理是一个直接作用于公共事业产品供给的直接的管理过程。与宏观公共事业管理的基本方式体现在其基本职能上一样,微观公共事业的直接管理方式,也充分地表现在基层公共事业管理机构的计划、组织、协调和控制的基本职能发挥上。

从计划职能来看,承担微观公共事业管理任务的公共组织大致可分为两类。一类是根据公共政策的有关规定和引导,或根据上级部门下达的具体任务、短期计划或公共项目等,制定自己的工作方案并实施。这一工作方案实际上是一个操作性的方案。另一类是根据有关公共事业活动的法律法规,通过形成自己的一定时期的工作方案,对基层公共事业活动进行日常性的监督管理。

从组织职能来看,承担微观公共事业管理任务的公共组织的工作主要是进行重组。即该公共组织根据所承担的任务,将任务分解为具体目标和日常工作,在这一过程中努力将具体操作者的工作和组织的目标联系起来,同时也努力将分解出的具体目标联系起来,从而既发挥专业聚集作用,也产生协作效应。这里的具体的操作者的工作,就是直接向公众提供管理和服务。

从协调职能来看,承担微观公共事业管理任务的公共组织的工作,主要是针对公共事业管理措施实施过程进行协调。通常,这一协调工作通过项目管理进行协调和通过对契约履行的监督进行协调。关于通过项目管理进行协调,我们将在下面对公共事业管理过程进行分析的相关部分进行阐述,这里介绍通过对契约履行状况的监督进行协调。目前在一些国家(主要是西方发达国家)的政府管理改革中,常常将我们所说的公共事业范围内的一些事务以合约的形式委托私人经营。为了保证私营企业按照合约进行生产和服务,维护公共利益,一般都派公共部门的代表作为监督者进行必要的协调和监督。这些监督者的主要工作是一方面从各方面对承担合约者给予必要的协助,如提供信息、协助解决问题、审批等,另一方面与使用合约项目产品的公众广泛接触,倾听公众意见并向政府和合约承担者进行反馈,还要经常提供项目进展报告,并在项目工作结束后进行质量把关和验收。

从控制职能来看,承担微观公共事业管理任务的公共组织的工作,主要是控制执行的结果,即本部门执行上级制定的目标、计划和标准,进行公共服务的结果,或是在公共政策的导引下进行公共服务的结果。

可见,在微观公共事业管理领域,其管理主体基本职能的发挥,都是针对具体的公共事业活动进行的,即直接涉及具体地向公众提供公共事业产品,以及对具体的公共事业产品生产和供给过程的监督,表现为对具体的公共事业产品的生产和提供的直接管理。

微观公共事业管理以在基层公共事业领域中不断完善公共服务为目标,其基本职能的发挥主要分为两个基本方面。

其一,维护基层公共事业活动基本秩序。一是对公共事业产品的提供者的管理,包括管理相关许可、监督相关过程。对此,我们将在第三章进行更为详细地分析。二是对公共事业领域中的公共事业产品的质量进行监督管理。现代公共事业范围内公共服务的提供者,有政府、非政府组织乃至一些营利性企业,必须对这些组织部门提供的公共服务质量进行监督管理,这首先及根本上是由公共事业管理保证和维护公共利益的基本要求决定的,同时,现代公共服务的公众付费制度以及公共事业范围内有相当部分的准公共产品(俱乐部产品),也要求对公共服务的质量予以保证,同时,这也是对政府管理活动评价的一个具体要求。当然,在传统的公共事业管理体制下,公共服务是由政府提供也是由政府评价的,因而给公共服务的监督管理带来了一定的困难。目前,随着政府管理改革中将更多的公共服务以一定的方式交由非政府组织或私营企业提供,这既增加了对公共服务质量监督管理的重要性和必要性,也为政府作为监督管理部门带来了可行性。三是对公共事业领域中的某些公共产品的价格进行监督管理。对此,我们将在第三章作更为详细的分析。

其二,为社会提供公共事业产品。即活动于公共事业基层的公共组织和一些非公共组织如企业,根据公共政策或根据上级部门所制定的目标、计划和布置的任务,进行公共产品或带有公共性的产品的生产,以及向公众提供服务。这是微观公共事业管理活动的最终结果,也是最为丰富的基层公共事业活动领域。从根本上说,上述对基层公共事业活动基本秩序的管理,就是为了向公众提供更多更好的公共事业产品。

(三)微观公共事业管理机构

承担微观公共事业管理任务的机构有以下四类。

一是政府专门从事公共事业管理的基层部门,如我国的民政部门,以及教育、卫生、文化、科技等专业管理部门。当然,在现代公共事业管理中,这些政府部门的管理不是直接去生产公共产品,而是依照国家的有关法律法规,对相关领域进行监督管理。

二是业务涉及微观公共事业管理内容的政府部门,如物价部门、税务部门、审计部门。

三是从事监督、评估和协调等管理工作的非营利组织,如前面提到过的当代西方教育领域中的专门的非政府性质的联合会、评估机构等。

四是直接从事公共事业产品提供的部门,如我国目前的各种非政府组织、事业单位和一些特殊的或承担公共产品生产的企业单位。这些部门在基层公共事业管理活动中主要是提供公共服务,在整个公共事业管理主体系统中具有管理者与被管理者的双重身份。

三、宏观与微观层次之间的关系及公共事业管理体制

宏观公共事业管理与微观公共事业管理之间存在着密切的联系。这一处于不同层次的公共事业管理主体及其权力和职责的划分与联系,以及与客体系统的地位及相对应的关系,构成了特定的公共事业管理体制。

(一)宏观公共事业管理与微观公共事业管理的关系

宏观公共事业管理与微观公共事业管理既有区别,又有联系。

其区别在于,宏观公共事业管理与微观公共事业管理是不同层次和不同性质的管理,即宏观公共事业管理是以全社会公共需求与供给平衡为目标、

以间接管理为基本方式的管理,是高层次的带有总量和全局性的管理;而微观公共事业管理则是以在基层公共事业领域维护基本的活动秩序、提供更多更好的公共事业产品为目标,以直接管理为基本方式的管理,是中、低层次的带有个量和局部性质的管理。

其联系在于,宏观公共事业管理与微观公共事业管理二者是具有不可分割的有机整体,它们之间紧密而有机的联系表现在:微观公共事业管理机构把宏观公共事业管理的内容和目标具体化,它是一个国家或社会有关公共事业的公共政策和管理制度的执行者,是基层公共事业产品的提供者,同时也是监督者。因此,一方面必须通过微观公共事业管理活动来保证宏观公共事业管理目标的最终实现,保证公共政策从一种思想、原则转化为物质,通过微观的个量和局部调整来达到宏观总量的调节和全局控制;另一方面,宏观公共事业追求公共产品的需求与供给宏观平衡的目标,其通过不同形式和层次的公共政策,寓于微观公共事业管理活动中,并决定着微观公共事业管理的基础。总之,没有微观公共事业管理,宏观公共事业管理的目标就难以实现甚至无法实现,而没有宏观公共事业管理,微观公共事业管理的目标也不能达到。

(二)当代公共事业管理体制的基本内涵

所谓体制,一般是指体系与运行机制的总和,相应地,公共事业管理体制,就是公共事业管理的体系与运行机制的总和。在现代市场经济条件下,公共事业管理体制的基本构成要素,主要有公共产品生产和服务提供者的法律地位、公共事业产品的供给范围、提供公共事业产品的组织形式、公共事业管理机构的权限和设置,以及调节、控制手段和监督方式等。以上相关部分的分析中,我们已从不同的侧面对公共事业管理体制基本构成要素进行了阐述。

从以上的相关分析中,我们可以就当代公共事业管理体制各要素间的有机构成得出如下的结论:当代公共事业管理体制,应是一个以政府为核心,有非政府组织及其他组织参与,统一、多层次、中央与地方相结合,集中管理与分散管理相结合,管理环节与实施环节既统一又分离,管理表现为服务并以服务实现管理的管理系统。其中,各级政府在公共事业管理方面的职责权限和分工有科学的定位,同时,非政府组织等在公共事业管理中也有其地位和任务,在基层公共事业领域发挥着积极的作用。

本章小结

  一定的公共事业管理是在一定的社会、政治和经济条件下展开和完成的。客观环境对公共事业管理的规定和制约首先最集中地体现在公共事业管理模式上。公共事业管理模式一经确定，即规定了谁来承担公共事业产品的生产和提供、如何生产和提供，以及公共事业领域各主体间的地位、关系和责任。

  当代公共事业管理模式是市场模式。市场模式的形成经历了从保护模式到干预模式再到市场模式的演变过程。社会公共需要、主体认识程度、政府能力和社会发育程度决定公共事业管理模式的演变和发展。当代公共事业管理市场模式形成的突破口是对公共产品认识的深化，其运行机理是当代公共产品生产和提供方式。公共事业管理的市场模式具有政府主导和统筹、多元构成、以市场为基础、法制化和规范化的鲜明特点。

  现代民族国家行政区划的构成及其与当代公共事业管理模式的结合，形成了宏观公共事业管理和微观公共事业管理。不同层级的公共事业管理有不同的目标、任务、内容和承担机构。相应地，公共事业管理的模式、层级等组成了公共事业管理的体制。

概念术语

模式	公共事业管理模式
公共事业管理保护模式	公共事业管理干预模式
公共事业管理市场模式	政府能力
公共产品提供方式	公共提供
私人提供（市场提供）	混合提供
公共事业管理社会化	公共事业管理市场化
公共事业管理多元化	公共事业管理法制化
公共事业管理规范化	宏观公共事业管理
微观公共事业管理	公共事业管理体制

复习思考题

1. 试述公共事业管理模式演变发展的基本趋势。
2. 公共事业管理模式发展演变的决定因素是什么？
3. 私人参与公共产品生产和提供的必要性和可能性是什么？

4. 私人参与公共产品生产和提供的条件是什么？

5. 现代公共产品的基本提供方式有哪些，生产和提供方式的组合方式有哪些？

6. 现代公共事业管理模式的基本特点是什么？

7. 试述宏观公共事业管理的基本内容及其承担机构。

8. 试述微观公共事业管理的基本内容及其承担机构。

9. 当代中国公共事业管理体制的基本内涵是什么？

第三章　公共事业管理组织及其基本活动方式

现代社会的公共事业管理组织,是在公共事业管理环境中产生的以政府为核心,并由政府组织、非营利组织、准政府组织和某些特定企业组织共同构成的多元组织系统。公共事业管理职能的发挥和体现,有赖于这个多元系统中的各类公共事业管理组织,尤其是处于系统核心地位的政府组织。各类公共事业管理组织的合法性、合理性及其活动方式,直接关系到公共事业管理目标的实现。目前,这一管理组织系统正处于改革与发展之中。在我国,其目标就是正确界定政府、非营利组织、事业单位及企业组织在公共事业管理中的地位和作用,深化政府社会管理方式以及事业单位管理体制改革,大力发展和管理好非营利组织,合理引入市场力量以有力补充公共产品和服务供给,构建结构合理、职能科学、行为规范的公共事业管理组织系统,从而促进整个公共事业的全面发展。

第一节　政府与公共事业管理

政府的基本属性,决定了无论是社会主义国家还是资本主义国家,管理公共事业都是政府的一项基本职责,也是政府社会管理职能的基本内容和主要表现形式。在现代社会,政府不是管理公共事业的唯一主体,但政府的基本属性和市场经济条件下政府的特定地位,仍然决定了政府是管理主体系统中最为基本的组织,也是整个管理组织系统的核心。

第三章 公共事业管理组织及其基本活动方式

一、公共事业管理中的政府

(一)政府的概念和基本属性

政府是人类文明发展的产物,政府的起源与国家的起源相联系。关于国家与政府的起源,在中外历史上存在多种迥异的主张和理论。在中国历史上,最具代表性的是先秦的"止争论",认为"立政"在于"止争",即国家和政府的产生在于止息纷争,为了使人趋利避害而立"刑政",设置君王则是为了"设曹断曲"。这一主张的主要代表人物是墨子和韩非子等。在西方历史上,存在自然论、契约论、分工论等。自然论的代表人物是亚里士多德,他认为由于人是天然的政治动物,因而政府起源于人类倾向于过社会生活的本性和维护秩序、控制社会的需要;社会契约论的代表人物是霍布斯、洛克和卢梭,他们认为政府是人们为摆脱自然状态的不便而自愿订立契约的结果,目的是保护人们的生命、财产和自由;以摩尔根为代表人物的社会分工论则认为政府起源于社会分工,政府是公共事务的管理从一般社会活动中分离出来并逐步制度化的结果,是人类政治分工的开始。这些主张最重要的理论价值是指出了国家和政府的产生与人类的文明进程相联系,政府的产生与人类的共同生活或公共事务有关。马克思主义则科学地揭示了政府的起源。马克思主义认为,政府作为统治阶级行使国家权力、实行阶级统治和社会管理的工具,是随着私有制的出现、阶级和国家的产生而产生的,随着阶级和社会的发展而发展的。自国家和政府产生后,人类先后经历奴隶社会、封建社会、资本主义社会和社会主义社会,但政府的基本职能都是进行政治(或阶级)统治和社会管理。

可见,所谓政府,就是国家进行阶级统治和社会管理的机关,是国家表达意志、发布命令和处理事务的机关,实际上是国家代理组织和官吏的总称。政府的概念一般有广义和狭义之分,广义的政府是指行使国家权力的所有机关,包括立法、行政和司法机关;狭义的政府是指国家权力的执行机关,即国家行政机关。公共事业管理中的政府,主要是指行政机关,即狭义的政府,但在一定范围内(如有关公共事业的法律法规的制定,对这些相关法律的司法行政等)也涉及相关立法机关和司法机关。本书即在这一特定的含义上使用"政府"一词。

政府的属性是指政府的本质特性。由于政府是国家的代表,是国家机器的主要组成部分,因而国家的性质决定了政府的性质,国家的属性决定了政府的属性。国家是实施阶级统治和压迫、进行社会控制和管理的机器,任何国家都具有阶级压迫和社会管理的功能,因此也都具有阶级性和社会性。政府是表达和实施国家意志的代理机关,政府也就具有阶级性和社会性。这就是政府的基本属性。

所谓政府的阶级性,是指政府实施国家阶级压迫功能,即指政府通过暴力机器消灭敌对阶级和敌对势力,镇压被统治阶级和敌对分子的反抗,巩固和保卫国家政权。本书第一章(导论)中已指出,社会公共事务分为政治事务、经济事务和狭义的社会事务三个类别,并有各自确定的内涵,而政府的阶级性主要体现在政治事务上。在任何国家,政府对社会公共事务的管理根本上是凭借公共权力(具体是其中的政治权力),依靠的是国家机器的权威并在一些公共事务管理上也是通过国家机器进行的,而国家机器作为暴力机器首先表现的正是阶级性,因而政府对社会公共事务的管理也体现着统治阶级的意志。所谓政府的社会性,是指政府对非阶级性的即社会经济文化事务进行的管理。人类社会发展的历史表明,这些社会公共事务在阶级产生、政府出现之前就存在,阶级产生后,国家和政府借着管理社会公共事务而发展为特殊机构,管理这些社会公共事务的任务伴随着政府的存在而长期存在,其存在的基本趋势,是随着社会的发展,管理社会公共事务的任务越来越多,政府的社会管理职能和规模也越来越大。需要指出的是,政府的社会性是政府的基本属性之一,且作为一种管理社会公共事务的功能更为基本而古老,并将与社会同始终。

(二)现代市场经济条件下的政府基本职能

国家行政机关依据国家通过宪法和法律赋予的行政权力,来实现作为国家基本职能重要组成部分的政府职能。政府职能指政府为了实现公共利益目标依法对社会生活诸领域进行管理的职责和功能,揭示了政府管理的基本方向和主要内容,是政府全部管理活动的"灵魂"。政府的基本职能,即指国家行政机关所具有的最根本的职责和功能。政府的基本属性决定政府的基本职能。

政府的阶级性规定了政府必须用政治暴力消灭敌对阶级和敌对势力,镇压被统治阶级和敌对分子的反抗,巩固和保卫国家政权。政府的社会性则规定政府必须完成对社会经济文化的管理。因此,政府的基本职能是阶级统治和社会管理。事实上,不管是社会主义国家还是资本主义国家(包括其他剥削阶级统治的国家),其政府的基本职能都不外乎是这两种。政府的基本职能在不同的社会和不同的历史发展阶段有不同的需求和表现。在现代市场经济条件下,政府与市场的基本关系决定了政府的基本职能。

政府与市场是两个性质完全不同的体系,也是两种不同的对社会资源进行配置和对利益进行调节的方式。政府是一个人为设计、集中决策、分层管理的组织体系,而市场是一个自发形成、分散决策、自由竞争的组织体系。人类的历史表明,这两种体系都能够对社会资源配置产生作用。市场方式即市场经济,现代市场经济就是以市场机制即供求、价格、竞争等,在资源配置和利益调节过程中起基础性作用。政府方式比较典型的例子就是计划经济,系指政府依靠行政部门,通过行政层次,运用行政手段,直接组织生产流通分配,从而以行政机制替代市场机制分配资源和调节利益关系。

一般来说,在政府与市场关系中界定政府职能的主要依据是"市场失灵"。"市场失灵"的主要表现是:垄断导致效率损失和降低商品服务质量;公共产品无法按定价收费或交易成本过高;经济活动的外部性使等价交换原则不能贯彻;市场机制和竞争会产生收入上的不公平;市场机制难以全面实现社会的共同利益;等等。"市场失灵"理论帮助人们逐渐认识到,市场与计划体系在不同领域各有长处和短处,应该在市场经济的基础上把市场机制和政府作用结合起来,在市场能够起到有效资源配置及利益调节的领域,政府不应介入,以利于充分发挥市场作用;而在出现"市场失灵"的领域,则必须发挥政府的干预作用。同时必须注意的是,"市场失灵"可以靠政府去弥补、纠正,但政府代替不了市场。无论在理论上,还是实践中,都不存在一种政府替代市场、解决市场缺陷的简单规则。所以,在对政府与市场基本关系的认识上,应确立政府与市场的良性互动的基本观念:一方面,政府能够通过立法和行政手段以及各种经济政策,改善和扩大市场的作用,如建立和维护市场竞争秩序、规则,保持币值稳定、总量均衡等;另一方面,市场力量在改善政府功能上有其重要作用,在国家控制的公共领域引入市场竞争,有利于改变其低效率运行状态。

全球大量业已或正在进行的公共事业改革实例无一例外地证明,现代政府在对于自身基本职能的认识深化和定位细化过程中,每一步都伴随着对于市场关系的重新思考和不断梳理而展开。在市场经济条件下,现代政府的最基本职能是做好基础性工作,提供有效的公共产品和公共服务,满足公众和社会的公共需要。我国在对政府与市场关系的重新确立过程中认识到,在市场经济条件下,尤其是在社会主义市场经济和社会主义法治条件下,政府的职能是有限的,有很多事情不需要政府去管理而应由社会和市场本身去解决。2004年,国务院制定出台的《全面推进依法行政实施纲要》就做出了明确界定:"凡是公民、法人和其他组织能够自主解决的,市场竞争机制能够调节的,行业组织或者中介机构通过自律能够解决的事项,除法律另有规定的外,行政机关不要通过行政管理去解决。"从单一的"行政管理"转向多元的"公共服务",这不仅是现代政府职能发展的必然趋势和客观要求,而且也是我国在经济和社会转型时期顺利完成由计划经济向市场经济过渡、由农业社会向工业社会进而向信息社会过渡的一个非常重要的前提。

针对"市场失灵",为适应公众对公共服务不断增长的需求,现代市场经济条件下政府基本职能可归纳为以下几个方面。

一是积极建立市场规则,完善市场秩序,规范市场行为,为各类市场活动主体创造公平竞争的环境。即政府通过制定规则和充当裁判来保证市场的有效运转和社会稳定,这也就是扮演传统意义上的"守夜人"角色。

二是提供市场所不能提供的公共产品,解决"市场失灵"问题。如提供国防、公共安全、环境保护、公共教育、公共文化设施、产业发展规划、重大基础设施建设、鼓励发明创造和技术革新、保护专利,以及制度安排、制定法规和政策等。

三是解决市场所不能解决的社会问题,如实现社会收入再分配、建立社会保障体系、帮助困难群体、最大限度地促进社会公平等。调节收入及财产的再分配,政府可以通过财税政策及社会保障制度来调节收入及财产再分配,解决公平以及社会经济发展战略问题,同时,对涉及大众基本生活质量的水、电、煤气,以及通信行业等进行特殊的管理。

四是对国内经济进行宏观调控,运用财政政策、货币政策等行政手段来调节社会总供给与总需求,调整产业结构,实现就业充分、经济持续稳步增长、经济总量和国际收支平衡等社会发展目标,并不断增强本国的国际竞争力。

可见,从政府与市场的基本关系看,在现代市场经济的条件下,政府与市场不是非此即彼的,政府也不仅仅是传统的自由市场经济条件下的那种"守夜人",而是在市场本身无力发挥作用的领域,提供管制和监管等公共产品。应该说,现代市场经济条件下的政府职能,是政府基本职能在市场经济条件下的具体化,充分体现了政府基本职能适应性、差异性等特性。政府需要从市场与政府基本关系出发,积极探索和转化政府职能。政府职能转化指政府应将本应由市场和社会承担的职能重新交给市场和社会,由各类市场和社会组织来承担一些技术性、服务性、协调性的工作,并引入竞争机制来生产和提供更多更好的公共产品,使政府真正从社会资源的分配者变为监督者,从社会经济活动的"划桨者"变为"掌舵者"。同时,转化并不是要全面、完全削弱政府的职能。对于那些存在"市场失灵"或政府缺位的领域,应加强政府的合理职能,充分发挥其主导作用。

在现代市场经济条件下,政府在公共事业领域履行基本职责,还应注意要量力而行,不盲目追求公共事业的大而全,同时在公共事业发展中应充分形成不同层级政府间、机构间的合理职责分工和配合协调机制。

二、政府在公共事业管理中的地位

(一)政府是公共事业管理的主体与核心

政府在公共事业管理中的主体地位,由政府基本属性所决定,为市场经济条件下政府基本职能具体化所要求,即:政府作为管理社会事务和提供公共服务的角色定位和相应职能的确立,从根本上决定了公共事业管理的主体必须是政府。公共事务根本上必须由社会公共组织来进行协调和管理,而政府正是社会中基于管理公共事务而产生的最基本的公共机构。现代市场经济条件下公共事务的变化,不仅没有削弱政府的这种主体地位,反而更突出了政府在公共事业领域作为主体的必要性和重要性。

现代公共事务的变化发展趋势表现为非政治性公共事务的扩大及其对管理的需求。随着人类进入现代工业社会和信息时代,由于社会经济活动的日趋复杂以及公众生活水平的提高和多样化的要求,使原先许多属于个人的、市场的事务具有了公共的性质,进入了社会公共事务的领域,从而呈现了非政治性公共事务不断扩大的发展势头。首先,统筹管理这些公共事务的职能必然进入政府领域,并使政府职能的内容和范围发生明显变化。这些非政治性公共事务的日益扩大,又必然对公共事业管理提出变化和发展的要求,这就需要从总体上来确立基本的管理体制和规范,理顺公共事业管理组织的多元化体系,保证公共事业的有序、持续发展。这一重要管理任务,必然也只有公共组织中最具权威性的政府才可能承担。其他类型的组织,不能合法合理地履行这一职责。其次,由于市场经济本质上是法治经济,是民主在经济领域中的体现,民主的一个基本要求就是行为的法律化,因而当代市场经济条件下公共事务管理发展的又一个基本趋势,就是管理的法律化和规范化。法律化,就是根据具体的法律法规开展公共事务管理活动,不仅把公共事务的内容纳入法律体系之中,明确其作用的范围和程序,而且对公共事务管理的过程以及公共事务管理机构的权限作出具体的规定,使整个管理活动依法进行。规范化,是公共事务管理部门依据公共管理的总体目标和具体目标的要求,确定公共事务发展的标准和指标。很明确的是,这些正属于政府的职责内容。政府不仅在法律确立的基本管理范围和行为准则框架下,制定更具体、更具操作性的规章等对管理的法律化予以保证,而且还制定一个社会或地区公共事务的发展标准和指标或最终认可并颁布这些标准或指标。这就是说,市场经济条件下公共事务管理的法律化和规范化,与政府密切相关并首先取决于政府。因此,这一发展趋势决定了公共事业管理的主体首先必须是政府。

  同时,政府还是公共事业管理的核心。政府决定着整个公共事业管理的基本范围、基本性质和基本方向,即决定哪些事务可以以公共事业管理的方式方法进行管理,为社会的哪一个阶级或阶层服务,应该确立哪些管理目标,等等。虽然政府不可能在根本上违反公共事业发展客观要求,但在多大程度上反映这一客观要求则取决于政府的认识,并受政府所代表的利益所制约。政府也决定着整个公共事业管理的体制和运行。所谓公共事业管理体制,是指为实现管理目标,由一定管理组织按一定原则组成、并相应具有各自的职责权限和分工的多层次的管理系统。政府虽然也属于整个公共事业管理体制的一部分,但政府在社会中的特定地位,决定了它可以决定哪些组织可以成为具体的管理主体,如何确定各管理主体的基本地位、职责权限和相互间的关系,以及整个管理体制的运行规则等。政府还是公共事业管理中其他管理主体的管理者。在现代社会的公共事业管理组织系统中,政府居于主导地位,即除了有关公共事业管理的基本规则由政府制订,其他主体主要是实施外,政府还负有对其他主体执行有关法律法规要求、对公共事业管理实施管理和服务的行为进行管理之责。这种管理既可以是直接的行政监督,也可以是通过司法机关运用法律手段的制约。

(二) 政府的社会治理改革对公共事业管理发展的作用

  我国自改革开放以来,已进行了九次国务院政府机构改革。① 随着建立和完善社会主义市场经济体制改革的深入,我国正进行着新一轮的政府治理改革。党的十九届三中全会研究了深化党和国家机构改革的问题。《中共中央关于深化党和国家机构改革的决定》明确指出,"深化党和国家机构改革是推进国

---

① 改革开放以来,我国分别于 1982 年、1988 年、1993 年、1998 年、2003 年、2008 年、2013 年、2018 年和 2023 年进行了国务院政府机构改革,共九次。

家治理体系和治理能力现代化的一场深刻变革"。2018年3月13日,国务院机构改革方案公布。随着中国特色社会主义进入新时代,国家和社会发展已经并将继续发生深刻变化,治国理政的任务更加艰巨,因而对国家机构设置及职能配置提出了新的要求。深化国家机构改革,将加快形成系统完备、科学规范、运行高效的国家机构职能体系,实现国家有效治理、长治久安。

同时,政府社会治理改革也是整个政府治理改革中的基本内容和重要任务,相当程度上是进行政府适应我国公共事业发展需求、建立新的政府公共事业管理体制的改革。因此,政府社会治理改革的发展,推动着整个公共事业的发展。

政府通过社会治理改革促进社会的发育和发展,形成公共事业管理所需要的公民、组织和文化等基础,从而推动公共事业的进一步发展。过去40多年我国经济改革的成功及深入,根本上带来了社会领域的新的变化,原来由企业等单位自行管理的社会公共事务(如厂办学校、医院、幼托组织、社会保险等)被逐步剥离出来,公众需求日益多样化和个性化,社会公共事务呈全方位膨胀扩张趋势。这些变化要求政府提高公共事务管理水平才能更好应对,要求政府的社会治理方式进行相应转变,以适应并促进经济和社会发展。从深层次来看,政府社会治理改革是政治领域中的改革,而其能否深入并最终达到预期目标,实际上又有赖于社会领域改革的深入所促成的社会的发育和成熟。但是,当前我国社会自我管理水平不足使得政府社会治理改革不能达到目标,经济改革也难以进一步深入。政府的社会治理改革过程,实质上就是国家与社会、政府与公民关系调整的过程,思想解放的过程,公民提高自治意识的过程,社会组织逐步形成的过程,公众不断关注并参与公共事务的过程,公共产品和服务供给方式创新的过程。这些都为我国公共事业的大发展奠定了必要的社会基础。

更为具体的是,社会治理改革还促进了新型公共事业管理模式的建立。一是为公共事业管理模式确立了改革目标。政府社会管理改革确立的公共事业管理的改革目标绝不仅仅是撤并机构和精简人员,关键是政府职能的正确定位,核心是正确界定政治权力和社会权力各自的范围、作用以及管理层次,逐步形成政府与社会的良性互动及相应的公共事业管理体制。这一改革目标的确立,在公共事业管理领域内树立了市场和服务观念,转变了管理者的指导思想,要求政府在社会主义市场经济条件下,应当从经济、社会发展的需要出发,更多地考虑公共需求,树立"管理的目的是更好的服务"的思想,以最方便的形式、最缓和的态度来行使公共服务管理职能,从服务出发去进行管理,为新型公共事业管理模式做好方向和思想上的准备。二是提出改革任务应以公共事务管理社会化和市场化为方向,引入竞争机制,提高服务质量。一方面,要根据社会化和市场化的原则,积极进行政府自身改革,精简管理层次,提高工作效率,调整政府机关及所属部门的结构布局,优化资源配置;另一方面,要从中国的实际情况出发,具体问题具体分析,按条件成熟程度分类逐步在公共服务和管理领域引入竞争,如宜用市场法则来规范的行业,要尽可能将其推向市场,而不宜有私人资本介入或私人资本不愿介入的领域,在相当程度上应由国家财政支持,发展为国家公共事业。三是通过事业单位改革、非营利组织培育和市场力量引入等具体方式,为公共事业管理模式提供创新思路。事业单位涉及的就是社会事务的管理,因而事业单位改革就是政府社会管理改革和新的公共事业管理体制形成的必要条件。非营利组织是现代公民社会的组织载体,也是社会自我管理的承担者。非营利组织的存在和成熟更是公共事业发展得以实现目标的一个重要条件。合理充分利用市场力量举办公共事业,探寻适合中国国情和社会的公共事业领域内的政府-企业合作机制,既产生公共产品供给的最大效应,同时又能防止市场损害公民福利和社会公正。四是加快公共事务管理的法制建设,实现依法进行公共事业体制的建构和管理。依法治国、依法行政是现代国家治理的基本出路和要求,作为政府管理基本而重要的社会管理必然依法进行,这既包括政府自身的改革、对事业单位的改革、培育和管理好非营利组织及部分企业组织要依法进行,也包括新的公共事业管理体制的构建要依法进行。这是政府的一项根本而长期的任务。

三、公共事业管理中政府的基本活动方式

(一)制定和实施公共事业管理范围内的公共政策

政府实现对社会管理的最基本方式是制定和实施公共政策。在公共事业管理中,政府的基本活动方式即是公共事业范围内公共政策的制定和实施,其基本形式有法律、政令、计划等。制定公共事业有关法律,主要由立法机关进行,这个层面的公共政策一般不直接涉及具体的向公众提供的公共产品和服务,或是具体的公共产品和服务生产和供给过程的监督,而是主要表现为对具体公共产品和服务的生产和提供的间接管理。本书对于"公共事业管理中的政府"的界定主要指狭义的政府,即行政机关,以下两方面是行政机关在公共事业管理中的主要政策制定行为。

其一,制定行政法规,规范公共事业产品和服务价格及标准,保证公平、

合理交易。

近年来,由于公共产品供给模式的改变,非营利组织及市场力量得以以公共产品和服务的生产者身份逐步进入公共事业管理领域。这在一定程度上帮助政府改善了对社会的公共产品和服务供给,但也带来了新的问题,其中最核心的就是公共产品和服务的标准和价格,譬如谁来制定公共产品和服务的供给标准、如何定价、谁能参与这个过程,等等。公共产品的非竞争性、非排他性、消费需求的刚性等特征决定了无论由谁来生产公共产品,政府都必须以公共利益代表者的身份介入公共产品供给管理,对其产品价格及标准进行规制。也就是说,公众将公权力赋予政府,政府凭此权力以公共产品提供者的身份可以挑选公共产品的具体生产者。在这一过程中,根本目标是保证公共产品供给的效率和公平,因此定价及产品和服务标准的确定成为关键因素,决定了公共产品生产者和消费者之间公平、合理的利益分配。

这就与公权力运作密切相关,因此公权力对利益分配及生产者行为导向起着至关重要的调节作用。政府作为公权力的使用者,其公共事业管理的职能就是制定相关行政法规,引导合法、合理的定价机制的形成,协调各项公共产品和服务标准的确定,既发挥生产者和消费者的优势和积极性,又必须通过行政法规形成有序、规范的公共事业管理秩序,形成合理约束。这样,才能既实现公共利益最大化,又能使生产者获得合理的利益。

其二,制定具体政策,规划公共事业部门的数量、比例及布局,实现公共产品和服务供给的地区间平衡。

政府无疑是任何社会最强有力的也是公认的公共权威,只有政府能够在全社会公共事业范围内完成公共产品和服务的需求与供给总平衡这一重要任务。其中,既包括对公共事业范围内公共产品和服务这一特殊"市场"进行预测,譬如各类公共产品和服务的需求量和供给量预测,也包括制定和分析公共事业范围内的社会指标,发布各种相关信息,指引公共产品生产和公共服务提供的投资方向和产品流向。

(二)生产和提供公共事业产品

在计划经济时代,我国主要通过国有企业和公共事业单位直接生产和提供公共产品,依靠行政系统和行政手段对此过程进行管理。改革开放以来,我国对公共产品供给开始了"双轨制"改革和调整,既有由政府直接生产和提供的公共产品,也有由政府作为提供者、由其他类型的组织如企业或非营利组织作为生产者所提供的公共产品。

其一,政府直接组织生产,满足公众对公共产品和服务的需求。

对于具有很强公益性、涉及国家长期利益或大多数公众基本利益的公共事业,一般采取政府直接组织生产的方式。政府设立相关机构,确定生产、业务活动内容,并进行直接管理,机构人员为政府雇员,由政府财政保证投入经费。这种方式的基本出发点是要保证国家意志的落实,以此保证公共利益的实现。在一些公益性突出的公共事业,如基础教育、公共卫生、基础和公益性科学研究以及其他与政府职能直接相关的领域,政府一般采用这种直接组织的方式,将其纳入公共财政预算,确保经费投入。公共事业部门按照公立机构模式或国有模式进行组织,由政府决定其成立或撤销,业务活动执行政府计划并接受主管部门监督管理,一般不从事有收入的活动,如在特定情况下获得收入,也必须上缴财政,实施严格的收支分离。当然,根据这些公共事业部门的性质和特点差异,政府对其具体的组织方式有所区别。譬如承担监督、执法职能的机构,一般采取类似政府部门的管理方式,工作人员参照公务员管理,而类似教育、科研等机构,一般享有更大自主权,政府以更加灵活的方式进行具体业务活动组织、人员的管理,并采用多种手段来完善内部和外部约束机制。

其二,政府间接提供公共产品和服务,以合约形式或项目形式委托非政府主体生产经营。

对公益程度相对较弱或因其自身特点不宜由政府直接组织的公共事业,一般采取政府间接组织的方式,交给非政府机构来组织生产,政府则以资助或规制手段鼓励、引导其发展,或者直接出资购买非政府主体的公共产品或服务。这种间接组织的优势在于,既可以避免政府直接组织可能带来的效率低下问题,还能够动员民间和社会力量共同参与社会事业。间接组织主要存在以下三种具体形式。

一是国有民营制。国有民营是指坚持国家资本的国家所有制性质不变,将国有资本的经营控制权以委托-代理形式交给民间主体经营,是把国有资产所有权与经营权分离的一种经济制度,其所有权仍属于国家,只是把经营权转让给企业。国家不但不失去国有资产所有权,而且还要使它们保值;企业获得对国有资产的经营权,非但不是其生产资料的所有者,而且还要受国家的监督、检查。因此,国有民营制本质上还是一种国有经济的公有制形式,作为公有制的一种有效实现形式,不仅有利于巩固公有制的主体地位,发挥国有经济的主导作用,同时也有利于国有资产的管理和监督。企业作为市场主体在公共产品的生产过程中依法享受各项权利。

二是公私合作制。公私合作是指公共部门与私人部门为提供公共服务而建立起来的一种长期合作关系,通常需要通过正式的协议来确立。这种方式在本章第四节另作具体介绍。公私合作制的出现与行政绩效主义有关。行政绩效主义认为政府效率低下的原因在于政府过于注重过程而忽视结果,因此必须用实际产出的绩效作为评价政府的依据。行政绩效主义在政府活动中大量引入企业管理机制和经营观念,特别是企业对客户的服务机制和服务观念,促进服务型政府的形成。所谓"公司化政府""合同型政府"等一些词语是对这种方式的概括性表述。

三是公益产权制。公益产权是指非营利组织以民间捐资形成的公益财产来举办公益或非营利性事业,政府在法律上及具体运作中给予鼓励和支持,一般通过减免税、补贴、委托和政府采购等形式给予其优惠待遇,主要是充分利用第三次分配的财富进行公共事业的改善和促进。公益产权是一种区别于私人产权和国家产权的产权形式,表现为基于捐赠等形成的公益财产,由基金会等非营利组织受托管理并按照公益宗旨提供公共产品或服务,接受社会监督。除了社会捐赠和志愿服务以外,公益产权还包括各级政府通过拨款、补贴、委托和政府采购等形式提供的公共资金,不仅包括非营利组织以减免税等形式获得的优惠待遇,还包括这些组织在运作公益财产过程中获得的各种收益。在现实中,公益产权制存在产权控制及治理困境。

(三)建立第三方监管体系

其一,提供生产者相关信息,掌握项目或合约执行情况,进行公共产品质量和价格的监督。

当政府把公共事业范围内的一些事务以合约的形式委托私人经营后,为了保证私营企业按照合约进行生产和服务,维护公共利益,政府一般都会以公共部门的代表作为监督者进行必要的协调和监督。这些监督者的主要工作不仅要从各方面对承担合约者给予必要的协助,如提供信息、协助解决问题、审批等,还要经常提供有关项目或是契约执行进展报告,在项目建设或契约执行完毕后进行质量把关和验收,对具体的公共产品和服务的生产和提供是否合乎相关的法律法规和政策进行直接的监督管理。

对公共事业领域中的公共产品和服务的质量进行监督管理,这是因为现代公共事业范围内公共服务的提供者包括政府、非营利组织乃至一些营利性企业,必须对这些组织部门提供的公共服务质量进行监督管理。对公共事业领域中的某些公共产品的价格进行监督管理,是由于公共事业范围内的某些公共事业产品——如水、电、煤气、公共交通、铁路、邮电通信等——的特殊性决定的,不管是政府直接提供还是委托企业生产,由于这些结果关系到公众的基本生活,因而必须对其价格进行监督管理。这一管理一方面是在通过政府财政补贴等方式予以必要的支持的基础上统一规定地区性价格,另一方面是通过物价主管部门及价格听证会等方式,根据国家有关法律法规对这些公共企业产品的价格形成进行监督管理。

其二,了解作为公共事业产品使用者的公众意见,进行协调与反馈。

政府还要和使用合约项目产品的公众广泛接触,倾听公众意见并向政府和合约承担者进行反馈。面对企业时,公众常处于弱势地位。因而企业与公民之间发生某种契约关系时,处于强势地位的企业对公众产生不公正、非正义行为的可能性较大。这种情形不仅发生在私人产品领域,而且在公共事业领域因公共产品和服务的特殊性出现的可能性还会更大。一旦在公共事业领域出现不公正的行为,人们只能求助于政府,期待政府采取相应方式来保证公共利益不受市场组织逐利本性的损害。而且,在公共事业领域内,作为公共产品和服务使用者的公众虽能够察觉某些情形,但因为信息不对称等市场失灵情况的客观存在,公众往往无法获取更多证据或支持。这也要求政府必须能够通过与公众沟通,保持信息畅通,能够综合公众意见,以公共利益维护者身份加强对企业的监督,形成多层次、多渠道的监督体系和外部环境,维护社会公平与正义,使公众利益不被伤害。这是政府的重要职责。

其三,对偏离合约或项目预定目标的行为进行干预,纠正偏差。

政府在生产者与公众之间的协调、监管工作,最终要落实到公共事业项目或契约的执行结果上,即生产者部门执行项目或契约所制定的目标、计划和标准,进行公共服务的结果,或是在公共政策的导引下进行公共服务的结果。政府通过在实际行动中的对照检查,当认为最终结果能与目标相符,就准予继续进行,甚至有时可以稍微忽略生产者所采取的方式是否与事先制定的相符(假设新的方式更加有效率且不损害社会公平);而当认为执行结果将会与预定目标偏离时,就必须考虑采取必要的措施和方法进行干预、纠正,而不管实际执行的方式是否是事先制定的。尤其是当生产者为企业组织时,这一点更为重要。因为企业"逐利"的基本性质决定了大部分企业不可能自愿去消除垄断、消除外部的不经济性以及实现社会目标,有的甚至会以损害社会利益的方式来实现企业的经济目的,在公共事业范围内,企业也不例外,不可能自发自觉地承担"公共利益最大化"的社会责任。因此,政府必须对之高度注意,防止企业在公共产品和服务的生产过程中只追求生产利润而忽略公共利益。

(四)依法管理公共事业领域内的非政府主体及其行为

对公共事业领域内的非政府主体及其行为进行管理,首先是对进入公共事业领域进行公共产品和服务的各类组织进行登记、审查,明确其服务范围和方式,发给相应的服务许可证,如我国目前非营利性的学校、医院、科研机构等非营利组织,以及各类事业单位。其次,是对其活动根据有关法律法规进行过程监督管理,即对提供公共服务的部门在活动过程中是否遵守国家有关法律法规的情况进行实时监督,如我国目前对非营利组织的活动是采取政府专门的管理部门(如民政部门)与该组织所对口的政府专业管理部门的双重对口管理,但这一管理更多地只体现为年终检查,还缺乏必要的过程管理的法律法规及相应的过程管理,监管措施和力度明显不够。

要管理好公共事业领域内的非政府主体及其行为,就要制定、健全有关公共事业活动的法律法规体系。这一法律法规体系既要对管理主体行为进行规范,也要对管理客体进行规范。如我国目前急需确立的有关非营利组织内部的组织、财产关系等民事问题的法律等。有关公共事业活动的法律法规要具备内容上的完整性,要对公共事业管理各个方面的管理组织、管理目标、管理程序、管理方式、违章行为的判定、处罚标准等都做出明确的、可供操作的规定,从而使公共事业管理机构(包括政府组织、非营利组织和事业单位等)及公民都知道哪些事可以做、哪些事不可以做、哪些事做了会产生什么后果,自己要负哪些法律责任,从而自觉约束自己的行为。

第二节 非营利组织与公共事业管理

非营利组织是现代公共事业管理中一个不可或缺的管理主体。这是在国家与社会关系调整、演变的过程中逐渐形成的,非营利组织的基本性质和特征则决定了它具有政府和市场所不具有的优点。当前,我国的非营利组织正处于形成和发展之中,尽快建立规范非营利组织发展和运行的制度体系,努力培育和管理好非营利组织,充分发挥其在公共事业管理中的作用,是发展我国公共事业的一项重要任务。在强化政府公共服务职能的同时,需要支持、组织和引导非营利组织参与公共服务,帮助解决公共需求的全面快速增长同公共服务不到位、公共产品短缺的突出矛盾。

一、非营利组织概述

(一)非营利组织的概念

自20世纪80年代开始,"非营利组织"已经成为全球性话题,上至各国政要,下到普通百姓,人们都注意到这种新型的社会组织的发展壮大,以及其在小到社区服务、大到国际纷争的公共事务领域发出越来越响亮的声音。尤其是在那些政府与市场都无法顾及或无法发挥作用的领域,非营利组织正以它的灵活性、公益性等这些政府和市场都不完全具有的优势,为公众提供更加令他们满意的公共服务、社区服务。公众逐渐认识到,不是所有的事务都由政府(第一部门)或者市场(第二部门)来办理就会获得好的结果。恰恰相反,公共领域内的许多社会事务,无论由政府还是市场来处理,都可能存在缺乏效率和效益的情况,而这种出现于17世纪、发展壮大于20世纪的既不是政府也不是企业的社会组织——非营利组织,或能更好地解决某些公共事务问题,提供相应的公共产品和服务。

不同国家和地区,不同的社会团体,不同的专家学者,对于这一概念的界定存在不同意见。"非营利组织是有别于政府组织(第一部门)、营利组织(第二部门)的各种非政府、非营利组织的总称,它提供部分公共物品和服务,强调个人奉献、成员互益等价值观念,具有非营利性、民间性、自恰性、志愿性、非政治性、非宗教性等重要特征。"[①]我国有些学者习惯于把非营利组织视为慈善组织,其实,这是对非营利组织的一种片面理解,只认识到非营利组织在慈善事业中所扮演角色的重要性,却忽略了非营利组织对现代社会管理尤其是公共事业管理所具有的深刻意义和影响。

(二)非营利组织的基本属性

1. 非营利性

非营利组织的最根本属性是非营利性,即不以营利为目的,组织的存在及发展不是以利润获取为目的,而是致力于实现整个社会或者组织所期望达

---

① 黎民:《公共管理学》,高等教育出版社2003年版,第239页。

到的一定范围内的公共利益。虽然非营利组织之间千差万别,但它们都有一个与企业的根本不同,那就是不以营利为目的。这是一切非营利组织表面上使命不同的同一深层根基,与所有企业的逐利天性形成鲜明对比。在非营利组织活动过程中,有时也会出现盈余,这并不说明非营利组织违背自己的基本属性和使命。这里,要注意"营利"和"盈利""赢利"的区别。"营"说明非营利主旨的主观意图(不以营利为目的),但不一定就导致其在客观上不会出现"盈利"或"赢利"的现象,即盈余。现实中,由于非营利组织经营得当、管理有效,也有可能出现盈余。但对这些非营利组织活动中产生的剩余收入或盈余,只能将其重新投入组织,用于开展活动或进行自身建设,不能像企业那样对利润进行分配。非营利组织的资产不是私人财产,不属于组织所有,也不属于捐赠者,而应该属于"公益或互益资产",即属于社会。非营利组织以受托人身份行使公益资产的所有权,一旦出现组织解散或破产,剩余资产也不能在成员之间分配,只能转交给其他公共部门。

2. 非政府性

这一属性使非营利组织与同为公共组织的政府区别开来。政府是一种特殊的公共组织,是一种掌握和运用国家政权的组织形式,一般采取自上而下的组建原则和权力行使方式。虽然在实际的公共事业管理过程中,非营利组织需要接受政府作为其管理者,遵守政府所制订的管理规定,但是非营利组织并不隶属于政府。它之所以被称为"第三部门",就是因为它能够保持独立性,能够做出独立自主的判断,进行独立的决策,并自行制定战略计划和行动方案,独立进行内部管理,等等。虽然非营利组织在开展活动的过程中,需要得到政府和企业的支持和帮助,但是这并不意味它们是两者的传声筒或附属机构。在现实中,非营利组织的产生和存在通常源于社会需要,通过依靠广大公民,建立坚实的民众基础,以此争取社会公共资源,实现公众需求。可见,非营利组织和政府虽然都是为了实现公共利益的公共部门,但在服务社会的过程中它们所能支配的权力及其方式存在根本不同。同时,非营利组织是具有竞争性的公共部门,只能采取各种竞争性手段获取公共资源并提供竞争性的公共产品和服务。

3. 志愿公益性

这是非营利组织区别于政府和企业组织最鲜明的属性,体现了非营利组织的灵魂。政府通过税收集中社会资源,企业以资本形式获取社会资源,而非营利组织的主要社会资源则是志愿者和社会捐赠。志愿者是志愿精神的直接体现或人格化,表现为那些为追求一定的价值观并无偿参加各种社会公益或互益性活动的人们;社会捐赠则是志愿精神的货币化或物质化,表现为人们为各种社会公益或互益性活动无偿提供货币或其他物资。① 当然,当今的非营利组织在开展其活动过程中,往往也从政府获得资金资助或公共服务购买合同,以此来提供公共产品和服务。不过在其组织管理过程中,志愿者和社会捐赠始终是其运作不可或缺的重要资源,这一点是政府和企业所不具备的。

(三)现代市场经济条件下非营利组织的基本功能

1. 弥补"市场失灵"

如前所论及,公共产品有两个突出的特征,即消费的非竞争性和使用的非排他性,因此公共产品存在严重的"搭便车"现象,即每个人都可以从中受益却无须支付任何成本。当这种情况发生时,市场里追求利润最大化的生产者是不愿提供这些产品的。然而,这些公共产品往往是人们生存和发展的基本必需品。因此,就必须建立一些非市场组织,由它们来生产和提供这些公共产品,满足公众需求。政府是其中的最重要的一种组织形式。政府通过向个人征税提供公共产品,强迫每个人都来分担公共产品的成本。另一种组织则是非营利部门。非营利组织以其灵活多变的方式使一些个人把他们的资源汇集起来提供他们所希望的公共产品或服务,但并不保证大多数国民都来分担这些成本。通过非营利组织,需求较高的人得到了额外的公共产品或服务,需求特殊的人则得到了特别的公共产品或服务。可见,政府和非营利组织都可以在"市场失灵"的情况下,来弥补市场体系的缺陷,发挥不同的作用。

2. 弥补"政府失灵"

"政府失灵"是指由于政府机制存在本质上的缺失,而无法使资源配置效率达到最佳的状况。"政府失灵"造成公众对政府主导社会事务的能力和意愿的怀疑,从而使非营利组织可能获得较大的发展空间。具体到公共事业方面,"政府失灵"的重要原因之一还在于人们对公共产品或服务需求的差异化。公共产品的公共性不会自动抹杀它作为一种产品的本性,即产品的同质性与异质性。人们对于任一种产品,都会存在不同程度的喜好和需要,因此市场组织能够获得成功的原因之一,正是其通过不断发掘产品的异质性,较好地满足了人们多样化的需求。政府在弥补"市场失灵"、提供公共产品的过程中,却无法像市场组织提供私人产品那样,为社会公众提供一定程度异质性的公共产品,而只能选择提供那些满足中间需求的产品或服务。这样,就

---

① 王名编著:《非营利组织管理概论》,中国人民大学出版社2010年版,第5页。

导致两种情况：一部分人的过度需求得不到满足，另一部分人的特殊需求也得不到满足。非营利组织的存在及其特性，恰好可以弥补"政府失灵"。它们具有像市场组织一样的灵活性，期望能够通过组织的活动实现公共利益，因此它们会积极挖掘和适应目标群体的各种需要，做到最大化地满足他们的需求。同时，因为非营利组织本身是具有竞争性的公共部门，为获得最大化的社会资源，它们会比政府更加注意成本控制、效率提高等问题。

3. 通过参与公共事务管理，逐步实现社会公众的自我管理目标

"政府失灵"和"市场失灵"说明了非营利组织进入公共事业管理的外在促进因素，内在动机则是非营利组织产生的内部促动力。实际上，在我国，带有公共性的社会事务成为社会管理中的主要事务之一是必然的。因为公共事业是涉及大众共同生活质量和整体利益的事务，与社会大众息息相关。大众生活的领域，也就是社会领域，一切与大众生活相关的公共事务必然产生于社会，而当其产生后，或者由社会相关组织自行解决，或者以国家的法律和政策的方式予以确定并在社会中予以解决，而且不少事情必须以一定的方式交由社会中介组织解决，也就是最终落实到社会。社会公众自我管理即属于这些社会性事务，是社会领域客观规律的要求和反映。非营利组织是促进公民意识提高的孵化器。通过参与公共产品和服务的提供，参与公共事业管理，非营利组织能够潜移默化地帮助使用公共产品的公众主动参与公共事业管理的过程，而不是被动地等待，这样逐步促进社会公众自我管理水平的提高。

二、非营利组织在公共事业管理中的地位

（一）非营利组织对公共事业管理的促进作用

非营利组织在现代公共事业管理中的主体地位，是由公共事业的特性、政府与社会关系的调整以及非营利组织的自身特性所决定的。

社会公众自我管理所涉及的事务主要是以经济性事务为主的非公共性事务，以及以狭义的社会事务为主的公共性事务两大类别。社会公众自我管理的诸多事务，与公共事业密切相关，属于公共事业管理的范畴。以社会权力管理社会事务和公共事业的本质要求，决定了社会公众参与公共事业管理的合法性。公共事业作为涉及公众基本生活质量和共同利益的事务，本身就产生于社会，这些事务的解决或公众需求的满足，也最终必然通过为公众提

高服务水平落实到社会,这在现代社会中表现得十分突出。同时,现代政府与社会之间关系的调整过程,是政府职能转变的一个重要组成部分,具体来说,就是把公共事业中那些可以由社会公众进行自我管理或者协同管理的事务,从"大政府"中转移到社会中:一则可精简政府机构,提高效率,更好地履行政府职能;二则可以提高公共产品和服务的供给效率和质量。

非营利组织是社会中重要的组织载体,是微观的社会服务和管理职能的主要承担者,是社会内部事务管理最为合适的承担者,因此也就是公共事业管理的必然主体。在现实中,非营利组织面对广大公众的丰富多样的需求,可以提供诸多的具体服务,如社区服务等。而且,在许多公共领域,如艺术院团、出版物、影视节目及各类体育活动等,按照一定的政策法规与行业标准,由非营利组织来具体办理,能够较好地实现行业自律,管理效果往往要好于政府组织。因此,在现代社会,公共事业管理的最终实现离不开非营利组织。非营利组织承担微观的社会服务和管理职能,既是社会自我管理的本质反映,也是政府进行社会管理的内在需求。

非营利组织作为公共事业管理的主体,不仅能较好地满足社会多元化的需求,还能提高公共物品的供给效率。在现代社会,公众的兴趣、价值观念、经济利益等高度多样化,社会也分化为众多的阶级、阶层,以及各种各样的利益集团。这样,一方面是政府社会管理的内容日益丰富、复杂,另一方面是政府必须对社会全体成员负责,要求自己的服务应该在所有的地方都一样,行为应该具有相当的普遍性,其结果是即便不断扩张机构,也很难对社会的多元需求做出及时、恰当的反应。同时由于政府往往受到各方面的制约,以及政府庞大的科层机构对新的社会需求和发展机会反应不够灵敏,导致提供公共服务的成本过高等不足。这里政府的弱点恰恰是非营利组织能够发挥优势之处。这是因为,现代社会非营利组织的产生和发展,本身就是社会需求利益格局多元化的结果,其所追求的多元化、个性化价值目标正好满足公众中不同群体的不同利益和需求。因此,从整个社会管理的角度看,非营利组织作为公共事业管理的主体,不仅能够使社会自己组织起来,生产一定社区内的公众所需要的产品或提供所要求的服务,及时回应社会多元化的需求,从而缓解社会不同群体对政府不同要求的压力,还能够协助政府厘清职能,使政府可以专心于提供纯公共产品。非营利组织提供准公共产品、服务等,既可以提高准公共产品的供给和质量,又能够比政府部门具有更高的效率。

非营利组织在公民社会中形成的网络,还可以充分发挥桥梁和纽带的作用,促进现代化、民主化的公共事业管理的形成。完善的公共事业管理不在于具体所管事务的多少或大小,而在于是否形成一个相互联系、具有互动性的公共服务网络。非营利组织正是形成这个网络的关键因素之一,是调节公共产品和服务所引发社会矛盾的重要工具。非营利组织可以利用自己深入社会基层、贴近群众的优势,提高整个公共事业管理组织与公众之间的沟通能力,架起公共事业管理组织与公众之间的桥梁,协调个人与组织、组织与组织之间的相互关系,调动公众积极性,提高管理机制的回应性,这样有利于公共事业管理成果的共享,减少公共事业管理的风险。

(二)非营利组织对公共事业管理的影响

中国漫长的封建社会中,国家与社会的边界从来没有明确过,"普天之下,莫非王土"说明所谓"社会"只存在于王权无法或者不愿涉足的那些领域,至于一个能与国家进行抗衡、明确的社会共同体是不存在的,也不被允许存在。换而言之,中国古代的社会是分散剥离的。因此,中国传统上不存在具有明确定义和属性的非营利组织。新中国成立后直到改革开放之前,我国在高度集权的政治体制和计划经济体制下,个人隶属于单位,单位隶属于国家,单位是国家权威的末梢,国家通过单位实现对社会的全面控制和管理,因而并不存在一个相对于国家权威的自治社会,也即不存在真正的非营利组织,更谈不上非营利组织参与公共事业管理等问题。

当代中国非营利组织的形成与发展及其在现代公共事业管理中发挥日益突出的作用,前提条件是建立社会主义市场经济。一方面,社会主义市场经济改革催生了非营利组织的出现。这是因为,市场经济的基本特性,譬如私有产权、平等自治的契约性关系、法治原则、尊重和保护社会成员的基本权利、自治性质、个人的选择自由等,有利于市场经济及现代社会本身的发展。随着中国社会主义市场经济的深入发展,中国公民的个人权利意识不断增强,如迁徙与就业的权利,消费与福利的权利,交往、隐私、个人财产权利等。这一切为非营利组织的成长打下了必要的基础。另一方面,社会主义市场经济体制的逐步建立和完善,也对非营利组织的建立提出了要求。伴随着"单位人"向"经济人"和"社会人"的转变,以往属于单位管理但实际上应由社会管理的事务从单位中逐步剥离,同时,在经济快速发展的基础上,公民的生活需求也日益提高并多样化,这就大大增加了社会管理的任务负担。实践表明,传统的政府以行政方式对社会的全面管理已不适合新型公共事业的发展,而政府让出的空间也难以全部转交给营利性企业,因为有些事实际上是政府和企业"不愿做"也"做不好"的，市场缺陷不能全部通过政府来弥补，而政府缺陷同样也不能全部通过市场来解决，在这一个政府和企业之外的属于社会自己的领域中的事务，需要社会自己的自主组织来承担。这就为非营利组织在公共事业领域内的发展提供了必要的制度空间和条件。

中共中央、国务院对社会主义市场经济体制建立过程中对包括非营利组织在内的整个民间组织发展的需求有高度的认识并做出了及时回应，十分重视民间组织的发展和管理工作，要求各级党委和政府把民间组织管理工作当作促进经济和社会发展的大事来抓，从而为民间组织的发展提供了又一必须的由政策法律构成的制度保证。如在确立了建立社会主义市场经济的目标后，中共十四届三中全会就提出，"政府经济管理部门要转变职能，专业经济部门要逐渐减少"，要"发挥行业协会、商会等组织的作用"。中共十五大报告从促进经济和政治体制改革的总体需要出发，提出了必须"培育和发展社会中介组织"。1996年，中共中央政治局常委会专门研究了社会团体和民办非企业单位管理问题，决定将民办非企业单位交由民政部门统一登记管理，并由中央办公厅、国务院办公厅下发了《关于加强社会团体和民办非企业单位管理工作的通知》，肯定了民间组织在建设社会主义物质文明和精神文明中的作用，明确了民间组织管理工作的"培育发展和监督管理并举"的方针及一系列原则，提出了民间组织管理工作的任务。与此相应，1998年形成了以《社会团体登记管理条例》《民办非企业单位登记管理暂行条例》为主，地方性法规、部门规章和一系列相关政策共同组成的政策法规体系。

2016年3月16日第十二届全国人民代表大会第四次会议通过《中华人民共和国慈善法》。这是我国慈善领域的首部基础性、综合性法律，明确了慈善活动的范围与定义，规范了慈善组织的资格与行为，回应了社会普遍关注的慈善募捐和慈善捐赠的重大问题，进一步明确了慈善信托制度，提出了政府促进慈善事业的措施，确立了政府监管、社会监督和行业自律三位一体的综合监管体系。同年4月，全国人民代表大会常务委员会第二十次会议还通过了《中华人民共和国境外非政府组织境内活动管理法》。改革开放40多年来，越来越多的境外非政府组织进入中国，促进了中国人民和世界各国人民之间的交流、交往、合作，为推动我国改革开放事业和整个社会的进步作出了积极、有益的贡献。但也有极少数境外非政府组织企图或者做了危害我国国家安全和社会稳定的事情。因此，将境外非政府组织在华活动纳入法治轨道，是我国推行全面依法治国、建设法治社会的必然要求。

正因为如此,伴随着建立社会主义市场经济改革的展开和深入,回应新型公共事业发展,我国的非营利组织应运而生,承担起了特定的公共事业领域中的公共服务和管理任务。这些非营利组织主要表现为社会团体和非营利性民办单位,如非营利的学校、医疗机构、福利机构、研究机构,以及基金会、志愿者组织、环保组织,等等。随着政府管理改革的深入进行,原来政府承担的部分职能逐步向社会转移,政府社会管理方式逐步改变,非营利组织的职能得到了落实和加强,得到了前所未有的发展机遇。根据民政部民政事业发展统计公报,截至 2021 年年底,全国共有社会组织 90.2 万个,其中社会团体 371 110 个,民办非企业单位 521 883 个,基金会 8 877 个(公募基金会 2 189 个,非公募基金会 6 688 个)。① 其业务范围涉及科技、教育、文化、卫生、劳动、民政、体育、环境保护、法律服务、社会中介服务、农村专业经济等社会生活的各个领域。显然,非营利组织已经成为我国社会生活的重要组成力量。

可见,非营利组织已逐渐成为我国公共事业管理的必要组成部分,并发挥越来越大的影响和作用。因此,从我国公共事业发展的基本需求看,从正在展开的政府社会管理改革中已出现的大量社会性、群众性、公益性和服务性职能从政府职能中分离出来的发展趋势看,从政府社会管理方式上的市场化和社会化发展方向看,通过加强对非营利组织的培育和监督管理来促进非营利组织的发展和完善,是一项极为重要的改革任务。发展和完善非营利组织的目标,是在继续扩大数量的同时,重点加快非营利组织的自治化进程,使之成为比较规范的非营利组织。首先,要在社会领域推进"政社分开"改革,在全社会逐步树立起"只要是社会能做的事,政府就不要插手"的观念,并在社会生活的各个方面确立起相应的法律制度,政府逐步有序地从社会微观领域中退出,使非营利组织有必须的活动空间,扩充非营利组织的数量,加快非营利组织的自治化进程。其次是在资金方面进行必要的资助。资金不足是当前非营利组织发展中存在的一个根本性的问题,而从中国国情看,短期内社会自身难以解决,因而政府给予必要的资金资助是培育非营利组织的一项重要工作。政府提供一定的资金,提高和壮大了非营利组织的服务能力,非营利组织承担服务性的工作,同时也就实现了政府所期望的公共目标。实际

---

① 《2021 年民政事业发展统计公报》(2020 年 9 月 8 日),中华人民共和国民政部网站,https://www.mca.gov.cn/article/sj/tjgb/202208/20220800043589.shtml,访问日期:2020 年 10 月 9 日。

上,西方发达国家非营利组织的资金 30% 以上就是来自政府,缺乏政府资助,许多非营利组织都难以生存。

同时,从加强对非营利组织的监督管理角度来看,政府一方面应逐步完善有关非营利组织尤其是其活动的民事法律法规,另一方面是通过依法行政和强化法律追惩的制度建设,将监督管理的重点放在过程管理上,对非营利组织运行的规范化及质量进行监督。所谓法律追惩,就是通过法律法规对非营利组织的活动给出一个法律禁止的底线:凡是法律禁止的,一定要严格行政执法,如果违反法律和有关规定,政府进行追查惩处;凡是法律不禁止的,非营利组织的任何活动都在允许之列,行政部门不予以干涉。

三、非营利组织在公共事业领域中的基本活动方式

从全球来看,由于各个国家公共事业发展有其不同阶段和特点,各国非营利组织在公共事业领域的活动方式存在较大不同。因此,不能生搬硬套,认为"外国的月亮就是圆",把国外非营利组织的活动方式不加分辨地全盘引入。在我国社会主义市场经济改革的现阶段,在政府社会管理改革和公共事业发展的现实中,非营利组织在公共事业管理中的基本活动方式主要体现为针对社区和特定群体的公共服务。这两种基本方式也是发达国家许多非营利组织开展活动的主要方式。

(一)社区建设与社区服务

随着社会转型期单位体制的解体,"单位人"变为"社会人""社区人",加上流动人口的增加,愈来愈多的社会事务需要社区承担,发展公共事业与推进社区建设必然紧密联系。非营利组织既是社区资源也是社区建设的力量之一,是社会建设和社会管理的重要力量,可以沟通各种社会关系,在社区建设与社区服务方面发挥加强社会保障、实现公民权益、维护社会稳定、体现社会公平的积极作用。

非营利组织能满足社区居民多样化的服务需求,针对大众居民提供便民利民服务和对社会企业间的互助服务。随着人口需求的多样化以及需求层次的提高,任何一个政府无论其多么强大都不可能提供所有的服务。政府在社会管理和公共事业发展过程中应合理利用社会力量,将政府不该管、管不了也管不好的那些职能和事务剥离和转移出去,交给非营利组织,利用非营利组织向居民提供"非营利性社会服务活动",来满足居民多样化的需求。此

外,非营利组织进行社区服务的提供,有利于解决公共事业建设与发展资金不足的问题。从国外社区服务的实践来看,社区服务资金主要源自三种渠道:政府资助、社会捐赠和民间组织收取的服务费。在我国,政府对社区服务和发展投入总体不足,社会捐赠未形成风气,依靠非营利组织可以充分调动民间资金,合理整合社会资源,繁荣社区经济,为社区居民提供更多更好的公共产品和服务。这不仅可以分担政府在社会保障方面的压力,缓解社会问题,维护社会稳定,而且还可以动员社区力量,不断开发社区资源。

我国无论是城市社区还是农村社区,都有越来越多的非营利组织在提供各种服务。这些服务的范围主要包括:社区医疗、社区护理、社区卫生保健、社区养老、社区文化休闲、社区消防、社区治安、社区管理、社区教育、社区娱乐,等等。

(二)为弱势群体提供专门的公共服务

弱势群体指的是由于自然、生理以及社会等原因而不能像大多数人那样获得正常的生存与发展的机会,从而常常处于社会发展的边缘地带的人群。通常,妇女、儿童、各种身体及智力障碍患者、社会边缘人群等都被视为弱势群体。

在我国社会转型的过程中,由于社会资源如经济权益、职业声望、知识技能等差别及其变化,社会结构发生了深刻变革。而我国社会弱势群体正是伴随着社会急剧转型、社会阶层日渐分化的背景出现的,随着社会转型的加速,社会弱势群体的规模将进一步扩大。同时,弱势群体具有区别于社会主流群体和大众的特殊的公共产品和服务需求,譬如下岗工人群体需要进行再就业培训和学习新技能,被拐卖妇女、儿童需要进行特殊的心理辅导和矫正,等等。如果单单靠政府提供相应的公共产品和服务,是无法较好满足这些相对比较特殊、专门的公共需求的。政府在公共事业领域的主要任务是为全体或大部分公众提供公共产品和服务,而非营利组织则能更好地根据社会上某些群体如弱势群体的具体需要,来提供适合他们的公共服务。

非营利组织能够更好维护和保护弱势群体的利益,维护公民权利,促进社会公平。非营利组织以社会弱势群体或边缘群体为服务对象,在增进社会福利、促进社会公平、维护公民权利、完善社会制度和规则、形成和扩大社会共识等方面,能够发挥重大作用。非营利组织可以在弱势群体与政府、国际资助者以及社会公众之间发挥纽带和桥梁作用,以主体自愿性为基础,本着利他主义和人道主义的价值观,向残疾人、儿童、老人、失业人员等社会弱势群体提供必要的公共服务,增强弱势群体的竞争力,提升弱势群体做人的尊严,点燃并增强底层民众生活的希望,实现文明社会的伦理责任。

非营利组织为弱势群体提供公共服务:一则可以在政府与弱势群体成员之间发挥中介作用,确保信息沟通的顺畅,有效预防和防范社会矛盾与冲突;二则可以通过各类社会组织建立不同群体的利益整合机制,将社会矛盾的解决纳入理性有序的轨道;三则可以借助所提供的各种专业服务,发挥其在利益协调、矛盾化解中的特殊作用,为社会稳定和社会管理服务。

第三节 事业单位与公共事业管理

事业单位是我国传统计划经济体制下形成的、特有的社会组织,主要在关系到人民大众基本利益的非政治、非经济的社会公共事务领域为公众提供公共服务和进行管理。传统的事业单位总体上是具有准政府性的组织,政府通过事业单位管理体制实施对社会公共事务的行政化管理。当前,事业单位还是我国公共事业管理的主要承担者,而随着社会主义市场经济体制的不断完善,新型公共事业的形成和政府社会管理改革的深入,以及非营利组织的发展,改革传统事业单位和建立现代事业单位管理制度已经成为我国政府改革的一项重要任务。

一、事业单位的基本内涵和特征

(一)事业单位及事业单位管理体制的基本内涵

在我国传统的计划经济体制下,整个社会组织主要被划分为行政单位、事业单位和企业单位三大类型,其中事业单位主要涉及科学、教育、文化、卫生和体育领域。所谓事业单位,是指受国家行政机关领导,没有生产收入,所需经费由国库支出,不实行经济核算,主要提供非物质生产和劳务服务的社会组织。

事业单位是中华人民共和国成立后随着计划经济体制产生而出现的、我国特有的对非经济非政治的社会公共事务进行管理的主体组织。在我国历史上,并没有官方包办一切社会事务的传统,而新中国成立前,中国社会经济极其落后,旧政府举办的各项事业十分有限。中华人民共和国成立后,在特殊的历史条件下,先后采取了一系列公有化措施,迅速建立起高度集中统一的经济管理体制,由政府统一控制人权、物权和财权。由于权力的高度集中,相应的责任和义务无法分散,政府成为经济活动的唯一主体,直接配置社会资源,直接组织和管理生产活动,直接控制整个社会活动的运行。在这种计划经济体制下,国家不仅包办一切企业及其他活动,也包办了一切社会事业,把"没有生产收入""所需经费由国库支出"的社会事务和活动视为政府的事业,逐步形成国家所有、国家经营、国家管理,导致政府、企业、事业一体化。与计划经济体制相适应,我国逐渐形成了一整套高度计划的对社会事务的管理体制——事业单位管理体制。

事业单位管理体制的基本内涵就是政府办事业、政府管事业和政府养事业。政府办事业指事业单位主要由各级政府及其工作部门直接举办;政府管事业,指事业单位的管理和经营活动均由其主管的政府部门直接控制;政府养事业,即事业单位经费开支均由国家财政拨付。这种国家所有、国家经营和国家管理的模式,导致了政府和事业单位的一体化,事业单位基本上成为准行政组织。

客观地看,我国的这一与计划经济体制相适应的事业单位管理体制产生于特定的历史时期,其形成与发展具有历史的必然性,并且在当时也具有现实合理性,也为推动中国各项事业的发展发挥过重要的积极作用。正是有了这一事业单位管理体制,在中华人民共和国成立后,国家才能最大限度地集中必要的人力、物力和财力,有计划、有步骤地大力发展科学、教育、文化、体育和卫生等各项事业,在国家经济状况得到改善和发展的同时,改变了极端落后的社会面貌,提高了广大人民群众的知识文化水平和生活质量,取得了举世公认的巨大成就。

(二)事业单位及事业单位管理体制的基本特征

我国传统的事业单位及事业单位管理体制,具有如下的基本特征。

1. 事业单位活动的公益服务性、非经济性和政治性

我国的事业单位所管理的社会事务,大都属于追求社会效益的公益性领域,比如教育、卫生、文化、基础研究、市政管理等,有的虽然也从事某些物质产品的生产,但多数不属于竞争性生产经济活动,不以营利为目的,而是为了满足社会发展和公众的需要。事业单位主要分布在教、科、文、卫等领域,是

保障国家政治、经济、文化生活正常进行的社会服务支持系统。如教育事业单位,主要功能是为社会培养合格的劳动者和各方面所需要的人才;卫生事业单位,主要功能是保障公民的身体健康,使其享受良好的医疗服务;等等。缺乏这些服务支持,或服务支持系统不健全,生产力发展就会受到制约,并影响社会稳定。

在传统的计划经济体制下,我国的各项"事业"都被视为"社会"活动,而不是经济活动。传统的事业单位把事业定位于不直接从事物质资料生产,但直接或间接地为上层建筑服务,为改善社会生产和人民物质文化生活条件服务的社会活动或工作的基点上,它属于非物质生产部门,既不具有生产经营职能,又不具有实行政治统治与组织管理的职能。一方面,这种非经济化的定位造成了事业与经济的分离,事业单位所从事的教、科、文、卫、体等活动被排斥在经济活动之外,与经济发展相脱离,如:科研单位只管接受国家计划安排出研究成果,而推广应用则是政府的事;教育单位只管按计划招生并将学生培养到毕业,而分配则由国家统一负责;等等。另一方面,在整个国家经济发展水平还比较落后,群众需求单一的情况下,事业单位的活动更主要被要求服务于上层建筑,甚至被作为上层建筑的组成部分,具有了较为明显的政治性。

2. 事业单位举办主体的单一化

在传统的计划经济体制下,国家统一管理人权、物权和财权,以行政的方式配置社会资源,全民所有制在所有制结构中占绝对优势。这种所有制结构的相对单一化,在制度安排上抑制甚至杜绝了私人及社会团体举办社会事业的可能性,造成了事业单位以国家举办为主的局面。除少数集体所有制的事业单位外,科学研究机构、教育机构、文化机构、卫生医疗机构、体育机构等,绝大多数事业单位都由各级政府主办并主管。虽然新中国成立初期还有一定数量的私立私营的学校、医院或诊所、出版社和书店等,但通过公私合营等方式,对这些"私营事业"进行了社会主义改造,实现了私营事业的国营化,从而带有一定非营利组织色彩的民间团体相当程度上已不复存在。而面对被定位于非经济活动的事业,社会也极难以开办。政府是事业单位的所有者,事业单位是政府主办并主管的事业的主体,相当程度上,事业也就成为国家的事业。

3. 事业单位经费由国家财政供给

我国的事业单位基本上由国家财政统包供给各项事业经费,即使是自收自支事业单位,其开办初始所需的事业经费,大多数由国家财政供给,使用的也都是国有资产,这是中国传统事业管理体制的又一个基本特征。既然事业由国家举办并被定位于非经济的没有生产性收入的社会活动,没有自我生存与发展的能力,同时,事业也属国家职能的范畴,因而在传统的计划经济体制下,国家必然通过财政对事业单位的经费全面负责。这一国家财政对事业单位的全面负责表现在:一是事业单位的人员全部列入国家编制,由国家财政供养;二是事业单位所需的活动经费由财政负担;三是国家为事业单位制定了统一的事业财务制度,包括事业单位经费预算收支科目、预算级别,开展事业活动中有关事业经费的领拨、缴销、运用、管理、监督等,都作出了具体的规定。因此,全民所有制的事业单位实际为"政府所有""部门所有""地方所有"乃至"单位所有",各事业单位之间相互分割,相互封闭,互不开放。同时,国家通过各种行政方式加以配置和运用的各类事业资源,也形成相互分割封闭的局面。

4. 事业单位系统的行政性

在传统的计划经济体制下,国家要举办各项事业,政府要统管各项事业,还要直接控制事业单位的运行。在这个庞大的事业组织体系中,政府充当着事业举办者或所有者,又是事业行政管理者、事业经营者或运行管理者,充当多种角色,扩大了政府的事业管理职能范围。同时,国家包办并通过事业单位的经费的财政供给直接控制事业单位的运行,使政府的事业管理部门在其所管辖的领域内处于绝对主导地位,事业单位成了政府部门的附属,从而形成了事业单位与行政管理部门的一体化。

在这一事业单位与行政管理部门一体化的系统中,最直接的结果就是政事不分与政事一体化。在事业单位管理方式上,政府及其事业单位的行政主管部门主要采取行政管理方式来管理各类事业单位,直接以包括行政命令、指示、规定、条例、指令性计划等在内的行政手段进行管理,这些管理直接涉及事业单位具体而微观的活动,如事业单位的目标、任务、人员编制、活动经费、岗位设置、人事任免等,均由上级行政主管部门负责,事业单位相当程度上也就成了行政管理部门的一个下级部门,因而都具有相应的行政级别,其职能行使也带有较为明显的行政性,其财务制度、人事制度、社会福利制度等管理制度一般也套用行政单位的管理制度。所以,事业单位就成了准政府组织或准行政组织。

二、事业单位改革的必要性及基本原则

现阶段,虽然我国传统的"事业"已向新的公共事业转型,由于多种原因,事业单位还是社会公共服务和社会管理的主要承担者。但是,事业单位适应新型公共事业的改革已势在必行,改革的目标,就是通过政事分开的改革,达到事业单位的社会化以及运行的法制化和民主化。2012 年 4 月,《中共中央、国务院关于分类推进事业单位改革的指导意见》发布。

(一) 事业单位改革的必要性

据估计,我国现有各级事业单位将近 140 多万个,共有 18 大类,即教育、科技、文化、卫生、社会福利、体育、交通、城市公用事业、农林牧水、信息咨询、中介服务、勘察设计、地震测防、海洋、环保、检验检测、知识产权、机关后勤服务及其他。这种"大而全,小而全"的事业单位大多条块分割,各自为政,将本部门的利益放在首位。同时,重复设置的机构也使政府、事业单位、企业搅在一起,导致政府和政府部门下的事业单位那种"裁判员"和"运动员"关系经常错位,使政府该管的事没有管好,不该管的事又管了。各类组织主体之间没有形成明确的责、权、利界限,造成了政事不分、政事一体化。另外,机构重复设置、事业资源分散,造成不同程度的行政性垄断,导致市场分割,不能有效地发挥规模效益,浪费了大量的人才、资金、设备等。

改革开放以来,与经济改革相适应,事业单位及管理体制也进行了一系列的改革,例如:针对传统的事业单位管理体制高度集权所造成的各种弊端,分别采取了不同形式的"简政""搞活"等改革措施,逐步扩大了各类事业单位的人权、事权、物权和财权等;针对传统事业单位的服务单纯公益化与福利化所带来的弊端,分别采取了"创收""让利""免税"等改革措施,鼓励和支持各类事业单位挖掘潜力,开展多种经营,缓解事业单位经费严重不足的困难局面,实际上也在一定程度上倡导了现代社会的公共事业有偿服务的观念;针对传统事业单位的财政统包所造成的各种弊端,先后采取了一系列新的事业单位资金供给方式,逐步收缩财政资金供给范围,并对一部分事业单位停止财政拨款,从而出现了"全额拨款""差额拨款"和"经费自理"等不同形式的事业单位,还有一些事业单位转为企业化管理,等等。

但是,由于改革的目标不够明确,也由于同时期的政府社会管理改革以及社会非营利组织的改革没有同步,加之社会长期形成的关于"事业"的

观念的转变也要有一个过程,因而整个事业单位及管理体制的基本框架没有改变,特别是面对新型公共事业的形成及对管理的需求,传统的事业单位管理体制更显出其与社会主义市场经济体制的不相适应,表现为以下三方面。

其一,国家兴办的事业单位规模仍然很大,人员超编,财政开支大,财政负担过重的问题没有得到根本性的缓解。政府的几次机构改革和人员精简,都有相当一部分人员转入事业单位,因此事业单位变成了政府机关裁减机构和工作人员的转移阵地和缓冲地带。由于实行财政供给制,管理部门常常是只管事业投入,不管事业产出和效果,长此以往,国家财政供给不堪重负,政府背负的债务也愈来愈重,即便所有的经费都花在"人头费"上都显得捉襟见肘。同时,人满为患的事业单位往往又工作效率低,服务能力不足,服务意识淡薄。因此,改革事业单位已势在必行。

其二,社会效益不高。传统计划经济体制下,国家包办统揽社会事业,通过行政化手段配置社会资源是一个基本特征,表现为事业单位投资的重复建设,以及服务面向狭窄和运行方式效率低下。各地方、各部门、各单位为了自身的利益,各自为政,条块分割,各自为"事",政事不分,"事"出多门,再加上低水平重复建设,从而造成了有限的事业资源的不合理配置和大量浪费。同时,由于事业单位总体上仍然由国家财政供给,且与行政管理部门的隶属关系没有根本改变,因而一方面,国家对事业单位统得过多,管得过死,导致事业单位内部机制的不完善、影响活力和效益的情况仍然存在。在国家财力紧张的情况下,事业单位得不到足够的事业发展经费,仅有的一点事业经费也主要为了养人,事业发展缺少必要的资金,从而导致事业单位服务社会功能不断弱化、萎缩。另一方面,由于在对事业单位"放权""搞活"时对事业单位的根本性质缺乏明确的符合新型公共事业发展的定位,因而使不少事业单位热衷于通过各种方式甚至利用手中所执掌的行政权力去"营利""创收",而弱化了公共服务的水平和质量,导致社会效益低下。

其三,与经济建设结合不紧密。在传统计划经济体制下,事业单位设置不按照市场经济规律要求,而只是考虑政府本部门的特殊需要。为了发展各项事业,中央和地方各级政府都设立了相应的事业行政管理部门,并由这些政府部门去分头统管各类事业单位,总体上仍将事业视为非经济领域的定位没有改变,也没有相应提高对现代公共事业本质及其与社会经济联系的认识,没有对事业单位尤其是其中的科研等单位进行必要的分类管理。这便造成要么科研单位的成果难以转化为生产力,或是科研单位难以有必需的经费来从事虽不是直接但却是经济建设基础性的研究工作,根本上没有改善事业单位长期游离于经济建设的情况。

总之,我国目前的事业管理体制面对新型公共事业的发展,总体上仍然存在计划经济体制下形成的事业单位管理体制存在的诸多问题,概括地说,即政事职责不分、管理方式单一、社会化程度不高、布局和结构不合理、管理体制和运行机制不适应市场经济的要求,彻底的适应社会主义市场经济和新型公共事业发展需求的改革已势在必行。

(二)事业单位改革的目标取向

社会事业,也就是公共事业,是社会全体公众的事业,事业单位经过必要的改革和创新,能够继续对我国社会事业的发展起到重要作用。这是因为,事业单位一直承担着我国传统的非经济非政治社会事务服务和管理职能,在社会公共服务等方面拥有组织、人员和经验等优势。从我国目前非营利组织总体上水平不高等现实情况出发,事业单位通过深入的改革和发展,理应成为公共事业管理领域中的重要力量。这一改革发展的基本目标,就是事业单位的社会化、事业单位管理的多元化以及事业单位运行的法制化和民主化。

1. 事业单位的社会化

事业单位的社会化有两层基本含义,即社会事业社会办和事业单位的资源配置与服务社会化。

其一是社会事业社会办。社会事业社会办,就是指社会事业兴办的主体改变过去由国家包办统筹一切的事业旧体制,社会事业投资兴办的主体应该多元化,逐步建立国办、民办和社会办等多方兴办事业的新格局,形成社会公共产品供给和公共服务配置的新格局。社会事业社会办对事业单位的改革而言,最根本的就是事业单位与国家关系的调整和规范,对自身的性质重新定位,即要通过以政事分开为基本原则的改革,根据自身的性质和服务的基本内容,分清政府行政管理部门与自身的责、权、利所在,准确确定并理顺与政府行政管理部门的关系,合理划分政府直接兴办与间接兴办的事业边界,成为在法律规范下从事社会公共服务和管理的自主活动的主体,而不再是政府的附属机构。这是面对社会公众需求日益丰富、新型公共事业形成的新情况,传统的计划经济体制下的国家作为事业的唯一主体、通过国家财政支持的事业体制难以为继下的必然选择,也是新型公共事业本质上是社会大众的事务,最终必然落实到社会、由社会自我管理的要求。

其二是事业资源配置和服务的社会化。在传统的事业单位管理体制中,由于国家是兴办主体并由财政支撑,不可避免地出现中央部门办事业、地方政府办事业、事业单位办事业和国家企业办事业的条块分割局面,"各自为事""事出多门",各所有者通过行政手段配置资源,也只为本部门、本地区、本行业服务,不对其他部门、地区、行业服务,更不对社会服务,造成事业单位相对封闭,低水平重复建设和效率低下。显然,这既是资金紧张下的巨大资源浪费,也不符合整个社会公益事业发展的原则。因此,与事业单位向真正的社会公共服务主体的转化相一致,必须打破事业资源的行政化分割与部门单位所有制,实现事业资源配置与利用的社会化。这应该成为改革的一个基本目标。只有实现这一目标,才能真正面向社会、面向公众进行公共产品和公共服务提供,真正实现事业资源配置优化与资源共享,推进公共服务制度改革和创新。

2. 事业单位管理的多元化

市场经济体制条件下,市场配置资源的基础性地位已经确立,从根本上替代以政府配置资源为主的格局。在公共事业领域,因为公共事业的特殊性和公共性,事业单位虽然不能一概而论地通过简单的市场化或产业化来进行改革,但并不意味着市场配置资源的有效方式不可以在事业单位的改革中加以合理运用。传统上事业单位服务质量差、效率低、结构失衡等问题,与事业单位管理的行政化和单一化有很大关系。中共十六大提出政事、事企分开,理顺政事和事企关系的原则,要求构建适应市场经济发展,符合事业单位特点的现代事业单位管理体制和运行机制。在此基础上,事业单位改革重新界定事业职能范围,根据事业单位分类情况,在有条件的类别里合理推进事业单位管理的市场化,采用市场配置资源的方式,将那些适宜市场化、产业化经营的事业单位逐步改制为独立法人企业,使之成为市场竞争的主体。公共事业多元化的管理主体和方式,既能够合理、公正、有效地配置资源,又能够对于那些需要继续由国家财政全额供给的事业单位逐步引入竞争激励机制,提高管理效率和增强运行活力,因而这是增强事业单位体制内在活力的必然改革取向之一。

3. 事业单位运行的法制化和民主化

在传统的事业单位管理体制下,事业单位通过接受行政指令等完成国家计划,事业的发展主要取决于国家和政府领导人的重视程度,基本上缺乏必要的法律保障和民主监督,从而在实际中致使发展各项事业的意义必须反复经常地强调,事业经费必须经常去争取,事业机构的设立与撤销变化无常。因此,随着事业职能范围确定,政事关系厘清,事业单位改变与政府行政管理部门的行政隶属关系,成为独立地进行公共事业服务与管理的主体,不再靠执行行政指令来运行,为规范其行为的合理,保证公共事业的规范、稳定发展,必须改革传统的事业管理体制模式,加强公共事业立法,建立和完善包括科学技术法、教育法、文化法、卫生法、体育法等方面的公共事业法律法规体系。同时,现代事业制度要求建立完善的事业法人治理结构和法人制度,以各类各种明确、具体的法律法规制度对承担社会事业职能的机构在设立、组织、活动以及与政府关系等各个方面做出明确保障。事业单位的内部运行还要建立开放、流动、公平、竞争和富有活力的新型人事管理制度,包括事业组织的用人制度、工资分配制度、考核晋升奖惩制度、组织领导制度、组织运行与管理方式、社会福利与保障制度,等等。① 此外,作为进行公共服务与管理的社会组织,事业单位不仅需要在其内部遵循法律的基础上民主化运行,更必须向社会公开,实行事务向社会公开原则,接受政府行政管理部门的监督和社会的监督。只有实现事业管理的法制化与民主化,强化事业管理,才能确保社会经济的全面发展。

三、事业单位改革的目标取向和分类改革

要达到事业单位社会化、事业单位管理的多元化以及事业单位运行法制化和民主化的目标,就必须以政事分开为基本原则,根据各类事业单位不同的性质,进行有步骤的分类改革。

（一）政事分开的基本原则

传统事业单位管理体制下,事业活动的非经济性和非政治性以及政府职能扩大化导致政事不分的积弊已久。因此,立足政事分开原则,合理划分事业单位职能和明确政府职责是事业单位改革的基本原则。所谓政事分开,从根本上说,是要改变过去国家包办统揽事业的状况,解除政府与各事业单位的隶属关系,政府行政主管部门进行宏观管理,但具体事务完全由事业单位

---

① 张勤：《事业单位改革的方向与对策分析》，《中国行政管理》2003年第10期,第29—31页。

自主解决,同时根据中央有关取消事业单位行政级别的精神和指示,有步骤地取消现行事业单位的行政级别。在这一基础上,重点进行政府和事业单位的职责分开、管理方式及手段分开工作。

其一为职责分开。职责分开的主要内容,是指原来在政事一体化的情况下由事业单位承担的政府行政职能,应交回政府由政府承担,而原来各级政府机构承担的一些技术性、服务性的工作,则可以交给事业单位去完成。应特别注意的是,凡是由行政机关建制改为事业单位的,或以往已经建立的列入事业单位范围、使用事业编制但仍承担一部分行政职能的事业单位,必须把行政职能交回行政机关。此外,对那些与政府关系密切,执行某种行政延伸性事务的事业单位,如政策咨询、统计、信息等单位,应通过立法、行政授权等方式来进行处理,这些单位将成为公共事业管理中的准政府组织。

其二为组织分开。由于事业单位法人制度尚未真正建立起来,事业单位还不是具有独立法人地位的社会实体,政府部门与事业单位之间缺乏严格的组织界限,事业单位往往依附于政府及政府的各个部门。一是事业单位范围内存在大量主要从事监督执法、行政执行等非事业性工作的机构,此外还有部分以一个机构两个牌子(行政的、事业的)等形式存在的行政事业混编机构。二是事业单位部门所有、条块分割问题还较突出,事业单位实际是分别隶属于各个部门、各个地区,全民所有、国家所有实际演变为部门所有、地区所有,导致重复建设、资源浪费、效率低下。三是许多事业单位套用行政级别,建立科层制组织形式,按行政机关的方式运行,按政府管理的方式提供服务,形成行政化、官僚化组织模式与运行方式。

其三为产权分开。事业单位产权关系不清晰,主要反映在下述四个方面。一是政府作为事业单位的出资人,无偿提供事业单位建设资金与运营资金。我国事业单位约60%财政全额拨款,约20%财政差额拨款,各项事业经费支出占政府财政支出的30%以上,[①]事业单位日常运营及基本建设高度依赖政府财政,这在一定程度上影响事业单位财产的独立性。二是机关与事业单位资产在资产分类上均属于非经营性的"行政事业单位国有资产",长期以来按照一种体制进行管理。三是许多事业单位缺乏独立的财产权,主管部门

---

① 李礼、高岗:《关于转型期我国事业单位管理体制改革的思考》,《编制管理研究》2007年第4期,https://www.shbb.gov.cn/bzglyj200704/2402.jhtml。

调用事业单位财产情况仍经常发生，甚至许多事业单位成了主管部门的"小金库"。四是部分事业单位依托行政权力进行创收，如许多事业单位拥有"政策性收费"权力，"政策性收费"实质是"行政权力收费"，由此形成的收入明显属于政事不分的产物。

其四为管理方式及手段分开。主要是政府行政主管部门对事业单位实行简政放权，对事业单位在宏观上按有关法律进行行政监督管理，而在事业单位的人事、工资、计划、编制、财务、项目、职能等方面事务的具体运行上，由事业单位自己管理。关于事业单位的福利制度、单位名称等，事业单位也要与行政机关脱钩或必须严格区别。就事业单位来说，除经过立法、行政授权按需要使用行政手段进行管理外，在进行社会公共服务和管理中则应使用非行政手段。

(二) 事业单位的分类改革

如上所述，目前我国的事业单位的服务和管理涉及 18 个领域，范围极广。这一范围内的事务虽然根本上都是关系到社会全体公众整体的生活质量和共同利益的事务，但从公共物品的角度看，却有公共物品和准公共物品之分，从社会事务的角度看，也有纯社会事务和经济事务之别。相应地，提供这些产品和服务的事业单位，也就具有不完全相同的性质和特点。因此，在以政事分开为基本原则进行事业单位改革时，要对不同特点的事业单位采取不同的措施，进行分类改革。

首先，行政管理类事业单位主要是指直接承担政府行政职能、承担政府行政行为的单位。这类事业单位一般是根据国家法律和法规授权、受政府委托承担具体行政行为或提供行政支持，为政府服务，从事监管、资质认证、执法监督等活动的准行政组织的事业单位。如金融监督机构、工程与环境质量监理机构、交通监理机构、卫生监督机构、资格认证机构、政府部门直属的政策研究机构和信息统计机构等都属于此类。这类单位只允许政府举办，经费来源靠国家公共财政全额拨款，在性质上与行政机关并无二致，因此基本可以采取与一般政府部门类似的管理方式和运行机制，其工作人员可纳入公务员管理系列。

其次，具有非政府公共机构性质的事业单位。如社会科学联合会、社会科学院、基础理论研究所、图书馆、博物馆、直接为政府决策和行政管理提供咨询与技术支持的机构、计划生育协会等。这一类事业单位，其提供的是公共物品，虽然在现代社会可以提供有偿的公共服务获取一定的运行经费，但从根本上说，这类事业单位是难以走向市场的。要正常运转并提供良好的公共服务且有所发展，只能依靠国家公共财政的支持。因此，这类事业单位在解除与政府行政管理机关的直接隶属关系的同时，政府应通过立法，一方面进行全额拨款，并在经济发展的基础上逐步加大公共财政对其的扶持力度，另一方面进行行政监督。

再次，具有一定经济效益的公益性的事业单位。如养老院、大专院校、中小学校、重要的医疗卫生单位、疗养院、考试管理中心等。在现代社会，这一类事业单位提供的实际上是准公共产品，因此，其首要目标是社会公益，但同时也有一定的经济效益。对这一类事业单位，政府仍需通过差额拨款进行资助，其经济上的收入应收支两条线。同时，应通过相关法律进行非营利公共组织的严格管理，避免其由公益性变为营利性，改变其作为社会公共组织的基本性质和宗旨。

最后，具有生产经营性和能力的事业单位。如从事应用技术研究科研院所、广播电视台、报纸、刊物和出版社，城市公共事业方面的市政管理、房产管理、园林设计等单位，以及规划、勘探等领域的公司，农业领域的种子站、科技服务中心等。这些传统的事业单位实际上基本与企业的性质相同，其中有的还有较大的市场竞争力。因此，对这些事业单位总体上应使其企业化，让其自收自支。但是，由于这类事业单位又从不同的角度涉及公众的整体利益，或是提供的是准公共产品和服务，因此，在其企业化后，总体上仍需将其纳入公共事业管理的范围，对这些单位而言，其仍然是公共服务的提供者和实际管理者。其中，对一些单位如城市的水、电、煤气、公交等部门，既要防止其形成垄断，又必须从保证公众基本需求出发进行直接的价格管理等活动，因而要对其予以一定的财政补贴；而对另一些自收自支能力不足的，应依照非营利组织管理，在税收、信贷等方面予以政策扶持。

总之，通过在政事分开的基础上事业单位分类的改革，当事业单位社会化的改革目标最终实现时，实际上现有的事业单位已分别转化为非政府的社会团体、民办非企业单位，也就是我们所说的非营利组织，以及涉足于公共事业的企业单位。这一方面说明事业单位这一中国特有的概念将为非营利组织取代，也说明在公共事业的微观领域，一些企业性质但其产品被纳入公共事业的单位，也在一定程度上被视为公共事业管理中的主体。

第四节　企业与公共事业管理

企业组织进入公共事业管理领域,参与公共产品和服务的生产,是现代公共事业改革的重要标志,是现代公共事业多元化发展的必然趋势。公共事业改革的主要目的是通过管理体制由单一向多元转变,引入竞争机制,提高公共事业的投资、运营和管理效率以及服务质量,实现社会管理模式的转变和综合承载能力的提高。企业进入公共事业领域的前提条件是,政府必须按市场经济要求,加强对提供公共产品和服务的宏观管制,保证政府的规划和管理职能。企业参与公共事业管理,并非意味着公共事业的完全市场化,而是这一领域部分的、非完全的市场经营。这表现为企业通过有效的生产和管理获得合理的盈利,政府通过对企业制定各种管制政策和进行一定的行为约束来确保公共事业的社会经济效益最大化。

一、公共事业管理中的企业

(一)企业的概念和基本属性

现代汉语中"企业"一词的用法源自日语。日本明治维新后,大量引进西方文化与制度,"企业"便是其翻译使用的汉字词汇。戊戌变法之后,这些汉字词汇用法被大量由日语引进现代汉语。在中国计划经济时期,"企业"是与"事业单位"平行使用的常用词语,《辞海》1979年版中,"企业"的解释为:"从事生产、流通或服务活动的独立核算经济单位。"在20世纪后期,随着中国改革开放与现代化建设,"企业"的概念也得到新的发展。

一般而言,企业是指一切从事生产流通或服务性活动的营利性经济组织,是国民经济的基本单位。这些独立的、营利性的组织,可进一步分为公司和非公司企业,后者如合伙制企业、个人独资企业、个体工商户等。目前我国因划分企业的标准不同,企业的类型也有所不同。按照企业财产组织方式划分,分为独资企业、合伙企业、公司企业;按照企业组织形式划分,分为公司企业和非公司企业;按照企业所有制形式划分,分为全民所有制企业、集体所有制企业、外商投资企业及私营企业;按照企业在社会再生产过程中职能划分,有工业企业、商业企业、建筑企业、金融企业等。在公司企业登记过程中,企业类型是按照资本构成和责任形式即按组织形式划分的,在非公司企业登记过程中,企业类型是按经济性质划分的。

企业具有经济性、营利性和独立性三个主要属性。企业是从事商品生产和商品流动的经济组织,因此,经济性便成了企业的首要特征。企业通过这个特征来实现自己的价值和商品的使用价值。企业的经济性特征导致其第二个特征,即营利性。企业的经济性通过企业的营利水平得到体现。企业是为了获得盈利而经营的一个经济组织,因此,构成企业的一个根本性的标志就是营利。有些组织,譬如本章第二节所介绍的非营利组织,也从事一些经济性的活动,但是它们并不是以营利为目的的,所以就不能称为企业。企业除了要具备经济性、营利性之外,还必须要具备一定的独立性。即,企业是一个独立的法人组织,能够进行独立核算、自负盈亏、自主经营。

现代企业制度的基本特征是:产权清晰、权责明确、政企分开、管理科学。产权清晰是指企业投资主体多元化,既有国有资产,也有私人资产、外国资本,及其他法人资本,按照所有权与经营权分离的原则,理顺产权关系,企业受托对企业所经营管理的实物资产行使占有、使用和处分的权利。权责明确是指企业依法自主经营、自负盈亏、自我发展、自我约束,对出资者承担资产保值增值的责任。出资者投入企业资本额并享有所有者权益,企业如经营不善,出资者只以投入企业的资本额对企业负有限责任。政企分开是指企业按照市场需求组织生产经营,市场机制对资源配置起基础性作用,一切生产要素包括劳动力、资金、生产资料、技术都将进入市场,形成统一开放的市场体系。政府不再直接干预企业的生产经营活动,主要是通过经济杠杆调控市场,以保持经济的总量基础平衡,引导资源的优化配置。管理科学是指建立科学的企业领导体制和管理制度,形成科学严密的管理体系和方法,调节所有者、经营者和职工之间的关系,形成激励和约束相结合的经营机制。

(二)企业进入公共事业管理领域的条件

随着全球范围内政府改革的深入及对公共产品认识的提高,许多国家纷纷意识到企业尤其是非国有企业参与公共事业管理对于公共事业改革的重要性和必要性。公共产品是满足公共需求的产品,是保证社会发展和社会安全的产品,其中公共事业所涉及的狭义的社会事务和公共服务,更是保证社会日常生活正常进行、满足公众不断发展和变化的公共需求、社会整体和个体不断获得良性发展的重要内容。非政府、非国有主体参与公共事业管理,意味着多样化的公共需求和社会发展要求能够得到较快的回应,效率更高,质量更好。正是基于这样的理论认识,各国自20世纪80年代以来,不断在实践中探索企业如何在公共事业管理领域发挥作用的问题,出现了一股公共事业民营化浪潮。政府将公共事业的所有权和经营权分离,适当放权,使企业尤其是非国有企业可以参与到公共事业的建设中来。

与此同时,应该注意的是,虽然公共事业的发展需要非政府、非国有主体参与公共产品的生产,但是这种参与必须辅以相应有效的政府控制和监督,以确保公共利益的实现。公共事业的民营化和其他领域的民营化是不一样的,因为其他领域是竞争性领域,而公共事业领域所涉及的很多公共产品和服务,要么属于自然垄断性产品,要么属于传统上由政府直接生产或提供的公共产品和服务,竞争性较弱。在竞争性领域里,企业和企业间会形成激烈的竞争,这种竞争对他们本身有约束,从而形成竞争规则。但是公共事业弱竞争性的性质可能造成的后果包括市场定价机制失灵、信息不对称、企业行为无法被更好监督等。因此,既要让企业进入公共事业领域,发挥它们对于公共事业发展的长处,同时又要避免"市场失灵"所带来的负面影响,这就要求政府在创造尽可能有利的竞争条件下对企业参与公共事业管理进行有效、合理的管制。这是企业参与公共产品生产与其进行私人产品生产之间存在的不同,是企业参与公共产品生产的一个必要条件。

同时,企业能够参与生产的公共产品,在消费上必须存在排他性技术,使企业能够有效地将"搭便车"者排除在外,大幅度地降低提供产品的交易成本,从而获得激励来提供这些产品。因为,企业之所以选择进入公共事业领域,其中一个基点就是公共事业领域存在可以接受的投资回报。公共事业领域内的企业,主要生产准公共产品,也可称为"地方公共产品"或说"互益性公共产品",提高供给的效率,较好地反映公众的需求和偏好。因此,虽然公众对公共产品存在较大的差别化需求,但是并不是所有的公共产品企业都愿意进行生产,当然,也并非所有的公共产品都由企业来生产便能实现效用最大化的目标。公共产品本身须满足以上提到的条件,企业才有可能成为该公共产品的潜在生产者。

为此,必须对公共产品的产权做出制度安排。这是企业进入公共事业领域参与公共产品生产最重要的制度安排。产权的本质是一种契约。它是以财产为客体的各种权利的总和,包括所有权、占有权、使用权、收益权和处置权等。公共产品私人供给的产权思想,最为深刻的是英国经济学家科斯对公共产品政府供给问题的思考。科斯研究了英国早期的灯塔制度,从产权制度角度提出了解决公共产品的投资和经营方面问题的思路。即使是如灯塔这种典型的公共产品,也可以由私人建设、管理、筹资和所有,只需要界定其部分产权给私人,政府的作用在于限定灯塔产权的确定和行使。一些西方国家经过二三十年的改革探索,选择了放松管制,允许私人进入公共产品的生产领域,这在相当程度上缓解了财政危机,提高了政府效率,同时也提高了公共产品的供给数量和质量。改革的依据正是基于对公共产品属性的重新认识,以新的公共产品理念为导引,通过制度安排保证产品消费的公共性从而保证产品的公共属性,把公共事业领域内涉及的准公共产品的生产和提供作为两个环节分开,通过制度安排保证准公共产品提供上的公共性,从而使企业也能够参与准公共产品的生产。

(三)我国公共事业领域内的企业

1. 国有企业

国有企业,或称"国营事业"或"国营企业"。在我国,国有企业是指企业全部资产归国家所有,并按《中华人民共和国企业法人登记管理条例》规定登记注册的非公司制的经济组织,但不包括有限责任公司中的国有独资公司。政府的意志和利益决定了国有企业的行为。国有企业作为一种生产经营组织形式同时具有营利法人和公益法人的特点,其营利性体现为追求国有资产的保值和增值,其公益性体现为国有企业的设立通常是为了实现国家调节经济的目标,起着协调国民经济各个方面发展的作用。

在我国,作为与传统计划经济体制相适应的一项制度安排,在竞争性领域和包括公共事业在内的垄断行业,企业财产组织形式和治理结构一度都曾经是国有国营、政企不分、政资不分的运营模式。计划经济时期,囿于国有国营、政企不分、政资不分的旧体制,国有企业主要是政府政策意图实现的工具,在公共事业领域内的国有企业更明显地表现为政府规制政策的替代物或政策工具。改革开放以来,特别是1992年明确改革的目标是建立社会主义市场经济以后,通过改革使传统国有企业成为市场竞争主体和法人主体一直是改革的关键环节。

"政企分开",理论上是将政府在国有企业中的影响力简化为出资人,由国务院国有资产监督管理委员会负责监督资产和回报。在推进这一改革的过程中,我国对一般竞争性领域的国有企业与包括公共事业领域在内的垄断性行业中的国有企业改革模式并没有采取差别化的设计,但在操作层面上,在公共事业一些较敏感领域坚持了国有独资的有限责任公司制度。国有独资模式,即在原国有企业的基础上改制成为国有独资有限公司,这种模式目前在城市公用事业中占很大比重,是现阶段公司制改革的主体形式。此外,也存在一些新模式的探索,譬如融资建立股份制企业模式,即对国有企业进行资产评估后,把国有资产以股权形式通过公开招标,部分出让给其他企业,重新组成一个新的股份制企业。新组建的企业完全按照现代企业制度运行,利益共享,风险共担,出让部分所得资金由政府统一安排,用于公共事业其他方面的建设。融资建立股份制企业模式可以解决公共事业发展的资金短缺问题,并且通过股份制来扩大公有资本的支配范围,在一些引入外资的股份制企业中,国外在公共事业管理方面的先进技术和管理经验也促进了本地公共管理水平的提高。

2. 民营企业

民营企业,简称"民企",一般是指所有的非公有制企业。在《中华人民共和国公司法》中,企业类型按照企业资本组织形式进行划分,主要有:国有独资、国有控股、有限责任公司、股份有限公司(又分上市公司和非上市公司)、合伙企业和个人独资企业等。按照上述对民营企业内涵的界定,除国有独资、国有控股外,其他类型的企业中只要没有国有资本,均属民营企业。

"民营企业"是中国经济体制改革过程中产生的特有概念。对于"民营企业"的准确界定,经济学界存在不同的看法。一种看法认为,民营企业是民间私人投资、民间私人经营、民间私人享受投资收益、民间私人承担经营风险的法人经济实体。另一种看法则认为,民营是指相对国营而言的企业,按照其实行的所有制形式不同,可分为国有民营和私有民营两种类型。实行国有民营企业的产权归国家所有,租赁者按市场经济的要求自筹资金、自主经营、自负盈亏、自担风险。私有民营则是指个体企业和私营企业。还有一种观点认为,应该以企业资本来源和构成进行定义,企业的资本以民间资产(包括资金、动产和不动产)作为投资主体,即可称之为"民营企业"。

在我国,目前民营企业已经涉足公共事业管理领域,特别是在市政公共设施建设与经营领域十分活跃。城市公用事业一般具有收入稳定、现金流充沛等特点,是可持续发展、收益稳定的产业。另外,随着价格改革的逐步到位,公用事业所蕴含的无限商机如同一个"巨大的磁场"对资本市场有着强大的吸引力。因此,随着公共事业改革的进一步深入,不仅市政公用事业领域会需要更多民营资本的补充,而且文化、卫生、体育、教育等各项公共事业领域也会随着不断扩大的需求容量和政府职能进一步转变,成为民营企业投资的新领域,从而出现一批公共事业企业的迅速成长和壮大。

3. 外资企业

外国企业、外国经济组织、外国个人在中国投资举办能够独立承担民事责任,具有中国企业法人资格的经济实体,这种形式就是外商投资企业。根据投资方式、分配方式、风险方式、回收投资方式、承担责任方式、清算方式的不同,外商投资企业又分为中外合资经营企业、中外合作经营企业、外商独资经营企业和外商投资股份有限公司。无论哪一种方式的外资企业,它们共同的基本特征包括:都是依照中国的法律程序而设立的企业,其法律地位都是中国企业法人,都是能够独立承担民事责任的经济实体,开办企业的资金中都有外国资金。

外资企业涉足公共事业领域,是随着2001年我国加入世界贸易组织以后公用事业领域对外资开放而开始。在此之前,只是在北京、上海个别城市有一些零星的合作投资。我国吸引外资进入公用事业领域以及外资愿意进入公用事业领域的原因主要有两个。其一,在公用事业领域,我们的管理水平还较落后。通过适当引进外资,可以提升我们的管理理念和公共产品质量,形成倒逼机制。其二,尽管公用事业属于天然的微利行业,但外资看中的,是中国城市扩张的趋势,是城市化的潜力。随着我国城市化进程的加快,越来越多的人会在城市生活,所以城市公用事业是一个稳定增长型的行业,虽然盈利不高,但是会以量取胜,风险也小。资本的天性都是逐利,外资企业正是基于盈利的预期才会进入中国的公用事业领域。当然,外资进入这个领域后,并不意味着政府的完全退出。值得思考的是,发达国家在供水、供电、供气这些自然垄断型管网的输配业务上,很少有外资进入,大多是本国公司从事这些公共产品的生产和供应。

二、企业在当代公共事业管理中的作用

(一) 更有效率地生产公共产品

公共事业发展得快慢,取决于资源的利用效率,而不是其归属性质。2005年2月,国务院发布《关于鼓励支持和引导个体私营等非公有制经济发展的若干意见》,俗称"非公36条",鼓励非公有制经济"进入基础设施领域、公共事业及其他的行业和领域"。通过公开、公平、公正、平等互利、等价有偿的市场运作方式,鼓励社会资金、外国资本采取独资、合资、合作等多种形式参与公共事业建设,改革投融资体制,形成多元化的投资结构和产权结构,有效地增加城市建设(如公共交通、生态环境、供热、供水、医疗卫生、文化等公共事业)的资金投入。这些公共事业发展所需的资金,仅凭财政投入是难以满足社会发展需求的。鼓励支持引导民营、外国资本进入公共事业领域,推进公共事业基础设施建设投资主体多元化,能够推动公共事业众多领域的建设,提高服务水平,优化资源配置,实现公共事业可持续发展。同时,当前国企改革仍处在"攻坚"阶段中,情况复杂,任务艰巨,不仅需要有更多、更强大的外部市场力量,还需进一步向重点行业和领域推进,其中包括公共事业部门进行改革,特别是城市供水、供热、公交等公用事业部门的改革。非国有资本进入公共事业领域,能够在客观上刺激和促进国有企业改革,逐步形成合理的市场竞争机制。

(二)有利于建立现代公共事业产权制度

道格拉斯·诺斯在《西方世界的兴起》中指出,经济增长所需的并不仅仅是投资和发明,有效的经济制度才是经济增长的关键因子。[①] 制度既包括产权制度等一些正式制度,也包括意识形态等一些非正式制度。传统计划经济时代,政府与公共事业部门的"垂直"垄断关系实际上就是因为二者之间没有明确地界定产权,公共事业产权与政府行政权力混淆,产生了外部效应,交易费用增加,模糊的产权使得公共事业单位缺乏激励动机去进行有效率的经营。政府作为一种制度安排,在参与公共事业时,它所享有的特有专权使它不自觉地将垄断引入了该领域,忽略了创建私人产权的积极作用,从而阻碍了公共事业领域资源的最优化配置。

公共事业产权制度改革实质上是一系列相关经济主体的权利和义务的重新分配过程,合理的产权安排应将个体经济努力引导到私人收益接近社会收益的活动上去。如果私人收益小于社会收益从而导致具有正的外部性的活动供给不足,那么私人活动就无法达到社会最优。交易成本理论说明,在竞争存在的条件下,将私人产权引入公共事业领域可以降低交易成本,而且不同的产权或契约安排的交易成本是不同的。公共事业在市场化过程中采

---

① 参见[美]道格拉斯·诺斯、罗伯特·托马斯:《西方世界的兴起》,厉以平、蔡磊译,华夏出版社2009年版。

取的合同承包、特许经营,股权改制等多种形式都是基于交易成本理论,根据公共事业产品的不同特性所做出的契约安排。这些契约规定哪些是政府必须做的,其中包括政府对公共事业领域的承诺,比如给企业以自主权等,也包括公共事业领域对政府的承诺,比如为公众提供良好的公共服务等。二者之间的可信承诺为市场经济提供了相对稳定的法律环境,从而大大降低了交易成本,同时也保证了公共事业领域免受来自政府权力机关的无规则干预,从而为公共事业领域的创新和投资提供动力。

(三)促进我国现代公共事业管理模式的形成

经过近十年的实践,企业特别是非国有企业进入公共事业领域,生产公共产品和提供公共服务获得较快发展,极大地提高了行业服务效率和服务质量。同时特许经营制度、合同购买等公共事业管理模式的改革,使得政府大包大揽公共事业建设和运营体系的传统局面不断被打破,包括外资、民间资本在内的多元化投资体系逐步形成,公共事业领域内"政府-企业"合作关系不断扩大和深化,促进了公共事业改革的发展和法制化建设,促使了公共事业管理的多元化、系统化和透明化,对我国现代公共事业管理新模式的形成起到了促进作用。

三、企业在公共事业领域中的基本活动方式

在我国,企业进入公共事业领域始于 2002 年公用事业市场化改革。其时,党的十六届三中全会明确提出对公用行业进行开放,允许包括外资、民间资本等社会资本进入,同时要求垄断行业放宽市场准入,引入竞争机制。2002 年 12 月原建设部发布《关于加快市政公用行业市场化进程的意见》,拉开了市场化改革序幕,中国城市水业首先在 2003 年开始进行市场化改革。2004 年,《环境公用特许经营管理办法》和《关于投资体制改革的决定》正式发布。2005 年 9 月,原建设部又发布《关于加强环境公用行业监管的意见》,市场化改革的目标逐步受到重视,具体表现在开始注重监管,重视运营和服务水平,关注公众利益和安全。处于公共事业改革前列,以供水、污水处理和垃圾处理为主体的中国市政环境行业逐步进入产业化时代。随着政府投资体制的改革,专业化运营服务企业初步获得市场认同,企业的竞争与合作成为环境公用市场的主流趋势。近年来,除了公用事业外,企业不断涉足公共事业管理的其他领域,譬如公共交通、教育、卫生等。

（一）主要模式

政府对公共事业领域垄断地位的被打破，主要依靠竞争机制的引入，其在一定程度上保护了产权，降低了交易成本，提高了公共事业设施的运营效率。

1. 租赁模式

租赁模式指政府将国有的公共事业经营业务或设施出租给民营企业，民营企业在特许权下经营并追求适当的利润。在这种模式中，政府首先承担公共事业单位或设施建设的投资和建设责任，而运营商则在项目建成后向政府支付一定的租借费用，以取得该单位或部门排他性的经营权，承担此后的经营责任，并按照合同支付管理费用。特许经营模式是租赁模式的典型代表。获取特许经营权的企业必须保质保量地生产产品或提供服务，否则将在下一轮竞标中失利。经过多年的国际实践，特许经营制度成为适合公共事业领域特点的一种引入市场机制的方式，而且该制度适用于大多数地区的改革。当然，运用此种模式时必须以健全的法律或规范的市场为前提，否则很难达到预想的效果。

2. 合资模式

通过对国有企业进行改制，吸纳其他经济成分参股，也可实行部分或整体有偿转让或者向国有企业参股。国有公共事业单位通过出售股份，吸收民间资金介入，形成公私合作的股份制结构。这样既可以减少财政投资，还可强化股东的激励动机，尽可能地降低成本，并以此增加利润。

3. 民营模式

民营模式主要表现为直接并购等方式，由收购方直接向目标组织提出所有权要求，双方通过一定的程序进行磋商，共同商定完成收购的各项条件，在协议的条件下达到并购的目标。在我国水务改革中，直接并购的例子并不少见，如2002年上海浦东自来水公司50％国有股股权溢价转让给法国威望迪集团。合同的合理性和公平性是公共事业领域内直接并购方式获得成功的重要因素之一，同时由于公共事业领域公共产品和服务对公众生活的重要性和不可或缺性，直接并购的方式必须以一定的法律限制为前提，具备相应有效约束手段，避免改制后企业的破产局面出现，从而影响公众的基本生活需求。

4. PPP模式

这是国际上一种新型的政府与私人合作公共事业的模式，即国家私人合营公司,其典型的结构为:政府部门或地方政府通过政府采购形式与中标单位组成的特殊目的公司签订特许合同,其组织形式一般是由中标的公司或对项目进行投资的第三方所组成的股份有限公司,专门负责筹资、建设及经营等事务。PPP模式突破了目前的引入私人企业参与公共事业组织机构的多种限制,比较适用于大型、一次性的项目,如医院、学校等。该模式可以在运作的初始阶段较早确定可以融资的项目,进而分担项目的风险。此外参与项目融资的私人企业可以在项目的前期就参与进来,这有利于导入民营企业的先进技术和管理经验。公共部门和私人企业共同参与公共事业的建设和运营,有利于双方形成互利的长期目标,更好地为社会和公众提供服务。但这种模式运作时间过长,其中涉及政府信用、政府与企业之间关系的磨合,在有些大型项目中还可能涉及不同的行政主体,如中央与地方之间的关系。因此该模式需要非常高的管理技巧,以及各方对各自角色的清醒认识。政府有所为和有所不为是该模式成败的关键。

(二)具体做法

1. BT

BT是英文"Build-Transfer"(建设—转让)的缩写,是政府利用非政府资金来承建某些基础设施项目的一种投资方式。其含义是:政府通过合同约定,将拟建设的某个基础设施项目授予企业法人投资,在规定的时间内,由企业法人负责该项目的投融资和建设,建设期满,政府按照等价有偿的原则向企业法人协议收购的商业活动。

2. TOT

TOT是英文"Transfer-Operate-Transfer"(移交—经营—移交)的缩写,通常是指政府部门或国有企业将建设好的项目的一定期限的产权或经营权,有偿转让给投资人,由其进行运营管理。投资人在约定的期限内通过经营收回全部投资并得到合理的回报,双方合约期满之后,投资人再将该项目交还政府部门或原企业的一种融资方式。简言之,政府投资建设的项目,在一定时期内有偿转让于非政府投资主体经营,政府回收资金可用于新项目建设,并最终拥有项目所有权。

3. BOT

BOT是英文"Build-Operate-Transfer"(建设—经营—转让)的缩写,是一种适用于基础设施建设的投资、融资方式。BOT投融资模式的典型形式是:项目所在地政府授予一家或几家私人企业所组成的项目公司特许权利——

就某项特定基础设施项目进行筹资建设,在约定的期限内经营管理,并通过项目经营收入偿还债务和获取投资回报;约定期满后,项目设施无偿转让给所在地政府。简而言之,BOT一词是对一个项目投融资建设、经营回报、无偿转让的经济活动全过程典型特征的简要概括。BOT投融资模式适应了现代社会工业化的城市化进程中对基础设施规模化、系统化发展的需要,是政府职能与私人机构功能互补的历史产物。它作为公共基础设施建设与私人资本的特殊结合方式已引起世界各国的广泛关注。

在BOT投融资模式的实际运用中,由于基础设施种类、投融资回报方式、项目财产权利形态的不同等因素,已经出现了以下不少变异模式。

(1) BOOT(Build-Own-Operate-Transfer)形式

这一模式在内容和形式上与BOT没有不同,仅在项目财产权属关系上,强调项目设施建成后归项目公司所有,因此增加了一个词"Own"(所有)。

(2) BTO(Build-Transfer-Own)形式

这一模式与一般BOT模式的不同在于"经营"(Operate)和"转让"(Transfer)发生了次序上的变化,即在项目设施建成后由政府先行偿还所投入的全部建设费用并取得项目设施所有权,然后按照事先约定由项目公司租赁经营一定年限。

(3) BOO(Build-Own-Operate)形式

其含义为某一基础设施项目的建设、拥有(所有)、经营。在这一模式中项目公司实际上成为建设、经营某个特定基础设施而不转让项目设施财产权的纯粹的私人公司。其在项目财产所有权上与一般私人公司相同,但在经营权取得、经营方式上与BOT模式有相似之处,即项目主办人是在获得政府特许授权、在事先约定经营方式的基础上,从事基础设施项目投资建设和经营的。

(4) ROT(Renovate-Operate-Transfer)形式

其含义为重整、经营、转让。在这一模式中,重整是指在获得政府特许授予专营权的基础上,对过时、陈旧的项目设施、设备进行改造更新;在此基础上由投资者经营若干年后再转让给政府。这是BOT模式适用于已经建成、但已陈旧过时的基础设施改造项目的一个变体,其差别在于"建设"变为"重整"。

(5) POT(Purchase-Operate-Transfer)形式

其含义为购买、经营、转让。购买,即政府出售已建成的、基本完好的基础设施并授予特许专营权,由投资者购买基础设施项目的股权和特许专营权。这是 BOT 模式的变体,其与一般 BOT 的差别就在于"建设"变为"购买"。

(6) BOOST(Build-Own-Operate-Subsidy-Transfer)形式

其含义为建设、拥有、经营、补贴、转让。发展商在项目建成后,在授权期限内,既直接拥有项目资产又经营管理项目,但由于存在相当高的风险,或非经营管理原因导致经济效益不佳,须由政府提供一定的补贴,授权期满后将项目的资产转让给政府。

(7) BLT(Build-Lease-Transfer)形式

其含义为建设、租赁、转让。发展商在项目建成后将项目以一定的租金出租给政府,由政府经营,授权期满后,将项目资产转让给政府。这一方式与融资租赁非常相似,仅是客体由一般的大宗设备换成了基础设施而已。

从 BOT 及其变异模式看,BOT 投融资模式的核心内容在于项目公司对特定基础设施项目特许专营权的获得,以及特许专营权具体内容的确定。而建设(重整、购买)、转让则可以视项目不同情况而有所差异。这样既能解决政府在公共事业建设方面财政资金不敷项目需求的困难,又能保证项目公司在经营期间的获益权和国家对公共事业设施的最终所有权。

本章小结

现代社会的公共事业管理组织,是在公共事业管理环境中产生的以政府为核心,并由政府组织、非营利组织、具有准政府性质的事业单位和某些特定企业共同构成的多元组织系统。

政府的基本属性决定其在公共事业管理中的核心地位,为市场经济条件下政府基本职能的具体化所要求。在公共事业管理中,政府通过制定和实施公共事业管理范围内的公共政策、以直接或间接的方式生产和提供公共事业产品、在公共事业产品生产者和使用者之间建立第三方监管体系、依法对公共事业领域内的非政府主体及其行为进行管理等基本活动,体现其公共事业管理的核心主体地位。

以非营利性、非政府性、志愿公益性为基本属性的非营利组织,是现代公共事业管理过程中不可或缺的一个主体,发挥着对公共事业管理的促进作用。其主体地位是由公共事业特征、政府与社会关系调整以及非营利组织自身特性所决定的。现阶段,社区建设与社区服务和为弱势群体提供专门的公共服务,是我国非营利组织在公共事业管理中的基本活动方式。

　　传统的事业单位总体上是具有准政府性的组织,政府通过事业单位管理体制实施对社会公共事务的行政化管理。现阶段,事业单位仍是社会公共服务和社会管理的主要承担者,但顺应时代要求的公共事业改革已势在必行,改革的基本目标就是以政事分开为基本原则,实现事业单位的社会化、事业单位管理的多元化以及事业单位运行的法制化和民主化。

　　以经济性、营利性和独立性为主要属性的企业组织,进入公共事业管理领域,参与公共产品和服务的生产,是现代公共事业改革的重要标志,更是现代公共事业多元化发展的必然趋势。企业参与公共事业管理,一方面要通过有效的生产和管理获得合理的盈利,另一方面也要服从政府的各种管制政策和进行一定的行为约束,以确保公共事业的社会经济效益最大化。企业在我国公共管理中发挥着高效生产公共产品,促进现代公共事业产权制度建设和我国现代公共事业管理模式形成的积极作用。现阶段,企业在公共事业领域中,以租赁、合资等模式和BT、TOT等方法为主要行为模式和具体做法。

概念术语

公共事业管理组织　　政府　　　　非营利组织　　企业
"市场失灵"　　　　"政府失灵"　　国有民营制　　公私合作制
公益产权制

复习思考题

　　1. 为什么公共事业管理的主体必须是社会公共组织?政府在公共事业管理中居于什么地位?

　　2. 为什么说非营利组织正在成为我国公共事业管理的必要组成部分?

　　3. 我国事业单位改革与公共事业管理的发展有何关联?请谈谈你的看法。

　　4. 企业在公共事业管理领域的基本活动方式有哪些?它们之间存在哪些联系和区别?

第四章　当代公共事业管理的技术与方法

随着经济全球化的发展,公共事业管理面临着日益复杂、动荡和多元化的社会大环境,为了实现最好的组织效果,实现管理目标,有必要很好地掌握当代公共事业管理的一些技术与方法,从而更好地促进当代公共事业管理的改革和发展。

第一节　公共事业产品政策制定的方法

一、公共事业的战略管理

越来越多的公共事业组织开始重视战略管理在公共事业管理过程中的运用,战略管理这一技术在公共事业管理领域中具有极其重要的价值,它可以帮助组织确定组织的目标,规定组织所从事的业务或服务范围,以及将组织所承担的经济或非经济的社会责任明确化并强调公共事业组织服务于社会的宗旨。公共事业管理作为公共部门管理的一个分支,其战略管理体系与企业中的战略管理有着较大差别。目前,公共事业组织越来越具备独立于政府部门的能力和特性,因此,作为一种独立的组织形式,公共事业组织在战略管理过程中也存在着某些区别于其他公共管理部门的自身特点。

（一）公共事业组织战略管理的概念

"战略"一词最早见于西晋马彪《战略》一书,通常泛指对全局性、高层次重大问题的筹划与指导,如国家战略、国防战略等。战略管理思想兴起于第二次世界大战之后,最早应用于工商管理领域,20世纪80年代初期,由于战略管理理论在工商管理领域中取得了良好的效果,公共部门也开始面临改革的压力,公共部门的战略管理才在企业战略管理的演化中开始建立。战略管理是指管理者有意识地进行政策选择、发展能力、解释环境,以集中组织的智慧达到目标的行为,或者说它是制定、实施计划和评价组织是否能够达到目标的艺术或技术。

战略管理的基本特征是具有强烈的未来导向性,具有长期性、全局性和根本性;战略管理具有外向性,是外部环境的管理;战略管理是一个由外向内的实施过程;战略管理是理性分析与直觉的结合。

公共事业组织的战略管理指的是对组织进行设计、选择、实施和控制、评价,以达到战略目标的全过程。公共事业组织的战略管理集中研究综合管理、财务、服务、计算机信息系统等方面的问题,偏重培育组织自己的核心能力以面对若干年以后不断变革的社会大环境,使组织一方面适应环境,一方面创造和改变环境。

与企业部门的战略管理相比,公共事业组织的战略管理有两个显著的差别。首先,公共事业组织更加重视组织宗旨、使命和价值观,强调如何实现宗旨;其次,公共事业组织的战略计划制定需要多数不同阶层、不同地位的社会成员参与,使得组织的战略计划能够反映大多数社会成员的意愿,并最终付诸实践。公共事业组织在实施战略计划的过程中,必须确认:在开始制定战略计划的时候最大限度地听取了公众的要求,力求使计划得到公众的普遍认同;考虑公共事业组织的权限或关于公共组织立法的具体规定;努力追求组织任务的明确性;注意战略绩效评估中的社会效益指标。

与其他公共部门的战略管理相比,公共事业组织也存在着一些自身特点。其一,从战略管理主体来看,公共部门战略管理的主体是公共部门,主要是国家机关,也可包括非政府组织,公共事业组织战略管理主体一般也属于公共部门,但范围小于公共管理主体,而且所有国家机关都具有公共部门战略管理职能,但具有公共事业战略管理职能的部门一般主要是教育、科学、文化、卫生、体育、城市公用事业、环境保护、社会保障等部门。其二,从战略管理客体来看,公共管理部门的战略管理客体涉及全部国家政务与社会公共事务,而公共事业战略管理的客体仅涉及教育、科学、文化、卫生、体育、城市公用事业、环境保护、社会保障等社会公共事务。其三,从战略规划的内涵来看,公共事业组织是实体性服务组织,其向社会公众提供的主要是服务,或劳务产品。其战略规划内涵具有更强的专业性和垄断性,其主要目标是通过业务组合实现投资收益的最大化,其战略规划的主要方向是技术定位、产品定位、市场定位、行业定位。

(二)公共事业组织战略管理的必要性

在我国,公共事业组织战略管理的研究一直没有得到应有的重视,对这一领域的研究才开始起步。公共事业组织的战略管理还是很新的话题,这种战略思维是由企业部门渐渐影响到事业单位的,加之,随着我国事业单位改革的不断深入、事业单位管理体制与世界的接轨,公共事业组织已不再是政府部门的附属机构。作为一个独立的组织,公共事业组织考虑其自身的长远发展和服务定位等问题开始变得非常重要。战略管理在公共事业组织中的导入和运用的必要性在于以下四个方面。

首先,整个社会大环境的不确定性。在现代社会,我国公共事业组织所面临的外部环境越来越复杂,不仅政治在发生变化,经济、技术、文化、社会等其他环境都在发生着巨大的变化。在动荡的社会环境中,组织有必要建立一个科学、快速的反应系统,以减小组织面临的不确定性。战略管理能够保证组织与环境之间有一个良好的战略配合,有助于公共事业组织高层管理者集中精力迎接各种挑战和机遇,分析和预测目前和将来的外部环境,同时安排好组织内部的结构与程序,以使其随战略选择而成长,更好地把握公共事业组织未来的命运。

其次,公共事业组织角色在变化。之前一直呈现"大政府、小社会"的局面,政府在公共事业管理中充当着十分重要的角色,而随着社会经济的快速发展,公共领域的日益扩张,政府的角色发生了变化,社会事务管理有了新的定位,公共事业组织必须考虑到周围的外部因素以及自己的长期规划。战略管理作为一种新的管理工具,可以明确组织的使命,使之成为组织行动的纲领,使组织明确其任务定位,为公共事业管理提出长远、全局的规划。

再次,国际化和国际竞争力的挑战。在国际经济一体化的发展趋势下,为了在新的经济条件下更好地发展自己,我国的公共事业组织迫切需要实施战略管理,战略的制定可以为公共事业组织提出明确的发展方向,可以使组织管理者运用战略管理的方法和理论,制定实施战略目标的战术计划,采取科学的战略行动应对来自全世界的挑战。

最后,组织自身发展的需要。从国际上一般的经验来看,公共事业组织普遍都有守旧的倾向,这一问题的缘由可能是公共事业组织所提供的服务一般处于供不应求的状况,组织面临的压力较小,只要有经济效益,什么都可以做,不考虑其技术定位、产品定位、市场定位、行业定位等一系列战略定位,缺乏创新精神,不利于组织的发展与前进。因此在我国公共事业管理中运用战略管理的方法已成为一种迫切的需求。

(三) 公共事业组织的战略管理过程

公共事业管理的战略管理在技术程序或步骤上与私营部门是基本相同的,从管理过程来看,公共事业管理部门的战略管理与私营部门一样,通常表现为一个客观的逻辑和系统的过程或步骤。管理学者布莱森将公共部门的战略管理分为八个步骤:计划战略、计划过程并取得一致意见,明确组织权限,阐明组织任务和价值,对外界环境进行评价,对组织内状况进行评价,确定组织面临的战略问题,制定战略、处理问题,构画有效的未来的组织蓝图。一般来说,我们将公共事业组织的战略管理过程归纳为三个阶段:战略制定(包括战略分析和战略决策)——战略实施——战略评价。由于环境变化的不可预测性,在现实生活中不存在最完美的战略,好的战略都是在边实施边调整的过程中制定出来的,因此战略管理过程的三个阶段实际上是一个循环往复、不断完善的动态过程。

1. 战略制定

战略制定包括两方面的内容:战略分析与战略选择。

战略分析包括明确组织使命感或宗旨、外部环境分析和内部资源与能力分析。使命感或宗旨阐述了组织在中长期希望实现的目标,是公共事业组织区别于其他类型的组织而存在的原因或目的。使命感或宗旨的确定是战略管理的起点,也是战略管理的基础。外部环境分析的目的是在组织外部环境中寻找可能会影响组织宗旨实现的战略机会和威胁,包括社会、经济、技术、文化、人口、政治、政府、法律等社会宏观环境分析,以及竞争对手、组织结构、生产运作等行业环境分析和区域环境分析。通过外部环境分析可以帮助组织发现某些机会或威胁。对内部资源与能力的分析是为了帮助组织确定自身的地位,找到自身优势和劣势,以便在制定战略时能扬长避短,包括确定组织自身资源和能力的数量和质量,利用组织独特的技能和资源,建立或保持其优越性。

战略选择包括制定备选方案、评估备选方案和选择方案。在对外部和内部环境作出分析的基础上,组织要提出多种备选方案。在这一过程中,组织领导者应鼓励方案制定者尽可能发挥自己的创造性。评估备选方案的两个标准:一是选择的战略是否充分利用了环境中的机会,规避了威胁;二是选择的方案是否能使社会获得最大收益。通过全面分析,确定这种战略在哪些情况下是不合适的,发生意外对整个方案的影响有多大,作出调整后,最后确立方案。

2. 战略实施

战略实施就是将战略方案转化为实际行动并取得成果的过程。在这一过程中,组织通过合理地分解战略目标,编制科学的战略规划,有效地建立组织结构。战略目标分解包括按照地点分解(即将战略目标分解到各生产部门和各职能部门,各部门再将目标逐级分解到下一层专业组和个人)、按时间分解(组织必须从时间上将其分解为中期和年度短期目标),使之具体化。编制战略规划的程序和方法是:确定计划目标体系、选择切实可行的行动方案、制定与战略规划相一致的子计划、制定综合计划。建立组织结构有利于组织内的分工和协调,它是保证战略实施的必要手段,组织结构是服从于战略的,组织采取何种战略,组织结构就应及时进行调整,以确保战略的有效实施。

3. 战略评价

由于组织内外部环境的因素处在不断的变化之中,大多数情况下,组织会发现战略的实施结果与预期的战略目标不一致,战略评价就是将反馈回来的实际成效与预期的战略目标进行对比,如果有明显的偏差,就要采取有效的措施进行纠正,以保证组织战略目标的最终实现。如果这种偏差是由于原来判断失误或是环境发生了意想不到的变化而引起的,组织就要重新审视环境,制定新的战略方案,倘若没有及时发现这种变化或是没有及时采取措施进行战略调整与变革,组织就有可能因错失良机而遭受巨大的损失。

(四) PEST 分析法

1. PEST 分析的基本原理

PEST 分析是战略外部环境分析的基本工具,是用来帮助组织检阅其外部宏观环境的一种方法。PEST 分析是指对宏观环境的分析,宏观环境又称"一般环境",是指影响一切组织的各种宏观力量。对宏观环境因素作分析,不同的组织根据自身特点和社会需要,分析的具体内容会有差异,但一般都应对政治环境、经济人口环境、技术自然环境和社会文化环境这四大类影响组织的主要外部环境因素进行分析,简称"PEST 分析法",如图

4-1 所示。

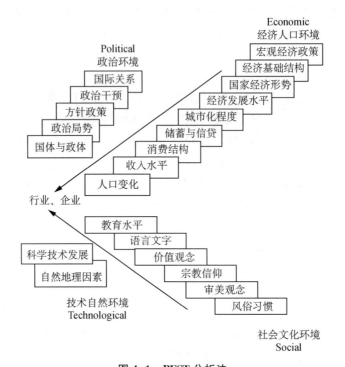

图 4-1　PEST 分析法
（资料来源：MBA 必修核心课程编译组：《经营战略》，中国国际广播出版社 1999 年版，第二章。）

2. PEST 分析法的应用

总体来看，一个组织的战略决策是在政治环境、经济人口环境、社会文化环境、技术自然环境的共同作用下形成的。政治环境包括一个国家的社会制度，执政党的性质，政府的方针、政策、法令等，不同的国家有着不同的社会性质，不同的社会制度对组织活动有着不同的限制和要求；即使社会制度不变的同一国家，在不同时期，由于执政党的不同，其政府的方针特点、政策倾向对组织活动的态度和影响也是不断变化的。经济人口环境主要包括宏观和微观两个方面的内容。宏观经济环境主要指一个国家的人口数量及其增长趋势，国民收入、国内生产总值及其变化情况以及通过这些指标能够反映的国民经济发展水平和发展速度；微观经济环境主要指企业所在地区或所服务地区的消费者的收入水平、消费偏好、储蓄情况、就业程度等因素，这些因素直接决定着企业目前及未来的市场大小;社会文化环境包括一个国家或地区的居民教育程度和文化水平、宗教信仰、风俗习惯、审美观点、价值观念等。文化水平会影响居民的需求层次,宗教信仰和风俗习惯会导致禁止或抵制某些活动的进行;价值观念会影响居民对组织目标、组织活动以及组织存在本身的认可与否;审美观点则会影响人们对组织活动内容、活动方式以及活动成果的态度。技术自然环境指除了要考察与企业所处领域的活动直接相关的技术手段的发展变化外,还应及时了解国家对科技开发的投资和支持重点,该领域技术发展动态和研究开发费用总额,技术转移和技术商品化速度,专利及其保护情况等。

(五) SWOT 分析法

SWOT 分析是一种被广泛运用于战略管理与规划的技术方法。它是由美国哈佛大学商学院率先采用的一种经典方法,根据组织拥有的资源,它分析组织内部的优势与劣势以及组织外部环境的机会和威胁,从而选择适当的战略。

1. SWOT 分析的基本原理

SWOT 分析法是一种综合考虑组织内部条件和外部环境因素,进行系统分析评价,从而选择最优战略的分析方法。其中:S 即 strenghs,指组织内部优势;W 即 weaknesses,指组织内部劣势;O 即 opportunities,指组织外部环境的机会;T 即 threasts,指组织外部环境的威胁。组织内部环境分析包括对资源(投入)、现行战略(过程)、绩效(产出)的分析,其目的是明晰组织的核心能力。组织外部环境分析则包括对关键资源控制者、强制力和未来趋势、实际的或潜在的竞争者或合作者、影响竞争和合作的重要因素、组织现有的竞争和合作优势进行分析,其目的是识别组织所面临的机会和威胁。

2. SWOT 分析法的应用

(1) 公共事业组织战略管理内外部环境分析。

内部环境分析包括以下几种:资源因素,即人力资源、物质资源、财务资源、技术资源、市场资源、隐性资源;管理因素,即计划、组织、指挥、协调、控制;能力因素,即供应能力、生产能力、营销能力、研发能力。

外部环境分析包括宏观环境分析、行业环境分析和区域环境分析,其中:宏观环境分析包括政治法律环境、经济环境、技术环境、社会文化环境;行业环境包括行业发展状况、行业竞争力量。

(2) 模型分析。

如图 4-2 所示,图中有四个部分,将组织的内部条件与外部环境因素相匹配,形成四种不同的战略形式。

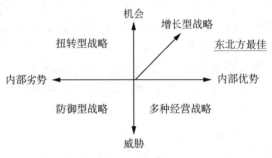

图 4-2 SWOT 分析法

内部优势+外部机会=优势—机会战略(SO 战略),这是一种发挥组织内部优势而利用外部机会的战略。所有的组织及管理者都期望可以利用自身的优势,并抓住外部环境所提供的机会,组织往往通过采用 WO、ST 或 WT 战略来达到能够采用 SO 战略的状况。

内部劣势+外部机会=劣势—机会战略(WO 战略),这种战略的目的是利用外部机会来弥补内部劣势。运用这种战略的情况是组织存在着外部机会,但内部存在着劣势,妨碍着外部机会的实现。

内部优势+外部威胁=优势—威胁战略(ST 战略),这一战略是利用优势回避或减轻外部威胁的影响。

内部劣势+外部威胁=劣势—威胁战略(WT 战略),这是一种旨在减少内部劣势的同时规避外部环境威胁的防御性战略,一个面对大量外部威胁和具有许多内部劣势的组织的确处于不安定的境地。

二、公共产品政策制定方法

(一) 公共投资分析[①]

1. 公共投资概述

公共投资(public investment)是指为提供公共品和准公共产品而进行的

---

① 参见郭庆旺、赵志耘:《公共经济学》,高等教育出版社 2006 年版,第 112 页。

主要对科技、教育、文化、卫生、体育、环保等事业的投资,是向社会提供基础性和公共性商品或服务的投资。公共投资是一种以国家为主体,以财政融资为来源的投资活动,能够带来未来的产出。公共投资的领域主要是在市场失灵的领域,比如自然垄断行业、基础产业、高科技产业、农业等。公共投资通常都是大投资、周期长的项目,其中容易形成垄断的行业,同时也是公共事业管理的基本对象的行业,如煤气、水、电、通信等行业,传统上往往是由政府投资来组织生产和提供的。[①]

2. 公共投资决策标准

公共投资与一般的企业、个人投资不同,它追求的是公共利益,其主要财政资源来自公共税收。具体来说,一定时期之内的公共投资决策主要取决于此时期内的公共政策目标。从公共投资理论来看,主要有三种公共投资决策标准来帮我们判定是否应该进行投资。

（1）投资-产出比率最小化标准。政府在确定某项产品政策的时候应考虑选择单位资本投入产生最大产出的投资项目,即是资本-产出比率最小的项目。

（2）资本-劳动力比率最大化标准。政府选择的投资项目应是使人均投资额最高的,这种标准推荐政府应该投资资本密集型产业。

（3）就业创造标准。这种标准是指政府应当选择单位投资额可以动员最多劳动力的公共产品政策。

就我国国情来说,我国应该主要考虑第三条投资标准,因为我国人口基数大,劳动力资源丰富,且存在着巨大的显性和隐形失业。在中国,不考虑解决失业问题的任何投资都是不现实的。

3. 公共投资领域及其投资方式

（1）经济基础设施投资。

经济基础设施是指整个社会的经济活动所依赖的基本设施,包括交通、通信、水、电、煤气、环境保护和其他类似的设施。通常,经济基础设施的投资具有以下特点:规模很大;投资成本比维护成本和经营成本大很多;沉没成本很高,即是指还没开始运营就已要投资绝大部分的成本了;行业的进入和退出成本很高;比较长的债务偿还期;等等。由此看来,经济基础设施投资是一项具有潜在高风险的投资,其投资特点决定了经济基础设施投资只有政府来做才是最有效率的。

[①] 崔运武编著:《公共事业管理概论》(第二版),高等教育出版社2006年版,第247页。

经济基础设施投资最关键的就是投资方式问题,因为这与投资效率和融资方式密切相关。从各国的公共投资经验来看,经济基础设施投资方面的方式主要有以下四种。

一是政府直接投资,无偿提供。这种投资方式是指由政府直接对经济基础设施进行投资、政府支出全部的投资成本、免费向公众提供公共产品和服务的一种公共投资。这是一种最基本的公共投资方式,这类投资通常针对具有极高的非排他性的公共物品,如城市道路、下水道系统等。此种投资主要把一般财政性税收作为资金来源。

二是政府直接投资,非营利性运作。这种投资方式是指政府直接对经济基础设施进行投资,由特定的公共事业管理部门进行非商业性经营。比如说邮政、码头等。这类基础设施的投资一般比较大,并且可以排他,所以,政府在提供此类产品和服务时向使用者收取一定的费用,只要能在一定时期内收回投资成本即可。

三是财政投融资。财政投融资不仅在经济基础设施投资领域,并且在其他领域都是一种有效的公共投资方式。简单来说财政投融资是指以国家信用为基础,把各种闲散资金,特别是民间的闲散资金集中起来,在不以营利为直接目的的前提下,采用直接或者间接的贷款方式,支持企业或者事业单位发展生产的一种投资活动。简单来说就是政府依靠国家信用,通过多种融资渠道,有偿地投资于公共性领域的一种政策性投资方式。财政投融资具有有偿性、公共性、政策性和灵活性等特点。财政投融资的优点在于不仅能够解决政府投资资金不足的问题,还能充分调动民间财力,营造更好的民间投资环境,促进经济的稳步增长。

四是建设—经营—转让投资方式。建设—经营—转让投资方式(build-operate-transfer,BOT)指政府将一些拟建的经济基础设施项目通过契约的方式授予给私营企业(包括外国企业)一定期限的特许专营权,允许其融资建设和经营此基础设施项目,通过向用户收取费用以偿还债务,收回投资资本并赚钱营利,契约期满,此项目产权转让回给政府,如图4-3所示。这是近些年来兴起的一种公共投资方式,这种方式极大地吸引了私人投资者尤其是外国投资者对供电、供水、高速公路、能源开发等行业的基础设施投资。

(2)农业投资。

农业在国民经济中占有重要的地位,但我国农业部门的现状却是自身难以产生足够的积累,许多农业投资只适合于政府投资。比如说大型水库、灌

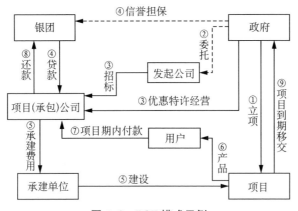

图 4-3 BOT 模式示例
（资料来源：https://www.doczhi.com/p-165658.html）

溉工程等农业固定资产投资。这些投资都具有明显的投资成本大、规模大、投资期限长、投资后产生的效益不易分割等特点，由此看来，政府对农业的投资是不可避免的。

做好农业投资的关键是正确选择公共投资的重点，从我国农业目前的现状来看，公共投资的重点要集中到：农村和农业的基础设施、农村和农业的生态环境领域、农业科研开发和科技推广领域。其中，政府要加大对农业的科学技术的投资，提高农业生产的技术水平和农产品的科技含量，这才是加快农业高效发展的必由之路。

（3）高新技术产业投资。

高新技术产业是指利用高新技术生产高科技产品、提供高技术劳务的、知识和技术密集型的企业群。

高新技术产业是一个具有高风险的产业群，其风险性可从其产业化的三个阶段看出。在研究与开发阶段，其风险性主要表现为：由技术本身的不确定性决定的科研能否成功的风险；由技术应用前景和市场范围的不确定性决定的市场风险。在研究与成果转化阶段其风险性主要表现在：高投入，需要大量的高精设备和专业技术工人；收益低，在此试生产阶段不能产生经济规模；高新技术更新换代超快，在技术、市场、生产和政策方面存在着很大的不确定性。在工业化生产阶段，此阶段的投资虽然巨大，但技术风险和市场风险都较前两个阶段小，很多投资者也比较愿意投资，且银行贷款也比较容易。

可见高新技术产业的发展关键就在于前两个风险比较大的阶段,前两个阶段的完成则取决于研究与开发的投入和风险投资的介入。

一是政府对研究与开发阶段的投入。此阶段的投入在很大程度上要依靠国力和政府财政能力,研究与开发阶段的经费一般由政府拨款,在我国可以通过申请国家、部门或省级自然科学基金、企业科技基金等途径获得研究经费。政府作为高新技术研究与开发的一个最重要的投资主体,应不断加大这方面的投资力度,落实"科教兴国"战略,加速高新技术产业的发展。

二是风险投资的介入。风险投资是指风险投资公司对风险企业(包括高新技术产业)进行投资、管理和运作的一种融资过程和投资方式。根据美国全美风险投资协会的定义,风险投资是指由职业金融家投入新兴的、迅速发展的、具有巨大竞争潜力的企业中的一种权益资本。尽管风险投资的主体不是政府而是企业,但是风险投资行业具有极大的外部性和不确定性,且需要雄厚资本的保障,所以政府应该采取一系列政策措施纠正风险投资领域中的市场失灵。

我国目前风险投资资金的主要来源渠道为财政拨款、国企和科研单位自筹资金以及金融机构。从发达国家的实践经验来看,政府在风险投资方面的作用主要有直接投资和提供政策制度保障。

直接投资的方式主要有:无偿资助、股权投资和政府贷款。无偿资助是指政府为了支持进行创新活动的小中型企业,通过实施相应的专项计划,直接无偿拨款给企业进行研究开发和创新性活动,而政府不取得任何经济利益的投资方式;股权投资是指政府将财政资金投资于私人的风险投资基金公司,通过促进风险投资的发展,间接地为中小企业的创新活动提供资金,或者是政府直接成立风险投资基金,但政府不直接参与投资过程,而是委托专业风险投资专家来进行具体的操作;政府贷款是指政府向一些风险投资基金公司和进行创新型研究的企业提供贷款,其贷款通常具有贷款利率低、贷款周期长等优惠条件。

政府提供政策和制度保障主要表现在:税收优惠、政府担保、风险投资退出机制以及政府采购制度等方面。

一般认为,公共投资相比私人投资的产出弹性更大,公共投资对经济增长具有较为显著的影响。但是我们应该注意到公共投资的增加会排挤私人部门支出,与私人部门争夺有限的社会资源。对此公共投资对经济增长到底会有怎样的影响,只能通过经验研究来探究结论。

(二)成本-收益分析①

成本-收益分析(cost-benefit analysis)是试图使决策具有更大的客观性和理性的一种分析方法。它是从全社会角度衡量公共产品政策方案的成本和收益的一种系统方法。

成本-收益分析一般步骤如下所述。

1. 列举成本和收益

在运用成本-收益分析法之前必须明确公共产品政策中成本与收益的含义。公共政策的成本-收益分析是从整个社会的资源配置状况去考虑的:其成本不仅包括直接成本,还包括间接成本;其收益不仅包括直接收益,还包括间接收益。

$$社会成本 = 直接成本 + 间接成本 \qquad (4-1)$$

直接成本是指实施公共政策所直接投入的成本,包括劳动力、资本等。

间接成本是指所执行的公共政策方案带来的外部成本,通常表现为给公众带来的不方便、不高兴和境况变差等,即公共政策所导致的负外部性,很难以定量的方式来估算。比如政府决定在某地建设一条高速公路,在建设期间以及建设之后会给道路两旁的居民带来很多噪音和灰尘,由此而给公众带来的不方便和不舒适就是该政策方案实施的间接成本。

$$社会收益 = 直接收益 + 间接收益 \qquad (4-2)$$

直接收益是指该政策导致的生产率提高或者产出增加并且该项政策的最终消费者享有的收益。

间接收益是指公共政策产品的非使用者所获得的外溢收益,即是该政策方案所带来的正外部性。

2. 贴现成本和收益

在现实生活中,很多政策方案的施行都不会只在一个年份。兴建初期要支出大量成本,而收益则分布于该政策的整个实施期。比如我国三峡水利工程,其建设周期需要几十年,为了估价政策在其实施期内收益是否大于成本,

---

① 郭庆旺、赵志耘:《公共经济学》,高等教育出版社2006年版,第138—154页。

成本-收益分析要求把将来的成本和收益折算(贴现)成现值,而后再进行成本与收益比。

我们先来理解什么叫贴现、现值和贴现率。

假定你现在就要做出一个选择:是现在就拥有 1 000 元还是等到明年再拥有 1 100 元。如果说不管是现在拥有还是明年拥有,数额不变,都是 1 000 元,你就会很容易做出选择现在就拥有 1 000 元。可是明年将得到一笔更大的数额,那么值不值得再等一年呢?这就需要使用贴现和现值的概念,将明年的 1 100 元折算(贴现)成现在的价值(现值)。

假定市场利率是 5%,用 1 100 元除以(1+5%)或者(1+0.05),约等于 1 047.62,这就是未来 1 100 的现值。明年的 1 100 元相当于现在的 1 047.62 元,把这笔钱存入银行,能得到利息 52.38 元(1 047.62×0.05),1 047.62 元加上 52.38 元正好等于明年的 1 100 元。显然明年获得 1 100 元的现值超过了现在就获得的 1 000 元,所以还是选择明年获得 1 100 元更划算。

以上过程就是贴现。用贴现系数乘以将来的货币总额,把它转换成现值,来与现在可以获得的货币总额做比较。一年内获得的货币额,其贴现系数等于 1 除以(1+贴现率),贴现率可以为货币利率、市场利率,可表示为

$$贴现系数 = \frac{1}{1+贴现率} \tag{4-3}$$

式中,贴现系数 $\left(在例子中为 \frac{1}{1+0.05}=0.952\right)$ 表示当市场利率为 5%时用本年货币额表示的下一年 1 元的价格。

在上述例子中,如果贴现的时间年份为 2 年,则贴现系数必须考虑等待的时期更长和以复利计算的利息。假定利息是以一年一期复利计算的,且两年的利率都是 5%,那么两年的贴现系数就是 $\frac{1}{(1+0.05)^2}=0.907$。那么两年后获得 1 100 元的现值就是 0.907 乘以 1 100 元即是 997.73 元。小于 1 000 元,则选择现在获得 1 000 元境况更好些。

所以,当贴现率是 i 时,在 t 年后获得 N 元的现值(present value,PV)可由下式给定:

$$PV = N \frac{1}{(1+i)^t} \tag{4-4}$$

其中贴现系数就是 $\dfrac{1}{(1+i)^t}$，t 是成本或收益在将来发生的年限。

成本-收益分析需要把公共政策的未来成本和收益贴现，就能得到该政策在实施期内的收益现值(present value of the benefits，PVB)与成本现值(present value of the costs，PVC)。

3. 选择决策标准

一是净现值标准。为了确定一个政策的收益是否大于成本，需要计算该政策方案的净现值(net present value，NPV)，即是按净现值的标准判断一个政策方案是否可行。一个项目的净现值等于收益现值减去成本现值，即：

$$NPV = PVB - PVC \qquad (4-5)$$

$$NPV = \sum_{t=0}^{T} \dfrac{B_t}{(1+i)^t} - \sum_{t=0}^{T} \dfrac{C_t}{(1+i)^t} \qquad (4-6)$$

式中，B_t 为第 t 年的收益，C_t 为第 t 年的成本，i 为贴现率，T 为该政策方案的实施期年限。如果该项目的 NPV 是正值，那么该方案就是可取的。

二是收益-成本比率标准。收益-成本比率(benefit-cost ratio criterion，BCR)就是收益现值和成本现值的比率，即：

$$BCR = \dfrac{PVB}{PVC} \qquad (4-7)$$

$$BCR = \dfrac{\sum_{t=0}^{T} \dfrac{B_t}{(1+t)^t}}{\sum_{t=0}^{T} \dfrac{C_t}{(1+t)^t}} \qquad (4-8)$$

根据 BCR 标准，如果一个方案的 BCR 是大于 1 的，该项目就是可取的。BCR 与 NPV 其实是密切相关的：只要 $NPV>0$，则 $BCR<1$；$NPV<0$，则 $BCR>1$。

三是内部收益率标准。内部收益率(internal rate of returned criterion，IRR)是让一个政策方案的 NPV 为 0(即使 PVB=PVC)时的贴现率。IRR 的计算是让贴现率的值作为要找的未知变量，其计算公式为：

$$NPV = \sum_{t=0}^{T} \dfrac{B_t}{(1+IRR)^t} - \sum_{t=0}^{T} \dfrac{C_t}{(1+IRR)^t} = 0 \qquad (4-9)$$

式(4-9)中的 IRR 解出来如果大于基准利率(如社会贴现率),那么这就是一个可取的政策方案。

4. 选定政策方案

在实践中最常用的决策标准是净现值法,因为收益-成本比率和内部收益率标准的局限性相对比较大,NPV 标准是相对可靠的决策标准。用 NPV 标准选定项目的步骤是:首先,一个政策方案的 NPV 必须是正数;其次,所选定的方案必须是所有方案当中 NPV 最大的。我们把 NPV 是正数且最大的这个条件成为广义净现值标准(generalized net present value criterion)。

第二节　公共事业产品的政府管制

一、公共事业产品的基本内涵

我们知道公共事业产品是在公共事业下的公共产品,那么到底什么是公共事业产品呢?通过对公共事业和公共产品的界定,我们可以简单地把公共事业产品(goods of public affairs)阐述为:在我国社会主义市场经济体制下,公共事业及相关单位为满足社会公共需要,维护和发展公共利益,提供的具有狭义社会公共事务性质的一类公共产品。

首先,公共事业产品是一个具有中国特色的概念。公共事业来自事业单位管理体制的改革,事业是中国自己创造出来的,公共事业是在事业的基础上发展而来的,所以现在公共事业产品只有中国才有,是具有中国特色的一个概念。

其次,从公共事业产品包含的基本内容来看,公共事业产品是狭义的社会公共事务产品。公共事业属于社会公共事务范畴,但公共事业不涉及公共事务的政治领域和经济领域,因而公共事业产品不具有政治性和阶级性。公共事业产品更偏重传统事业产品的基本内涵和价值取向,具有更为强烈的社会性和服务性。

最后,在公共产品的视野里,事业产品总体上都属于准公共产品范畴。公共事业产品是一个由纯公共产品和准公共产品组成的混合体,大致可分为两类:一是属于纯公共产品性质的事业产品;二是属于准公共产品的事业产品。综上,公共事业产品是一类公共产品。

公共事业产品具有如下性质:一是狭义公共事务产品性质,主要是非政治性、非阶级性、公用性或公益性;二是某类公共事业产品具有纯公共产品的性质,即非递减性、非排他性和效用不可分的性质;三是大部分公共事业产品具有准公共产品的性质,即非排他性与非递减性不充分的性质。

对公共事业产品的界定有利于我们对公共事业管理的科学分析,有利于对公共事业管理这门学科的学习。

二、政府管制的含义与背景

政府管制是指政府为达到一定的目的,凭借其法定的权力对社会经济主体的经济活动所施加的某种限制和约束,其宗旨是为市场运行及企业行为建立相应的规则,以弥补市场失灵,确保微观经济的有序运行,实现社会福利的最大化。政府管制属于政府的微观经济管理职能,它与旨在保证经济稳定与增长的宏观经济调控一起构成政府干预经济的两种主要方式。公共事业是市场经济发展的要素资源,也是构成国民经济宏观体系的重要组成部分,社会经济发展在一定程度上与公共事业发展呈正相关关系。

三、政府管制理论的发展

从分析方法上看,政府管制理论可分为规范分析的管制理论与实证分析的管制理论。早期的政府管制理论主要是一种规范分析,分析的内容主要是针对政府管制过程中存在的某些弊端,对为何要进行管制,或管制的目的是什么等问题进行规范性研究,其中较重要的理论是政府管制的"公共利益理论"。

在乔治·施蒂格勒 1971 年提出管制的目的是"为保护生产者利益"[①]这一论点之前,经济学界普遍认同的传统观点是,政府管制是为了抑制市场的不完全性缺陷,以维护公众的利益,即在存在公共物品、外部性、自然垄断、不完全竞争、不确定性、信息不对称等市场失灵的行业中,为了纠正市场失灵的

---

① George J. Stigler, "The Theory of Economic Regulation", *The Bell Journal of Economics and Management Science*, Vol. 2, No. 1, 1971, pp. 3-21.

缺陷，保护社会公众利益，由政府对这些行业中的微观经济主体行为进行直接干预，从而达到保护社会公众利益的目的。这即是政府管制的"公共利益理论"。

以政府管制的"公共利益理论"为主的传统政府管制理论基本上是一种规范分析，经济学家只是单纯地将福利经济学的有关原理运用到管制分析中，而对于管制的必要性，以及如何将一般静态均衡分析引入由于技术进步而不断变化的市场条件下的问题，没有进行深入的研究，进而忽视了"政府管制失灵"的问题。事实上，这一时期一些国家的政府管制出现了许多低效率现象，如制度僵化、腐败、管制成本过高、技术创新缓慢等。管制中出现的这些无效率现象，促使经济学家思考管制的动机和必要性问题，并对以保护公共利益为目的的传统管制理论提出疑问，同时开始对某些管制措施的有效性进行实证性分析和检验。

需要指出的是，施蒂格勒以前的经济学家，尽管对政府管制问题进行了不少分析，但只有到了施蒂格勒，才首次运用经济学的分析逻辑和方法分析政府管制的过程、效果等问题，并改变了传统管制理论将政府管制作为决策外生变量的做法，运用经济学的基本范畴和方法来分析政府管制行为。

除了施蒂格勒以外，对管制进行实证分析的经济学家主要还有山姆·佩尔兹曼。佩尔兹曼用综合经济、政治因素的思想进一步发展了政府管制理论。1976年，他发表了《迈向管制的更一般理论》一文，形成了一个正式的静态分析模型，来说明影响管制需求与供给的因素。[1] 其主要结论有：第一，管制者可从纯竞争性或纯垄断的市场中挤出更多收益，而从对寡头垄断市场进行管制中所得到的收益较少；第二，政治家通常会将管制价格定在利润最大化与竞争性价格之间的某一点，以平衡消费者与生产者利益；第三，将管制俘虏理论推广到包括任何利益集团，即对管制的支持或反对可能来自于生产者之外的其他利益集团；第四，影响被管制企业获利水平的成本变化也会改变政治均衡，一般来说，消费者会部分承担产业利润下降的成本或分享利润上升的收益。[2]

---

[1] Sam Peltzman, "Toward a More General Theory of Regulation", *The Journal of Law & Economics*, Vol. 19, No. 2, 1976, pp. 211-240.

[2] Ibid.

四、政府管制理论的中心内容

20世纪70年代之后的几十年,政府管制理论取得了迅速发展,特别是自然垄断问题逐渐成为政府管制理论研究的中心问题。除此之外,外部性、信息不对称性,以及与此相关的委托-代理问题也相继进入政府管制经济学的研究视野,并成为政府管制理论研究的重要内容。

(一) 规模经济与自然垄断管制

早期的自然垄断理论与规模经济相联系,对自然垄断产业进行管制的原因,主要从实现规模经济的角度进行考虑。该理论认为,自然垄断产业的企业,其生产的平均成本随着产量的增加而持续下降,也即是其生产具有明显的规模经济性。因而,由一个大企业大规模生产,要比由几家较小规模的企业同时进行生产能更有效地利用资源,对全社会而言总成本是最小的。

政府对自然垄断产业不仅应进行进入管制,实现规模经济,还应进行价格管制,保护消费者利益。根据微观经济学的基本理论,只有当价格等于边际成本时,社会的总福利(包括消费者剩余和生产者剩余)才最大。但在自然垄断行业,当价格等于边际成本时,企业是亏损的,因为自然垄断行业的生产处于平均成本曲线下降阶段,这时边际成本曲线一定处于平均成本曲线之下,边际成本定价必然使总成本大于总收入,由此导致政府在社会福利与企业利益之间进行取舍的两难处境,并使政府出面对价格进行管制成为必要。否则,企业将为获得更高的利润而制订较高的垄断价格,从而损害消费者的福利。

(二) 成本劣加性与自然垄断管制

鲍莫尔等人在1984年用成本劣加性概念重新定义了自然垄断:假设有几种不同产品,K个企业,任一企业可以生产任何一种或多种产品。[①] 如果单一企业生产所有各种产品的总成本小于多个企业分别生产这些产品的成本之和,则企业的成本函数就是劣可加的。如果在所有有关的产量上企业的成本都是劣可加的,某行业就是自然垄断行业。即使规模经济不存在,即使平均成本上升,只要单一企业供应整个市场的成本小于多个企业分别生产的成本

---

① Elizabeth E. Bailey and William J. Baumol, "Deregulation and the Theory of Contestable Markets", *Yale Journal on Regulation*, Vol. 1, 1984, p. 111.

之和,由单一企业垄断市场的社会成本就仍然最小,该行业就仍然是自然垄断行业。这实际上是说,平均成本下降是自然垄断的充分条件而不是必要条件。对于单一品种的情况,规模经济与成本劣加性的区别并不是很明显。在多产品自然垄断情况下,成本劣加性与规模经济的区别是明显的。这时,多种产品的总成本不是简单地取决于产品的规模经济,而主要取决于各种产品成本的相互影响。这时,同时生产两种产品的那家企业在生产某一种产品时,可能具有规模经济性,也可能不具有规模经济性。由于规模经济通常是按照不断下降的平均成本函数来定义的,而范围经济通常是以一个企业生产多种产品和多个企业分别生产一种产品的相对总成本来定义的,所以,多产品自然垄断的成本的劣加性主要表现为范围经济性。

从自然垄断产业的经济特征可以看出,由一家企业提供产品(在成本劣加的范围内)或由少数几家企业提供产品(超过成本劣加的范围),能达到最小平均成本,即实现最大生产效率。如果垄断企业按照成本定价,就能使消费者以最低的价格购买产品,从而实现社会福利最大化。

(三)网络效应、沉淀成本与政府管制

人们一般将具有自然垄断性质的产业也称为公用事业部门,包括电力、煤气、自来水、供热等产业,以及电信、广播、铁路、航空等产业的部分业务领域。它们大都具有特定的网络供应系统(如电网、路网、有线通信线路、燃气与自来水管道等),建设这些系统需要巨额的固定资产投资。对产业内厂商而言,由于固定成本在总成本中所占比重很高,当厂商扩大生产规模、提高产量时,单位产品的边际成本和平均成本将处于下降阶段,从而实现规模收益递增和多种产品间的范围经济收益。具有网络特征的基础设施还具有明显的网络外部性。对于这类基础设施,网络上的流量(交通、电力、通信信号等)对网络作用的发挥至关重要。网络上的流量将随着网络节点的增加呈几何级数增加。网络节点数量越多,边际投资收益越大。一般情况下,在同一区域内,单个公用事业公司经营规模越大,其经营效率也越高,因为公用事业运营要求具有复杂、统一、完备的产品分配传输网络系统。例如:在水电气等能源网络中,能源生产设备的能力能否充分发挥,取决于整个网络能源输送到千家万户的能力;而通信网络中任何一个终端能够获得的利益,都取决于整个网络中其他终端的数量。

公用事业所购入的设备一般具有较高的资产专用性,倘若厂商投资失败,固定资本很难转为他用,从而形成高额的沉淀成本。这些供给方面的特征决定了在公用事业部门,竞争性市场机制不可能实现产业内资源的优化配置,如果产业内部聚集了数目较多的企业,则各个企业为了达到回收固定成本的目的,彼此之间会通过展开激烈的价格竞争,造成两败俱伤,甚至可能将上述产业的发展推向毁灭性境地。为确保自然垄断性产业的稳定供给,政府往往赋予特定企业以垄断供给权,也即是实施进入管制,以促进资源在单个企业的集中,在技术经济上达到更高的效率,避免竞争可能导致的重复投资和规模经济的丧失。事实上,在没有对电、煤气、铁路等产业进行价格管制的时期,就曾经发生过这种毁灭性竞争的情况。有的学者从另一角度来阐述这一观点:如果在电力等自然垄断产业允许直接竞争,就必然会提高生产经营成本和消费者价格,由自然垄断的成本状况决定,竞争结果最终是一家企业把其他竞争企业赶出市场。

五、政府管制理论的最新发展

20 世纪 90 年代以后,随着博弈论、信息经济学和机制设计理论等微观经济学前沿理论和分析方法被更多地引入产业经济学的研究,一种新的自然垄断管制理论——激励管制理论或称新管制经济学得以产生。激励管制理论建立在政府管制过程中,管制机构与被管制企业之间存在信息的不对称性的基础之上,具体说就是管制机构知道的有关企业的信息要远少于企业自身所知道的相应信息,表现在:被管制企业对以最低的成本来满足产量目标要求的生产技术更为了解;只有被管制企业自己知道自身为降低成本付出了多少努力,且这种努力往往是不可测量的;即使管制者与被管制企业就成本达成共识,被管制企业的所有者也可能是风险规避型的,因而会用效率收益来与管制者交换一部分风险;管制者所特别关注的产品或服务供给的产量、质量等变量,常常无法直接测量或观测,管制机构难以完全把握;等等。在管制过程中,管制机构与被管制企业的行为目标也存在一定的差异,表现在:管制机构主要关注企业效率和社会福利(消费者剩余与生产者剩余之和)最大化的实现,而企业则主要追求自身利润的最大化。由于信息的非对称性以及管制双方行为目标存在的差异,自然垄断行业的管制问题就可以作为一个委托-代理问题来加以处理。在这种委托代理关系中,管制机构是委托人,被管制企业是代理人。在传统管制方式下,对于以利润最大化为目标的被管制企业而言,自然会利用所占有的信息优势,尽量高报自己的成本,而隐瞒其实际成本水平,由此产生了隐藏信息的逆向选择问题。激励管制理论以信息不对称作为立论前提,把管制问题当作一个委托-代理问题来处理,借助于新兴的机制设计理论的有关原理,通过设计诱使企业说真话的激励管制合同,以提高管制的效率。这就使自然垄断管制的理论基础和思维方式发生了根本性变革。

六、政府管制与管制方式

(一)社会性管制及其管制方式

根据管制对象和实施手段的不同,政府管制可分为经济性管制与社会性管制。经济性管制是针对特定行业的管制,即:"对该种产业的结构及其经济绩效的主要方面的直接的政府规定……如进入控制、价格决定、服务条件及质量的规定以及在合理条件下服务所有客户时应尽义务的规定……"[①]早期的政府管制理论主要针对经济性管制,集中考察对某些特殊产业,主要是公用事业的价格和进入的控制上。对这些产业的管制一般与两个因素有关:一是自然垄断,二是信息不对称。

社会性管制主要指保护环境以及劳工和消费者的健康和安全,主要针对外部不经济和内部不经济。前者是市场交易双方在交易时,会产生一种由第三方或社会全体支付的成本,如环境污染、自然资源的掠夺性和枯竭性开采等。政府因此必须对交易主体进行准入、设定标准和收费等方面的管制。后者是交易双方在交易过程中,一方控制信息但不向另一方完全公开,由此造成的非合约成本由信息不足方承担。比如说假劣药品的制售、隐瞒工作场所的安全卫生隐患等。所以,政府要进行准入、标准以及信息披露方面的管制。

社会性管制的具体方式包括以下五种。一是设定管制所应实现的目标,如环境安全应达到的水平,同时使用多种有利于实现这些目标的手段。在目标设定上,从经济学原理说,可以将边际费用等于边际便利的水平确定为"最优目标水平",但即使如此,对环境、安全的便利进行测量仍很困难。二是数量管制,如对环境污染物的排放量的管制等。三是安全标准规定,包括对产品结构、强度、样式等设定一定的标准,赋予当事人遵守这些标准的义务。四是检查与鉴定,如进入检查、定期检查、产品等的鉴定等。五是资格制度,作

---

① [美]丹尼尔·F.史普博:《管制与市场》,余晖、何帆、钱家骏、周维富译,格致出版社、上海人民出版社 2008 年版,第 28 页。

为政府社会性管制的一种方式,它是指通过认可具有一定资格的事业者方可从事特定领域的业务,并赋予雇佣者只能雇用有资格劳动者的义务等。

(二)竞争性行业的管制方式

从管制的行业类型看,政府管制可分竞争性行业的管制和公共事业管制。对竞争性行业的管制方式主要包括以下五类。

(1)控制产品的价格。价格管制是指政府对某些行业的价格水平所进行的控制,价格管制常常会对产品销量、货物或服务的质量和其他商业交易条件产生一定影响。管制价格过高或过低,都将会造成社会福利水平的降低。

(2)发放许可证或营业执照。政府对希望在市场上销售产品或提供服务的生产者发放许可证或营业执照,如:在公路建设中,为解决建设资金不足问题,政府制定了由企业出面向社会集资修路、收费还贷的特许经营政策,即由政府部门和投资企业签订特许经营合同,政府授予一定时期的特许经营权。

(3)制定行业标准和要求行业公开信息。制定行业标准是指:管制机构通过规定一种产品使用原料的类型,如建筑用材、饮食用工等方面的安全与保健管制;或规定生产的方式或禁止某些工艺的使用等,如对食物和药品生产行业颁布的有关条例。

(4)税收、补贴和政府采购。政府通过收税来调整产业结构、改变企业行为,还可通过补贴方式鼓励某些行业的生产,或鼓励使用某种投入,或消费某种商品。

(5)进入管制。竞争性产业的进入管制原本是以具有竞争性市场结构的产业为对象而实施的管制。在多数情况下,这种进入管制的根据是为了避免"过度竞争"。

(三)公用事业或自然垄断行业的管制方式

1. 进入管制

在自然垄断产业,一般由政府对企业的从业资格、产品及服务内容和标准进行审查和认证,从而确定一家或极少数几家企业获准享有特许经营权,并承担该产业的供给,而不能自由退出。从增进社会福利的角度,对垄断企业的进入管制一般采用以下三种具体方式。

(1)对垄断企业实行国有化,由政府所有,并委托经理人员代理经营,使其不以追求利润最大化作为唯一目标,而致力于提高社会福利水平。

(2)采取授予特许权经营的办法,将垄断权力授予那些能够以更低的价格提供更优质服务的企业。它一般是通过特许权投标方式确定行业经营企业的。

（3）将一个全国性垄断企业分解为若干地区性企业，促使这些企业展开区域间竞争，而政府则可依照优秀企业的经营成就来监控其他地区企业的经营状况，刺激其他企业提高其内部经营效率。这种管制方式虽然可以对低效率经营企业施加较大的竞争压力，但它的有效性是以完全信息为前提的。

2. 价格管制

对自然垄断行业的价格管制主要服务于以下目的。首先，保护消费者利益，促进社会分配效率的提高。根据自然垄断产业的经济特性，在成本劣加性范围内，由一家企业提供产品（或服务）比多家企业提供相同数量的产品具有更高的生产效率，这样，在这些行业，就通常由政府特许由一家企业进行垄断经营。其次，促进自然垄断产业提高生产和经营效率。政府对自然垄断产业进行管制，实质上是在这种不存在竞争或只存在较弱竞争的产业领域，建立一种类似于竞争性机制的企业经营体制，既实现产业的规模经济效益，同时又刺激企业不断进行技术和管理创新，提高生产和经营效率。最后，维护企业发展潜力。自然垄断产业具有投资最大、投资回收期长的特点，同时，社会经济发展对自然垄断产业的需求具有不断增大的趋势，这就需要自然垄断产业的企业不断进行大规模投资，以保证满足不断增大的社会需求，而面对这些产业生产的内在特征，政府在制定自然垄断产业管制价格时，就要保证有利于使企业具有一定的自我积累能力，能够不断进行大规模投资，不断提高产业供给能力。

在实践中，价格管制能否可行还需要满足以下条件：一是垄断厂商必须能够盈利，否则它将拒绝生产；二是管制成本必须低于社会福利（净损失的消除）。现实中，往往出现这种情况：即使政府能够限制价格，但垄断者仍能获得高于正常水平的利润，因而导致人们的不满。再者，某些价格管制可能在短期内是有效的和成功的，但在长期内不一定有效和成功。

第三节　公共事业的项目管理

随着我国经济的持续、快速、健康发展，资源优化配置的要求越来越高，公共事业管理的市场化、社会化运作成为一种必然趋势。目前，我国公共事业的发展与社会主义市场经济发展的要求尚不完全适应，这限制了社会经济发展的速度与质量。我国公共事业发展缓慢的主要原因在于管理模式的落后和管理体制的约束。项目管理经过 40 多年的发展，其理论日臻完善和成熟。在欧美许多发达国家，项目管理的理论与方法逐渐被应用于军事、工商企业、政府以及其他许多领域，并取得了显著成效。在中国公共管理环境发生巨大变化和传统的政府公共事业管理模式受到质疑的情况下，政府公共事业管理模式引入项目管理能够有效克服现有的种种弊端，能提高公共事业管理绩效，改善公共服务质量。政府通过公共事业项目这个桥梁介入公共事业领域，构建基于项目管理的政府公共事业项目管理模式，可以更好地为社会发展和人民生活提供公共产品和公共服务。

一、项目的基本内涵和地位

公共事业管理的主要任务是将由专门的公共机构（如立法）、政府部门等所制定的有关公共事业的政策转化为现实。公共项目是根据政策而采取的一系列行为及其过程。公共项目是公共事业管理中最直接可见的对象，确立和实施公共项目，是中低层公共事业管理机构最主要的任务之一。对中低层公共事业管理机构来说，其基本任务和职责，就是根据有关的公共政策，上级部门关于公共事业总体的或某一方面的战略决策，通过对管辖范围内具体社会问题的确认，最终形成本部门要实施的公共项目来进行管理。项目管理是一种管理思想，同时也是一种高效的管理模式。政府公共事业管理领域中，项目管理思想和模式的引入，有利于改变现有公共事业管理组织规模膨胀和组织制度僵化的弊端，摆脱传统公共事业管理资金短缺、资源匮乏的困境，提高公共事业管理绩效，改善公共服务质量，必将有力地推动中国公共事业管理模式的创新，和中国公共事业管理的科学化、高效化、规范化与合理化。

二、项目目标和项目范围

（一）项目目标[①]
1. 项目目标含义
项目目标就是指实施项目所要达到的期望结果。项目的实施实际上就

[①] 魏娜主编：《公共管理的方法与技术》，中国人民大学出版社 2004 年版，第 283 页。

是一种追求目标的过程。因此,项目目标应该是清楚可行的。

项目目标具有以下三个特点。

(1) 多目标性。一个项目往往是一个多目标的系统,而且不同目标之间彼此相互冲突。实施项目的过程就是多个目标协调的过程,这种协调包括项目在同一层次的多个目标之间的协调;项目总体目标与其子项目目标之间的协调;项目本身与组织总体目标的协调。

(2) 优先性。对于一个项目不同层次的目标来说。由于其重要性并不相同,往往被赋予不同的权重。此外,不同的目标在项目实施周期的不同阶段,其权重也往往不同。

(3) 层次性。目标是一个有层次的体系。对于项目来说,目标的具体表达通常有三个层次,即战略性目标、策略性目标和项目实施的具体计划。这三个层次应紧密联系,层层落实。

2. 确定项目目标的方式

项目目标的确定需要一个过程,在项目的初始阶段,项目目标往往难以清晰而具体地被描述。要清楚地界定项目目标,首先要明确由谁来确定项目目标,因此不同的人思考角度不同,其次,还需要回答下述问题:如何才能知道项目已经完成?项目的最终结果应该是怎么样的?

项目目标必须具体明确,尽量用定量化的语言进行描述,保证项目目标容易被沟通和理解,使每个项目成员确信目标是能够达到的,并能使每个项目组成员结合项目目标确定个人的具体目标,把责任落实到人,只有这样才能起到很好的激励作用。

项目目标的确定有一个由一般到具体的渐进细化过程。因此,开始时项目目标可能比较一般化,随着时间的推移而逐渐明确,甚至可能重新确定。

3. 项目的目标管理

目标的制定方式可以作为执行和指导一个组织实施目标的管理手段。在项目环境下,对项目组成成员绩效的评价往往根据的是其工作结果而不是其所花费的时间,因此,对项目组成员来说,明确项目目标,并把每个人目标作为实现项目目标的一个有机组成部分非常重要。

目标管理作为一种管理技术起始于20世纪60年代,是一种把总体目标与具体计划联系的管理方式。目标管理可以作为一种有效的项目管理工具,它具有如下优点:

(1) 可以有效地激励员工,调动员工的积极性,在满足项目要求的同时满足项目组成员的个人要求；

（2）面向结果，而不是面向过程，它强调项目实施的结果，而不在意其具体过程；

（3）为经理人员及下属提供了一种有效的沟通方式；

（4）使得项目组成员更加注重组织目标，并能够明确了解各自的工作结果与组织目标之间的关系，明确项目组成员对项目目标实现的贡献大小；

（5）这种管理方式是一种系统的管理方法，能够有效连接项目目标与组织总体目标，项目目标与组织各职能部门目标，以及项目目标与项目组成员的个人目标。

但也要注意目标管理在项目管理中应用的局限。例如，并不是所有的项目组成员的工作结果都是可以度量的，而对项目组成员不恰当的评价则容易挫伤其积极性。

（二）项目范围

1. 项目范围的含义

确定项目范围就是为项目界定一个界限，划定哪些方面是属于项目应该做的，而哪些是不应该包括在项目之内的，定义项目管理的工作边界，确定项目的目标和主要的项目可交付成果。

项目范围的定义要以其组成的所有产品的范围定义为基础。这也是一个由一般到具体层层深入的过程。即使一个项目可能是由一个单一产品组成的，但产品本身也应包括一系列要素，有其各自的组成部分，每个组成部分又有其各自独立的范围。

确定了项目范围也就定义了项目的工作边界，明确了项目的目标和主要的项目可交付成果。因此，确定项目范围对项目管理来说可以产生如下作用。

（1）提高费用、时间和资源估算的准确性。项目的工作边界定义清楚了，具体工作内容明确了，就为项目所需的费用、时间、资源的估算打下了基础。

（2）确定进度测量和控制的基准。项目范围是项目计划的基础，项目范围确定了，就为项目计划和控制确定了基准。

（3）有助于清楚地分派责任。确定了项目范围也就确定了项目的具体工作任务，为进一步分配任务打下了基础。

2. 项目范围的管理

项目范围的管理指对项目应该包括什么和不应该包括什么进行定义和控制。项目范围管理应该经过如下过程。

（1）启动。启动就是正式承认一个新项目的存在或一个已有项目应当进入下一个阶段的过程。在某些组织中，一个项目只有在可行性研究或初步计划完成之后才能正式启动。所有项目都需要经过一个适当的启动过程。

（2）范围计划。范围计划是编写正式的项目范围说明书的过程。项目范围说明书通过定义项目目标和主要项目可交付成果，形成项目小组和项目顾客之间协议的基础。

（3）范围定义。范围定义就是把项目的主要可交付成果划分为较小的、更容易管理的单位。

（4）范围核实。范围核实是项目的利益相关者，如项目发起人、客户等，对项目范围进行最终确认和接受的过程。核实过程要求重新审查项目产品和工作结果以确保一切都正确无误并令人满意地完成了。如果项目被提前终止，范围核实过程应确定项目完成的层次和程度，并将其形成文件。

（5）范围变更控制。范围变更控制包括：对造成范围变化的因素施加影响，以保证变化是有益的；判断范围变化已经发生；当实际变化发生时对变化进行管理。范围变更控制必须与其他控制过程，如时间控制、成本控制、质量控制等结合起来。

三、公共事业的管理模式

公共事业是指介于政府组织与企业之间的为人民群众提供社会保障的各种福利及福利设施体系。公共事业项目是指对包括供水、节水、供热、供气、公共交通、排水、污水处理、道路与桥梁等在内的社会公共设施的投资建设、维护和经营。公共事业管理是部分行政组织和社会公共组织，依法对社会公共产品的生产、公共服务的提供、公共秩序的维护等所进行的规划决策、组织协调和规划控制的过程。公共事业项目的管理是公共事业管理的核心部分。

我国的公共事业管理过去一直沿袭计划经济时代的垄断式管理模式，由于缺少竞争，政府不会主动采用新技术、新方法加强管理，而是凭借其垄断优势，限制竞争。虽然这种状况在目前有所改观，但政府依然是公共事业提供的垄断者。

西方发达国家的公共事业管理主要采用服务式管理模式，对公共事业的管理不是以行政手段为主而是以市场手段为主；公共事业的提供者，除了政府外，还可由私人企业参与提供和管理，私人企业较强的服务能力和较高的经营效率，起到了很好地联结政府与社会、政府与市场的作用，从而使公共事业更好地服务于公众。

四、政府公共事业项目管理过程分析

政府公共事业项目管理过程可以看成是一个由不同阶段组成的系统流程。政府公共事业管理按项目的生命周期分成几个阶段：项目立项与启动阶段、项目前评估与计划阶段、项目实施与控制阶段、项目绩效评价与收尾阶段、项目维护和项目经营阶段。每个阶段均有其特定的内容和需要解决的问题。

（一）项目立项与启动阶段

随着一个国家或地区社会经济发展以及物质文化水平的提高，对公共事业项目的需求也会日益迫切。公共事业也就会出现在政府部门的构想和规划中。将这种构想和规划项目化后，就产生了公共事业项目。政府部门决策者通常会构思公共事业项目的主要内容和初步计划，报上级部门立项。这个阶段就是项目立项阶段。这个阶段的工作是为顺利地开展公共事业管理打基础。项目正式立项后，会进入启动阶段。公共事业项目的启动阶段的主要工作是建立项目管理组织以开展项目的管理工作，解决的是项目管理组织的构建问题。这也是工作的重点和难点。

公共事业项目管理组织采用弹性方式，与传统的管理模式不同，项目的管理不是通过等级命令体系来实施，而是通过所谓"扁平化"的结构，来自不同职能部门的专家因为某一个项目而组成团队，这个团队成员具有技术知识，而且对金融、预算、客户关系与合同以及后勤都有深入的了解。任务完成后他们又回到各自的部门。为了使公共事业管理工作保持明确的方向和连续性，这个组织需要配备足够的人员，并明确每个成员的权利与职责。公共事业项目管理组织结构可以设计成三个不同层次：一个项目领导小组、一个项目管理小组和各种类型的工作小组。

第一层次是领导小组，由政府职能部门的领导组成。领导小组的建立要解决三个方面的问题。首先是制定启动战略，确定下属管理小组和各个工作小组的职责和任务，制定衡量公共事业项目的业绩标准，以评估项目是否成功。其次是对政府公共事业管理工作提供战略和政策方面的指导。领导小组成员并不是把全部时间都用于项目管理工作,而是通过定期开会来批准计划和检查公共事业项目进展情况。从宏观上对项目进行控制。最后是在项目管理中起协调作用。部门领导的职位和地位对公共事业项目管理成功起非常关键的作用。通过部门领导之间的协调,项目管理工作中的个人或部门之间的沟通障碍或冲突比较容易克服,矛盾容易被化解。

第二个层次是管理小组,由政府职能部门和项目承包商中抽出的专职人员组成。小组建立的目的是编制项目计划,制定衡量工作业绩的标准,以评估项目进展过程是否成功。控制项目工作按既定的日程进行,并提供日常指导和决策。领导小组要指派一名来自项目承包商的小组成员作为项目经理,对项目的进展负总责。之所以要求来自项目承包商,是因为其熟悉专业知识。由于一般情况下,项目经理是责大于权的,所以要授予其指导全部项目活动的权力。同时,来自政府职能部门的成员要对其进行监督。为弥补项目经理能力和知识的不足,可以外聘专家、学者或经理人等作为项目经理助理。管理小组对领导小组负责,在领导小组的领导下,管理小组协调和处理下属各工作小组提出的方案。

第三个层次是工作小组。由项目承包商企业人员组成。工作小组可能不止一个,各个小组负责资源、技术等方面的问题,如财务小组、采购小组。它们执行管理小组的指令,解决项目过程中一些需要解决的具体问题,提出解决方案供管理小组决策,对管理小组负责。

(二)项目计划与实施控制阶段

计划阶段的工作是根据政府公共事业管理项目的具体目标和要求,制定一个完整、系统的项目进度计划,以保证公共事业项目按期完成。

进度计划常用网络图或横道图表示。进度计划必须确定各项重要工作的轻重缓急,恰当地分配资源,并对项目进行所涉及的预测、计划、调度、资源分配及控制手段详细说明。计划阶段还需要重新考察公共事业项目的风险,如果发现新的风险,需要在评估报告中进行说明,并制定应急计划和对策,以控制这些风险。此外,不论是即时的还是长期的资源需求,都应当予以量化,但是事先制定出的计划往往很难反映出实际项目进度,许多项目计划随着进度的深入,需要对原计划进行频繁的、重大的调整是常见的事情。计划虽然制定了,而完成时间却一再推迟。造成这种情况的原因是进度计划由于缺乏足够的数据难以准确地编排,难以协调各部门、各工作环节的进度,常用网络图或横道图表示的计划不科学等。

实施控制阶段的工作是追踪公共事业管理项目的进展,根据项目计划的要求提出具体的改进对策,工作特点是诊断、分析和调整。项目管理小组要经常将实际进展与计划进度相比较,监控项目工作的日程和预算执行情况,以便发现进度的偏差及时采取应对措施。协调一些复杂而又相互影响的工作。当某项工作进展显示出可能延期时,要找出公共事业项目实施的关键路线,采取积极的应变措施,保证关键活动按时完成。进展情况报告是一项重要的制度,应当实行严格的执行,各个工作小组的组长要及时提交他们的最新报告。这些报告应有预先确定的格式,详细叙述本组当前的工作情况。项目管理小组应使领导小组及时了解项目的进度。

(三)项目收尾阶段

收尾阶段的内容是项目管理组织向相应的项目业主(政府职能部门)交接项目。收尾阶段的工作包括项目竣工验收;评估工作质量、分析项目成功或失败的原因,以确定在今后的公共事业管理的内容;形成项目验收或终止报告,并及时结算资金。

公共事业项目实施评价,是指对公共事业实施项目管理后的工作成绩及效益效果进行评议和考核。评价的目的是通过考核、检查实施项目管理后的成效以改进工作。公共事业项目实施业绩评价是在项目各个阶段完成的基础上进行的,对项目的目的、效益、影响和执行等情况进行全面而系统的分析与评价,有助于提高宏观决策和管理的水平。

公共事业项目实施评价属于公共事业项目管理后评估,它以项目竣工验收和项目效益后评估为基础,结合其他相关资料及项目整个生命周期中各阶段管理工作进行评估。项目管理后评估包括项目的过程后评估、项目综合管理评估及项目管理者评估。重点要对项目的组织机构、管理机制、管理方式的合理性、运行效率进行评价。

政府要通过对项目各阶段管理工作的实际情况进行分析研究,了解目前项目管理的水平。吸取经验和教训,提高自身项目管理水平,以保证更好地完成以后项目管理工作,以更好地完成项目预期目标。

(四)项目经营和维护阶段

项目维护和经营是指项目业主(政府职能部门)委托项目管理组织(公司或组织)维护和经营项目。这是一个长期的过程。要做的工作包括:制定运营模式、设计运营方案、评估运营风险、讨论运营中的会计问题。在经营或维护项目的过程中,公司要建立相对固定的管理队伍。必要时政府要进行跟踪检查或参加管理队伍。

　　项目经营一段时间后，应该进行公共事业项目后评估。后评估将项目前期所确定的目标和各方面指标与项目实际结果进行对比，即以实际情况为基础，对项目建设、运营现实存在的情况、产生的数据进行评价。项目后评价涉及项目生命周期的各阶段。政府作为评价的主体，对公共项目的后评估主要是指在新的投资体制下评价项目的内容。按照国务院 2004 年《关于投资体制改革的决定》，政府对项目申请报告，主要从维护经济安全、合理开发利用资源、保护生态环境、优化重大布局、保障公共利益、防止出现垄断等方面进行核准。因此，政府也要重点从这几个方面来对项目进行后评估。

　　项目的持续性是指在项目的建设资金投入完成之后，项目是否可以继续其既定目标，是否可以持续地生存和发展下去，是否可在未来以同样的方式建设同类项目。由于世界银行和亚洲开发银行等组织高度重视持续性评价，把项目的可持续性视为项目成败的关键之一，作为政府公共项目也应该进行单独的持续性分析和评估。

　　因此，有必要建立一套完整的公共项目绩效评价指标体系，既能体现新投资体系下政府对项目核准的要求，又要反映公共项目的持续性。

　　政府在进行项目后评估时必须保证公正客观，实事求是地做出评价。政府项目后评估的结果作为政府决策部门进行新项目的立项和评估的基础以及调整投资计划和制定政策的依据。同时，建立后评估结果和政府项目业主考核绩效之间的联系，能够使项目业主投资决策更加理性。亚洲开发银行建立了后评估部门，通过出版物和建立项目后评估信息系统，将项目周期各阶段的信息进行交流和反馈，系统地为后评估提供资料和向决策机构提供反馈信息。这是值得我们借鉴的。

本章小结

　　公共事业组织战略管理是对组织进行设计、选择、实施、控制和评价，以达成战略目标实现的全过程。公共事业组织战略管理与企业部门其他公共部门的战略管理相比，具有自己突出的特点。公共事业战略管理由战略制定、战略实施和战略评价三个阶段组成。PEST 分析法和 SWOT 分析法是广泛运用于公共事业战略管理中的两种技术方法。而对于公共事业产品政策的制定来说，公共投资分析和成本-收益分析是两种较为常用的分析方法。

　　政府管制是指政府为达到一定的目的，凭借其法定的权力对社会经济主体的经济活动所施加的某种限制和约束,其宗旨是为市场运行及企业行为建立相应的规则,以弥补市场失灵,确保微观经济的有序运行,实现社会福利的最大化。对政府管制进行的理论研究经历了不同阶段的发展,形成了以规模经济、成本劣加性、自然垄断管制、网络效应、沉淀成本与政府管制为中心内容的政府管制理论。目前,根据政府管制的对象和实施手段、管制的行业类型的不同,政府管制可以划分为不同的类型,其中进入管制与价格管制是对公用事业或自然垄断行业实施管制的主要方式。

项目管理是一种管理思想,同时也是一种高效的管理模式,包括项目目标和项目范围两个部分。政府公共事业项目管理是由项目立项与启动阶段、项目前评估与计划阶段、项目实施与控制阶段、项目绩效评价与收尾阶段、项目维护和项目经营阶段等不同阶段组成的系统流程,每个阶段都有其特定的内容和需要解决的问题。

概念术语

| 技术 | 方法 | 战略管理 | PEST |
| SWOT | 成本-收益 | 政府管制 | 项目管理 |

复习思考题

1. 公共事业组织战略管理的概念是什么?试述公共事业组织的战略管理过程。
2. 试述 PEST 和 SWOT。
3. 什么是成本-收益分析方法?
4. 何谓政府管制?它的内容是什么?
5. 政府的管制方式有哪些?
6. 你如何理解公共事业的项目管理?

第五章　公共事业绩效管理

公共事业绩效理念的确立和绩效管理的形成,是当代公共事业管理的重要标志之一。绩效管理在公共事业管理部门中的应用有特定的内涵和要求,也具有重要的价值,因而,绩效管理成为了推进公共事业管理部门深入改革,提高公共部门绩效的重要策略和工具。

第一节　公共事业绩效管理概述

一、公共事业绩效管理理念的树立和绩效管理的形成

公共事业绩效管理理念的树立和绩效管理的形成的基本原因是:社会发展的迫切要求所导致的从20世纪70—80年代开始的世界范围内政府改革的直接结果。

首先,随着时代的发展,公众在各方面对政府的需求日益增加,使得政府的角色越来越重要,政府承担的社会管理职能日益扩张,所提供的公共服务也日益增多。

其次,政府功能的扩张与强化必然增加政府的管理成本,形成公众负担的加重或政府财政赤字压力。同时,随着民主化的进程,公众又要求政府以最经济的手段,花最少的钱,提供更多更好的服务。从而,在不断增长的预算赤字、财政压力和公众的要求下,提高绩效就成为政府管理中必须首先解决的一个大问题。

最后,公共事业管理部门作为承担政府社会管理的主要部门,正是职能扩张最为明显的部门,也是与公众联系最为紧密并受压力最为直接的部门,

因而政府绩效管理改革首先在公共事业管理部门展开和进行。绩效理念及绩效管理成为公共事业管理的重要组成部分,成为整个公共部门绩效管理的最主要的体现。

公共事业绩效管理理念的树立和绩效管理发展的另外一个重要的原因是:随着新型公共事业管理体制的形成,绩效管理成为公共事业管理的必要组成部分。随着公共产品理论尤其是其中的准公共产品理论的形成和发展,人们对公共事业管理规律认识的深入,以及公共管理社会化改革的推行,以新型的公共事业产品生产和提供方式为基础,以政府为核心、包括非政府组织等在内的多元管理主体系统开始形成,绩效管理也随之成为必需。

二、公共事业绩效管理的含义

公共绩效可以定义为公共部门在积极履行公共责任的过程中,在讲求内部管理与外部效应、数量与质量、经济因素与伦理政治因素、刚性规范与柔性机制相统一的基础上,获得的公共产出最大化。

对于绩效管理的含义,同样存在着各种不同的解释。英国人力研究协会(Institute of Manpower Studies,IMS)在对1 000多家私人企业和公共部门的调查中发现,"即使是在那些宣称已经采用绩效管理的组织中,对绩效管理也不存在一致的定义"。[①]

胡雷等人认为,绩效管理是改进公共组织和公共项目的生产力(productivity)、质量(quality)、时效性(timeliness)、回应性(responsiveness)以及有效性(effectiveness)的综合系统,是一种"融入多种判断价值的工具模式"。[②]

而克内和伯曼等人则非常概括地将绩效管理定义为"面向结果的公共项目管理"。[③] 他们认为绩效类似于生产力概念,但前者比后者的含义更加广泛。生产力概念一般仅仅指效率、效益等,而公共部门的目标远远比私人部

[①] [美]理查德·威廉姆斯:《组织绩效管理》,蓝天星翻译公司译,清华大学出版社2002年版,第37页。

[②] Joseph S. Wholey and Kathryn E. Newcomer, *Improving Government Performance: Evaluation Strategies for Strengthening Public Agencies and Programs*, Jossey-Bass, 1989, p. 1.

[③] Richard Kearney and Evan Berman, *Public Sector Performance: Management, Motivation, and Measurement*, Routledge, 1999, pp. 1-2.

门的目标更加复杂,因而公共绩效是"多元的",效率、效益、公正等同等重要。

美国关于国家绩效评估的一个绩效衡量研究小组(Performance Measurement Study Team)给出了绩效管理的一个经典性的定义。所谓绩效管理,是"利用绩效信息协助设定统一的绩效目标,进行资源配置与优先顺序的安排,以告知管理者维持或改变既定目标计划,并且报告成功符合目标的管理过程"。简而言之,绩效管理是对公共服务或计划目标进行设定并使之实现,同时对实现结果进行系统评估的过程。[①]

在中国行政管理学会联合课题组的研究成果中,也有一个对公共部门绩效管理的较为系统的表述。所谓公共部门绩效管理,就是运用科学的方法、标准和程序,对政府机关的业绩、成就和实际工作做出尽可能准确的评价,在此基础上对政府绩效进行改善和提高。[②]

因此,在公共部门绩效管理方面,并没有统一界定的概念。出现这一现象的主要原因在于:一方面,绩效管理在实践中,通常与各国政府的管理实践和改革策略有很大的关系,不同的改革策略可能会导致绩效管理框架的不同;另一方面,绩效管理本身并不是单一的事物,它是在集合了多种管理思想和方法的基础上形成的一个观念和系统。尤其在当代西方发达国家的行政改革中,绩效管理本身提供了一套"融合多种工具"的改善和评估政府管理绩效的框架。

三、公共事业绩效管理活动的基本构成

公共事业绩效管理过程一般包括三个最基本的功能活动。

一是绩效目标的确立和分解。所谓绩效目标的确立,就是根据相关绩效信息和公共服务的要求,依据一定的指标和方法,将组织目标转化成可测量的绩效目标或指标。而绩效目标的分解,就是将绩效目标根据组织的部门和人员的岗位进行分解,即转化为对具体的部门和人员的责任要求,同时进行必需的资源配置。

二是绩效监控。绩效监控是指对组织的绩效进行持续性的监测、记录与考核,以作为绩效评估和改进组织绩效的基本依据。

---

① 张成福、党秀云:《公共管理学》,中国人民大学出版社 2001 年版,第 271 页。
② 中国行政管理学会联合课题组:《关于政府机关工作效率标准的研究报告》,《中国行政管理》2003 年第 3 期,第 8—16 页。

三是绩效评估。这包括组织绩效评估和个人绩效评估,对于公共事业部门而言,现在比较重视的是对组织绩效的评估。即依据组织要达到的绩效目标,依据绩效评定的标准把公共事业部门管理过程中所反映的绩效进行评定和划分等级。

四、公共事业部门绩效管理的意义

(一)扎实推进我国政治体制改革的一个重要环节

由于我国长期受计划经济体制的影响,行政事业单位过去一直强调对社会经济生活进行管制的职能。因此,这在某种程度上造成了一些行政事业单位机构臃肿、工作效率低下、腐败现象滋生蔓延。改革开放以来,我们虽然已经沿着市场化的方向前进了很多,但还在不同程度上存在许多问题,例如社会的公平、公正,行政管理中的民主机制建设等都有待不断完善。因此,在深化改革过程中,必须进一步对行政事业单位的投入产出,行政事业单位的行为效率、效果进行绩效评价,确定问题所在,并接受社会各界和人民群众的监督,这也是当前我国民主政治建设的基本要求。同时,行政事业单位将由直接管理变为提供服务,行政事业单位绩效管理以其评估结果为这种变革提供了理论支持和技术帮助。因此,行政事业单位绩效评估对促进民主制度建设,加快政治体制改革步伐具有较大意义。

(二)绩效管理有助于提高行政事业单位管理绩效

现代行政事业单位管理的核心问题是提高绩效。要改进绩效,就必须首先了解目前的绩效水平如何,如果不能测定绩效,就无法改善它。在行政工作走出计划而进入实施阶段后,绩效评估为工作中的监督提供了信息支持。绩效管理有助于摆脱由于我们看不见自己的目标而要加倍努力的窘境,有效避免了资源的浪费。总之,行政事业单位绩效管理有助于形成较浓厚的绩效意识,从而把提高绩效的努力贯穿于事业单位管理活动的各个环节。

(三)绩效管理有助于行政事业单位信誉和形象的提高

行政事业单位绩效管理是行政事业单位向公众展示工作效果的机会,展示成果能赢得公众对行政事业单位的支持。同时,展示行政事业单位绩效状况,能推动公众参与对行政事业单位的监督。行政事业单位向公众提供公共服务具有垄断性,公众不能选择,而绩效管理实质上是一种信息活动,其特点是绩效评估过程的透明和信息的公开,把行政事业单位在各方面的表现情况做到全面、科学地描述并公布于众,这无疑有助于公众了解、监督和参与事业单位的工作,也是行政事业单位由"暗箱操作"到"阳光行政"的重要途径。

第二节 公共事业绩效评估的手段和方法

一、公共事业绩效评估标准

绩效管理最核心的环节莫过于绩效评估,而绩效评估中最困难的问题莫过于确立衡量的标准。就公共部门而言,其绩效标准是以下复杂因素的综合,这些因素共同反映着公共部门的运作状况。公共部门的绩效指标一般包括四个基本方面,即"4E":经济(Economy)、效率(Efficiency)、效能(Effectiveness)、公平(Equity)。

1. 经济

在评估一个组织的绩效时,首要的问题便是:某组织在既定的时间内,究竟花费了多少钱?是不是按照法定的程序花费金钱?这是"经济"指标首先要回答的问题。经济指标一般指组织投入管理项目中的资源水准。经济指标关心的是"投入"的项目以及如何使投入的项目作最经济的利用。换句话说,经济指标要求的是以尽可能低的投入或成本,提供与维持既定数量和质量的公共产品或服务。经济指标并不关注服务的品质问题。

2. 效率

效率是单位时间内所完成的工作量,即投入与产出之比、费用与效用之比、开支与收入之比、代价与收益之比。效率标准要回答的问题是:机关或组织在既定时间内,预算投入究竟产生了什么样的结果。因此,效率简单地可以理解为投入与产出之间的比例关系,效率与投入成反比,而与产出成正比。效率关心的是,我们如何在可供利用的资源的条件下提供更多更好的服务。

公共部门的效率包含两个方面的内容:一是生产效率,即生产和提供公共产品或服务的平均成本;二是配置效率,即公共组织所提供的公共产品或服务是否满足了利害关系人(即其利益与公共产品的生产和提供有关系的个人和群体)的不同偏好,也就是公共组织所提供的公共产品或服务的项目中,如国防、社会治安、文化、教育、卫生、社会福利、环保等,其预算比例及投资的先后是否符合公众的偏好顺序,即符合公众的需求顺序和需求水平。

3. 效能

以效率作为衡量指标,仅适用于那些可以量化的或货币化的公共产品或服务,而许多公共服务性质上很难界定,更难量化,而分配效率亦不易确定。在此情况下,效能便成为衡量公共服务的一个重要标准。效能关心的问题是:情况是否得到改善。这样,效能通常是指公共服务实现目标的程度,如福利状况的改善程度、使用者满意程度、政策目标的完成程度等。因此,效能指公共服务符合政策目标的程度,通常以产出与结果之间的关系加以衡量,效能关心的是"目标或结果",就公共部门而言,主要是指管理活动的产出是否满足了社会公众的需要,以及这种产出对既定目标的实现做出了多大贡献。效能可以分为两类:一类为现状的改变程度,例如国民健康状态、水质的净化程度、道路的耐用程度;另一类为行为的改变幅度,例如以犯罪行为的改善程度来衡量刑事政策的效果等。

4. 公平

传统的公共行政与管理重视效率、效能,而不太关心公平问题。自新公共行政推行以来,公平问题日益受到广泛重视,并成为衡量政府绩效的重要标准。公平作为衡量绩效的标准,它关心的主要问题是:接受服务的团体或个人都受到公平的待遇吗?需要特别照顾的弱势群体能够享受到更多的服务吗?因此,公平标准强调的是政府提供公共服务的平等性,强调公共管理者在决策和组织推行过程中的责任与义务,强调对公众要求做出积极的回应而不是以追求公共组织自身需要满足为目的。坚持公平这一标准对公共管理无疑具有重要价值。

二、公共事业绩效评估指标体系

(一)评估指标体系建构的原则

1. 经济效益、社会效益和生态效益相协调[①]

与一般的商业企业相比,公共事业部门最大的特点是不以利润最大化为目的。因此,公共事业部门和商业企业的绩效评估指标就有很大区别。同样

---

① 吴华长、谢水明:《事业单位绩效评估指标体系研究》,《内蒙古农业大学学报》(社会科学版) 2009 年第 4 期,第 106—108 页。

是经济效益评价,指标也与企业不同。因此,要根据公共服务供给规律和公共事业部门自身特点确定评估指标,要把经济效益、社会效益、生态效益结合起来,对不同层级或不同类别的评估对象,设计不同的指标体系。

2. 结构导向、过程导向和结果导向相结合

在借鉴"结构-过程-结果"的三维评估模式的基础上构建公共事业部门绩效评估体系。结构是指公共事业部门静态的结构,也就是指单位初始状态,包括人、财、物、组织等的资源结构、运作状况、单位类型、服务范围,等等。过程是指公共事业部门人员在进行业务活动过程中发生的各种行为,为实现结果所采取的手段。过程导向主要是考察服务的人性化程度。结果是指公共事业部门的业务活动、社会公共状态(包括经济、社会和生态)的改善,即终末状态主要着眼于公共服务的最终结果。只有抓好初始状态和过程状态,才有可能产生良好的终末状态。

3. 共性指标和个性指标相统一

评估指标可分为共性指标和个性指标。共性指标评价公共支出层面上的特征,而个性指标突出各个行业的管理目标和关注点。两者结合才能更清楚地发现和识别问题,并做出准确的评价和决策,使指标更具客观、公正、完整及有效性。因此,建立绩效评估指标体系时既要做到共性指标和个性指标并重。同时要考虑不同地区、不同发展阶段和不同类别公共事业部门的特点,予以区别对待。

4. 当期指标与递延型指标相兼顾

公共事业部门绩效评估指标的设计,不仅要关注对本会计年度绩效的评估,还应考虑到支出发生对未来会计年度影响的程度,即产品提供所得到的间接收益。这是因为有一部分公共产品或公共服务的提供(比如医疗科研单位对卫生防疫领域的研究、防震减灾设施的修建等),其效果出现具有滞后性。在评估这些公共支出绩效的时候应连续考察支出后若干年的投入产出情况和效率效果。公共事业部门的评估指标体系要根据组织目标和任务及时予以调整。

(二)公共事业部门绩效评估指标体系的内容与结构安排

结合公共事业部门自身特点,可以根据以下基本思路来设计事业单位绩效评估指标体系。

1. 经济效益

第一,财务指标方面。公共事业管理的财务性绩效指标是反映单位业绩

的最直接的途径。数据来自财务报告和其他会计资料，容易取得且可比性强，用来反映成本耗费、创收能力、财务风险、增长能力和运作能力，比如人均开支水平、资产使用率、资产周转率、净资产创收率、资产和收入的增长趋势和增长速度等指标。

第二，内部管理流程方面。组织和制度创新指每年公布的新制度、新规定数量指标。流程质量考察内部管理过程发生差错和弊端出现的数量和频率。评价流程效率可以研究等待时间和逗留时间的分布、忙期和闲期的分布、服务设备利用率、顾客损失率等指标。

第三，学习与发展方面。人力资源状况评价包括人力资源的实物量指标、平均受教育年限指标，以及人力资源的文化结构、职称结构、技术平均等级、岗位结构、各岗位员工的文化结构指标和岗位培训的参与人次及费用支出等统计指标以及各年增长量等动态指标。因行业不同这些指标又有所区分，比如科研事业单位应重点关注研究生以上学历比例，社会福利机构则只需要重视大专以上学历比例。杰出人才考察诸如医院中权威专家、学校中教学名师、两院院士的人数等，以及单位每年外聘专家人次、逐年增加幅度等指标。基础设施指科研单位的重点实验室、博物馆的安保设备和探测器、剧院的音响设备等硬件支持指标。创新成果指单位开发的优秀教材、精品剧目、新技术方法等实物量指标。品牌建设包括产品或服务的质量水平、长期的质量保证能力和用户满意度等。

2. 社会效益

公共事业部门运作能否得到国家的重点支持已经直接影响到其业务开展和赢得社会投资等方面的竞争优势。为此，可按行业设置是否为国家重点技工学校、双一流高等院校、国家重点科研单位、国家级文艺团体等指标，评价国家对公共事业单位的重视程度。公众声誉评价可以由知名学者、各行业专家、服务对象根据公共事业单位的业务表现和工作成绩、在毕业生和求职者中的号召力、发生的重大新闻（包括正面新闻和负面新闻），以及其他有价值的因素做出评估。公共事业单位员工的工作态度主要侧重员工的敬业精神，依据调查问卷的形式自测和他测，如员工敬业度测评法等，以及开展职业道德培训的次数和费用、参加人次等指标。工作态度体现了对职业的忠诚度和对单位的依赖度。工作作风包括细心、努力和责任感等方面，如设置投诉率或受表扬率、量化职责的完成程度等指标。遵守纪律是员工的义务，是职业的最基本要求，对职业纪律的考评应当以各行业的规章制度为基础，以量化指标评估。

而对于业务成果,我们主要从以下两个方面来考虑评价指标。一是需要评价公共目标的达成程度,具体的评价指标的设计要视特定的行业而定。公共事业单位体系实际上包括了高等学校、医疗机构、科研单位、文化艺术团体等多种不同行业,各行业的业务活动不同,可分别评价以下指标以及各指标若干年度的增长量或发展速度。教育机构可以设置升学率、录取率、毕业生就业率等指标;文化单位可以设置年接待游客人数等指标;医疗卫生机构的考察指标包括治愈率、护理合格率、出院与入院诊断符合率等;社会福利事业单位可建立各种社会保险的覆盖率等指标;科研单位指标比如科学事业部门关注每年科技成果的申请量、授予量;以及获得国家、省部各级奖项等方面。

二是评价公共事业单位在与公众的互动过程中满足人们除公共目标之外的其他合理期望的程度,把感受的或实际的结果与普遍的标准相比较,尽量排除主观因素干扰。这部分可以由公众对以下内容进行打分来测度:第一,接受公共服务时受到的尊敬程度和服务态度;第二,可以自由选择公共服务方案;第三,在公共服务过程中提供的个人资料不会被泄露;第四,公众需要可以在很短的时间内得到响应;第五,在公共服务的过程中能够经常与服务对象沟通;第六,允许服务对象去同行业其他单位接受服务;第七,基本设施的质量令人满意,有清洁舒适的环境;等等。

3. 生态效益

公共事业部门的业务活动会产生对周边环境的生态影响:首先考虑生态影响的动态性,应分时段描述项目的影响;其次应包括主体工程、辅助工程等,对未包括的工程但又必须配套建设的项目内容也应有所评价。工程项目对那些需特殊保护的地区、生态十分敏感与脆弱的地区、社会文化关注的地区、环境质量已经接近标准限值的地区的环境影响大小可以通过专家评估和公众调查等方式实现,比如聘请相关部门的专家进行认证或者召开听证会,公众调查需要向社会公众充分提供有关项目建设及其环境影响的介绍,特别是让受影响的公众了解有关情况并且有发表意见的渠道。

4. 权重分配

确定评估的标准后,随之就要确定各个具体指标在评估体系中的重要性——权重,或者说确定各个指标在总分中的比重。对于不同的评估对象来说,各个绩效评估指标会有不同的地位和作用。为提高评估结果的信度与效度,可根据各评估指标之间的差异程度,综合运用主观经验法、层次分析法等方法对每个指标进行赋值。

科学、合理、有效的绩效评估指标体系构建对于促进公共事业部门健康发展,提高公共服务水平具有重要作用。要建立一个能真正适合组织发展的绩效评估指标体系并非一朝一夕之功,需要结合公共事业部门自身特点,在实践中不断对指标进行分析、论证、检验并不断修订、完善,才能保证绩效评估的可靠性和有效性,最终提高公共事业部门绩效。

三、绩效评估的具体方法

评估方法是所有公共部门绩效评估的具体手段。有了评估标准和评估指标,还需要采用一定的评估方法来对评估标准和评估指标进行实际运用,以取得客观而公正的评估结果。没有科学、合理的评估方法,评估标准和评估指标就是孤立的评估因素,失去存在的意义。评估中常用的方法主要有平衡计分卡、层次分析法、逻辑分析法、360度绩效评估法等。

（一）平衡计分卡

平衡计分卡(Balanced Score Card,BSC)是1992年由罗伯特·卡普兰和戴维·诺顿提出的一套用于企业绩效评估的理论。[1] 该方法通过财务、顾客、内部业务流程、学习与成长四个维度将组织的战略转化为绩效评估的目的、指标、目标和行动,来管理组织的绩效,并要求四个维度之间保持适度的平衡。平衡计分卡式政府绩效评估模型包括以下四个方面。

(1) 财务。即公共事业部门工作时所消耗的一切经济支出。主要衡量指标有行政成本降低率、预算节约率等。

(2) 顾客。公共事业部门的顾客主要是公众。对公众而言,主要衡量指标有公众需求满意度、对政府的支持率等。与公共事业部门有业务往来的个人和组织包括各类投资者和企业,相应的指标设置有客户满意度、客户印象、客户盈利能力和合同履行的准时率等。

(3) 内部流程。政府的内部流程衡量指标包括三个方面,即创新指标、运营指标与售后服务指标。创新指标具体设置为公共事业单位的新政策和服务、取得效果率等,运营指标可以从提供公共服务时所实施消耗的人力和物

---

[1] Robert S. Kaplan and David P. Norton, "The Balanced Scorecard-Measures that Drive Performance", *Harvard Business Review*, No. 1, 1992, pp. 71-80.

力等方面进行衡量,售后服务指标的具体设置则为公众满意度、社会评价等。

(4)学习和成长。人员方面,具体指标为成员培训率、人均培训时间、成员的稳定性与创新性等;信息方面,公共事业部门要及时地从其公众中了解信息,同时还要在内部人员中互相沟通,从信息交流中不断学习与成长;公共事业部门组织程序方面,要时刻听取成员意见,对于有价值的意见要予以采纳,以及时弥补组织程序所存在的不足。

平衡计分卡在财务方面进行定量的评估,在非财务方面则定性与定量相结合,使评估过程变得既清晰又较易操作。公共事业部门绩效评估是定性评估与定量评估的综合运用,将此科学算法引入公共事业部门,提供了一种定量分析的途径。

(二) 层次分析法

层次分析法(Analytic Hierarchy Process,AHP)是由美国著名运筹学家、匹兹堡大学教授托马斯·塞蒂于1977年正式提出的。[①] 其基本思路是评价者首先将复杂问题分解为若干组成要素,并将这些要素按支配关系形成有序的递阶层次结构;然后通过两两比较,确定层次中诸要素的相对重要性;最后综合各层次要素的重要程度,得到诸要素的综合评价值,并根据此进行决策。

AHP的基本步骤如下:明确问题和建立层次结构,构造判断矩阵,层次单排序,层次总排序,一致性检验。公共事业部门具体应用层次分析法步骤:建立职能评价的递阶层次结构;建立判断矩阵,确定要素权重;运用影响矩阵赋予评价二级要素权重;评价方案中要素的评分标准的确定。

应用层次分析法解决公共事业部门绩效评价这类复杂的、多目标的决策问题时,只需要利用较少的定量信息就能使决策的思维过程数学化,避免了多目标、多准则、无结构特性的复杂决策问题的主观决策误差。

(三) 逻辑分析法

逻辑分析法是用来分析一个项目的投入、过程以及期望结果(通常有短期结果、中期结果和长期结果三类)之间关系的系统方式。基本的逻辑分析法对项目、政策的效果分析,是投入产出分析方法中的核心部分。逻辑分析法是对项目运作过程的描绘,它使用文字或图片来描述项目的过程,及它与期望获得的结果之间的联系。按投入产出的内容,公共事务分为以下五个

---

① Robert S. Kaplan and David P. Norton, "The Balanced Scorecard — Measures that Drive Performance", *Harvard Business Review*, No. 1, 1992, pp. 71–80.

部分：

(1) 投入(inputs)是一个项目直接运作需要而且可以获得的资源，包括人力、资金、组织以及社会资源；

(2) 项目活动(activity)是指如何进行运作，包括项目内部执行中的过程、工作、事件、技术和行动等，正是这些活动带来了期望的项目产出和结果；

(3) 产出(outputs)是项目活动直接产生物，可能包括项目带来的各种服务的类型、水平和目标；

(4) 结果(outcomes)是项目对象的属性，包括行为、知识、技能、状态和功能水平等的变化，通常短期结果在 1—3 年内可以看到，中期结果是 4—6 年，长期结果是 7—10 年；

(5) 影响(impacts)是一个组织、社会或一个系统在 7—10 年项目活动中产生的结果，这些结果可能是希望达到的，也可能是不希望达到的。

由于实际应用中的复杂情况，建立逻辑分析法一般也有不同的步骤，但有一点是相同的，就是"首先关注结果"。许多逻辑分析法都有详细的短期和长期的结果，并用来预测若干年后获得的成功。

在设计项目时，首先详细说明期望达到的结果，这样为数据收集指明了方向，以及项目朝着你的目标前进的同时，可以进行周期性地评价。因此在规划时首先关注"期望的结果"。逻辑分析一般有以下四个步骤。

(1) 阐明项目的基本理论。在这个阶段，需要说明项目所要解决的问题和期望的结果，以及受影响的因素、假设等。

(2) 论证项目过程。在第二阶段，根据实际情况来预测具体的产出、结果、影响、需要的资源等。

(3) 根据以上阶段的问题，来提出评价问题和建立评价指标体系。选择需要评价的焦点问题，确认哪些人和这些问题相关，他们会提出哪些关心的问题，建立可测量、数据能获得、相关、有时间限制的指标体系，对该项目执行的效果和效率进行评价。

(4) 应用评价信息来建立周期性的绩效预算建议和改进提高组织执行项目的绩效。

(四) 360 度绩效评估法

360 度绩效评估法是由美国马克·爱德华与安·埃文等学者在对一些企业组织不断研究的基础上发展而成的，360 度绩效评估是一种从多个角度获取组织成员行为观察资料的方法。在这种评价模式中，评价者不仅仅包括被评价者的上级主管,还包括其他与之密切接触的人员,如同事、下属、客户等,同时包括被评价者的自评。360 度绩效评估作为一种新型的人力资源开发与管理方式,主要有以下三方面特点。

(1) 全方位、多角度。360 度绩效评估的最大特点就是充分利用了与被评价者相关的多方面信息渠道进行评价,考评者涉及企业内外的不同层次:直接主管人员、同事、下级和顾客等,并且强调评价后的反馈,以促进职工的发展。

(2) 分类考评。针对不同的被考评者,例如公共事业部门管理者、职能部门主管和业务部门主管等分别使用不同的考核量表,针对性强。

(3) 实行匿名考评。为了保证评价结果的可靠性,减少考评者的顾虑,360 度绩效评估采用匿名方式,使考评者能够客观地进行评价。

360 度绩效考评体系对公共事业部门的绩效评估主要体现在两个方面:一是组织的绩效评估;二是人员的评估。其包括公共事业部门和人员的自我评估、上级评估、外部专家评估及社会公众的评估,逐步实现官方评估与民间评估并重,形成公众监督和上级监督相结合的绩效推动机制。

第三节　公共事业绩效管理中的标杆管理

要建立良好的公共部门绩效指标,实际上不仅需要明确组织目标,还需要进行单位内部或组织内部的比较,更需要进行组织与外部的比较,从而保证所制订的绩效指标体系能通过评估真正促进组织绩效的提高,即不仅仅是组织内部纵向的提高,还在组织所在的地区或行业中也获得提高。标杆管理就是具有这一功效的重要的管理工具。

一、标杆管理的概念

(一) 标杆管理的基本含义及价值

标杆管理起源于 20 世纪 70 年代末 80 年代初。标杆管理的概念可概括为:不断寻找和研究同行一流公司的最佳实践,并以此为基准与本企业进行比较、分析、判断,从而使自己企业得到不断改进,进入或赶超一流公司,创造优秀业绩的良性循环过程。其核心是向业内或业外的最优秀的企业学习。通过学习,企业重新思考和改进经营实践,创造自己的最佳实践,这实际上是模仿创新的过程。标杆管理要求站在全行业甚至更广阔的全球视野上寻找基准,突破了企业的职能分工界限和企业性质与行业局限,重视实际经验,强调具体的环节、界面和流程,因而更具有特色。标杆管理逐渐成为企业优化、企业实践、调整经营战略的指导方法,并与"企业再造""战略联盟"并称为20世纪90年代三大管理方法。

从绩效管理的角度看,由于标杆的设定向组织提供了绩效改进的信息,因而组织绩效标杆的设计在绩效管理中有十分明显的作用:对一个组织来说,虽然可以在组织内部从完成既定目标来衡量绩效,但从根本上说,绩效的高低与卓越与否,实际上是与其他组织比较而言的,因此,为了真正提高组织绩效,在组织的绩效管理中,可以寻找某些表现优于自己的组织,或在某些方面优于自己的组织作为比较绩效的对象,即绩效比较的基准,分析它们优于自己的原因,它们的哪些方法、程序是需要学习并引进的。可见,标杆管理实际上是促进组织学习与改革提高绩效的重要途径。

(二)标杆管理在公共事业管理中的作用

其一,有助于组织博采他人之长为我所用。公共事业部门虽然不同于一般的企业,但是随着社会思想的转变,公众意识的觉醒,以及国家的大政方针的改变,公共部门也必须更多地考虑自身绩效的提高。谁也没有足够的时间和资源来亲身经历各种失败和错误,并且这也是没有必要的。通过标杆管理取他人之长补自己之短,可以让公共事业部门更具效率地为社会提供产品或服务。

其二,有助于正确认识到,与最优秀的组织相比,自己究竟做得怎么样。标杆管理为组织设立了管理的基准,为组织在管理实践中提供了可比较的参照系。通过实施标杆瞄准,领导者可以知道组织的经营绩效应当达到而且可以达到什么水平,同时也明确了组织目前的绩效水平与组织应该并且可以达到的最佳经营结果之间,为什么会存在如此之大的差距。

其三,有助于组织确认自己的优势与劣势。在与基准标杆进行比较时,可以帮助组织发现自身的缺点和不足,有助于组织扬长避短。

其四,有助于组织明智排定各种改进活动的先后顺序与轻重缓急。在与标杆进行比较的过程中,能够帮助组织发现影响战略目标实现的关键因素及其在组织战略实现中所占权重,并通过行动计划反映组织中哪个实践活动是应最先进行的,哪个实践活动最适合组织的发展。

其五,为组织提供了各种已经被实践所证明的、正确的行动计划和方案。标杆管理的目的是博采他人之长,为我所用。作为竞争的最佳指导,标杆管理在优化组织实践、提高组织经营管理水平和市场竞争力方面取得了显著的改进成效。

其六,在组织面临状况下滑之时及时提供预警。"前车之鉴,后事之师",作为基准的标杆企业在管理中曾遇到的情境,可以为组织提供警示,防止组织重蹈覆辙。

二、标杆管理在公共事业管理中的应用

(一)标杆管理实施的步骤

标杆管理的规划实施有一整套逻辑严密的实施步骤,大体可分为以下四步。

一是确定标杆类型。这是进行标杆管理的第一步。在大量搜集有关信息和相关专家学者参与的基础上,针对具体情况确定不同的学习"标杆"单位。

二是确定标杆项目。设立标杆并不是要学习"标杆单位"所有的方面,而是要有选择地学习其先进的"标杆项目"。要运用多种途径和方法进行实际调查,获取需要得到的标杆目标的数据和资料,进行有效的整理、加工和分析,然后与本部门现有的管理、服务、效益和技术状况进行比较,从而确定本部门的发展目标。

三是制定具体措施。这是实施标杆管理的核心,因为标杆本身并不能解决部门存在的任何问题。各部门在设立标杆类型及标杆项目之后:一方面要创造一种环境,使本部门中的人员能够自觉和自愿地进行学习和变革,以实现部门的发展目标;另一方面还要找出自身的具体差距,创建一系列有效的计划和行动,通过制定详细的改进措施,赶上并超过比较目标,这是打造部门核心竞争力的关键所在。

四是评估考核结果。实施标杆管理不是一蹴而就,而是一个长期的过程。在每年学习完成时,作为年终考核的一项重要内容,都要有一项重要的反馈和后续工作,即重新检查和审视对标杆研究的假设和标杆管理的目标,进行评价、考核与分析,为以后进一步改进工作打下更好的基础。

（二）标杆管理实施中存在的误区

标杆管理是一项很严谨规范的管理方法，必须认真理解和把握，否则容易出现偏差。下面是我国一些单位实施标杆管理中存在的几个误区。

其一，不注重数据的真正来源，仅把注意力集中于数据和标准本身。标杆管理者往往注重绩效数据，但对数据的来源不重视，这样难以进行对口比较。标杆管理真正的价值应该是弄明白产生优秀绩效的过程并向其学习，包括建立在标杆值数据之上的过程分析、过程在建和新方案实施，以帮助企业找出差距，增强核心竞争力。仅仅注意一些定量的数据和定性的标准，不解决过程是不行的，也是无法达到标杆值的。

其二，把标杆管理理解为一段时间内的突击活动或运动。标杆管理是企业的长效管理，是一种长久持续的学习改进过程，而不是一次性过程，也不是阶段性的突击活动或运动，它是改进企业管理的日常工作，甚至要伴随企业整个生命周期。标杆管理属于战略管理层次的管理方法，它追求的不是一时一段的经营成果绩效的提高，而主要是通过提高企业核心竞争力，持续地提高企业绩效。

其三，标杆管理仅仅针对产品和服务。尽管一些组织利用标杆瞄准来比较组织之间绩效的差异性，但是这些组织绩效改进的重点往往局限于那些与消费者或顾客直接相关的产品与服务本身。在其他职能领域，即使是真的存在绩效差距，管理者通常表现出难以接受，甚至是排斥。在相关服务性领域的标杆瞄准过程中，标杆瞄准项目小组人员尤其是相关部门的经理人员通常将标杆瞄准对象定位于那些并不是最优秀的外部组织。

其四，被理解为学先进的劳动竞赛。劳动竞赛从某种意义上讲是效率的提高，更多地注重最终数量的比较，而不是过程的优化。当然，在以往的劳动竞赛中也有提出全方位竞赛的，如赛质量、赛效益、赛过程等，更有提出"比学赶帮超"概念的。这些提法和做法虽然含有标杆的因素，但绝非管理概念上的标杆管理，其实质是重在激励热情、激起兴奋、实现原有方式的加速运转和既定效果数量的叠加，而非过程的重新塑造。一句话，劳动竞赛是数量的增加和由此激发少量能力的增加；而标杆管理是对照优秀者改造过程与环境，从而产生与优秀者相同的能力，并通过往复循环促使能力持续增加。标杆管理的推行不仅仅是管理工作的改进，而是要涉及所有生产要素的整合，包括企业布局、生产结构、物资供应链重组、组织结构重组，等等。总之，为了提高企业核心竞争力，一切需要改革的都要改革。所以，这项工作不是一蹴而就的事,要有长期打算。同时,标杆管理又是一项很复杂的工作,科学性和规范性都很强,要循序渐进,重在规范,不要一哄而上。

其五,"典型培养"式的标杆。用最优越的条件、最精良的设备、最精锐的队伍,或再辅以偏食性的调度和优待服务,造出一个无敌天下的先进标杆,谁也学不了。这种用集中优势资源人为培养树立标杆的做法,在现代管理中毫无意义。它可以挣来暂时的光环和虚伪的荣誉。在市场经济下,这只能得到反向效果:一是注重形式而轻视实效,劳民伤财;二是创出的经验无法推广,反而容易挫伤职工积极性,与标杆管理的提高核心竞争力是格格不入的。

其六,偏离顾客和员工。执行的障碍不利于标杆管理者开展工作。障碍之一来自员工,有些员工往往不愿执行新政策。标杆管理最终的执行者是员工,因此,员工从一开始就应该明白这一过程,要让员工意识到或看到将来会发生什么,而不是等到要执行时才想到员工。另外,为了尽快实现标杆管理目标,开展标杆活动的企业有时会采取不当的手段来收集标杆数字,这反过来会影响与顾客、供应商及员工的关系。

其七,对标学不了的观念,也就是通常所说的唯条件论。在对标过程中很容易产生学不了的想法和情绪,原因就是仅仅注意别人的客观条件,而忽视对其主观因素的分析。大多数情况下,优劣条件的排列符合正态分布,问题在于我们主观上如何去主动适应条件、充分运用条件和积极创造条件。克服这点的首要法宝是加强过程分析,不放过每一个细小因素。有时一些小小的因素往往被忽视,但是如果解决好了它就能收到牵动全局的良好效果。所以,甩开条件论,发挥主观能动性,开动脑筋细致分析过程因素,就会觉得先进标杆是可以学习的。

走出各种理解误区,解决偏差的主要办法还是要从端正对概念的理解上进行。看核心是否体现创新,目的是否在于增强竞争力,是不是抓住了过程分析再造,标杆是否是动态的,能否起到与时俱进、追求卓越永不停步的效果。

第四节　公共事业绩效管理的公众满意评价

公共事业管理是以公共事业产品的生产和提供为社会服务的,因而就其与公众关系的本质而言,不是管制而是服务,社会和公众的意愿与要求是公共事业管理的出发点和归宿。因此,评价公共事业管理机构绩效的优劣高下,不仅仅是看其经济指标和效率指标的高低,也不仅仅看公共事业管理机构对达成社会公正的自我评估,还必须考察评价其所做的工作在多大程度上满足了社会公众的需要,及绩效评估是否得到公众的认可,公众对其提供的公共服务是否满意。

一、公共事业管理公众满意评价的产生和实质

以公众是否满意来对公共事业管理结果做出评价,源自20世纪70年代世界范围内开始的政府管理改革运动,是"行政就是服务,公众就是顾客"改革的必然结果。

在上述这一场政府管理改革中,作为对公众民主要求的一个回应,同时也为了提高政府管理的效率,以公众选择、管理主义等理论为基础,以英国的政府改革为起点,一些国家开始在公共管理领域引入市场的理念和原则。一方面通过将政府与公众的关系视为产品提供者与顾客关系,树立或增强服务公众的意识,改变和强化公共部门对公众的责任机制;另一方面主张并实施打破政府对公共服务的垄断,建立公私机构之间的竞争,使公众获得自由选择服务的机会,从而迫使公共部门降低服务成本,改善服务方式,提高效率,提高服务质量。

公共管理机构的宗旨是向公众提供公共服务。既然在相当程度上公共管理机构和公众是生产者和提供者与顾客的关系,那么公共管理机构的服务就必须围绕公众的需求进行。只有当所提供的服务满足了作为消费者的公众的需要,当公众对服务满意时,公共管理机构的服务才是良好的服务,才实现了公共服务这一特殊"商品"的价值——公共管理机构才真正实现了绩效。因此,公众对公共管理机构的满意程度,也就必然是衡量公共管理机构绩效的指标,是一种将公共服务在一定程度摆上了特定的市场后,用市场所要求的方法进行的一种市场检验。实际上,从公共管理的角度看,公众满意程度评价,是通过公共事业管理机构的服务对象,融经济、效率、效果和公正为一体所做出的评价,根本上是对公共管理机构绩效全面的、综合的和终极性的评价。

公共事业管理由于其自身的内涵和特点,实际上是整个公共管理中这一公众满意程度评价最早涉及的领域,也是最为主要的领域。

二、公共事业管理公众满意评价的基本方法

既然公共事业管理公众满意评价在基本机理上是一种市场检验,尤其是现代公共事业产品生产和提供的特定方法本身的经济性及与市场的联系,决定了衡量公众对公共事业管理的满意程度时,可以采取以下的方法进行。

(一)调查分析公众对公共事业管理的满意程度

就对公众关于公共事业管理满意程度的调查而言,这实际上是获取公众对公共事业管理的一种主观评价。这是评价公众满意程度的一个重要指标。公众对公共事业管理的主观评价,主要来源于对公共事业产品生产和提供的亲身感受,以及根据所获得的间接信息在其知识范围内的理性判断。这些判断或评价主要包括了公共事业产品生产和提供的公正性、效率,以及具体的产品的数量、质量等。

对公共事业管理进行调查的主体,应该是非公共事业管理机构。调查的方法可以分为直接调查法和间接调查法。

(二)对公共事业产品进行"市场分析"

公众对公共事业管理的满意程度,是通过对公共事业产品的评价来反映的。在有关法律和政策保证了公共事业产品生产和提供的公正性,并且同一公共事业产品由一家以上的公共事业产品生产者提供,也就是公众对公共事业产品有选择自由并且能够选择时,公共事业管理机构在公共事业产品这一特定市场上的状况,也就折射出公众的满意程度,进而反映出公共事业管理的绩效。

对公共事业产品的"市场分析",主要应考察公共事业产品的市场占有率。一般来说,公共事业产品的市场占有率高,就意味着该公共事业产品的规格适合公众的需要,质量好,同时也包括有一个良好的服务体系。这一服务体系既表示能及时地对公众的需求做出回应,又表示有应有的对具体公共事业产品的服务和售后服务——相当一部分公共事业产品本身就是一种商品,存在服务和售后服务的问题。

三、实施公共事业管理公众满意评价的条件

公众满意程度是现代公共事业管理评价中一个全新的理念,一个重要的

评价手段。不难看出,要实施这一评价,至少必须具备如下的条件。

第一,建立新型的公共事业产品生产和提供机制。这里所说的"新型",基本含义是指必须是以符合准公共产品特点为基础而建立的公共事业产品生产和提供方式的公共事业管理体制。在这一体制中,既有以政府为核心的多元管理主体系统,也有包括公共支出、社会投资等多元的资金投入。公共事业产品的生产和提供既体现出公共性,又保有与经济的内在联系。

第二,公共事业产品生产企业有竞争的自由和公平竞争的环境。既然存在一个公共事业产品生产和提供的特定市场,并要让公众真正享受到优质的公共服务,对从事公共事业产品生产和提供的组织来说,竞争必不可少。为此,在法律和政策构成的制度空间下,从事公共事业产品生产和提供的各类组织,不管是政府组织还是非政府组织,乃至涉足公共事业产品生产的企业组织,在获取进入生产的机会和进行顾客竞争时,不会由于组织类型的不同,也不会由于与政府的关系不同而得到不同的条件,受到不同的待遇。

第三,公众有选择的自由和必需的民主意识。同样,要真正反映出公众对公共事业管理的满意程度,公众首先就必须有在不同的公共事业产品生产和提供者之间选择产品和服务的自由。有比较才能有鉴别,才能有真正的满意。公众的这一选择自由,既依赖于面前有不同的公共事业产品的生产和提供者,也取决于公众可以在不同的公共事业产品生产和提供者中进行自主的挑选。这实际上是民主的需求。同时,作为公众来说,其做出自主的选择不仅仅是一种制度的安排逻辑结果,更必须是自身民主意识的理性的必然。惟其如此,才能对公共事业管理绩效做出深入的认识和评判。[1]

第五节　公共事业绩效管理的改进

一、公共事业绩效管理存在的问题

自 20 世纪 90 年代初以来,绩效评估在一些西方国家得到完善和发展,至今仍方兴未艾,而我国的事业单位,只是在最近几年才开始学习和研究这种

---

[1] 崔运武编著:《公共事业管理概论》(第二版),高等教育出版社 2006 年版,第 280—290 页。

管理方法,起步比较晚。在实践中,一些单位虽取得了一定的成效,但是还存在着大量的问题。

(一)对绩效管理工作定位的模糊

对绩效管理工作定位的模糊,是绩效管理工作的核心问题。所谓定位问题其实质就是明确绩效管理要解决什么问题,工作的管理目标是什么定位直接影响到工作的实施,定位的不同必然带来实施方法上的差异。对绩效管理定位的模糊主要表现在缺乏明确的目标上,仅仅是为了工作而工作,更多的时候是为了绩效考核而进行考核,这样做的结果通常是流于形式,绩效管理的结果不能被充分利用起来,耗费了大量的时间和人力、物力,结果不了了之。考核定位的偏差主要体现在片面看待考核的管理目标上,对考核目的的定位过于狭窄。例如,某事业单位绩效考核的主要目的是年底分奖金,将绩效工作定位为确定利益分配的依据和工具,这确实会给职工带来一定的激励,但势必使得绩效工作在职工心中是一种负面的消极形象,从而产生心理上的压力,这是对绩效工作形象的扭曲。

(二)绩效管理的理论研究和实践不足

绩效管理的理论研究,要求研究者有多学科的知识背景,如管理学、统计学、经济学、心理学、行政学、法学等,对研究人才的要求很高。事业单位绩效管理还会受到政治、经济、历史、文化等多种因素的制约,特别是受到我国的国情、制度和传统行政作风的影响,研究难、见效慢,加上我国开展事业单位绩效管理起步较晚,现在基本上还处于初级阶段。相关的理论研究与实践不足,使得我国公共事业部门的绩效管理缺乏一套符合本国国情的绩效管理体系。

(三)绩效管理考评指标简单粗放

公共事业绩效管理指标简单粗放主要表现在以下四个方面。

第一,考评指标与被考评者职务工作的关联性不强。由于对考评指标的选择缺乏科学合理的程序与手段作保证,其中部分指标与职位工作相关性不强,属于非职位任职者能直接控制的指标。

第二,考评指标权重设置不合理。考评指标权重的确定缺乏充分依据与科学程序作保证,不同类别指标、大类中的具体指标及针对不同考评目的的指标权重与预期导向不一致。

第三,内部单位与其领导考评基本上混为一体,不符合实际情况。多数事业单位部门领导班子至少由两人组成,且不同个体的绩效状况有着明显差别,加之环境因素对绩效的影响,绩效管理工作结果的客观真实性因此受到限制。

第四,考评指标操作性不强。指标内涵不明晰或缺乏具体化的考评标准、方法作为支持,使得执行过程难度较大,一致性较差,影响了绩效管理信度。

(四)绩效管理过程缺乏必要沟通

这主要表现在三个环节,即:

一是绩效指标确定过程缺乏充分的参与及确定后的沟通,使被考评者对指标缺乏应有的责任感;

二是执行过程缺乏有效反馈机制与指导性沟通,执行过程难以发现问题,难以发现执行过程的关键典型行为;

三是没有就考评结果、被考评者的绩效改进与被考评对象进行充分沟通,更谈不上围绕绩效改进的面谈。

(五)绩效管理各环节衔接不好

想做好绩效管理,还必须做好考核期开始时的工作目标和绩效指标确定工作,以及考核后期时的结果反馈工作,将绩效考核放在完整的绩效管理过程中。许多事业单位没有将绩效考核放在绩效管理的体系中考虑,而是孤立地看待考核,因此不重视考核前期与后期的相关工作。在考核之前,主管人员需要与职工沟通,共同确认工作的目标和应达成的绩效标准。考核结束后,主管人员需要与职工进行绩效面谈,共同制定今后工作改进的方案。此外,绩效评估多处于自发状态,没有相应的制度和法律作保障,缺乏系统理论指导,实践中具有盲目性。考核方式较为单一片面,强调的是上对下的考核。考核标准过于单一和原则化,缺乏可操作性,实际执行情况不力,使德、能、勤、绩的考核体系对事业单位人力资源管理的作用大大削弱等,这些都是事业单位绩效管理中存在的问题。

(六)绩效管理中的激励功能不明显

在绩效考核的激励功能方面,由于事业单位的特殊性质,隐约存在行政模式的影子,绩效管理的效用难以有效发挥。有时候在做绩效考核的工作中会出现:考核前重视,考核中忽视,考核后无视。这令考核工作浮于表面,流于形式,继而导致员工的职务晋升、奖金分配等不能与绩效考核挂钩,在一定程度上使员工的信任支持缺失,打击了员工的工作热情和积极性,由此影响单位战略发展目标的实现。

(七)绩效管理基础工作不完善

诸如在绩效考评中的职务分析、工作流程、目标管理体系、考评组织设置与人员配置等绩效考评基础工作不能支持绩效管理的要求。上述绩效考评问题的存在,影响了绩效管理的效度与信度,使得各类人员对于考评结果的满意度普遍较低,绩效管理因此难以支持员工激励与组织发展的要求。

(八)绩效管理体系未充分意识到环境对绩效的影响

绩效管理理论认为,员工个人绩效的高低主要取决于四个方面的因素:员工个人的知识、能力、工作动机以及机会(即员工和工作之间的匹配性以及其他外部资源的支持)。这在事业单位中表现得尤为明显。事业单位员工工作业绩在很大程度上取决于外部环境资源的支持,即组织是否提供了足够的机会。在实际工作中不难发现,事业单位员工的绩效与能力在很多时候是不成正比的,因为有许多外部的不确定因素影响和制约着他们能力的发挥。因此,没有环境支持度指标的绩效评估考核并不能真实反映相关工作者的实际工作成绩。但事业单位绩效评估指标体系中,一般没有或很少涉及环境因素对员工绩效的影响。

(九)绩效管理中对绩效考核结果缺乏系统运用

仅把考核结果作为工资、奖金的分配标准,肯定有违绩效考核的本意。许多单位虽然在绩效考核结果的使用上进行了一些探索,把考核结果与干部的任免提升、福利待遇直接挂钩,但却在一定程度上忽视了绩效考核作为分配依据必然担当的管理功能及杠杆调节作用。由于没能对绩效考核结果及导致结果的原因进行深入分析,并就发现的问题有针对性地进行辅导和改进,致使人们过分关注考核分值,以致个别单位和同志急功近利,大做表面文章,使公共事业部门绩效管理更多地流于形式化和表面化。

二、改善公共事业单位绩效评估对策

针对上述存在的问题,应从以下几方面来改进事业单位的绩效考评工作,以提高其绩效管理效果。

(一)明确定位绩效管理工作的目标

绩效管理是一个完整的系统,不是一个简单的步骤。绩效管理的目标是实现组织的远景规划与战略目标。绩效管理强调目标管理,目标+沟通的绩效管理模式被广泛提倡和使用。目标管理的一个最大的好处就是员工明白

自己努力的方向,管理人员明确如何更好地通过员工的目标对员工进行有效管理,提供支持帮助。

绩效管理的战略目标在于通过绩效管理实现组织的远景规划和战略目标——为核算和稽查单位提供规范、高效、优质的专业服务。首先,只有明确了这一目标,组织成员的努力才会有方向,才会更加地团结一致,共同致力于绩效目标的实现,共同提高绩效能力,更好地服务于组织的战略规划和远景目标。其次,我们要对战略计划深度分解,明确每个部门、每个员工在每个阶段的具体任务,每个人对自己的任务负责。细节把握程度越高,做得越细,执行效果越好,并且执行动作越清晰细致,越有助于员工对策略本身更深地理解;而理解得越透彻,就越能保证组织上下对战略目标和具体目标理解的一致性和清晰性,从而形成合力,提升绩效。

(二)充分发挥沟通在绩效管理中的作用

沟通是绩效管理的关键词之一,沟通在绩效管理中起着决定性的作用。绩效管理的每一个环节都离不开沟通:制定绩效要沟通,帮助员工实现目标要沟通,年终评估要沟通,分析原因寻求进步要沟通,总之,绩效管理的过程就是上级和下级持续不断沟通的过程。一定意义上,绩效管理的成功是上级和下级沟通的结果,他们沟通的成败决定了绩效管理的成败。离开了沟通,事业单位的绩效管理将流于形式。

通过沟通,既可以避免因缺乏其而产生的不必要的工作误差,又可以明确问题的所在,以及在解决问题上所需的努力和仍需改进的地方。此外,有效的双向沟通可以带给组织成员横向比较和沟通的信息,双方可以互相交流以实现绩效管理的目标。

(三)从全局把握绩效管理的衔接问题

绩效管理是一个完整的系统,一个系统能否发挥出比各部分更为出色的功能,关键在系统各个环节的衔接。绩效管理从程序上可以做出绩效计划、绩效辅导、绩效考核与绩效反馈这四个循环的划分。绩效计划是绩效管理的起点,有一个好的绩效计划意味着绩效管理成功了一半。绩效辅导是上级主管辅导自己下级达成绩效计划的过程,连接了绩效计划与绩效考核。绩效考核是绩效管理中最为明显的环节,上级常常需要与下级员工进行一对一面谈沟通,填写大量的评估表格或撰写评估报告。由于评估结果将与员工的薪酬、晋升、培训联系起来,这一环节因此也显得非常紧张。很多人常常把绩效考核等同于绩效管理,实际上前者只是后者的一个环节。绩效评估环节的失效会导致整个绩效管理失败,因为这是整个绩效管理过程形成显式结果的环节。绩效反馈是最后一个环节,这是整个绩效管理体系循环回路中非常重要的一个节点,也往往是最容易被忽视的一个阶段。绩效反馈的目的可以归纳为:了解上级对自己工作绩效的看法;共同分析原因,找出双方有待改进的地方;共同确定下一期的绩效计划和改进点。这四个环节环环相扣、相辅相成,构成完整的管理体系。所有部门和人员全部参与进来,通过沟通确定和细化战略、职责、方式、手段以及绩效目标等管理的基本内容,在持续不断沟通的前提下,帮助清除工作过程中的障碍,提供必要的支持、指导和帮助,共同完成绩效目标,实现远景规划。

(四)完善基础工作,搭建绩效管理的平台

目前,随着事业单位改革的不断深入,事业单位绩效管理的基础正逐步得到完善。有效的基础工作或者说是基础平台的搭建,是会计核算中心的绩效管理目标实现的必要前提。其基础工作包括:依据核算中心的远景规划和战略目标,明确自身的基本职能;会计核算中心机构设置和人员编制须符合绩效管理的要求,每个部门明确自身的会计主体地位和责任,并对自己的责任和权利负责;建立和完善各项管理制度,加强队伍建设,以制度管人,进一步规范工作行为,营造一个团结向上的集体,为绩效管理的开展创建一个最好的软环境,让员工在其中发挥最大的作用。

(五)建立绩效管理的激励机制

谈到激励机制,人们通常会将其与物质奖励相联系,这种传统单一的激励手段远不能适应时代提出的要求。从实际情况来看,很多事业单位已经将绩效考核与员工的晋升、奖惩、获得培训的机会挂钩,员工通过自身的努力可以为自己的职业生涯带来更多的机遇和更好的待遇,这样可以有效地激励员工,使员工努力为提升整体绩效而努力,并且在某种程度上也提高了员工的整体素质。激励机制使单位和员工最终达到一个双赢的局面。

(六)因地制宜地设计绩效指标体系

制定统一的绩效指标体系十分困难,但绩效指标体系本身又是非常必要的。一般而言绩效指标可分为可量化指标和不可量化指标,对于可量化的产出应设计量化指标体系,对于难以量化的产出,可遵循如下原则来设计指标:绩效指标应是具体、明确和切中目标的,而不是模棱两可、抽象的;绩效指标最终是可衡量、可评价的,而不是笼统和主观的;绩效指标是能够实现的,而不是过高或过低,或不切实际;绩效指标是现实的,而不是凭空想象和假设的;客观性指标与主观性指标相结合,工作指标与业绩指标相结合,个体指标与团体指标相结合。当然由于组织的目标经常变化,绩效指标体系应该具有一定的灵活性和弹性,并不断地接受重新检查和修改。

(七)建立健全绩效反馈机制

所谓绩效反馈就是使员工了解自身绩效水平的各种绩效评估手段,其最主要的实现手段就是绩效沟通。绩效沟通是绩效评估的重要环节,其主要目的在于:改善及增强员工之间的关系;分析、确认、显示员工的强项与弱点,帮助员工善用强项与正视弱点;明晰员工发展及训练的需要,以便其日后更加出色有效地完成工作;反映员工现阶段的工作表现,为其订立下阶段的目标,作为日后工作表现的标准。在绩效评估的过程中,一定要注意与员工的沟通。而在绩效评估循环中,绩效目标一定要由管理者和员工经过充分沟通,双方共同确定和完成。建立彼此的信赖关系是绩效沟通成功的首要前提,是建立健全绩效反馈机制的重要保证。

总之,绩效评估是一个系统的、动态的过程。事业单位实施绩效评估必须根据单位自身情况,深刻认识在绩效评估方面存在的问题,彻底改变观念,建立一个有效的绩效评估系统,注重在绩效评估过程中进行持续不断的沟通,实现组织绩效的不断提高和组织核心能力的不断提升。

本章小结

公共事业绩效管理理念的树立和绩效管理的形成是公共事业管理顺应社会变革的必然结果。公共事业绩效管理过程包括绩效目标的确立与分解、绩效监控和绩效评估三个基本的功能活动。公共事业绩效管理是扎实推进我国政治体制改革的一个重要环节,有助于提高行政事业单位的管理绩效,提高行政事业单位信誉和形象。

公共事业绩效评估以"4E"为评估标准。经济效益、社会效益和生态效益相协调,结构导向、过程导向和结果导向相结合,共性指标和个性指标相统一,当期指标与递延性指标相兼顾为评估指标体系的构建原则。平衡计分卡、层次分析法、逻辑分析法和360度评价法为公共事业绩效评估常用的具体方法。

标杆管理是促进公共事业组织学习与改革、提高绩效的重要方法,在公共事业管理中有着特殊的作用。公共事业中的标杆管理由确定标杆类型、确定标杆项目、制定具体措施、评估考核结果四个步骤构成,在标杆管理实施过程中要注意避免走进误区。公共事业管理公众满意度评价的基本方法为：调查分析公众对公共事业管理的满意程度；对公共事业产品进行"市场分析"。同时，实施公共事业管理公众满意评价需要满足如下条件：建立新型的公共事业产品生产和提供机制；公共事业产品生产企业有竞争的自由和公平的环境；公众有选择的自由和必需的民主意识。

目前公共事业绩效管理中仍然存在诸如对绩效管理工作定位的模糊等问题。因此，在日常的管理中，需要采取各种具有针对性的措施与对策，不断改进绩效管理方法，提升绩效管理水平。

概念术语

绩效管理　　　　绩效评估　　　　"4E"评估　　　　平衡计分卡
层次分析法　　　逻辑分析法　　　360绩效评估法　　标杆管理
公众满意度评价

复习思考题

1. 什么是公共事业管理绩效？
2. 你是如何理解360度评价法的？
3. 谈谈BSC在实际中怎么应用？
4. 何谓标杆管理？谈谈它的使用原理。
5. 你是如何理解公共事业部门中的公众满意度评价的？

下 篇
公共事业分类管理概述

第六章 科技事业管理

发展科技事业是人类社会生存和发展的共同需要。科学技术是第一生产力,它推动着社会经济的全面发展,改变着人类的生活方式和思维方式,提升人们的生活质量。要充分发挥科学技术在社会经济发展中的作用,必须在正确认识科学技术活动的基本特征和政府在科技事业发展中的地位的基础上,形成和完善现代科技事业管理模式。

第一节 科技事业活动的类别

根据科学技术事业活动的性质和目标不同,可以对科技事业活动进行如下分类。

一、按照科技事业活动的性质分类

根据研究活动本身的性质不同,科技事业活动可以相应分为不同的类型。

(一)基础科学研究

科学是反映自然、社会、思维等客观规律的学科和知识体系。基础科学研究主要是指对基本问题和基础理论的研究,使命是探索自然界的规律,追求新的发现和发明,积累科学知识,创立新的学科,为认识世界、改造世界提供理论和方法,是其他技术进步的先导。基础性研究的重大突破,将带来新兴产业群的崛起,引起经济和社会的重要变革。这些研究活动从长远看,关系到一国的发展与强盛。这一类研究活动的特点是研究成果难以在较短的时间内市场化,但却是人类进步和社会生存发展必需的。当代基础研究可以分为:自由探索式基础研究(无应用背景的为纯基础研究,有应用背景的为应用基础研究)、有组织的基础研究(如大科学研究、战略性基础研究等)。

基础性研究的成果具有纯公共产品的性质,基础科学研究的使命是对人类未知领域的探索而非营利,科学的定律或原理一经得出,是公开发表和公布的,任何人都可以学习和应用,难以商品化或市场化。这种学习和应用不排他和不存在竞争,其生产者很难把科技创新的成果占为己有,这类成果的应用面广,并不针对某种特定的产品。而且在纯科学方面"如果自由地交流思想受到严重限制,那么,科学肯定会蒙受损失"。① 所以,基础研究成果在消费上排斥困难或者不应排斥。

(二) 人文社会科学研究

这类研究关注和解决人类自身和社会发展的问题,关注和解决的是人类自身的知识和文化的发展,以及整个社会政治、经济和文化的发展问题。除一些行为科学研究和微观经济研究成果可以直接为企业等应用外,其基本特点主要还是关于公众整体和社会活动的研究,研究成果具有一定的纯公共产品特性,关系到社会整体利益,是人类社会发展必不可少的东西,通常难以进行货币价值量化,并且与企业的营利活动没有直接的联系,因而不可能市场化。

(三) 应用技术研究

技术是人类在利用自然和改造自然的过程中积累起来并在生产劳动中体现出来的经验和知识,也泛指其他方面的技巧。应用技术研究这类科技活动指在基础科学研究的基础上,综合利用知识,将基础科学研究成果变为现实的技术发明活动。应用技术研究建立在基础科学研究的基础上,而根据现实的需要综合利用知识,将科学研究提供的成果变为现实。其特点是直接针对现实需要,产品比较容易市场化。应用技术研究产品具有一定的排他性和竞争性。应用研究的成果是具体的,是独创性的,大部分可以商品化,受专利法和技术转让合同保护。相对而言,其公共产品属性较低,具有私人产品属性。

(四) 公益性科技活动

公益性科技活动包括相关技术研究及推广两部分,是社会发展的基础性需要。公益性技术研究指一些涉及公众整体利益、难以分割的技术研究和运

---

① [美] W. 阿瑟·刘易斯:《经济增长理论》,梁小民译,上海三联书店、上海人民出版社1994年版,第215页。

用,如有关气象服务、灾害研究等方面的研究。技术推广则涉及公众利益和社会整体利益,如农业技术推广等,这类技术是社会发展的基础性需要,往往难以实现市场化。

二、按研究活动的目的和功能分类

在科技事业活动中,由于从事科学技术研究的主体、研究的目的不同,因而某一特定的科学技术活动所具有的对社会发展的作用也是不完全一致的。

(一)以满足企业或市场需要为主要目的的科技活动

从事这类科技产品生产的主体,既包括企业自身,也可以是专门的科研机构和个人。在现代社会,技术水平与资金和管理水平一起决定了企业的竞争力,通过科技研发活动可以提高企业的生产效率和产品的市场竞争力,甚至由于开拓了新的市场领域,还会给企业带来巨额利润。此类研究成果由于可以把不愿付费的消费者排斥在受益之列,其公共产品属性相对较低,但具有一定"外部性",可以称为"准公共产品"。这些研究活动给其自身带来经济效益的同时,也给社会带来一定的效益。

(二)以满足社会共同需要为主要目的的科技活动

这类研究包括上述所说的基础科学研究、人文社会科学研究和公益性科技活动等类别。它们是以满足社会共同需要为主要目标的科技事业活动。这类科技活动以满足社会共同需要为主要目标:一方面,它们所要解决的是人类社会存在和发展的基本问题,也是应用技术研究的基础;另一方面,这类科技活动的结果,很难或不应该市场化,或者具有垄断性,不适于采用市场提供的方式。

此外,还有一些重大的开发应用性研究,虽然是应用性的,但由于投资和风险较大,一般企业或个人没有能力或不愿从事研究,也难以进行市场化,往往需要政府投资或主导研究。

科技事业管理是公共事业管理中的一个重要组成部分。科技事业管理就是对科技事业的管理,有广义和狭义之分。广义的科技事业管理是指由政府相关的科技职能部门以及其他公共组织,对管辖范围内的科学技术研究、开发、传播和应用等活动的组织管理。狭义的科技事业管理又称为"科研管理",是指企业、研究院、科技所、高等院校等对内部的科学研究活动和技术开发活动的组织与管理,是社会微观层次的科技事业管理。本章所讲的科技事业管理主要指广义上的科技事业管理,即科技事业管理是指政府及其他公共组织以满足社会科技需要为主要目的,对科技事业的发展进行规划、组织、指挥、协调和控制的活动。因此科技事业管理具有一定的强制性,不以营利为目的,并具有鲜明的服务性。

第二节　科技事业活动的公共产品属性

一、受益的非排他性和消费的非竞争性

非竞争性和非排他性是公共产品的基本特征。而同时具有这两个特征的就是纯公共产品。对于"科学"而言,其具有效用的不可分割性、消费的非竞争性和受益的非排他性,是纯公共产品。如基础科学研究、人文社会科学研究所得出的科学定律或原理,它的表现形式是抽象的,反映着人类在认识自身和世界本质方面的深化或突破,其社会和经济的价值在于为应用技术的研究和开发开辟新的领域和空间。同时,科学研究的目标是对人类未知领域的探索,因而科学的定律或原理一经得出,是公开发表和公布的,人们可以不付费就可以学习和应用,并且任何一个人的学习应用都不会影响他人的学习和应用。在许多情况下,科学研究的研发成本由政府财政来承担,或由政府与公众个人分担。它的所有使用者都可以从中受益。对于应用性技术来说,技术开发的投入是一次性的,使用过程则无损耗。一项技术一经研制成功,持有者可以多次重复转让,而不必投入新的开发成本。且一个使用者使用该科技成果不会妨碍或减少其他使用者对该成果的使用,并不存在竞争。对于研究与发展活动者而言,公共科技产品的研发成本并不随着使用者人数规模的变化而变化。即使有变化,那只是知识载体成本的变化或商业化成本的变化。例如,研究与发展一个预防 SARS 的疫苗,取得了成果,所花费的研发经费,并不因为只有一人应用或多至一万人应用而变化。但是对于疫苗的生产商而言,其产品的生产与销售成本当然与应用的人数规模相关。"当某一个经济行为人使用某种技术生产商品和服务时,并不妨碍其他的经济行为人也使用同一种技术。这种性质使得技术不同于资本品。在某个地点,资本设备

只能在一个地点被使用"。① 虽然一项技术可以在一定范围内共享,但技术所有者却可以通过专利、版权等形式进行排他,阻止未付费者从该技术中受益。此外,技术的外部性也十分突出。

从以上分析看出,科技事业活动具有公共产品的特性,但是,科技事业产品内部的公共性纯度差别是比较大的。科学的公共产品属性更加突出,而技术的私人产品属性更加明显。科技事业产品总体而言是一种混合公共产品。同时具有非排他性和非竞争性是纯公共产品的基本特征。具体而言,在科技事业活动中,基础科学研究、人文社会科学研究、公益性科技活动就具有纯公共产品的两大特征。应用技术研究具有消费上的非竞争性和受益的一定程度上的排他性,是一种准公共产品。

二、突出的外部性

外部性是公共产品的一般特征。其指一件事对他人产生有利(正外部性)或不利(负外部性)的影响,但不需要他人对此支付报酬或对他人给予补偿。科技事业活动都具有突出的外部性,但不同类型科技产品的外部性表现程度不一。科学技术研究具有强烈的"外部效应",表现为跨区域或跨越组织边界的知识扩散和技术溢出,促进产业技术进步,刺激产业技术创新,提高资源效率和经济繁荣等正外部性。科学技术的进步会给整个人类社会带来生活质量的提高,引起经济和社会的重要变革,从而在一定程度上推动社会的进步。科技活动客观存在的外部性加快了科技成果的扩散与应用,从而形成巨大的聚集经济,给国民经济创造正外部收益;科学技术成果,作为知识用于教学、科研等非营利事业时,一般是不需付费或收取较少费用的。但由于技术的通用性,在传播、使用、扩散中,会产生无意或有意不付费或少收费而将知识产权用于营利目的的状况,这是难以避免的。这种情况称为"技术溢出"。而这种"技术溢出",对全社会的技术创新与经济发展是有利的。同时,其也通过外部性给科技创新企业带来重大的外部损失,即"溢出效应"。市场中的其他企业在不付出任何研发成本的情况下,能够轻易仿造或窃取科技创新企业的创新成果,进而影响企业从事科技创新的积极性和主动性。一个企

---

① [美]G. M. 格罗斯曼、[美]E. 赫尔普曼:《全球经济中的创新与增长》,何帆等译,中国人民大学出版社2003年版,第13页。

业可以在没有市场交易的条件下无偿获得其他企业的技术创新成果,谋取利润。原因如下:一是相关信息的公开,绝大多数专利说明书均公开刊登,这将使专利转让无法实现全部专利发明的社会价值;二是人员流动,研发人员是新科技知识的载体,人员流动使新技术知识在企业间形成外溢;三是市场溢出,创新企业开拓出的市场出现无法满足的市场需求,剩余空间降低了其他企业进入市场的成本。

科学是一种存在完全外部性的产品,是一种纯公共产品。基础科学研究、人文社会科学研究、公益性科技活动的外部性高于应用技术研究的外部性。

从以上分析看出,科技事业活动具有公共产品的特性。但是,科技事业内部的公共性程度是有差别的。以企业为主体的科技创新及应用技术研究,以满足企业或市场需要为主要目标的科技事业活动。此类研究成果的公共产品属性相对较低。

第三节 政府介入科技事业的必要性

如今,科学技术已经成为影响一国经济、社会发展的最重要力量,"没有哪一个国家……可以不关心、不利用、不干预、不管理和不控制技术,不或多或少给予科技投入"。[①] 科学技术是第一生产力,这已被近 200 年来三次技术革命对提高劳动生产率和社会生产力的重要作用所证实。20 世纪 90 年代以来,市场经济国家政府对科技活动特别是工业技术创新的干预更趋强烈,其广度、深度、力度都属空前。科学技术的重要地位及基本特征决定了政府必然介入科技事业,对科学技术事业活动进行干预。政府从战略的角度干预科技事业是政权建设、国家安定、经济发展的客观需要和必然选择。

一、科学技术研究的基本特征

科学研究,尤其是基础性科学研究,具有高风险、研发难度大、投资规模大和投资周期长的特征。科学研究的过程就是知识创新的过程,是科学发现

---

① 赵玉林:《创新经济学》,中国经济出版社 2006 年版,第 8 页。

与技术发明的过程。科学研究与技术开发的过程具有很大的风险,需要的资金规模巨大,其投入与产出的关系不确定,谁也无法保证投入多少科学家、投入多少研究资源,就一定能产出多少创新知识,就一定能转化为多少经济效益,甚至有些研究成果是难以进入市场进行交易的。科学研究是一条漫漫求索之路,有些研究成果可能是几代人呕心沥血的结晶,而有些科学研究可能只有耕耘,而没有显见的收益。无论是难以获得投资回报,还是无法获得全部投资回报,都可能影响私人企业的科技研发投资决策。特别是高技术开发及产业化充满了技术的、市场的、经营管理上的风险,尽管潜在利润率很高,但"创新者"总是较少,企业一般愿意"搭便车",热衷于追随和模仿,以致这些领域必然创新不足,损害整个社会的创新能力。因此,纯粹从经济收益角度出发的私人部门不愿介入基础科学研究,政府的介入成为必要。这需要政府直接介入资源配置过程:直接投资、提供优惠贷款或担保;建立风险投资基金对高技术投资进行补贴;对高技术投资优惠税收和折旧。尽管一直存在争议,但近20年来各国政府特别是发达国家对高技术发展的政策实践表明,政府对市场失效的干预总体看是有效的。

二、科学技术研究具有较强的外部性

科学技术研究成果具有强烈的外部效应。表现为市场(价格)溢出和知识溢出。市场溢出指创新者未能通过市场价格获得投资回报,知识溢出指其他企业或个人利用创新者的知识进行创新,削减创新者的投资回报率。部分科学研究成果的社会效益往往要远远大于该成果给生产者个人带来的效益,具有公共产品的性质,例如一些重大的医学研究课题、农业基础科学研究、基础理论研究等。这些外部性很强的科研项目是政府直接投资的对象。一旦政府投资的研究取得成果,政府可将成果在全社会范围内推广使用,造福人民。相反,纯粹的私人研究成果可以使用专利权对其加以保护,这些研究活动给其自身带来经济效益,同时也给社会带来一定的效益,但其社会效益较之具有纯公共产品性质的科研成果显得有限。以农业科技投资为例,由于受农业生产特点的直接影响,农业科技投资风险大、周期长、见效慢。农业科技成果应用的技术风险和极不稳定的预期收益直接降低了农业生产者对新技术的有效需求,加上农业技术的推广具有很强的共享性和公益性,农业科技成果的绝大部分很难以专利技术的形式通过市场交易进入农户,农业技术的供给者难以通过科技成果的商品化实现自负盈亏和自我发展，直接导致农业科技的开发、推广、应用等各环节都因资金短缺而陷入困境。农业是国民经济基础，但收益率低于一般工业部门的特点，使其技术开发、应用、推广必然难以找到适宜的市场经营组织来承担，只有依赖政府的力量来保持必要的农业科研规模和水平。

在企业的科技创新给国民经济创造正外部收益的同时，也会通过外部性给科技创新企业带来重大的外部损失，即科技创新企业的创新成果将产生诸多的"溢出效应"，从而使市场中的其他企业甚至竞争对手在不付出任何研发成本的情况下，便能够轻易仿造或窃取科技创新企业的创新成果，进而影响这些企业从事科技创新的积极性和主动性。在市场机制不能正常发挥作用的情况下，为了弥补外部性给科技创新企业带来的外溢损失，保护科技创新企业的创新利益，实施政府补贴等手段应是政府激励企业进行科技创新宜采取的有效措施。

三、市场对科技人员劳动价值评价的扭曲

科技知识的生产过程与其他物质产品的生产过程一样，需要各种要素的投入。科学技术研究活动强调的是主观要素的投入，即科技人员智力的投入。科技活动是一项复杂高级脑力劳动。在科技产品的生产过程中，由于投入与产出关系的不确定性，再加上科技人员的智力投入很难衡量，这就决定了对科研人员的劳动计量是非常困难的。它不像普通物质产品的生产，可以通过一定的产出数量来推算体力劳动支出程度，从而像计件工资那样给出相应的报酬。虽然科学发现的优先权报酬系统可以激励科学知识的生产和传播，但优先权报酬系统往往只垂青少数一流的科学家，而其他绝大多数默默无闻的科学家和科技工作者很难获此殊荣，它无法对其他科技工作者的付出与努力做出合理评价。在科技产品的交易中，市场只是以该科技成果的直接的可预见的效用来进行估价，而不会涉及这一科技研究中投入的人力、物力、时间的多少。这种"功利主义"的评价无法对科研成果的价值做出正确评价，无法对科研人员的劳动做出公正的考量，意味着市场缺乏对科学技术研究的有效激励机制，出现市场失灵。从事科研工作的高风险、低收益，很可能导致科研人才大量流失，造成社会福利水平下降。因此，单纯的市场机制无法提供有效激励科学知识生产的机制，政府对科学技术研究成果生产的保障，体

现在政府对科研人员的劳动做出公正评价,并给予必要支持。一种最为自然且有效的选择办法就是政府介入科技事业的生产领域,用财政资金为每个科研人员提供一份基本的报酬,一份不低于同类人员在市场上所获得的报酬。

四、科技成果交易市场的客观存在

市场经济中,科技活动很大程度上是经济活动的一部分,技术是商品。不同商品生产者之间交换的前提是明确的产权关系和公平的市场行为规范,而市场本身存在缺陷,比如:市场无法界定并保护知识产权和技术产权;市场无法制订并执行科技交易规则。只有靠政府这种有组织的权力系统来供给。

(1)界定和保护产权。这里的产权概念也包括了知识产权(技术专利、商业秘密、软件、商标、著作权)等主要的科技活动成果,且在市场经济国家对知识产权的保护范围有日趋扩大的趋势。只有明确的产权界定和保护,整个社会技术进步才会有持久的内在动力。

(2)制定和执行科技要素交易规则。缺乏公平、公正、公认的交易规则,市场主体的行为将必然因缺乏合理预期而短期化,作为较长期利益来源的技术进步行为不可能持久和扩大,市场不可能有效率。这就需政府制定一整套交易规则来规范市场行为,并负责实施。如《技术合同法》《技术转让法》等。

同时,市场经济中还存在着市场失灵的领域,如市场不能很好地解决科学技术的外部效应。另外,某些科技活动准入门槛高、风险大、收益在短时间内无法量化衡量,企业和科研机构因此无法独自承担而只能靠政府。

五、技术创新活动具有负外部性

特定的技术创新活动具有显著的外部性,既可以表现为跨越区域或跨越组织边界的知识扩散和技术溢出,刺激产业技术进步、提高资源效率和促进经济繁荣的正外部性,给人类社会带来福祉,但其在发明技术、创造财富、应对危机的同时也可能制造出许多难以预料的麻烦和问题,或表现为污染环境、消耗稀缺资源和引发深层次的社会危机等负外部性。如:某些农业和渔业领域的技术创新活动导致水土流失、自然栖息地减少、海洋生物资源消耗枯竭,严重破坏当代人和后代人赖以生存的自然资源基础;转基因技术在医药和农业上的创新应用可能导致细菌抗药性或生态不可逆性等无法预期的后果等。①

依据技术创新活动所引发的社会成本增加的表现形态,可以将技术创新活动负外部性归结为两种基本类型。

一是显性的负外部性,指某些技术创新活动给创新活动主体带来巨大利益,同时给其周围的其他人或社会带来直接的、显性的有害的负面影响。这些科技创新活动主体创造利益、增加财富,同时直接给消费者或其他社会成员带来生存环境、生命健康和公共资源保护等方面的利益损失,直接增加了社会成本和社会公共产品的投入。

二是隐性的负外部性,表现为间接引发社会成本的大幅度增加或可能产生一些人精神上或心灵上的挫折感,进而诱发其他社会成员的非理性行为,也可能属于潜在的、在未来某个特定时期才可能会出现的负外部效应等多种情形。一些技术创新活动间接引发社会成本大幅度增加,例如:大量先进的昂贵医疗器材的发明和商业化应用,使许多本来可以提供特定社区基本医疗服务的项目和计划被淘汰。这间接诱导社会服务成本急剧上升,在一定意义上造成社会福利的损失。

显性负外部性相对容易解决,隐性负外部性具有潜在性,因而经常导致系统性和长远性问题。这些问题既难以在当时就被发现和排除,也难以仅仅通过技术手段来加以解决。应该对各类技术创新活动的负外部性保持应有的警觉和清醒的认识,并通过各种可能的环节机制来规避风险,减少其负外部性对环境和人类社会可能造成的冲击和伤害。要降低和消解各类技术创新活动的负外部性,我们应以政府为主导,依靠环境政策法规体系和重大技术创新活动环境评价机制,构建对技术创新活动负外部性的硬约束。外部性成本内部化的政策法规体系可能会强制技术创新活动的主体企业在追求其自身利益的同时考虑其对环境和社会发展可能造成的负外部性,针对重大技术创新活动的环境评价机制则能帮助企业对可能出现的负外部性采取预先防范措施。

鉴于以上原因,政府介入科技事业是现实的需要、自然的选择,政府也必须自觉地将发展科学事业作为自己的重要职责之一。

---

① [美]梅丽莎·A. 希林:《技术创新的战略管理》,谢伟、王毅译,清华大学出版社2005年版,第3页。

第四节　科技事业管理的基本内涵

一、政府在科技事业中的职能定位

按照新公共管理的理念，科技事业管理活动是政府、社会（公众）、市场（企业）等多方互动治理的过程。由于科技活动在当代社会经济中的地位及科技活动固有的特征，确定了政府在现代科技事业管理中的主导地位。现代科学技术事业管理体制，必然是一个以政府为核心的、包括多种主体的生产和提供有机结合的系统。这一系统是以相关的公共政策的制定所形成的制度框架，并执行相应的管理职能。明确界定政府在科技事业中的管理职能是发挥政府在促进科技进步中作用的先决条件。

对于科研活动来说，无论是基础研究，还是应用研究，都存在"外部性"和"搭便车"等市场失灵现象，要将其外部性完全内化几乎不可能，完全依赖市场运作就不能使科研活动的数量、品质与方向达到符合经济效率的程度，所以应该由政府参与干预来消除市场失灵。而政府介入也会产生政府失灵现象。首先政府干预存在着直接行政成本，即政府单位竞争压力不强、搜集情报意愿不高、信息不充分，无法充分了解或掌握民间的科研活动等。其次，政府干预还存在间接社会成本，如利益集团透过其影响力作用政府决策，可能会扭曲了国家科技资源的配置。这样，政府干预的直接行政成本及间接行政成本可能抵消政府干预的利益。因此，政府介入科技事业的范围应当慎重选择：凡是市场失灵大于政府失灵时，应当由政府参与，以纠正市场缺陷；而若政府失灵大于市场失灵，即使存在市场失灵，政府也不应加以干预。这是界定政府干预科技活动的根本标准。

科技成果的特性在于它同时兼具公共物品和私人物品的属性：越是科学的、理论的成果越具有公共物品的性质，即它的所有使用者都可以从中受益，且一个使用者使用该成果不会妨碍或减少其他使用者的使用；越是技术的、经验的成果越具有私人物品的属性，它可以为发明人或使用者带来物质上的回报，因而需要专利制度对其专有权利进行保护。一般而言，私人物品可以由市场机制自发地提供，但市场是需要管理的；公共物品由于存在"搭便车"现象，不能由市场自发提供（市场失效），或者市场提供不足（市场低效），故需要采取某种集体行动的方式(公共经济)来提供,政府正是公共物品的主要提供者。可见,在科技事业发展中,政府具有双重角色:宏观管理者和公共物品的提供者。

基础研究由于短期经济效益不明显,投资大,成功率低,这些项目大多是私人部门无力或无心干的,显然市场失灵大于政府失灵,应由政府将其完全承担。而对于非基础研究,政府是否介入,介入程度如何,则取决于市场失灵和政府间接成本之间的近似比较,如何取舍取决于效率优劣。一般而言,科技活动的外部性是随着科技成果贴近生产活动程度的逐步加强而逐渐减少的,其效益内部化的可能性则随着这种程度的加强而逐渐提高。因此,政府支持具体科技活动对象的范围可以据此界定在基础科学、科学发现、发明、开发和创新中的基本创新、根本创新等科技活动领域之中,而对于效益比较容易内部化的改进性创新、较次要的创新和创新的扩散等科技活动,没有必要,也没有理由由政府财政予以支持。政府的主要精力应放在具有公共产品性质的基础性科学研究,而对于非基础性科学研究,则应权衡其市场失灵与政府失灵的大小,决定由市场提供或者二者共同提供。政府对科技的干预要以确保科技内在的自主性为限制和前提,要维护各类科技主体的活力。在干预科技活动过程中坚持有限、必要、效率和法治化的原则。

政府在科技事业中的管理职能,表现为科技事业管理与提供科技公共产品服务二者的统一,本质上是满足社会与公众科技需求和公共利益。科技管理的服务功能、战略性管理特征及其市场失灵弥补程度最终能否满足国家科技管理的制度需求,取决于能否建立起一个完善的科技事业管理体系。

二、科技事业管理的主要内容

政府作为社会公共管理者,在科技事业发展中必须担负起组织角色。在科技创新行为中,政府不仅要实施管理与协调方式,还要实现良好的支撑与引导作用,从而保证各项职能的有效执行。

(一)制订科技事业发展战略规划与计划

政府作为科技事业宏观管理者的职能之一,就是制订科技事业发展战略规划与计划。确立国家的科技发展战略,不仅对科技发展本身具有重要意义,而且对整个国家的经济与社会发展有至关重要的影响。政府战略引领实质就是政府发挥自身的信息优势和协调职能,实施"最优干预"措施,引导社会科技资源实现优化配置,提高创新效率和水平。科技发展战略从宏观上指导国家的科技发展,规定了国家科技政策及科技计划的制定方向。一般而言,存在一个确定的科技发展战略的国家,都能够有效地制定和实施科技规划。科技政策连续稳定,科技管理体系的功能也因此而不断强化。以促进科技进步为杠杆,谋求国家的经济发展和综合国力的增强,已成为世界各国政府的共识,为使科学技术充分有效地发挥作用,世界各国都制定了相应的科技发展战略。科技发展战略是政府介入科技事业的宏观表现形式。实践证明,对科学技术进行干预最具效率的方式就是制定体现国家意志和目标的科技政策及规划。

科技计划是一个国家科技政策的直接与具体实施。科技发展战略规划,概略地说,就是谋求科学技术及其与经济社会协调发展的总体方案。制定科技发展战略规划,应预测世界科技发展的趋势,把握现代科技发展的特点和时代特征。在此基础上,通过对国家或地区、部门、行业的科技发展现状及其各项资源状况的分析,按照科技发展的总体目标和指导方针,采用合适的基本原则和程序,才能制定出具有战略指导意义和可操作性的总体方案。制定科技规划的目的,是为国家或地区、行业在未来中长期内(通常是5—15年)的科技发展设计出总体方案,将其作为发展科技事业的指令性或指导性文件,为科技布局和资源配置提供政策引导和措施保障,从而促进科技与社会经济的协调发展。科技计划一般由目标(定位)、期限、范围、支撑手段、组织管理模式、绩效评估等诸要素组成,它不仅是为实现科技发展目标而设计、策划和组织实施的行动方案,还是科技资源整合的一种重要工具,更是落实科技发展战略和规划的强有力手段。科技计划必须体现政府的公共科技观。根据公共利益需要、经济发展需要和技术进步需要体现公共科技需求,组织生产科技事业产品是政府进行公共科技活动最基本和最重要的内容。从历史和国际经验来看,一个国家的科技计划主要有一般性计划、专门性计划、重大计划等。按计划期限分则有短期计划、中期计划和长期计划等。

(二)通过立法维护科技事业活动的正常秩序

通过制定科技法律规章,建立健全科技事业管理的法律法规体系,为科技事业管理的依法行政、推动科技事业发展奠定坚实的基础。配置科技资源除了有赖于市场机制自身的运转之外,作为一种公共管理,科技事业管理也要辅之以相应的法律法规体系,使政府的科技管理行为规范化、科学化,为科技事业体系提供有力的保障和必要的约束。

一是从法律框架上形成一个宏观的科技体制,运用法律法规界定科技体制的性质、运转程序及其范围等。

二是知识产权保护的法律法规体系。知识与技术作为一种外部性强、流动性大、风险性高的无形资产,非常容易被模仿甚至窃取。因此,应当加强政府对科技创新活动的保护,保障科研工作者享有平等参与科技竞争与创新竞争、平等享有科技创新回报的权利。最重要的是政府构建完善的产权制度,尤其是知识产权保护制度,保障创新主体创新活动的合法权益。完善的产权保护制度不仅能降低潜在的在创新过程中可能遭遇的诸如"掠夺"等不确定性风险,提高科技活动的预期收益,而且还将促使社会把更多的资源投入到创新这类生产性活动之中。可见,保护知识产权是降低企业自主创新技术外溢的根本手段,因此,知识产权的保护本身就可以降低企业的研发成本。知识产权是激励企业自主创新的根本动力。知识产权制度的重要作用在于它能鼓励科技投资、优化资源配置、保护创新成果、维护竞争秩序,促进科技成果转化和产业化,促进我国自主创新能力的提高。

三是直接作用于微观企业创新行为的法律法规。遵循创新者的利益偏好来设计有效的激励机制,保证技术创新者、企业经营者、风险投资者取得与其贡献相称的高额报酬,以鼓励各行为主体在这一特定体系中发挥各自的作用。激励创新产生的方式一般有奖励、获取合同、税收激励、特许授权、混合模式等。大胆探索和试行包括技术创新成果参与分配、技术作价入股、科技人员持股经营、对技术开发成果进行奖励等具体方式的知识资本化机制,突破现行的知识资本化的股份比例的限制,依市场规律由企业自主决定,扩大知识资本化的范围。例如,为强化科技企业股权激励的立法,通过明确高新技术企业的科技人员和经营管理人员可按贡献大小依法享有股权,来激励企业的创新行为。

(三) 科技产品生产和提供的制度设计

从上述分析可以看出,不同类型的科技产品具有不同的公共产品和私人产品属性,从而为科技产品的生产和提供的多种形式的制度设计提供了选择的空间。

1. 科技产品生产和扩散的主体

科技产品的生产和扩散有赖于一支有层次、有分工的科技队伍,多样化的研究开发机构。科技产品的生产和扩散主体包括:政府科研机构、企业的研究开发机构、大专院校、非政府科研机构、各种科技中介机构,等等。不同的机构有着不同的职能。

政府科研机构亦有国家与地方之分。国家科研机构是中央政府直接支持的机构，必须体现国家利益，为实现国家目标服务，主要是在国防、能源、健康、农业、环保等社会公益领域从事基础性、战略性和前瞻性的研究，同时也承担一些国家经济发展的战略行业共性、关键技术的研究；地方科研机构是地方政府支持的机构，主要解决地方社会经济发展中的重要科技问题和公益性问题，是为实现地方政府目标服务的。大专院校主要进行人力资本的生产，但其所拥有的科研机构及实验基地等，和其他社会公益类科研机构的主要职能类似，主要从事基础研究和一些前沿技术领域的应用研究，它的工作多是和人才培养紧密结合，它经常得到政府的大力支持。企业所属的科研机构，受企业目标的约束，其主要任务是为企业提供技术创新成果，即研发新技术、新产品、新工艺(流程)、新服务。其开发的组织形式多种多样，包括企业间的技术联盟、大企业的技术中心、中小企业的技术开发联合体等。非政府科研机构以社会投入和捐赠作为发展基金，实行社会共有和信托经营制，由经营者依据信托约规和机构章程自主经营，自负盈亏，主要活跃在公共研发与私人研发的过渡地带，即市场低效的领域。

一个完善的科技管理体系除了有效的公共部门以外，还应该有将科技产品与服务传递、扩散乃至放大到市场中去的市场机构，这主要指一些科技中介服务机构。科技中介机构是面向社会开展技术扩散、成果转化、科技评估、创新资源配置、创新决策和管理咨询等业务的专业化服务机构。科技中介具有纽带、桥梁、组织、协调作用，通过特殊的技术服务推动已有技术成果的转移、扩散，或根据技术需求联系可能的提供者。其活跃于技术需求者与持有者之间，它们沟通机构间(主要是大专院校、研究机构和企业间)的技术流动，促进创新体系内各参与主体间互动，并通过技术搜寻、评估和传播，实现创新体系内在的有效联系。在市场经济体制下，科技中介机构在有效降低创新创业风险、加速科技成果产业化进程中发挥着关键作用。科技中介机构包括科技企业孵化器、生产力促进中心、科技咨询和评估机构、技术交易机构、创业投资服务机构等多种形式。

2. 科技产品的提供及生产方式

科技产品的提供方式是指政府以何种方式将科技产品提供给应用者。根据科学技术产品的性质和特点，其提供包括公共提供、市场提供以及混合提供三种方式。公共提供以公共财政为支撑，政府以无偿或基本无偿的方式向社会提供科研成果,使这些成果在最大限度内推广应用。一般地,基础科学研究、人文社会科学研究成果,以及农业、环保等领域的技术推广适宜于公共提供方式。以公共财政为支撑,并可按照科技产品效益的"外溢性"程度确定不同层级的政府所承担的提供费用。市场提供指根据市场行情按照等价交换的原则向需求者有偿提供科技产品,按市场价格提供。这往往是针对企业或市场需求的科技产品,这类产品以满足企业或市场需要为主要目标。越是技术的、经验的成果越具有私人物品的属性,它可以为发明人或使用者带来物质上的回报,因而需要专利制度对其专有权利进行保护。企业是其提供主体。由于科技创新企业的创新成果将产生诸多的"溢出效应",保护科技创新企业的创新利益,激励企业进行科技创新,亦需要采取有效措施。混合提供则指通过政府补贴的方式,使生产者以低于成本的价格向社会有偿提供,以实现科技推广。这主要是针对有重要应用价值的社会普遍需要的科技成果。

政府作为公共物品提供者生产科技产品,主要有两种生产方式:直接生产与间接生产。直接生产,即由政府建立科研机构,生产满足国家需求的科技公共物品,向社会无偿或基本无偿提供科研成果;间接生产,国家从各类科研机构手中购买科研成果再提供给社会,购买多采用委托课题的方式,通过课题费的投向和验收科研成果调控科研活动。直接生产的优点在于,政府能够直接贯彻意志,集中科研力量迅速坚决地完成国家需要,同时能培育一支相对稳定的科研队伍,以保证科研活动的连续性和公益性,但不足的是机构和队伍都容易缺乏活力。间接生产的优点在于效率高,选择性大,较灵活,可以充分发挥民间科技力量,减少财政负担,但不足是容易造成短期行为,且存在当需要时却找不到任务承担者的可能。至于对哪种科技成果采取何种提供方式,这是由科研工作和科技成果的性质决定的。

(四)制定科技政策引导社会科技创新

促进科技进步的科技政策的一个主要作用就是促成社会对科技产品的需求的增加与供给的扩大。科技政策是为促进科学技术事业发展而实施的法规、法令、条例、计划的政策文件的总称,是科技活动社会化、制度化的产物,是政府为促进本国科技发展进行总体规划的一个组成部分。科技公共政策的制定及其内容没有一个固定的模式,但一般都包括了如科技投入政策、促进企业增加研究开发投入的财税政策、促进科技创新的金融政策、支持自主创新的政府采购政策、引进技术消化吸收和再创新的政策、实施知识产权战略的相关政策、科技人才政策、促进军民结合的政策等。财政收入政策主要是借助税收,通过税收优惠等政策引导社会资源更多地配置于科技领域,进而增加科技产品的供给。而财政拨款、政府采购、财政担保和财政资助等财政支出政策在推动科技供需曲线外移中则更为直接和简便。与财政政策相关的配套措施更多的是与财政政策相配合发挥作用,或为财政政策发挥作用提供良好的外部环境和条件。

企业是科技开发和投入的主体之一。特别要鼓励、引导企业增加科技投入,鼓励、引导全社会多渠道、多层次地增加投入。一方面要争取在国家政策性银行开辟科技贷款渠道,另一方面要争取各商业性银行对企业研发投入的支持。加快建立以基金制为主体的科技投入机制。开拓海外金融机构及国际组织的援助渠道,广泛吸收海外资金,利用各种海外关系,发挥侨胞的爱国热情,运用科技名人的效应,并与科技基金制相结合,解决科技投入不足的问题。各级政府要保护和调动企业在技术创新方面的积极性和创造性,为企业发展科技事业、增加研究与开发投入创造良好的内外部环境,从体制、政策、法规等方面为企业增加科技投入排忧解难。

(五)构建有利于科技创新的协同治理体系

未来科技创新将日益社会化、平台化、数字化、国际化,创新要素跨行业、跨领域、跨区域流动,科学、技术、创新、发展的范式变革加速迭代,新的研发组织和创新模式正深刻改变着创新体系和创新生态的结构。要构建多元参与、协同高效的科技创新的协同治理体系,需要政府、市场和社会机制协同发挥作用,加快构建协同合作、充满活力的科技创新治理体系,促进科技创新要素的有效积聚和优化配置,多路径齐发力激发创新活力,全面提升科技创新供给能力。加强多主体之间的协同创新,有利于不同主体之间协同互补,提高创新整体实力。各创新主体在创新领域、创新偏好、创新投入能力等方面存在差异,导致其面临不同的创新激励和约束机制,影响不同主体间的创新合作。为此,政府需要参与到协同创新体系中,协调各主体间利益关系,促成不同主体创新合作。

(六)科技市场的管理

科技市场管理是政府科技管理职能的重要组成部分。研究科技市场发展规律,促进科技进步,提高综合国力,是政府科技管理的根本任务。现阶段我国政府对科技活动的调控应发挥更为积极、主导的作用,将培育功能完备、交易顺畅的刺激科技进步的市场体系放在首位,促进市场机制充分发挥作用。

1. 科技市场的概念

科技市场的概念有狭义和广义之分。狭义的科技市场是指作为商品的科技成果进行交易的场所。广义的科技市场是指技术成果流通领域和科技产品交易关系的总和。科技市场由科技市场主体、科技市场客体、科技市场中介、科技市场管理者等构成。科技市场主体主要是指有技术交易权的个人、企业组织、社会组织、科研机构等。科技市场客体主要是指存在于科技市场的可供交易的科技成果。科技市场中介是联系市场主体和客体的桥梁,为科技市场的经济关系网络建立提供平台,减少市场成本。科技市场管理者是以为科技市场提供专业管理服务为工作宗旨的相关协会等社会组织。

2. 科技产品交易的基本特征

(1) 信息的非对称性。科技产品交易的显著特征是信息的非对称性。信息的非对称性是指科技产品交易过程中,技术合约当事人一方拥有另一方不知道或无法验证的信息和知识。一般情况下,科技产品出让方相对于受让方具有信息优势。从非对称信息的内容看,一类是外生性非对称信息,这是指交易的技术本身所具有的技术内涵、性质、特征等。这类信息是由技术本身的禀赋或特点所决定的。交易的科技产品除了具有某些显性信息以外,更多的是背后不能被及时验证的隐形信息。技术的高专业性质以及信息不对称使得技术受让方要全面度量科技产品价值几乎不可能或者成本很高。受让方所掌握的关于科技产品的自然状态、内部品质、潜在风险等方面的信息必然少于出让方,在交易中必然处于不利地位。这种信息非对称性一般出现在合约行为发生前。信息非对称特征导致了科技产品交易中出现"逆向选择"现象,使得技术出让方有动机隐瞒、伪装信息,将低价值技术伪装成高价值技术,以求得高收益。另一类是内生性非对称信息,这是指科技合约签订后由于合约当事人中的一方对另一方的行为无法观察、无法监督、无法验证而导致的信息非对称。内生性信息非对称性导致技术合约履行过程中的道德风险,使得科技产品交易中存在着信息的不可观察性。即使合约一方对另一方行为可以观察,但却难以获得法律依据,违约责任也难以确认。当履约所能获得预期收益不足对合约当事人产生责任推脱时,就会产生机会主义行为,无论是技术供给方还是技术需求方都可能产生这种败德行为。技术商品交易中信息非对称性的普遍存在,使得各交易参与方都可能利用各自的信息优势,产生机会主义行为,提高了交易成本。

(2) 合约的不完全性。首先，科学研究是一个探索未知的过程，几乎每个阶段和环节都充满了未知的不确定，而科技的生产和应用存在着巨大的不确定性，技术合约当事人仅具有有限的理性，合约当事人不可能准确预见未来，使得技术交易的有关参与人难以在合约中描述或定义各方的决策，合约条款也不可能无所不包。因而合约难以定义各方的责任和义务，这使得合约达成产生困难。其次，由于技术合约当事人之间存在着显著的信息不对称性，当不履约所获得的收益大于履约所获得的收益时，合约当事人中的某一方有可能实施机会主义行为，不愿有效履约。而由于技术本身的专业性、复杂性，加之信息的不对称和不完全，不仅合约当事人不能对对方的履约行为进行有效监督，甚至合约仲裁者也很难对此作出正确判断。所以，技术合约是一种典型的不完全合约。技术合约的不完全性使得履约和对履约行为的监督产生较大的困难。

(3) 技术商品价值评估的困难性。科技产品由于本身具有新颖性和创造性等特征，并涉及技术、法律、经济等多种要素，具有不易估价的特点。总的来说，对技术商品价格理论的研究远没有成熟。由于技术的成交远比普通商品复杂，其价格的高低受不同于普通商品的许多因素制约，而且同一技术商品在不同的经营环境和不同的用途条件下，其价值有很大的不同，所以技术评估必须处在一个实际的交易环境中，评估的结果才有实际意义。不存在一个统一的价值衡量标准。

(4) 交易成本高昂。信息的非对称性、不完全性、科技产品的不确定性决定了信息搜寻的高成本和达成合约的高成本。科学技术的公共物品属性和技术产权的易失性决定了产权界定和保护的高成本。合同的不完全性决定了履约及对履约行为进行监察的高成本。技术市场与竞争性假设条件相距甚远，显然是一个不完全市场，存在着严重的"市场失灵"问题。技术合约的不完全性使得合约只能得到部分履行，科技市场的有效性受到限制，市场机制的正常运作也因此受到影响。以上因素都导致科技产品交易成本高昂。

(5) 交易的不彻底性。技术的交易是一种信息的流动，知识产权的转移。作为技术受让方可以买断技术的所有权和使用权，但是技术出让方在交易之后仍然拥有该技术，在对技术的了解和把握方面比受让方占有很大优势，甚至可能对受让方"留一手"。"买方不可能完全获得，卖方不可能完全失去"，即交易的不彻底性是科技商品的一大特点。交易的不彻底性使得技术受让方不可能通过买断而彻底实现独家垄断，而且对技术出让方在很长时间内有不同程度的依靠。

3. 科技市场管理的主要内容

(1) 技术商品的管理。技术商品是整个技术市场活动的核心。专利技术转让是指专利技术(技术商品)以有偿方式在不同经济主体间的转移。所转让的技术包括获得专利权的技术、商标以及非专利技术。我国《专利法》规定:"任何单位或者个人实施他人专利的,应当与专利权人订立实施许可合同,向专利权人支付专利使用费。"专利技术转让促进了专利的流通和增值,使得专利作为一种资源流动到最需要它的地方,从而实现了资源在不同经济主体间的优化配置。

技术商品管理内容包括技术商品的鉴定及价值评价、对许可证贸易的管理、对技术商品价格的管理。技术商品交易中,技术商品质量的优劣直接关系到该技术商品的价值,它是技术受让方十分关注的信息。而技术商品交易的特殊性致使掌握技术商品完全信息的技术出让方不可能向技术受让方提供充分的技术商品信息,买卖双方之间必然存在信息不对称,这使得技术受让方在对技术商品质量进行评定时,其利益难以保障。技术商品的特殊性和复杂性,给技术产品的价格评估带来了一定难度。为了克服交易中的信息劣势,受让方希望获得由第三方评估机构提供的对所交易的科技产品的客观、公正的评价,从而修正其交易预期,规避风险。这就需要政府健全技术评估政策和法规体系,促进技术评估机制的制度化、规范化。除了需要对技术出让方行为进行监督外,由政府推动及政策鼓励建立独立的技术质量评级机构有着非常重要意义。技术质量评级机构对市场上交易的各种技术商品,组织相应的行业内权威人士对其进行评价,能更好地辨别技术商品的优劣,更准确地对技术商品定性。另外,价格是技术商品交易的核心,技术商品价格决定技术商品的供求关系,应成立技术商品价格评价体系,规范技术商品价格管理。

(2) 技术市场参与者的管理。技术市场的参与者,是指作为科技市场主体的有权进行交易科技成果的个人、企业组织、社会组织、高等院校、科研机构、科技市场中介等组织。市场参与者的和谐相处、合理竞争关系着整个市场的繁荣与否,政府作为市场健康有序发展的宏观调控者应该加强对科技市场参与者的有效管理。技术市场参与者的管理,其内容包括:对技术出让方的管理,主要是审查转让技术的权益的合法性,即技术商品的所有权和持有权;对技术受让方的管理,主要是使其严格信守技术转让或技术实施合同;科技中介机构是面向社会开展技术扩散、成果转化、科技评估、创新资源配置、创新决策和管理咨询等业务的专业化服务机构。科技中介具有纽带、桥梁、组织、协调作用,通过特殊的技术服务推动已有技术成果的转移、扩散或根据技术需求联系可能的提供者。科技中介机构具有经营和管理服务的双重身份,对技术中介方的管理,其主要内容是对其资格及经营服务范围进行管理。技术合同是科技成果商品化的基本法律形式,技术合同的管理是技术市场管理的重要环节,目的是维护合同当事人的合法权益。技术商品的交易必须按照国家的有关法律,签订合同,按照合同进行技术商品的交易的实施。合同必须经由公证机构进行公证,市场管理机构依据合同进行监督管理。对技术商品交易的税收管理,即按照法律和政策对技术商品的交易进行规定的税费征收。

(3) 其他管理。有必要建立科学、规范、系统的科技产品交易信息披露制度。为了规范市场,应当建设全国统一的科技产品交易信息平台。平台具备信息沟通和发布功能,能够利用信息化等各种手段,加强科技产品信息的快速沟通,提高信息量和服务质量,在平等互利基础上实现信息资源的共享。

政府从政策上支持和完善科技产品售后服务市场。科技产品多数是耐用品,多数产品的价格较高,而且使用操作复杂,诸如此类的这些特点都对该产品的售后服务市场产生了很大的需求。然而目前科技产品的售后服务市场的不完善甚至空白,需要政府督促相关企业加强其产品售后市场的建立和完善,以达到科技资源的最优化配置。

本章小结

按照科技事业活动的性质分类,可分为基础科学研究、人文社会科学研究、应用技术研究、公益性科技活动;按研究活动的目的和功能分类,可分为以满足企业或市场需要为主要目的的科技活动和以满足社会共同需要为主要目的的科技活动。

科技事业活动的公共产品属性表现为两点:一是科技事业活动具有受益的非排他性和消费的非竞争性;二是科技事业活动具有突出的外部性。

科学技术的重要地位及基本特征决定了政府必然介入科技事业,对科学技术事业活动进行干预。政府从战略的角度干预科技事业是政权建设、国家安定、经济发展的客观需要和必然选择。科学技术研究的基本特征、较强的外部性,市场对科技人员劳动价值评价的扭曲,科技成果交易市场的客观存在,以及技术创新活动的负外部性决定政府应介入科技事业。

政府在科技事业中的职能定位:宏观管理者和科技公共物品的提供者。科技事业管理的主要内容:制订科技事业发展战略规划与计划;通过立法维护科技事业活动的正常秩序;科技产品生产和提供的制度设计;制定科技政策引导社会科技创新;制定科技政策引导社会资源发展科技事业;科技市场的管理。

概念术语

基础科学研究	人文社会科学研究	应用技术研究
公益性科技活动	科技中介机构	技术合同
专利技术	非专利技术	技术商品
科技市场		

复习思考题

1. 按照科技事业活动的性质,科学技术研究应如何分类?
2. 按研究活动的目的和功能,科学技术研究应如何分类?
3. 如何理解不同类别的科学技术研究具有的受益的非排他性和消费的非竞争性?
4. 如何理解科技创新活动的外部性问题?应制定哪些公共政策?
5. 怎样理解政府在科技事业发展中的职能定位问题?
6. 科技产品交易有哪些基本特征?科技市场管理的主要内容包括哪几个方面?

第七章　教育事业管理

教育是将现有知识和经验传授于人,进而启发人的心智的社会活动。这种教育活动本质上的私人产品性质决定了它在较长的历史时期中都以"私学""私塾"的形式存在。然而同样由于其本身的正外部性,教育逐渐由社会成员的个别行为转变成为一种由国家主导的全社会参与的行为。今天,"教育是一项公共事业"已经是国际化的共识,并且在科技成为第四大生产要素之后,教育事业在绝大多数国家中都被列为优先发展对象,成为公共财政支出最重要的部分之一。

教育有广义和狭义之分。广义的教育包括一切影响人心智的活动。而狭义的教育则特指由专门机构进行的有目的、有计划、有组织地培养人的活动,尤其指适应现代性生产方式而广泛兴起的以班级授课为主要形式,以传授知识和技能为主要内容,以就业为核心导向的现代学校教育。本章所讨论的现代教育事业管理是指面向狭义的教育进行的活动:确定教育基本内容、调整公共政策、建立相应管理体制。

2019年中共中央、国务院印发《中国教育现代化2035》,提出至2035年的主要发展目标是:建成服务全民终身学习的现代教育体系,普及有质量的学前教育,实现优质均衡的义务教育,全面普及高中阶段教育,职业教育服务能力显著提升,高等教育竞争力明显提升,残疾儿童少年享有适合的教育,形成全社会共同参与的教育治理新格局。

第一节　教育事业产品及其类别划分

一、教育事业产品

教育活动本质上具有人类个体性和社会性的统一。事实上,人们对教育的需要,如衣食住行一般,是一种原始的、自发的直接需求。从个体的角度说,学习并继承先辈在长期生产劳动中积累的生产生活经验和教训,才能更快地掌握生产生活技能,从而更好地劳动与生活。从社会共同体的角度说,人们在长期的劳动中,形成了一定的社会风俗习惯和社会道德规范,为了维护群体的稳定和长久,老一辈就担负起了把世世代代积累下来的智慧和规范传授给新一代的任务。所以说,通过教育活动,个体获得了适应社会的准备,具有一定的生存技能,同时,人类社会也得以延续和发展。从这种意义上讲,教育既是个体适应社会、获得生存技能的重要手段,也是人类社会延续和发展不可缺少的实践活动。

教育事业产品是指当人们日益意识到个体的教育活动需要有计划、有组织地集约化发展,实现特定目的时,把教育活动从其他的社会活动中分离出来,成为一个独立的社会部门,并经由专业人员去提供的一种准公共产品。自此,教育活动越来越多地被定格于其狭义的内容,并演变成了一种公共事业,开始有了完善的组织机构、活动规章、各项制度规则、人员责任等,从而使当前的教育产品具有组织的严密性、活动的系统性、人员的规范性、评价的制度性、时间的秩序性,等等。

教育事业作为一种培养人的活动,它同社会的发展、人的发展有着密切的关系。教育事业的发展能提高人的能力和素质,实现个性化。同时,教育事业促使受教育者的身心不断地走向成熟,使受教育者发展成为符合社会需要、具有社会价值的人,实现社会化。因此,教育事业的发展也对社会的发展产生推动作用。这三者的复杂关系使得教育事业产品性质及类别的分析显得复杂了。

二、以教育事业的目标和功能为标准的类别划分

为了科学地界定国家教育事业职能的基本范围,我们以各种教育活动的目标与功能作为分类标准,可以将各种社会教育活动划分为三种基本类型。

(一)满足个人需要

尽管接受过同样的教育未必意味着经济机会、经济收入同样均等,但是教育确实对人一生的经济收入、经济机会(潜在收入)以及许多非货币的社会价值产生重要影响。所以教育活动首先具有满足个人需要的价值,这些个人需要具体包括物质生活和精神生活两方面。

就物质生活而言,随着科学技术的发展,现代性生产方式在各领域的扩张,就业能力中科学知识和科学技术的构成越来越高,相应地就要求就业者必须受到较高程度的专业教育。事实上,现代经济社会中,人们职业的差异已然越来越影响人们在物质生活水平上的差距。而个人就业机会与职业发展在相当程度上取决于个人受教育的程度。所以说,个人及其家庭成员的文化教育水平成为决定其经济收入水平的一个重要因素,个人及家庭在满足各种物质需要的原始动力之下,对接受各种相关教育形成了越来越多、越来越高的需求。

就精神生活而言,教育是培育人的心智的活动。通过教育,将使一个人更有使命感和责任心,进而更多地介入政治和文化。显然,教育与个体精神生活的丰富性存在着一种正相关。现代社会中精神生活方面的消费,既是一种经济消费,又是一种知识消费,既需要消费者付出一定的时间和金钱,又需要消费者拥有相应的文化知识。因此,个人和家庭成员为了获得更高级的精神生活消费,亦对自身文化教育水平的丰富和提升产生了源源不断的强大需求。

在现代社会中,这类直接以满足个人需要为目标的教育,就其程度而言主要是中等以上的教育,或者说是国家法定义务教育以外的其他各种更高层次的专业性教育。最常见的就是高等教育以及各种专门的消费教育,如书画学校、音乐学校、健美学校、外语培训机构等各种提高成人生活水平和技能的教育。显而易见的原因导致每个人接受这类教育的机会不可能完全相等,因而对这类直接作用和影响个人及其家庭物质生活和精神生活水平的教育活动,其经费不应该由公共财政完全承担。

(二)满足企业需要

教育承担着向企业输送人才的重要任务。在现代社会,企业是国民经济中的重要组成部分。企业的一切生产经营活动,都是为了创造社会需要的各种财富,以实现良好的经济效益和社会效益为目的,而这些财富的创造源泉越来越多地依赖于劳动者素质的提升。从这个意义上讲,企业利益与教育经济价值的内在联系相比于国家和个人与教育经济价值的联系更为紧密,更为直接。因为,国家与个人从教育中获得的收益往往要通过企业部门的价值创造活动来间接实现。

企业对教育的需求,一是技术层面的,二是人员层面的。技术层面的需求表现为企业作为独立的市场主体,在激烈的市场竞争中,需要依靠企业生产科技、经营管理制度、创新研发机制等技术和方法扩大企业生产规模和提升企业生产能力。人员层面的需求则表现为企业之间的人才竞争,人力资本决定着企业的存续和发展。以上两方面的需求都聚焦于企业间的教育竞争。毕竟无论是企业的研究与开发,还是企业生产效率的提高,无不与企业员工的文化素质、技术能力和受教育程度的高低有关。因此,为了保证企业的生存和发展,企业就必须不断地开展企业教育活动,以提高员工的业务素质、专业能力和技术水平。

为适应企业的专门职业技能养成,企业教育的基本形式既有来自企业外部的(通常在义务教育阶段之后,社会上一些教育活动专门针对企业的需要进行,包括技术学院、职业学校和各种各样的技能提升课程等),也有来自企业内部的(制度化和经常化的员工培训、工作实习和导师辅导等)。在数字经济驱动企业差异化发展的背景下,不同企业体现不同特色的个性化教育需求越来越多,从而企业作为一个教育投入主体,正在从教育制度的局外人,越来越多地转变为主动地参与、直接促进教育发展。

(三)满足社会的共同需要

教育不仅可以满足个人及其家庭成员生存与发展的需要,满足企业生存与发展的需要,而且还可以满足一个国家和民族生存与发展的社会共同需要。

这里所指的通过教育实现的社会共同需要,是在特定条件下社会存在和发展所必需的代表社会成员共同利益、为社会共同需要、却又不能经由私人或一般社会组织满足的基本公共需要,如国防、治安、社会保障、食品安全、基本卫生服务等。这些共同需求都具备保证社会的稳定和发展的基本内涵,对这些需要的实现,除去专业性管理和服务外,最核心的是要求社会成员具备维护国家稳定和长治久安、遵守社会公德和秩序、支持和参与国家建设等最基本的公民素质要求。

培养合格公民成为满足社会共同需要的教育活动的目标,显然,这种教育活动带有"社会化"的明显作用,其教育内容和教育水平是由社会发展程度和公共财政能力所决定的。因此,根据社会和经济发展的需要以及公共财政所能提供的支持,国家通常规定公民有义务接受一定程度的教育——义务教育。该阶段的教育经费主要由公共财政负担。义务教育主要是基础教育,其内涵包括作为特定社会的公民道德教育、知识和能力教育、体育以及相应的法制教育、国防教育,等等。义务教育根据国情和社会经济发展程度的不同,有的包括了初等教育和整个中等教育,即小学、初中和高中,有的则只是小学学段。目前我国实行的是九年制义务教育,包括小学和初中学段。

三、以教育事业的对象和层次为标准的类别划分

目前,我国的教育事业担负着近3亿的正规教育人口和9.98亿社会劳动力教育培养的艰巨任务,①此外还有老年人福利性教育、幼儿学前教育、各种家庭教育和消费教育、社会公共教育等。按《2021年全国教育事业发展统计公报》的数据统计,2021年全国共有各级各类学校52.93万所,各级各类学历教育在校生2.91亿人,专任教师1 844.37万人。② 可以说,我国正举办着世界上最大规模的教育。一般来说,教育事业的基本内容包括以下几个方面。

(一) 学前教育

学前教育就是早期的幼儿智力开发,通常是指对0—6岁的儿童实施的保育和教育。我国历来对学前教育十分重视,从我国国情出发制定了公办与民办并举、多种形式兴办幼儿园、发展幼儿教育的发展方针。1950年以来,我国学前教育在园幼儿和毛入园率如图7-1所示。改革开放以后,学前教育从县

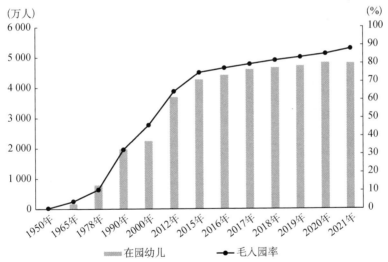

图 7-1 我国学前教育在园幼儿和毛入园率

(资料来源:历年全国教育事业发展统计公报,本节若无其他说明,同此来源)

---

① 数据整理自《中国统计年鉴2021》,http://www.stats.gov.cn/tjsj/ndsj/2021/indexch.htm,最后浏览日期:2022年9月24日。
② 中华人民共和国教育部:《2021年全国教育事业发展统计公报》(2022年9月14日),https://www.moe.gov.cn/jyb_sjzl/sjzl_fztjgb/202209/t20220914_660850.html,最后浏览日期:2022年10月31日。

城向农村延伸,得到快速发展。学前教育的正规化、规范化和科学化水平得到不断提升,办学条件不断改善,初步形成国家、集体和私人多元主体共同办幼儿园的新格局。不过,当前学前教育事业发展中还存在不少问题,例如学前教育的地位不够突出、社会化服务市场尚未健全、政府政策引导支持力度不够、社区学前教育及其基础设施建设发展不足等。

(二) 基础教育

基础教育特指小学、初中、高中三个学段,共12年的学校教育,是一个由低到高的序列,是国民教育序列的一部分。其中小学、初中属于义务教育,是指由国家立法予以保证的由政府举办的强迫性、免费的国民教育。高中教育则包括普通高中、职业高中、普通中等专业学校、技工学校、成人中等专业学校、成人高中等。图7-2至图7-4展示我国基础教育阶段的在校生数及毛(净)入学率。1985年5月出台的《中共中央关于教育体制改革的决定》针对"教育事业的落后和教育体制的弊端"提出:把发展基础教育的责任交给地方,实行基础教育由地方负责、分级管理的原则,充分调动了各级政府办学的积极性,促进了基础教育的发展,使教育、教学质量在不同程度上有所提高。2018年9月全国教育大会以来,党中央、国务院先后印发了《关于学前教育深化改革规范发展的若干意见》《关于深化教育教学改革全面提高义务教育质量的意见》《关于新时代推进普通高中育人方式改革的指导意见》,对新时代基础教育改革发展作出了系统设计,体现了党中央、国务院对基础教育工作的高度重视,也标志着我国基础教育迈入全面提高育人质量的新阶段。

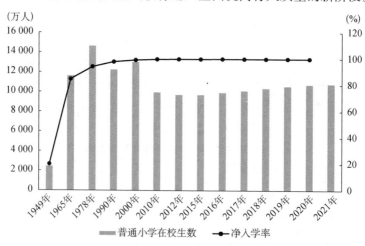

图7-2 普通小学在校生数和净入学率

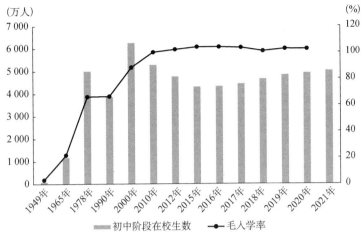

图 7-3　初中阶段在校生数和毛入学率

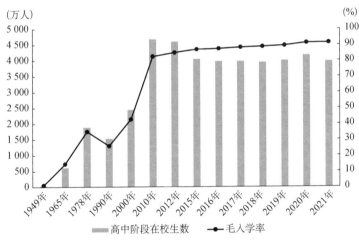

图 7-4　高中阶段在校生数和毛入学率

（三）高等教育

高等教育是在完成中等教育的基础上进行的专业教育和职业教育，是培养高级专门人才和职业人员的主要社会活动，通常包括人才培养、科学研究和社会服务三项主要任务。改革开放以来，我国高等教育事业获得长足发展，改革取得令人瞩目的成绩，初步形成了适应国民经济建设和社会发展需要的多种层次、多种形式、学科门类基本齐全的社会主义高等教育体系，培养了大批高级专门人才，在国家经济建设、科技进步和社会发展中发挥了重要作用。

特别是20世纪90年代以来,应社会对高级专门人才需求的迅速增长和个人、家庭对接受高等教育的迫切需求,我国高等教育发展经历了从精英教育走向大众教育的历史性扩展。1999年是中国高等教育扩招的第一年,2019年全国各类高等院校录取人数为820万人,毛入学率达到79.53%,是1998年当年招生人数108.4万人的7.6倍,是1998年当年普通高等学校各年级所有在校生总数340.9万人的2.4倍(如图7-5所示)。中国高等教育进入了大众化阶段,目前普通高校的毕业生,已经由许多年前人称的"天之骄子",变成高素质的普通劳动者。

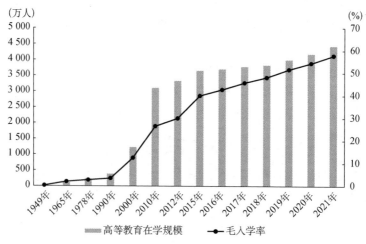

图7-5 高等教育在学规模和毛入学率

(四)成人教育

成人教育是对人口中具有成人特质、已成为生产力因素的成年人进行的教育活动,它区别于普通全日制教育形式,受教育者没有严格年龄限制,主要是满足成年人增长知识、提升能力、职业发展的现实需要。新中国成立后,成人教育在改革中得到了较大发展,逐步形成多种形式、多种规格、多种渠道办学。

就办学规格而言,目前有高等教育自学考试、开放大学(原广播电视大学现代远程开放教育)、成人高考、网络教育(远程教育)四种学历教育,也有各种实用技术培训、岗位培训、职业资格证书教育、"专业证书"教育和大学后继续教育等非学历教育。图7-6展示我国成人本专科毕业人数的变化。

成人教育的办学形式多种多样,包括职工高等学校、农民高等学校、管理干部学院、教育学院、独立设置的函授学院、普通高等学校举办的成人教育(函授部、夜大学、教师进修班)、卫星电视教育等成人高等教育,还包括成人中专学校、成人中学、成人技术培训学校、农民文化技术学校、农业广播电视学校和中专自学考试等成人中、初等教育。此外,还有各种进修、培训、辅导性质的函授、面授学校。各办学机构提供给求学者的学习方式也在不断创新:有全脱产、全日制课堂集中讲授的,有不脱产通过提供教材、录音录像资料远距离指导自学的,还有半脱产自学与定期集中授课相结合的……教育内容更是涉及文、理、工、农、医、政治、管理、教育、法学等学科的多种专业。各成人教育机构在保证学历教育规格的前提下,尽可能根据求学者的需要确定教学内容。以农民教育为例,由于产业结构的调整和农民致富的要求,农村成人教育已由以往的单纯识字、学文化,发展到文化知识与发展生产所需要的农、林、牧、副、渔,以及乡镇工业、商业、建筑、物流、电商、法律等方面知识并举的培训体系。

就办学渠道而言,办学单位有国务院部委、省、自治区、直辖市的教育行政部门和机械、电子、城建、环保、化工、轻工、煤炭、冶金、铁路、交通、农业、林业等行业部门,有厂矿企事业单位,有县、乡(镇)人民政府。同时,各级工会、共青团、妇联等组织也单独或与教育部门联合,举办面向本系统或本地区的进修、培训学校或机构。民主党派、社会团体、人民团体、学术团体、集体经济组织以及公民个人,也可举办补习和辅导文化课程、职业技术教育课程和社会文化生活教育课程的成人教育机构。

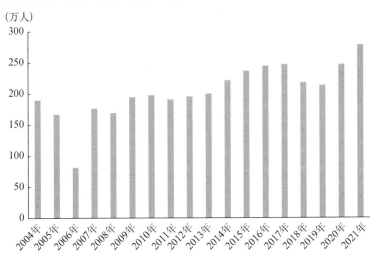

图 7-6　成人本专科毕业人数

(五)特殊教育

特殊教育是教育事业的一个组成部分,它是指使用一般的或经过特别设计的课程、教材、教法和教学组织形式及教学设备,对有特殊需要者进行的旨在达到一般和特殊培养目标的教育。有特殊需要者,从广义上讲,是指各类身心发展异常者,其中既包括心理、生理发展有缺陷者(残疾人),也包括身心发展超常者(天才),还可能包含具有上述两个特征者。而狭义的特殊需要者,是指生理和心理发展有缺陷者,这样的教育又称作"缺陷教育""残障教育""残疾人教育"。

我国《残疾人保障法》第二十一条中明确提出:"各级人民政府应当将残疾人教育作为国家教育事业的组成部分,统一规划,加强领导,为残疾人接受教育创造条件。"经过改革开放40多年来的努力工作,我国的特殊教育已经形成有自己特色的特殊教育机构体系。《国家中长期教育改革和发展规划纲要(2010—2020年)》《国务院办公厅转发教育部等部门关于进一步加快特殊教育事业发展意见的通知》等文件明确提出,发展我国特殊教育事业,要按照继续推进强化政府职能、完善特殊教育经费保障机制、努力营造关心支持特殊教育事业的社会氛围,同时以医教相结合方式全方位开展特殊教育,努力提高特殊教育的质量和保障水平。表7-1展示了我国特殊教育20年来的规模变化。

表7-1 我国特殊教育发展规模　　　　　　　　　(单位:万人)

年份	毕业生数	在校生数	招生人数
2003	4.5	36.5	4.9
2004	4.7	37.2	5.1
2005	4.3	36.4	4.9
2006	4.5	36.3	5
2007	5	41.9	6.3
2008	5.2	41.7	6.2
2009	5.7	42.8	6.4
2010	5.9	42.6	6.5
2011	4.4	39.9	6.4
2012	4.9	37.9	6.6

(续表)

年份	毕业生数	在校生数	招生人数
2013	5.1	36.8	6.6
2014	4.9	39.5	7.1
2015	5.3	44.2	8.3
2016	5.9	49.2	9.2
2017	6.9	57.9	11.1
2018	8.101 7	66.594 2	12.351 4
2019	9.758 7	79.461 2	14.421 1
2020	12.141 1	88.08	14.904 6
2021	14.589 9	91.976 7	14.906 2

第二节 教育事业产品的性质

现代社会的教育事业,是一个由不同层次、不同类别的教育活动构成的庞大的体系。过去很长时期内我国都将教育视为公共福利事业,采用完全或者基本上由政府拨款的方式发展教育,但却因财政难以支撑而使教育经费长期不足,影响了教育的发展。改革开放以后,在理论上和实践中都有将教育作为"产业"来办的主张和做法。若将教育完全交由市场方式来解决,或将导致教育收费过高、教育质量差距扩大等新问题。因此,在系统分析教育事业管理时,有必要首先进一步系统地认识教育事业产品的准公共性。

一、教育事业产品的准公共性

从公共产品的角度分析,各类不同层次和类别的教育活动都表现出一个共同的特性——公共性。具体说来,教育事业产品的公共性主要表现在以下三个方面。

（一）消费非竞争性

教育事业产品的非竞争性主要表现在特定条件下，一个人消费教育事业产品，并不排斥其他人同时消费，即大家消费的结果不存在有无和多少的差异。如在现代班级授课的教育模式下，班级中某一个学生听课，并不影响班级中其他同学在同一时间和地点听课。但这种非竞争性是在"一定条件"下产生的，是有限的，即由于教师声音的传播范围是有限的，教师的精力是有限的，且由于学生的基础不同，班级教学下的教师也必须针对程度不同的学生进行"因材施教"，其中已然包含了教育消费结果多少的差异，并非完全的非竞争。虽然运用现代科学技术的教学手段使教育的受益面成倍增加，但由于教育是一种集知识、道德和情感等在内的传授活动，教师与学生之间直接的面对面交流是不可少的。因此，为了保证教育效果，既需要有教室及相应的教学设备，也需要限制班级学生人数，当超过一定的限度，就需要增加班级、增加支出，这就产生了竞争性和必要的排他性。

（二）不完全的受益排他性

教育事业产品又具有一定的受益排他性。这一排他性的必要性表现在，随着消费者（学生）的增加，教师数量、教学设施等也就必须相应增加，从而使教育的总成本增加，但由于受到社会经济发展水平的限制，在一定的范围或历史时期中，教育的投入是有限的，即教育产品的供给能力是有限的。但随着社会的发展，人们对教育产品的需要却呈现不断增加的趋势，于是就产生了教育产品的需求竞争，加之消费者对教育产品质量的要求，数量有限的优质教育产品必然引发消费竞争，现实需要收费等排他技术来保障教育活动的正常可行，这就使教育产品具有了一定的排他必要性。例如，我国目前的高考收费就是这种教育排他性的体现。

但教育并非一般商品，如果对所有教育事业产品都使用收费等排他技术确定受教育机会的话，那么类似基础教育这类承担"社会化"功能的教育活动就会有一些社会成员因贫困或其他不符合排他技术的条件而不能全面被覆盖，这不仅是教育不公平、社会不公平的体现，更可能带来因基础教育排他而对国家稳定、社会进步的危害，导致基础排他成本高昂。因此，教育事业产品的受益排他性并不完全，并非所有教育产品都可以使用排他技术来实现受益。

（三）兼具内外部收益性

人是教育的对象，因而教育事业产品的内部收益是指教育事业的直接结果首先体现在受教育者身上,即受教育者在接受教育后,增加了知识,掌握了技能,从而提高了适应社会和获取工作的能力。而且,由于个人受教育程度的提高和能力的增强,用人单位将可能获得质量相对较高的劳动者,因而愿意支付更高的劳动报酬,最终将使得受教育者能因此获得较高回报。

社会政治、经济、文化等诸方面的活动说到底都是人的活动,因此,人们受教育程度的提高,在使个人获益的同时,社会也将因其成员基本素质的提高而进步和发展。换言之,教育事业的目标建立在个性发展需求和社会发展需求的有机结合上,因而教育在产生内部收益的同时,也通过对受教育者的培养,使其在适应社会获得自身发展的同时解决了社会发展的需求问题。教育活动既具有经济职能,又具有社会文化职能,可以对社会生活的各个方面、各个领域和各个环节产生广泛而深刻的作用和影响。全面提高全民族的文化素质,能提高社会生产效率、国民经济增长的速度与质量,提高社会文明程度,促进经济、科学、文化、卫生、体育及其他各项社会事业的发展。所以说,教育不仅是一项个人活动,在现代社会里,它越来越多地成为一种公共事业,具有外部收益性。

一定的消费非竞争性,一定的受益排他性和外部收益性是教育事业产品的突出特点,经由上述分析,可以明确各类不同层次和类别的教育活动都表现出一个基本的特性——公共性程度是不完全相同的。教育事业产品具有准公共性,不同层次和类别的教育事业产品具有不同的公共性。这种准公共性成为制定教育事业管理各项公共政策的重要依据。

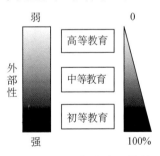

图7-7 不同教育产品的外部性

从总体上看,现代教育事业体系表现出公共性随着教育活动复杂程度从低向高逐渐递减的特征,教育事业产品的公共性如图7-7所示。

二、政府参与教育事业活动的必要性分析

在教育领域中,公众对教育的特定需求及各类学校的存在,构成了一个特定的教育事业产品市场。由于这一市场的特殊性,决定了政府必须介入。

(一) 教育产品市场

最初的教育活动与人类生产、社会生活融为一体,人们主要是通过言传身教,传授知识与技能。随着生产力水平的提高,物质财富逐渐增加,有些人从体力劳动中脱离出来,专门从事脑力活动,再加上语言和文字的不断丰富和发展,其结果就是独立的、私立的教育机构——私学、私塾便逐渐孕育产生了。学堂的出现标志着人类的教育活动进入了自觉的历史时期,同时也使教育产品市场的性质发生了重大变化。

随着近代科学技术的发展,生产技术提高了,生产方式改变了,社会经济突飞猛进。社会化大生产的模式,需要通过教育活动将已有的科学技术融入课程,集约快速地培养出生产流程所需要的技能工人。同时,新兴阶层教育民主的意识觉醒,要求接受教育的需求不断膨胀。从而,现代意义上的学校教育,即以传授自然科学知识为主并融合社会科学知识,以班级授课制为主要形式,以快速而大批地培养社会所需要的人才的现代学校教育产生了。

由此,教育与社会经济的联系加强了,教育的外部收益也扩大了。国家作为教育受益者,按照"谁受益谁负担"的原则,有必要分担教育成本,20世纪30年代以后,在一些国家先后出现了由公共财政承担的公立教育,尤其在20世纪后半叶逐步形成有关义务教育的制度后,教育产品由私人产品转化为公共产品,相应地,教育产品市场也从一个私人产品市场转变为一个特殊的公共产品市场。

(二) 教育产品的社会价值

随着社会的发展,教育产品由私人产品转变为公共产品,其外部收益也越来越明显,越来越重要。这一社会价值主要体现在如下四个方面。

第一,社会的优秀文化遗产通过教育得到更好的保护和发展。文化是一个国家和民族历史成就的标志,也是许多民族、群体、社区的基本识别标志,是不同文明之间增进理解、促进交流的重要基础。文化遗产不仅是我们从祖先手中继承的稀世珍宝,更是我们从子孙后代手中暂借来的后世财富。在优秀文化遗产保护工作中有许多支撑条件,但教育是贯穿各方面的重要因素。只有通过教育把文化与人的载体结合起来,方能使文化达到活化的状态,在现实中显示出它的价值与活力。教育活动可以传播、创新文化遗产保护的相关知识和法律规范方面的内容,同时鼓励人们积极保护文化遗产。此外,通过专门教育机构培养的文物保护相关专业各个层次的专业人员,向文化系统输送了大批优秀人才,成为文化遗产保护事业的中坚力量。再则,现代教育为文化的不断更新发展提供了大量的具有创造活力的人。教育无限地发掘了人创造文化的潜能,增强了人创造文化的能力。

第二,教育是人们实现社会管理的有效方式。现代社会中,生产的社会化程度越来越高,人际关系也越来越复杂,这就需要更加科学有效的社会管理,以协调和控制各种社会关系,使之有利于社会存在和发展。一方面,教育,尤其是思想政治教育,集中反映了当前社会的政治要求,因其可以引导主流的思想意识,达到规范、整合人们行为的效果,实现社会管理的目标。另一方面,随着教育普及程度的提高,人们的文化知识、法律知识和道德修养也会得到相应提高,从而内化了遵守社会道德和法律的自觉性:人们增强整体意识,自觉地接受管理;人们增强社会责任感,积极参与社会管理;人们主动地进行自我管理、协调人际关系。加之教育普及程度的提高也能增加人们的收入,提高生活水平,使人们安居乐业,从而使社会治安状况改善,政府社会管理的成本相对随之降低。

第三,教育促进经济发展和社会进步。教育对经济发展的影响是长期的、潜在的和综合性的。教育为经济发展准备新生的劳动力,为经济的可持续发展提供职业培训,通过科学技术的普及提高全体劳动者的素质。教育的发展状况直接决定着一个国家劳动力知识存量的多少、国民素质的高低、人力资本的形成状况,从而决定该国经济的发展水平和速度。随着教育普及程度的提高,人们的知识增加和技术能力的掌握和提高,创造力得到激发,或将促进整个社会的科学创新和技术水平的提高,因而教育是再生产科学技术的重要手段。再加上教育本身的消费功能使其直接具备拉动内需的经济效应,教育活动的扩张将直接带动消费和投资的增长,实现经济发展和社会进步。

第四,发展教育是实现社会公平的重要途径。公平是现代社会公民的基本要求,如果说民主是公平在政治上的要求,那么缩小经济活动结果的差距则是公平在经济领域中的表现,也是公平的基础和核心。在构成现代经济的资本、劳动、土地、技术四大要素中,教育是人们获得技术的主要方式。由于产权关系的存在,人们无力改变前面三个要素的分配格局,但却可以通过教育而获得相应的知识和技能,也就是获得第四个要素,从而增加收入,改变自己的社会地位。因此,扩大公众受教育渠道和提高公众的受教育程度,是实现社会公平的积极措施。

（三）政府介入教育产品市场的必要性

教育对国家的经济发展和民族振兴有极为重要的作用，这就决定了政府必须关心这一事业的发展和健康成长。如上所述，在现代社会，由于某些阶段或类别的教育必须主要由公共财政承担，这就决定了现代社会中政府有必要介入教育产品市场，在教育事业发展中发挥作用。实际上，教育产品之所以由私人产品转化为公共产品，相当程度上就缘于政府对教育产品市场的介入。此外，政府介入教育产品生产和提供，更多的原因是基于教育产品市场本身难以保证教育产品的形成并发挥出重要作用。

第一，教育具有信息上的不对称性。因"信息不对称"而产生的道德风险和逆向选择，将导致教育成本增加、管理失效、教学质量下降。因而教育产品无法完全通过市场机制来获得，必须通过政府的干预来予以纠正或补充，进一步增强信息交流意识，健全信息交流机制，建立社会中介机构，加强教育信息公示，加强信息规律研究。

第二，教育既有内部收益也有外部收益，而外部收益作为受教育者个人来说往往难以内在化，从而其价值被估低，使教育这种优质产品难以有效实现供求均衡。如果教育经费完全由个人提供，则会出现教育生产和消费不足。从而有必要通过政府机制对教育的正外部性进行矫正，具体方式或手段就是财政补贴，因此，政府为教育支付的经费，也包含了政府表彰和保障家庭及社会教育行为的政策目标。

第三，教育是通过对人的培养，使其成才或成为社会所需要的人来为社会服务的。培养人的过程是一个长期的过程，而其效果的显现所需的时间则更长，所谓"十年树木，百年树人"。教育生产的对象是人，而人的活动是受一些复杂的甚至是不可控因素影响的，因而较之非生命产品的生产来说，教育产品成才率往往更具有不确定性。换言之，教育具有迟效性和风险性。因此，完全依靠市场机制和个体经济理性来提供教育产品的话，则教育投资必定受短视利益的约束，出现投资短缺，因而必须由政府介入教育产品市场矫正短视行为。

第四，教育产品的特殊之处还在于，作为教育成果的人的培养不仅需要使其具备适应社会经济生产的知识和技能，还必须让其具备与国家稳定、发展相应的思想和社会知识，其中的核心就是一定社会的主流意识形态。任何一个国家，统治阶级都必然要通过教育传授自己的思想意识形态以巩固其统治，因此，政府也就必然要以一定的方式介入教育产品的生产，以保证教育培养的人才在思想道德方面符合国家整体和长远利益的需求。

三、政府参与教育事业活动的有限性

一个国家或社会的政治稳定、经济增长和社会发展,是个人发展的基础和条件,因而是社会的共同需要。因此,从教育的外部收益来看,各级各类教育都是为适应社会共同需要而建立的,都具有为社会的共同需要服务的基本特性。就此而论,在现代社会,一个国家或社会的教育都有利于满足社会共同需要,都应该由社会的公共支出来承担。但是,一个国家或社会各级各类的教育完全由公共支出承担,是不可能的,也是难以取得预期结果的。

(一)教育需求扩张与财政负担有限的矛盾

在现代社会,一是由于人口数量激增,二是随着社会经济发展的需要和公众民主的要求,教育需求的规模不断扩大。特别是我国,由于人口基数大,教育需求的存量本来就大,再加上国民收入增长,对接受更高级教育的需求增量也在不断扩张。在这种情况下,如果教育经费完全由公共财政承担,任何一种经济体制都难以支撑。在这方面,我们是有教训的:我国在新中国成立后到改革开放前,政府几乎包办了所有类型和层次的教育事业,其结果不仅由于政府包办过多、管得过死,学校缺乏自主权和自我发展的活力,使教育发展与社会经济发展相脱离,而且财政负担过重且教育经费严重不足。事实上,这种教训在国外也同样存在,高福利的北欧国家,目前也正因为完全由公共财政负担所有的教育经费而效果不佳,不得不进行必要的教育改革。

(二)不同类别和层次教育的收益不同

实际上,不同类别和不同层次的教育,其内部收益(即对个人发展和企业的贡献)和外部收益都是不相同的,因此,在财力有限的情况下,应由公共支出承担那些更直接地或更主要促进个人或企业发展之共同需要的教育经费,其他满足个性或特殊性需要的教育经费则不必由公共财政负担。事实上,从教育公平的角度看,也不应该由政府全面提供免费教育。因为,现代社会的一个客观事实是,不同的社会成员由于其经济地位等的不同,所得到的教育也不相同,因此,由公共支出完全承担所有教育费用,事实上将更有利于城市及城市中更有条件接受教育的地区和群体,进而加大社会的不公。

因此,在现代社会,政府对教育活动的介入是必要的,同时也是有限的,这个限度就在于根据特定条件下的教育活动的直接目的和功能来划分的公共性的强弱。公共性越强,政府介入越多;公共性越弱,政府介入越少。

第三节 现代社会教育事业管理的基本内涵

近百年来,教育事业随着社会经济的发展而发展,教育从宗教性、私人性转为社会性、公共性,教育事业的发展与社会经济的发展日益紧密相连,这就使教育的科学管理成为必要。同时,近现代科学技术的突飞猛进使教育的科学管理成为可能。统计方法、测量方法和实验方法等的进步与发展对教育管理的实施大有裨益。近现代企业管理的先行一步,又为教育管理理论的发展提供了极为有益的借鉴,使教育管理的可能性变为现实性,教育管理的体制、机构设置、管理方法、政策和手段问题等,都成为教育发展过程中必须解决的问题。由此可见,现代教育离不开教育管理,管理是现代教育的必要条件和重要组成部分。

教育管理的对象包括教育系统内以及某些与之密切相关的人、财、物、事、时间和信息。教育管理的内涵与教育的概念是密切相关的。广义的教育管理包含教育行政和学校管理,它以整个国家的教育系统作为自己的管理对象,以教育的法令、法规为管理的基本依据,对整个国家的教育行政系统及各级各类学校组织进行教育投资、教育督导、教育结构管理方面的计划、组织、协调和控制,从而实现为国家培养人才的目标。狭义的教育管理是指学校管理,它以一定类型的学校组织作为自己的管理对象,管理内容主要包括学校的管理原则、管理过程、全面质量管理、管理制度和管理机构及领导人员,以及学校内部与外部关系的管理,目的是有效地实现学校的教育目标。

教育管理与其他公共管理存在较大的不同。首先,教育的对象是人,在教育活动的过程中,人是在变化的,但这个变化在短期内是不可预料的。其次,在管理过程中,管理者与被管理者的界限不明显,是相宜的关系。再则,教育与社会经济、政治、文化的联系非常密切。从而,教育管理的过程受到上述因素的影响较大。

因此,教育事业管理亦是一个比较复杂的行为,其中包括许多要素和内容。因此,从不同角度考察,教育管理有不同的内容。从宏观方面说,教育事业管理的基本内容主要包括以下八个方面。

一、确立教育发展规划

教育规划是指教育行政部门为选择理想工作目标和改善资源分配所采用的一种决策措施，是对教育实现其社会功能和自身发展所做出的计划和决策。它根据社会发展和教育进步需要，确定一定时期内教育的发展规模和所要达到的水平。在确立教育发展总目标的同时，还要对教育发展的子目标以及相关因素进行必要的划分和分析，并以此为基础提出实现规划目标的合理方法和途径。教育规划既为教育事业确定了行动的指南，又为教育发展提供了重要的理论依据。

由于教育事业产品是准公共产品，它所具有的外部性会使市场失灵，因而它不可能通过市场竞争达到供求均衡。特别是教育本身具有迟效性，是立足于今天而又面向明天的事业。因此，为了确保教育资源的合理配置，保证整个教育事业的发展符合社会经济当前的和中长期的需求，政府必须通过科学的教育预测，依据教育发展的规律，利用科学预测的原理和方法，对未来教育发展的前景做出准确推测并以此作为制定教育发展规划的依据。许多有远见的经济学家、企业家以及国家领导人对教育规划表现出极大的热情和兴趣。他们逐渐认识到，要在更大程度上建立起同经济、社会发展相适应的教育体系，就必须从宏观着手，依靠国家行政手段和政策的干预，其中最有效的措施就是由国家统一制定教育发展规划。

政府制定的教育发展规划，对整个国家一定时期内教育发展的规模、各类教育产品（大学、中学、小学普通教育，成人教育以及职业教育）的构成以及地区分布等，做出具体明确的规划，并经过对相关因素和存在问题及其原因的分析，提出实现规划目标的合理方法和途径，使有限的教育资源发挥最大的效益。我国幅员辽阔，人口众多，经济和文化发展极不平衡，各地区发展教育的基础和条件差距甚大。在这样的情况下，要想使我国教育较快地发展起来，必须根据各地具体情况，制定教育发展规划，使有限的教育资源发挥最大的效益。这不仅是推进我国教育事业现代化的一项战略措施，而且有助于各级行政干部的知识更新和工作方法的转变，是实现我国教育管理从落后的经验管理向现代科学管理的必由之路，也是全面振兴教育的一个关键环节。

二、制定教育政策

教育政策是国家政策体系的一个分支,是国家为完成一定历史时期的任务所确定的关于教育工作的方针、策略和行动准则。一项教育政策的制定和实施,对一个国家或一个地区的教育发展具有重大而深远的影响和意义。它既从宏观上影响教育事业发展的方向、速度、规模和效益,又从微观上影响具体教育活动的质量和效益,关系到社会和个人受教育的机会和质量。

1995年,中共中央、国务院提出了"科教兴国"的战略。这是一项重大的国家政策,它把教育与国家发展提到了一个历史从未有过的高度。科教兴国不仅是一个教育的决策,而且是一个国家决策,这个重大决策把教育看作是国家发展的一个最重要的动力。教育政策的制定需要有一个科学的完整系统的过程,科学理念应该贯穿始终。

此外,所制定的政策本身也需要有科学的内容。教育政策具有全局性和指导性,要求内容准确、可靠。这一内容包括教育政策所阐述的目标,所采用的事实、资料、数据等。当前,我国还缺少数据公告制度,不易获得可靠数据。因此在制定政策的过程中,要特别注意在内容阐述和信息采集方面的准确性。例如,在制定地方性教育政策过程中,如果不充分了解本地区的教育发展实际和发展规律,不掌握准确的信息和数据,那么所制定的教育政策就很难切合并促进本地区的教育发展,甚至会破坏或阻碍本地区的教育发展。

教育政策的制定还要以公平、法制和效率为基础。具体来说:追求公平,就是要让所制定的教育政策最大限度地反映各个利益阶层的意志,实现政策的民主化;追求法制,就是要让所制定的教育政策与现行的法律法规相适应,并通过它来促进教育政策的实施;追求效率,就是要让所制定的教育政策能够及时、迅速地调整教育行为,促进教育事业的快速发展。

三、颁行教育法规

教育法规是有关教育方面的法令、条例、规则、规章等规范性文件的总称,是对人们的教育行为具有法律约束力的行为规则的总和。它是以国家暴力机关为后盾而实施的,并且对人们的教育权利和义务起到保护和规范的作用。在我国,教育政策和教育法规具有一致性,但二者还是有区别的。从区别上看,教育法规是以法律的程序和手续确定下来的教育行为规范,教育法规可以保证教育政策的更好执行。一旦立法,执法机关就可以介入教育,对违法行为可以强制纠正处理。

政府通过有关部门制定各种教育法律、法规、条例,目的是使教育工作在方针、制度、经费、人员、设施以及行政管理等方面有法可依,获得国家法律的有力保障,以促进教育事业的正常发展。其具体措施就是通过不断改变法律约束力的程度和范围来调节各种管理对象。由于它具有稳定性和概括性等特点,因而能保证管理系统的稳定性、连续性和规范性,是现代教育管理的重要方法。

过去我国传统上重人治、轻法治,在教育领域也是如此,因此制定教育法规是现代教育管理的重要内容。只有依靠法治,才能真正使政府的教育管理职能到位,保证教育的正常运转,这是使教育管理适应社会主义市场经济的重要一环。我国当前应强调教育立法在教育管理中的地位与作用,推进教育法制建设,建立和完善执法监督系统,走上依法治教的轨道。

四、管理教育产品的生产

(一)对教育生产运行过程的管理

教育事业生产是指对受教育者的培养过程,在这一过程中既要授予其适应和推动社会发展的知识和技能,也必须使其形成与社会主导思想和意识形态相一致的思想和品德。为了保证各级各类教育按照国家的要求实施人才培养,就必须对教育活动、教育产品生产过程进行管理。在现代社会,对教育产品生产过程的管理不是要政府具体介入生产过程,而是政府教育管理部门通过制定各级各类学校的总体的培养目标、培养方案、课程结构和课程教学大纲等,要求各地区的各级各类学校结合自身情况进行实施,并通过教育督导从外部进行检查和推进,对教育培养质量进行多方面的评估,对教育投资、教育项目的执行等进行监督。

(二)确定教育产品生产模式

教育事业产品作为准公共产品,通常可以有两种生产方式,即公共生产和非公共生产(私人生产)。对教育产品的公共生产,是指由政府办教育,以公共财政支出作为学校的主要经费来源,而学校的所有权亦全部归政府所有。即通常所说的公立教育或公办学校。

所谓非公共生产,是指主要由非公共财政支出来承担教育经费的学校,即民办教育或民办学校,主要包括两种形态。

一是社会化生产方式,是指由社会力量利用非公共财政支出办民办教育或民办学校。我国的民办学校大部分是非营利机构,属于非政府组织的范畴,有些则是民营资本进入教育领域创办的,采用企业的管理方式。国外也存在一些有明确的营利目的,并对之实行企业管理的民办学校。

二是市场化生产方式,在教育事业领域引入市场竞争模式,政府与教育机构通过以契约为基础的合作共同提供教育产品。政府通过合同承包、特许经营、税收优惠、提供补助或贷款等方式,将教育事业的生产任务交由教育机构,教育机构负责教育产品的生产,政府则负责项目选择、目标确定、监督评估等工作。

由于民办教育基本上不需要政府投资,在财政支出有限的情况下,允许教育产品生产主体的多元化,可以在一定程度上减轻政府财政负担。当然,为了鼓励民办教育发展并更好地进行管理,可以对民办教育予以一定方式的补助,如直接进行一定的财政拨款、无息贷款、减免税费、给予优惠的办学土地等。

(三)制订教育事业产品的提供制度

如果说生产是创造效用的过程,那么教育事业产品的生产,强调的是指教育活动的组织方式。而与生产不同,提供是指教育事业产品的效用实现机制,即受教育者实现教育事业产品消费的方式。在现代社会,对于具有准公共产品性质的教育事业产品,可以根据其公共性的纯度分布情况,采取混合提供与市场提供相结合、以混合提供为主的方式。

第一,学历教育产品提供方式。现代社会的学历教育包括了从初等教育到中等教育,再到高等教育的完整教育体系。一般来说,总体上应采取政府投资和向受教育者收取一定费用的混合提供方式。不同教育层次的外部性是确定收费和政府补贴标准的重要依据。

具体言之,初等教育的外部性是最高的,同时由于义务教育的实施,也是受益面最大而教育成本最低的。因此,初等教育采取以免费为主的方针。这不仅有利于提高资金效率,也能使最广泛的人获得政府的教育补贴,有利于促进社会公平。中等教育的外部性次于初等教育。诸多国家都将初中阶段的教育纳入义务教育,采取近于初等教育的免费方式,而在高中阶段则适度扩大受教育者对教育经费的承担比例。高等教育的收益首先体现在受教育者或企业身上,因此在现代社会,公立高等教育虽然有公共财政支撑,但经常性支出应当大部分来自于收费,政府的财政拨款主要应解决设备购置和教室、实验室等投资性支出。

第二,成人教育与职业教育产品提供方式。在现代社会尤其是在市场经济条件下,成人教育与职业教育是关系到个人技能或全面素质的获得或继续提高的教育,就外部性而言,其是所有教育类别中外部性最小的一类教育。况且,成人教育的对象是工作后愿意读书的人,他们具有一定的支付能力。职业教育经常是直接为企业服务的,应由企业直接支付教育经费才是合理的。因此,成人教育与职业教育产品的合理提供方式是市场提供。

第三,民办教育产品提供方式。在现代社会,民办教育在大多数国家中都已发展为具有从小学到大学、从普通教育到各种专业教育类别的教育,成为公立教育的重要补充。对民办教育,当今世界中存在着两种不完全一致的产品提供方式。

一是,私人生产、市场提供。即民办学校的收费标准由政府管理部门统一核定,或者完全交由办学者按市场供求来自行确定。就前者而言,其实际上是一种计划与市场结合的指导价格。就后者而言,其则是完全的市场价格。一般来说,在完全由市场决定教育收费的情况下,公立学校的存在,再加上政府对同一层次同一性质的公立教育和民办教育都用统一的标准进行衡量,那么,在可以自由选择的情况下,公众是可以通过收费与收益的对比来确定消费的。因此,在对待民办教育产品的提供上,政府"管其价格,不如管其质量"更符合市场竞争原则,也更能促进民办教育提供更好的教育产品。

二是,私人生产、混合提供。即由民间投资建立学校,但政府通过对民办学校进行一定的补贴,并由政府确定收费标准,再将其收费、质量管理等纳入政府教育管理。这种供给机制更多体现的是社会组织或企业部门对政府教育事业的支持,有力地保障了教育的公益性,同时有利于政府教育管理部门从内部对民办教育进行有效的管理。

五、保障教育经费

教育事业,尤其是义务教育,是重要的公共事业。要举办公共教育事业,必须有经费保障。教育经费是义务教育发展的基础条件。在发达国家,取得义务教育的经费有两种方法:一是独立征收教育税,教育财政和一般财政分开,即教育财政独立制;另一种是从一般财政中分配一部分作为教育经费,没有独立征收教育税,教育经费从属于一般财政。教育经费是政府教育供给责任的必要体现,切不能指望急功近利的市场机制而盲目减轻政府这方面的负担,各级政府必须努力保证教育经费到位,并逐渐有所增加。

2005年我国开始实施义务教育经费保障新机制,义务教育实现了从"人民办"到"政府办"的历史跨越。《中华人民共和国义务教育法》对教育经费提出"三增长":即国家用于义务教育的财政拨款的增长比例,应当高于财政经常性收入增长比例;在校学生人均教育费用要逐步增长;保证教师工资和学生人均公用经费逐年有所增长。

六、实施教育督导评价

教育督导是对教育工作进行视察、监督、指导、建议的活动。即教育督导机关和人员依据党和国家的教育方针、政策,按督导原则和标准,使用科学方法,对教育行政工作和学校工作通过观察、调查和考核,做出分析和评价,指出成绩和缺点,并提出积极的修改意见,使教育工作质量不断得到提高的活动。

教育督导是现代教育行政管理的一个重要环节。尤其在我国,实行垂直领导,信息传递相对慢,大量的上情下达、下情上达需要督导来承担。因此,应加强教育督导机构建设,建立单独设置的、能行使督导职能的教育督导机构。

教育督导工作主要由教育督导人员实施。教育督导人员又称为"督学",可以是专职的,也可以是兼职的。督学应当符合国家规定的政治和业务条件,并接受必要的培训,由本级人民政府或者政府的教育行政部门认定,并颁发督学证书。督导人员在进行督导活动时,可以列席被督导单位的会议和活动,要求被督导单位提供与督导事项有关的文件并汇报工作,还可以对被督导单位进行现场调查。督导任务完成以后,督导人员应当向本级人民政府、教育行政部门以及上级督导机构报告督导结果,提出意见和建议,并向社会公布。

教育督导的核心是教育评价,教育评价是依据教育目标和教育理念,在系统收集资料的基础上对教育现象、过程及其结果进行的价值判断和绩效估量。教育督导通过判定、获取和提供叙述性和判断性的教育评价信息,为下一步教育决策提供关键的依据。因此,保障评价的科学性、规范性、全面性、系统性、长效性是教育督导工作的基本要求,要逐步建立起包括教育质量评估在内的教育评价体系,形成办学水平综合评价制度,并逐步做到规范化。

七、管理教育市场

由于在教育过程中,学生与教师之间的资源和信息是不对称的。此外,如义务教育是有严格的学区划分的,严格限制办学主体并要求学生必须在学区内就学。这就不可避免使教育具有垄断性。教育垄断性的存在会使学校失去质量压力和为学生服务的宗旨,缺乏竞争和改革的热情,从而降低教育效率,影响教育生产质量。为此,政府必须介入,管理教育市场。

政府管理教育市场不是介入微观领域去管理学校,而是打破垄断,建立一种公平竞争的机制和环境,让竞争来约束学校和教师的行为。打破垄断的关键是要结合具体的教育发展状况和要求,去除不利于教育发展的限制,引入竞争机制。如在一些国家中,政府在建立对学校的质量考核指标的基础上,放宽了对办学的限制,允许私人组织办学,也允许公立学校的教师重新组合,政府按在校学生的标准,定额向学校拨款,同时去除一些不利于竞争的规定(如不再规定学生必须在规定的学区内就读等),从而形成了生源竞争压力,促进学校改革,努力提高教育质量。

政府对教育市场的管理还表现在提供咨询服务。在市场经济迅猛发展的今天,教育与经济建设之间的联系日益密切,学校应根据社会经济发展的要求调整教育结构,改进教学内容、教学方法……作这些决策需要掌握大量、及时、准确、丰富的信息资源,单靠个别学校是很难做到资料搜集的完整性、全面性的,需要教育行政部门及时为学校提供资料与信息咨询服务。同时,伴随着教育改革进程的加快,各地改革的经验与教训需要及时加以传递和反馈,这也需要政府教育管理部门把这些信息及时输送到学校,供学校做进一步决策的参考。

八、引导舆论导向

在急剧变化的现代社会里,科技和生产以前所未有的速度迅猛发展,导致了"知识爆炸"。"爆炸"的知识涌向教育,使教育担负的任务越来越繁重,这也就决定了教育的水平和发展速度对一个国家、一个民族或一个地区经济和社会发展进程的影响越来越大。许多具有远见的专家反复提醒人们,在21世纪的世界舞台上,最激烈的竞争将由物质生产部门和技术领域转向造就人才的教育领域。因此,发展教育事业不仅是广大教师和教育管理工作者的使命,也是每一个想在未来世界的激烈竞争中立于不败之地的国家、民族和个人所必须关注的重大课题。

要使公众认识到这一问题的重要性,就需要政府教育管理部门的大力宣传,营造良好的舆论氛围,使全国人民特别是领导干部认识到教育发展的迫切性,引导社会力量办学、助学。

我国的"希望工程"是共青团中央、中国青少年发展基金会于1989年发起实施的,以改善贫困地区基础教育设施、救助贫困地区失学少年重返校园为使命的社会公益事业。截至2021年底,全国希望工程累计捐款收入194.2亿元,资助困难学生662.6万名,援建希望小学20 878所。[①] 通过30年来的大力宣传,大力发展教育事业已成为全民族的共识,许多人为帮扶失学儿童献上了自己的微薄之力。

第四节　国外教育事业管理的发展趋势

进入21世纪,面对信息社会和知识经济带来的深刻社会变化,发达国家和发展中国家都不同程度地遇到了教育经费不足、经费使用效率不高、教育机会不均、教育质量低等问题。为此,各国政府积极探索改革教育管理的有效措施,其中包括:扩大地方政府的教育统筹权,扩大学校的办学自主权,增加家长选择学校的权利和参与学校管理的机会,发展私立教育等。

一、教育管理价值取向人本化

教育的本质内涵是培养和造就一代新人,这就要求把人的发展作为其他一切发展的基点,实现多种发展的融合。这种教育发展的要求与当代西方的

[①]《中国青少年发展基金会简介》,中国青少年发展基金会,http://www.cydf.org.cn/#about/crgBrief?type=1.访问日期:2023年2月13日。

社会经济背景形成了良好的契合。一方面随着当代西方信息社会的转型,信息、知识和创造力成为最重要的经济资源,而这些资源唯一的来源是人。因此,信息时代使人的价值得到进一步提升。另一方面,随着经济发展大大提高人们的物质生活水平和精神生活水平,人们对劳动的评价也融合进了越来越多的价值体现的思考,从而劳动者对刻板的工作制度和凝固化的管理规范自然产生抗拒和排斥,管理者不得不重视劳动者的智力开发,满足劳动者的多种需求,以激发劳动者的工作热情,提高劳动生产率。在这样的形势下,人本管理的思想日益渗透各个领域。

在教育领域内,随着国内外政治文明进程的加快,"以人为本"、"促进人的自由、全面、和谐地发展",成为世界各国教育管理改革的共同价值取向。在这个理念的指导下,各国的教育管理都强调人的全面发展和个性发展相统一。如美国及西欧某些学校的教育目标从群体意识、协作精神,演化到民族宽容、国际理解等方面。可以说,教育从单纯的个人道德完善,向群体道德意识转化。而日本等亚洲国家和地区,则从强调"社会本位"转向人的全面发展与个性发展相统一。

值得强调的是,西方人本管理的思想与其科学管理的基础是不矛盾的。事实上,科学的统计技术、量表、绩效指标等是进一步使西方教育人本管理科学化的重要手段,而整个西方学校系统也一样还在为效率奋斗,"企业家型"学校仍然是今天西方许多学校的教育管理基本模式。

二、教育体制调整,扩大办学自主权

下放中央政府对教育的管理权,扩大地方政府的统筹权,引入市场机制,扩大教育选择机会,减少科层制对于教育系统的限制,提高教育的公平程度与质量……这些主张和举措成为当代西方国家校本管理运动中扩大学校办学自主权的突出表现。

教育行政部门和教育督导机构执行的教育管理,只是宏观上的法规制定、政策要求、指导、督促和服务。这是教育管理的重要部分,但显然不是全部。而学校管理的根本基础和有效执行则在于学校本身的教学管理,必须充实和提升学校管理的权力,建立健全以校为本的教学管理制度与机制,切实地将教学管理权力下放给学校,扩大学校教学管理的自主权,包括课程设置权,允许学校利用各种资源和社会力量共商教学管理中的重大问题。

此外,市场化对教育发展的有利因素、不利因素随着教育国际化进程的加快而日益显现出来,欧美教育发展基本上是在公益化与市场化的交织中发展的。理论界和实践领域对教育市场化关注的焦点包括:教育是否能运用市场的概念管理?市场经营机制是否有助于教育的发展?教育市场化是否违背了教育的本质和功能?市场化是否改变了教育的理念与公益性?教育市场化后,政府与教育之间的关系是否有所改变?应建立何种机制保证教育质量不致下降?这些问题的研究,对重新认定教育在国家和国际经济体系中的位置意义重大。

三、教育规划体现平等

公平享有公共教育资源是每一个公民的权利。教育公平是社会公平的重要基础,也是和谐社会的必然要求。世界各国大力实施均衡发展战略,全球教育改革正朝均衡化方向发展。均衡发展是现代教育的本质要求,是实现教育公平的重要途径,主要体现在区域之间、城乡之间、学校之间、群体之间的教育公平和教育机会均等,是促进区域教育共同发展、实现教育现代化的重要保证。

一些西方国家把"平等"作为教育发展新战略的中心使命之一。《美国联邦教育部战略规划(2014—2018 财年)》(*U. S. Department of Education Strategic Plan for Fiscal Years 2014-2018*)中将"公平"作为六大战略目标之一,基本内容包括提高缺少关怀学生的受教育机会,减少歧视,以使每个学生都能做好成功的准备。此外,保持中小学"教育公平"为欧洲各国所看重。芬兰没有将中小学分成三六九等,而且多数小学是同初中乃至高中学部连在一起的,各校的教学质量都相差不大。在择校问题上,西班牙政府坚持户籍的重要性,如果家长坚持要让孩子跨社区去好学校学习,必须保证全家在学校附近长时间居住。这样,综合考虑家庭的生活成本,一般家长会打消择校的想法,这样就保证了不同地区学校的生源素质没有太大差异。2016 年,英国发布了《教育全面卓越》(*Educational Excellence Everywhere*)白皮书,表明了让不同地区、不同背景的学生都能通过良好教育充分发挥自身潜能的新愿景。以追求教育公平的精神为轴心,英国教育的进一步改革铺设了两条主线:一是提升学校自治水平,转变政府的角色,赋予学校领导和教师更多自由空间,激发学校的生机活力;二是对薄弱地区加大资助力度,促进学校之间的共创共生、协作发展,鼓励杰出领导和优质师资向落后地区流动。2019年起法国强制接受义务教育的最低年龄从6岁降至3岁。这一措施是为了更好地保证教育公平,让学校充分发挥修正社会不公的作用。[①]

四、教育投入多元化

教育在经济和社会发展中的地位、作用日益重要,各国都大力增加教育投资,形成教育投资以政府为主、多元投入的趋势。美国用于教育改革的资助增幅特别显著。2018年3月据美国教育理事会(American Council on Education,ACE)官方网站消息,美国总统特朗普签署了1.3万亿美元的《综合支出法案》(*Omnibus Spending Bill*)。该法案涵盖了2018财年预算的剩余部分,将美国联邦教育部(United States Department of Education)的总预算增加了39亿美元。[②] 英国为了能在经济全球化中继续获得成功,政府大幅提高了在教育领域的投入。同时,扩大其教育"出口",吸引更多海外留学生,数据显示,2018年,19%的中国留学生选择了去英国留学,英国在2018年中国学生留学国家中排名第一。[③] 为了增强留学吸引力,英国政府从2006年5月起就允许留学生毕业后在英国工作一年。

由于经费来源的多元化和教育供给形式的多样化,公立、私立教育之间的界限变得模糊了。在纯粹的公立学校与私立学校之外,还出现许多混合型的教育形式。于是,公立与私立之间的融合趋势变得越来越明显了。在政府部门和非政府部门之间建立一种密切合作的伙伴关系,是正确地处理好市场调节与政府调节、集权与分权、学校自主办学与社会问责、教育数量与质量之间关系的必然趋势。各国都在积极构建一种合理的政策框架,为处理这些关系奠定制度基础。

[①] 吴越:《国外如何推进教育公平?》,《齐鲁周刊》2018年第21期,第14—15页。
[②] 张培菌:《美国联邦教育部2019财年总预算增加39亿》,《世界教育信息》2018年第9期,第73—74页。
[③] 万米南:《2018年英国高等教育市场现状与行业发展趋势分析》(2019年1月17日),前瞻网,https://www.qianzhan.com/analyst/detail/220/190117-4dfb376e.html,访问日期:2022年10月31日。

五、教育生产追求卓越

在加拿大10个省3个特别行政区中,安大略省(Ontario)不仅是经济第一大省,也是教育最强省,一直以来在国际教育测评中都有着不俗的表现。2014年4月,安大略省教育部门在回顾十年教育发展成就的基础上,出台了一份新的教育发展规划——《实现卓越:安大略省教育的新愿景》。其重点内容包括增强学生的信息技术应用能力、改善学生的数学成绩以及提高学生的职业技能。① 美国国际教育荣誉学会(Kappa Delta Pi, International Honor Society in Education, KDP)是一个让优秀教育工作者汇聚一堂、在教育领域不断追求卓越的团体。致力于为勇于追求卓越的教育者提供丰富的资源,支持他们不断提高教学实效。目前,KDP在全球已有632个分会,超过4.5万名会员。②

为实现教育的优质发展,世界各国纷纷掀起基础教育课程改革。美国从改革课程内容着手,强化课程的统一和基本知识的难度以及科技知识内容。英国提出建立统一的国家课程,稳步推进课改实验,将提高质量放在更加突出的位置。法国提出基础教育改革的重点是小学恢复合科教学,高中推迟分科时间。日本则把重视个性、向终身学习体系过渡、适应时代的变化作为教育改革的基点,统筹教育规模、质量、结构、效益的协调发展。韩国在教育改革中也高度注重学生国际意识的培养,努力提高高等教育人才培养质量、科技创新能力和社会服务水平。可见,在全球化背景下,推进跨越文化和国界的世界课程改革,培养面向世界的公民,让拥有不同的政治观点,不同的文化环境的人们在责任与道义的感召之下真正凝聚起来,这已是面对教育国际化潮流各国所达成的共识。

与此同时,西方各国对课程思想也进行了积极的反思,提出了"3S"——科学(science)、故事(story)与精神(spirit)——理念在课程中的相互作用和关系。即用科学致力于逻辑推理的探索,注重证明和调查,运用定量的科学方法,追求精确性、确切性和严密性;用故事反映文化历史和人情世故,注重解

---

① 刘强:《追求卓越:加拿大教育改革的核心议题》,《光明日报》2018年2月7日,第14版。
② 熊建辉、张鹤:《追求卓越 促进教育者影响的最大化——对话美国国际教育荣誉学会访华代表团》,《世界教育信息》2012年第19期,第6—8页。

读,运用主观经验方式,追求模式和经验;而精神领域是宽广的生命表现,它对科学和故事起着"关键性综合",传递激情、娱乐、敬畏与尊敬等。

六、引导终身教育,扩大职业教育,推进家庭教育

由法国著名教育思想家保罗·郎格朗在1965年提出的终身教育理念,在科学技术日新月异的21世纪,已经成为了一股席卷全球的教育思潮,对不同社会制度国家的教育政策产生着重要的影响。西方国家将终身教育作为教育立法的重要原则,强调成人教育的社会化参与,积极促进终身教育资源丰富化和网络化,创立社区学院成为推进终身教育的重要举措。

受全球化终身教育思潮的影响,20世纪60年代后期西方出现了"回归教育"思潮。主张教育不要一次受完,而是分几次学成,使人在生活环节的各个阶段都有受教育的机会。人们将根据需要,在他认为最需要学习的时候受教育。这种思想被吸收成为终身职业教育思想。一些西方国家越来越意识到:未来的人才不仅要求具有专业知识,还要有一定的技能,从而为扩大职业教育提出了现实的需求。瑞典将普通中学与职业学校合并,成立综合中学,把3年制高中延长为4年制,让孩子在学校学会一定的技能,为进入劳动力市场做准备。法国延长中学的学习时间,加强职业技术教育,逐步实现中等职业教育和普通高中规模大体相当的协调发展。可以说,终身职业教育思潮是20世纪教育思想史上最重要的创新之一,这促使人们从狭隘的"小职教观"向"大职教观"跃升。

与此相适应,西方的家庭教育工作也表现出由粗放型向精细型、由重管理向科研与管理并重、由共性指导到个性与共性并行指导的"三大转变",初步形成学校、家庭、社区共同构筑大教育体系的良好局面。

七、教育督导凸显民主、专业、高效、服务的理念

20世纪90年代以来,国外教育督导无论在观念上还是在实践上,都以民主、专业、高效、服务作为建构新式教育督导体系的核心理念。重视民主参与、强调专业要求、提高督导效能、强化服务意识已成为当今国外教育督导的指导思想。如英国在全国范围内招聘"注册督学",以使督学职业向专门化方向发展,设置了课程督学、教学督学、中学督学、小学督学,淡化了一般督学的地位和

作用。不少国家对督导模式、内容、方法等进行了研究和改革,使教育督导工作学术化、科学化和规范化。民主与开放、探索与创新的趋势日趋明显。

由于文化传统不一,各国原有的教育管理模式不论在教育管理的机构、方式,还是在管理的手段等方面都各具独特性、互不相同。以欧美为代表的西方教育管理模式从行政建制到学校的机构设置都比较精简,教育管理统领于教育法规体系之下。

中国与西方相比,有特殊的一面,教育体制不相同,历史文化传统各异,中国有自己特殊的国情和教育状况以及与西方不同的教育理念,正在步入中国式现代化。因此,针对目前我国高校管理中存在的问题,中国要根据自己的国情,以我为主,适当借鉴西方教育管理模式中真正适用的部分并创造性地加以运用,走出一条中国特色的教育事业改革之路,以促进我国高教管理的进一步发展和完善。

第五节 我国教育事业管理的改革与完善

1978年,以邓小平同志亲自做出恢复高考和派遣留学生等重大决策为起点,我国教育事业迈出了改革开放的历史性步伐。教育体制改革始终是40多年来教育改革的主线,一系列立足我国国情和发展趋势的改革措施使我国教育整体大踏步前进。党的十八大以来,中国教育改革更开启了向纵深推进的进程。从深化考试招生制度改革,到统筹推进世界一流大学和一流学科建设,从统筹推进县域内城乡义务教育一体化改革发展,到全面深化新时代教师队伍建设改革、规范校外培训机构发展……在全面建成小康社会决胜阶段,教育改革已经进入"深水区",继续改革攻坚,依然任重道远:人民群众总体受教育机会大幅提升,但个性化、多样化需求仍未得到有效满足;人才总供给能力显著增强,但结构性矛盾尚未解决;人民群众渴望接受优质教育,但如何遏制片面追求升学冲动、促进学生全面发展的问题,仍然没有得到很好解决;作为一个发展中的人口大国,既要优化人力资源增量,也要盘活存量,整体提升国民素质方面还有很多艰苦细致的工作要做。① 习近平总书记在

---

① 董洪亮、赵婀娜、张烁等:《深化改革,为教育发展装上强大引擎——党的十八大以来我国教育事业改革发展成就综述之四》,《人民日报》2018年9月10日,第4版。

2018年全国教育大会上强调,坚持深化教育改革创新,"要深化办学体制和教育管理改革,充分激发教育事业发展的生机活力"。① 新时代,建设教育强国是中华民族伟大复兴的基础工程,必须把教育事业放在优先位置,深化教育改革,加快教育现代化,办好人民满意的教育。

一、我国教育管理体制改革的目标模式

目前,中国教育实行中央、省、市、县四级管理体制。中国基础教育实行由地方负责、分级管理的体制;职业教育逐步建立在中国国务院领导下,分级管理、地方为主、政府统筹、社会参与的管理体制;高等教育实行中央和省级政府两级管理、以省级政府管理为主的管理体制。

各级政府和主管部门在办学、投入、评价等方面通过规划、引导、管理、监督等机制,处理中央政府、地方政府与各级各类学校等诸多复杂关系。各级政府逐步从对学校的直接行政管理,转向综合运用立法、拨款、规划、信息服务、政策指导和必要的行政手段相结合的间接管理转变。目前学校自主办学、自我发展、自我约束机制初步形成。在中小学校实行校长负责制,在高等学校实行党委领导下的校长负责制。依照《国家中长期教育改革和发展规划纲要(2010—2020年)》的要求,我国教育管理体制、办学体制、投入体制等方面的改革取得了重大进展同时,应该根据不同类型的教育活动的性质和目标,来确定国家财政对教育事业的支持重点。在重新界定、调整和收缩国家教育事业职能范围的基础上,必须确保国民义务教育、特殊教育和国家重点教育事业优先发展,并积极鼓励私人投资民办教育,促进各类教育事业的全面发展。

(一)完善义务教育均衡发展机制

1985年,我国就提出要普及九年义务教育,实行"地方负责、分级管理",意在中央统筹全局、宏观调控的前提下,加重地方各级政府的责任,充分调动社会各方面办教育的积极性,同时建立中央和地方政府分项目、按比例分担的农村义务教育经费保障机制,使免费义务教育从农村实施并逐步推广到城市。2001年,随着农村税费改革全面推进,为确保教师工资按时发放和在县域内进行教育资源的有效配置,《关于基础教育改革与发展的决定》确立了

---

① 习近平:《论坚持全面深化改革》,中央文献出版社2018年版,第473页。

义务教育"实行国务院领导，由地方负责、分级管理、以县为主的体制"。但这一体制由于混淆了管理体制和投入体制的区别，使义务教育的事权和财力不对称，导致县域经济发展水平的差距进一步投射成各地义务教育发展水平的差距，影响了政策的实施效果。2018年12月新《义务教育法》对管理体制作了更为准确的表述："义务教育实行国务院领导，省、自治区、直辖市人民政府统筹规划实施，县级人民政府为主管理的体制。"

中央政府加快建立健全教育资源配置机制，重点向农村、边远、贫困、民族地区倾斜。加快推进义务教育学校标准化建设，全面启动实施集中连片地区教育扶贫工程，全面推行中小学教师交流制度，着力解决大城市的中小学择校问题。开展义务教育均衡发展督导评估，国家公布各省（区、市）实现义务教育基本均衡县名单和比例。建立义务教育均衡发展奖励机制。

省级政府在管理体制方面要统筹省域内义务教育的组织协调工作，制定本省义务教育政策、规划和义务教育的各项标准，统筹配置教育资源，促进省内义务教育均衡发展。在投入体制方面要统筹落实辖区内农村义务教育经费，确定省以下各级的经费分担责任，落实中央安排的转移支付和地方各级应承担的资金，承担与其职责和财力相应的义务教育经费数额，制定辖区内经费保障机制改革的各项政策措施。

对县级政府强调"管理为主"，而非"投入为主"。一方面强调县级政府除按省级政府确定的比例承担教育经费外，更重要的责任是管好用好资金。要将义务教育的各项经费全部纳入预算，建立健全科学规范、高效快捷的资金拨付制度，科学合理地分配资金，确保资金及时足额到位。建立健全农村中小学各项财务管理制度，加强监督检查，提高资金使用效益。另一方面，县级政府要具体负责义务教育的实施工作。做好义务教育学校的规划、设置、布局调整、管理，指导学校教育教学，保障学校安全，培养教师，均衡配置师资力量，组织本行政区域内义务教育公办学校的校长和教师流动。

在基础教育经费投入上，应鼓励多渠道、多形式社会集资办学和民间办学，改变国家包办教育的做法。逐步建立以政府办学为主体、社会各界共同办学的新体制。特别是为解决少数贫困地区、边远山区办学的实际困难，也为了满足一部分公民对于基础教育的特殊要求，政府应支持和鼓励民间团体或公民个人依法兴办中小学，特别是民办高中。在有条件的地方，也可以采用"民办公助"或"公办民助"等方式来举办基础教育。学校作为一个独立的事业法人，依法享有各项权利，依法面向学区自主办学。在这种新的基础教育事业管理模式下,中央及地方各级政府教育行政部门的主要职责是核定、分配、划拨并监督各项教育经费的使用,制定各类教育方针、政策、法规和标准等,开展各种形式的教育评估,进行经常化、规范化和制度化的督学活动,以确保国家各项教育方针、政策和法规的贯彻执行,不断提高办学效率、质量和水平。

(二)高等教育管理模式

高等教育管理体制改革方面,形成了突出重点、带动整体的发展格局。通过"共建、调整、合作、合并"等措施,大规模地进行教育资源的整合,形成了中央和省级人民政府两级管理、以省级人民政府统筹为主的高等教育新体制。《统筹推进世界一流大学和一流学科建设总体方案》《关于引导部分地方普通本科高校向应用型转变的指导意见》等文件出台,为高等教育提升质量、内涵式发展明确方向。推动了全国各地高等学校的发展,促进了高校服务于国家和地方经济社会发展,使我国高等教育发展充满生机与活力。

高等教育事业管理体制向政府统筹规划和宏观管理、学校面向社会依法自主办学的新体制转变,探索高等学校分类指导、分类管理的办法,落实高等学校办学自主权。第一,政府的主要职责是制定教育方针、政策和法规,分配并监督各项教育基金的使用,组织教育评估,开展教育交流和信息咨询,等等。第二,原先由政府直接管理,而在市场环境中属于高校自己管的事,应转移给高校,实行政校分离,高校自主负责、自我发展、自我约束。第三,将政府管理的一部分事情交由各种社会组织去管理。各种社会组织包括行业协会、基金会、中介性的评估机构。第四,一些应由高等教育当事人自己管的事应由当事人自己来管,如实行高校后勤的社会化和产业化运作。第五,推动建立健全大学章程,完善高等学校内部治理结构。建立健全岗位分类管理制度,推进高校人事制度改革,改革高校基层学术组织形式及其运行机制。建立高校总会计师制度,完善高校内部财务和审计制度。第六,改革学科建设绩效评估方式,完善以质量和创新为导向的学术评价机制。构建高等学校学术不端行为监督查处机制,健全高等学校廉政风险防范机制。第七,完善教学质量标准,探索通识教育新模式,建立开放式、立体化的实践教学体系,加强创新创业教育。第八,实行学生自主就学,自主择业,通过各类人才和劳动市场来沟通就业渠道,实现毕业生就业的社会化与市场化。

在高等教育经费投入上,除国家教育投资之外,还应通过企业投资、社会捐赠、学生缴费、教育贷款等多种形式来筹集教育经费。根据我国教育事业发展的实际情况,高等教育仍应以政府办学为主,同时积极鼓励社会各界多方面参与办学,以改变单一化的办学模式和单一化的经费来源状况,实行政府办、民办、中外合作兴办等多主体办高等教育的新模式。推进高校与地方、行业、企业合作共建,探索中央高校与地方高校合作发展机制,建设高等教育优质资源共享平台,构建高校产学研联盟长效机制。探索高水平中外合作办学模式,培养国家紧缺的国际化创新人才,建立具有区域特色的国际教育合作与交流平台,完善中外合作办学质量保障机制,提高中外合作办学水平。此外,由于我国现阶段高等教育属于非义务教育,应实行缴费上学制度,国家通过一系列助学、奖学等相关的制度,资助贫困学生,以体现教育机会均等和教育民主的原则。

(三)职业技术教育管理模式

职业技术教育以就业为导向、以服务为宗旨,需要强化省、市级政府统筹发展职业教育的责任,从计划培养向市场驱动、从政府直接管理向宏观引导、从传统升学导向向就业导向转变,促使职业教育与经济社会发展需求相适应,促进中等职业教育与高等职业教育协调发展。建立健全政府主导、行业指导、企业参与的办学体制机制,健全多渠道投入机制,加大职业教育投入,创新政府、行业及社会各方分担职业教育基础能力建设机制,推进校企合作制度化,推进城乡、区域、校企合作。形成"分级管理、地方为主、政府统筹、社会参与"的新体制和面向全社会、面向人人的教育培训体系。

职业技术教育管理加快组织结构创新。以开放式为特点,对原有的职业教育管理结构进行重新设计,改变传统的金字塔式的"集权结构",而建立扁平化、多维式、开放式的"现代结构",以增强效能、提高效率;着力解决决策层次、执行层次管理组织的建设,提高组织效率和应变能力;成立专业管理委员会,实施全面的产学结合,使专业设置与市场需求相协调、培养目标与用人标准相协调。

开展职业学校专业规范化建设,教育管理过程引入质量体系。加强职业学校"双师型"教师队伍建设,探索职业教育集团化办学模式。强调职业技术教育的服务观,促进办学水平和教学质量的提高,并通过质量认证取得社会广泛认可的"资格证",提高职业技术院校的竞争力。

探索建立职业教育人才成长"立交桥",构建现代职业教育体系。积极推进学历证书与职业资格证书"双证书"制度,完善就业准入制度,提高技能型人才的社会地位和待遇,增强职业教育吸引力。改变职业技术院校的人才培养定位与本科院校"雷同"的现象,职业技术院校对产品和产品质量的定位不同于本科院校,它要求以就业为导向,强调其职业技术教育服务能满足学生就业的需求,满足社会对技能型人才的需要,其产品即职业技术教育服务中实践教学占有相当大的比例,理论知识的教学比例偏小,要求适量够用即可。

一些职业教育机构涉及就业培训、社会福利等满足公共需求的诸多方面,政府应实行社会统筹,并给予适当的资助与补贴。另一些职业技术学校则可以完全按照企业方式运行,成为营利性机构,并依法照章纳税。进一步落实职业技术院校办学自主权。高职院校作为具有独立法人资格的事业单位主体,依法自主、有效地管理学院内部事务,承担相应的义务和责任。民族地区要开展中等职业教育"9+3"免费试点,改革边疆民族地区职业教育办学模式和人才培养体制,加快民族地区、经济欠发达地区中等职业教育发展。

(四)成人教育管理模式

成人教育管理的实质就是根据经济社会需要为成人学习者提供服务。因此,成人教育应构建一种既符合经济发展需要又能促进成人发展的"以人为本、开放式、服务型"的成人教育管理模式。

探索开放大学建设模式,在办学层次和办学主体上体现多样化。完善高等教育自学考试、成人高等教育招生考试制度,在入学方式上,变选拔式、竞争式为认定式,由参加者根据自己的兴趣和需求选择学习科目和学习形式及学习方法。在教学手段上,充分利用多媒体技术和大数据网络技术,实行远程教学和开办网上学校;充分利用有效教育资源,最大限度地满足不同受教育者的不同教育需求;发展开放式教育网络,改变成人的学习形式,促进成人教育的高层次学习、主动性学习与合作性学习。在教学评价上建立学习成果认证和"学分银行"制度,转变过去成人教育评价主要依据考试成绩的片面价值观,而以学习者的需求和满意作为核心价值评定。

服务对象上,企事业单位员工、行政管理部门人员、社会各界人士等无所不包。服务理念上,以学生为本;教学目的上,有针对性的服务体系,包括职业培训、学历教育、继续教育、生活质量教育、休闲教育、技能教育等。教学水平上,有明确的服务标准,包括研究生教育、本科教育、职业技术教育和相应层次的课程培训、能力培养、专项训练等。学习形态上,不仅要有完善的服务网络,使受教育者随时随地学有所教,还要提供多种成人教育的咨询和指导,满足学习者多样的需求,更要精心设计和开发成人教育服务项目,不断拓展成人教育的服务领域。

成人教育管理既要有严格的考核制度,还要有合理的考核措施;既要有科学的考核方法,还要有得力的考核手段。成人教育管理应建立一整套完善、行之有效的考核制度,落实培训目标,提高学习效果。

成人教育主要依靠行业、企业、事业单位办学和社会各方面联合办学。中央和地方教育行政部门对职业教育和成人教育负有统筹、协调和宏观管理的责任。以进行学历教育为主的职业学校和成人学校,原则上由各级教育部门进行管理。职业培训和在职的岗位培训工作,原则上由各级劳动、人事部门和有关业务部门进行管理。

(五)深化教育治理方式变革

在重新界定国家教育事业职能范围的基础上,坚持教育的公益性质,建立健全公共教育财政制度,不断强化政府对公共教育的保障责任,形成义务教育由政府负全责,非义务教育阶段以政府投入为主,鼓励社会、个人和企业投资办学和捐资办学,多渠道筹措教育经费的体制机制。坚持政府主导与社会治理相结合,广泛吸收和充分利用国家教育投资、企业教育投资、个人教育投资、社会捐资、教育贷款等多种来源的教育经费,促进我国各项教育事业的全面发展。

教育管理重心适度下移。我国从中央到地方均设有教育行政部门,各级党委还设有教育工作领导小组作为党的决策议事协调机构,各级政府安排副职分管教育工作,便于发挥中央统一领导、地方组织落实的制度优势。但要注意避免各级教育行政部门职能重构的问题,将教育管理重心下移,通过细化各级教育行政主管部门的权责定位,实现协同运行机制。坚持顶层设计与分层决策相结合、落实基层,特别是乡镇对教育决策的参与机制,强化乡镇政府教育服务能力建设。

教育投入重心适度上移。党的十八大以来,教育支出责任不断上移,中央均衡性转移支付力度持续加大,教育经费充足性有较大提高,教育发展不平衡不充分问题有所缓解。① 2019 年 5 月,国务院办公厅发布《教育领域中央与地方财政事权和支出责任划分改革方案》,对中央与地方共同承担的义务教育、学生资助、其他教育三方面的财政事权与支出责任进行了合理划分。但省级以下各级政府的财政关系、教育支出责任还不尽合理,区域之间、学校

---

① 张家勇:《新时代教育体制改革的四个着力点》,《中国教育报》2019 年 12 月 4 日,第 5 版。

之间、群体之间教育资源差距还很大。亟待通过提升教育经费的统筹层次，增强统筹力度，避免基层政府承担过多与其财力不匹配的支出责任。

总之，在市场经济条件下，我国政府不应该也不可能再继续包办一切社会教育事业，而应从发展中大国办大教育的基本国情出发，鼓励和引导社会力量兴办教育，调动社会各方面力量办学的积极性，形成以政府办学为主体、公办学校和民办学校共同发展的教育治理格局，建立政府办、社会办、企业办、个人办、合资办等多种主体办教育的新体制，逐步转换和合理收缩政府的教育事业职能。

二、我国教育事业管理改革与完善的对策措施

为了实现上述我国教育事业管理体制改革的各项目标模式，彻底改变国家包办一切教育事业的做法，在进一步深化我国教育事业治理格局转变的过程中，应该针对其中的关键问题和主要障碍，分别采取下述改革对策与措施。

（一）进一步明确中央和地方各级政府的教育职责

在中央和地方的关系上，既要进一步确立中央与省（自治区、直辖市）分级管理、分级负责的教育管理体制，又要力避因以省级为主的管理层次下移而产生的新的地方集权。

应该从体制上厘清各级政府兴办教育的责任，尤其是投资责任，取消所有的特权，从体制、制度上促进教育公平的实现。根据国家优先发展教育事业的战略目标，合理界定和划分中央与地方各级政府的教育事权与财权，建立和完善经济社会发展规划优先安排教育发展、财政资金优先保障教育投入、公共资源优先满足教育与人力资源开发需要的体制机制。同时结合国家财税体制改革及其他各项相关的配套改革，合理划分中央及地方各级政府在发展各类教育事业中的责任、权力与义务，科学界定、划分和规范各级政府的教育事权与财权。在调整教育事权的同时，逐步调整相应的财权，以确保各级政府有效地承担起相应的教育责任。

就目前而言，中央政府的教育职能配置不合理，表现在以下两个方面：第一，在高等教育中，目前中央政府直接兴办和管理的高等学校仍然过多，相对于基础教育、义务教育投资而言，中央政府对高等教育的直接投资过多；第二，基础教育、义务教育中，中央政府的教育投资方向和数量、中央政府的教育职能要根据各地经济发展水平和各级政府财力，更多向民族地区、贫困地

区和偏远地区倾斜。中央政府教育投资功能应该向"公平优先、兼顾效率"转变,应该全面权衡我国经济社会发展需要,确定中央政府的教育拨款方向,而不应该仅仅考虑某一方面的需要。中央财政的教育职能首要的是解决地区之间的教育发展不平衡问题,促进实现教育机会的平等。

(二)建立中国特色现代学校制度

落实学校办学自主权,完善学校内部治理结构,形成学校面向社会、自主办学的体制机制。逐步实现政校分离与企校分离,改变学校单一化行政隶属关系和单位所有制状况。

根据教育事业社会化的改革方向和目标,高等教育实行中央和省两级管理、以省为主的体制。对现有部委所属的各类高等院校,除少数特殊学校之外,绝大多数应下放到地方管理。其中专业通用性较强和毕业生主要面向地方的学校,可与地方联合办学,共同管理。有些专业单一、行业性较强的学校,可与企业联合办学。对于重复设置的专业或学校,应予撤并。现有各类单位附设的普通中、小学校应逐步与原单位剥离,允许其面向所在社区扩大招生范围,待条件成熟时交给地方政府举办。从长远看,应建立学区划分标准和学校设立标准,根据社区发展状况来制定学校发展规划。在此基础上,取消重点与非重点义务教育学校之间的界限标准及相应的师资、经费、设施等方面的差别,学生一律就近上学。

在政府与学校的关系上,学校既要服从中央的宏观调控和地方的统筹决策,又要加强和扩大自身的办学自主权;政府方面应当进一步调整管理的范围和内容,并提供更有效的指导和更多样化的服务。必须充分考虑学校的特点,明确改革的目标并进行目标管理。

(三)健全促进教育公平的体制机制

统筹城乡教育发展,大力办好农村教育事业,扶持贫困地区和民族地区教育。

健全家庭经济困难学生资助制度,保障经济困难家庭、进城务工人员子女、农村留守儿童平等接受义务教育。逐步提高非义务教育机构助学费标准,资助贫困学生,以体现教育机会均等的原则。

实行非义务教育缴费上学制度,建立合理和必要的教育补偿机制。明确国家财政必须予以保证的教育经费,并基于实现和保障非义务教育的选择性,完善教育成本分担机制,实现受教育者个人及家庭对教育成本的合理承担。可以继续采用"定向培养""委托培养"等多种培养方式,增强学生的选择权。

(四) 大力推行教育事业社会化

改变政府管教育、办教育、养教育的大包大揽的做法,明确政府管教育、办教育、养教育三种职能的联系与区别,将管教育作为政府的核心职能。依据法律法规要求以政府财政能力举办义务教育及其他教育机构,从而改变政府财政供养模式,提高政府教育经费的有效性。

现代社会发展趋势表明,时代在进步,科技在更新,市场经济在发展,教育与社会的联系也越来越密切,学校已从封闭的"象牙塔"走向开放,社会参与已成为教育管理体制的重要内容之一。教育作为一个国家主权范围内的事情,作为政府向社会提供公共服务的事情,其办学的重要主体总是政府。同时,社会力量也是办学主体之一。

应该大力鼓励和规范社会力量兴办教育,形成教育事业社会办的局面。社会参与教育管理的模式有"外控型"和"内控型"之分。管理实权掌握在校内人员手中,适当吸收校外人士参与,这种内控型管理模式比较普遍,也比较符合我国的国情和校情。消除对民办教育的歧视,改变教育运行模式单一、资源配置过于行政化的问题。依据教育产品的性质,将教育事业分为公共教育事业与非公共教育事业,对后者可以允许举办以营利为目的的教育机构。

实行人才资源社会化,形成有利于人才资源社会化配置的机制与环境。由于各种旧体制和旧观念的制约,我国各类人才市场极不发达,知识和教育活动的社会化程度极低,这是深化我国现行教育体制改革的一个严重障碍。为此,必须加快我国现行劳动就业制度、干部人事制度、招生分配制度、工资福利制度、社会保障制度及其他各项相关配套管理体制的改革,彻底打破国家统包分配制和人才单位所有制,打破各种不合理的就业垄断局面,引进人才竞争机制,促进人才的合理流动和使用,改变片面追求文凭的倾向,逐步形成多层次、多形式、多类型的人才市场,使市场成为人才资源配置的主要机制。

在教育与社会的关系上,既要加强社会参与教育的管理,又要保持教育作为社会的"轴心"和"良心"的一定独立性和先导作用。

(五) 大力加强教育立法

我国教育事业管理改革40年来,全国人大及其常务委员会颁布实施的《学位条例》《教师法》《教育法》《职业教育法》《高等教育法》《民办教育促进法》《义务教育法》《国防教育法》八部教育法律是目前我国教育法规适用的基础。截至2019年,国务院制定了89项教育行政法规,教育部颁布了1 196项部门规章,为我国教育事业改革发展提供了强有力的法制保障。但总体来说,我国的教育法规还很不完善。目前,应着手系统教育法规的制定,使教育发展置于法治之下,以保证教育事业稳定地有条不紊地发展。

首先,通过法律明确划分和规范政府、教育机构、教师、受教育者、教育投资者及社会各方面的权利、责任和义务,建立各类教育标准和教育制度,加强民主监督,实行依法治教,确保各项教育事业的健康发展。

其次,各级人民政府和政府各部门要切实做到依法行政,保证教育方针的全面贯彻执行,切实转变教育行政管理部门的职能,逐步弱化直接管理,强化宏观管理,逐步将我国教育事业管理纳入规范化、制度化的发展轨道,为国家管理教育事业和保障人民群众参与教育事务提供基本依据。

此外,国家应制定统一的教育法规和政策,并允许地方在一定范围内进行教育和税收立法,使各地能根据本地经济和社会发展的实际状况来确定适当的教育发展目标,依据地方教育法规来征收相应的教育税,从而逐步规范各级地方政府的教育经费筹措方式与行为。在此基础上,可以逐步取消各种教育费附加,防止各种滥集资、滥收费等不规范的教育筹资行为。

本章小结

本章通过分析教育事业产品的内涵及依据不同标准将其划分为不同的类别,进而研究教育事业产品的准公共性,指出建立一个公正而有效的教育体系,对于消除社会贫困、缩小贫富差距、建立一个和谐与文明的社会具有十分重要的意义。

事实证明,基于教育事业产品的准公共性,政府管理教育市场有其必要性和有限性。政府可以采取多种方式对教育市场进行干预,包括教育发展规划、教育政策、教育法规、教育产品生产等手段,以实现公平、效率、选择和社会凝聚等多项社会目标。

教育理论是多学科交叉的应用性理论,它涉及教育管理学、政治学与行政学、社会学与法学等学科领域的问题,错综复杂。不同的国家和不同的时期具有不同的内容,国外教育事业管理的一些经验,对我国教育事业管理有一定的借鉴作用。但同时也需要明确,在世界范围内没有一种公认的理想的教育管理体制及模式。同时,我国教育管理正经历着一次新的转型,在管理体制上没有现成的模式可循。

通过回顾我国教育改革发展的历程,我们可以得出一个重要结论,这就是：立足中国基本国情，以解放思想为先导，以改革开放为动力，走中国特色社会主义教育发展道路。坚持把教育摆在优先发展的战略地位，促进教育事业全面协调可持续发展；坚持全面贯彻教育方针、全面实施素质教育，培养德智体美全面发展的社会主义建设者和接班人；坚持教育为社会主义现代化建设服务、为人民服务的宗旨，办好人民满意的教育；坚持教育公益性质和教育公平，保障人民群众享有接受良好教育的机会；坚持和加强党对教育工作的领导，确保教育事业发展的正确方向。

概念术语

教育事业产品　　　　　　准公共性　　　　　　教育事业管理
国外教育事业管理发展趋势　　教育事业管理改革

复习思考题

1. 教育事业产品的公共产品特性是怎样体现的？
2. 教育事业管理的基本内容有哪些？
3. 国外教育事业管理的总体趋势是什么？
4. 简述如何实现教育管理方式的转变。
5. 试述如何改革和完善我国教育事业治理格局。

第八章 文化事业管理

在现代社会,文化事业活动的内容日益丰富,在社会生活中占有重要的地位,同时,文化事业活动也是经济增长的重要方向。文化事业产品具有鲜明的准公共产品特征,但不同的文化活动的准公共性具有明显的差距,可大致分为公益性文化活动和营利性文化活动两大类。同时,文化事业产业化明显,文化市场成为文化事业产品提供的重要途径。因此,必须对不同的文化事业活动的特点和规律,确立相应的公共政策,形成科学而合理的管理体制。

第一节 文化事业管理概述

一、现代社会文化事业活动的类别和基本内容

文化事业活动是公众满足自身娱乐和精神需求的活动。在现代社会,随着社会进步、经济的发展尤其是科学技术的日新月异,公众对文化事业活动的要求日益提高,文化事业活动的内容也日益丰富,样式也日趋繁多。这些内容丰富、形态繁多的文化活动,可以结合其活动的目的和功能,大致分为公益性文化活动和营利性文化活动两大类。

(一) 以满足社会共同需求为主要目标的公益性文化事业活动

文化是人类物质文明和精神文明的总和,是人类实践的产物,是人类社会进步和发展的标志。文化事业活动主体是人,而从人的需要一般可以分为三大基本类别,即生存需要、享受需要和发展需要,而文化活动与人的这三大需要都有关联,其中就有一类文化活动主要关注一定社会条件下作为社会人的生存的需要。

具体言之,在现代社会中,文化活动的主体是多元的,文化活动的目的和功

能也是多种多样的,其中就存在这样一类文化活动,其生产和提供文化事业产品不以营利为目的,而是一种带有公益性的文化活动,即以满足社会成员的基本的文化生活需要为目标,着眼于提高全体公众的文化素养和文化水平,既给公众以一定社会所能提供的最基本文化精神享受,也保证或维持社会生存与发展所必需的文化基础和条件。因此,所谓公益性文化事业活动,是指一个国家或社会中,每一个公民都应该享有而且能够享有的文化生活,或者说,是以大众为活动主体的,主要以满足社会共同的文化需要为目标的文化事业活动。

现代社会的公益性文化事业活动,主要有以下基本内容或活动形式:一是公共图书馆,即面向社会,向公众提供图书资料服务的图书馆,这是公众获取知识和信息,接受教育的一个重要渠道,也是一个国家或地区社会经济文化发展水平的重要标志;二是文物、博物馆和纪念馆;三是公众文化事业,通常由群众性的文化事业机构及其活动组成,如我国的群众艺术馆、文化站及其开展的活动。

(二) 以满足个人需要为主要目标或具有营利性的文化事业活动

在现代社会中,文化消费需求是人们整个生活消费需求中的一个有机组成部分,如上所述,人的需要分为生存需要、享受需要和发展需要三大类别,而文化活动与之密切相关。人类文化发展的历史表明,文化消费需要的水平和满足程度,是与社会的进步、经济的发展密切相连的。因此,在现代经济发展尤其是科学技术水平提高的前提下,面对公众文化需求多元化,也就使社会能在保证公众基本文化需求的基础上,在相当程度上针对不同群体乃至个人的需要提供相应的文化消费。这就是说,现代社会中还存在着这样的文化活动,其主要关注个人的享受需要和发展需要层面的文化需求。由于主要针对个人文化消费,因而这类文化产品具有较明显的商品性,具有营利性,并形成了相关的文化市场。由于人们的收入水平、文化水平、文化偏好、文化背景,以及年龄、民族等文化消费条件和文化消费能力各不相同,相应地,人们之间的文化消费需求发展的层次与水平、文化消费投资方向与模式也各不相同,从而,不仅形成了文化生产和文化市场的多样性,而且也使这类文化事业有较强的自我发展能力。

这类以满足个人文化需求为主要目标的或具有营利性的文化事业活动,包括这样一些基本内容或活动方式:一是新闻、出版和广播电视事业,二是影视音像业,三是演出业,四是娱乐业。其中要说明的是,新闻、广播电视事业作为现代传媒,虽然各有不同的服务对象定位,但在相当程度上还是大众传媒,即面向社会公众,以满足社会共同需要为目标。正是因为这广泛的社会需求，所以它们具有较强的发展能力，可以进行企业化经营。

二、文化事业产品的准公共性

虽然文化事业按其活动的目的和功能，其产品可以分为公益性文化事业产品和营利性文化事业产品，但由于文化事业活动的特点，使其产品具有公共事业产品的基本特点——准公共性。文化事业产品的准公共性与教育事业产品的准公共性有相似之处，可以分为以下两个方面。

（一）一定的非排他性和一定的消费竞争性

文化事业产品的消费大多具有无形、延伸性、渗透性的特点，在一定范围内，如一个人看电视、听广播、看电影、看演出、看展览，并不影响其他人。即在一定范围内，一个人消费文化产品时，并不排斥其他人同时消费。故文化事业产品具有非排他性。但是，这一非排他性是有限度的。因为，如果一定设备下的电视、广播覆盖面是有限的，超过设备技术限制，电视、广播的传播质量必然下降。如演员的声音和演出动作的可视听范围是有限的，展览场地的可容纳范围也是有限的，因而当消费者人数增加到一定数量时，必然需要增加演出场数和展出场数。另如报纸杂志、公众文化事业活动等都存在相似的情况。

文化事业产品的竞争性，表现在随着消费者增加到一定量，总成本也必然相应增加，而文化需求的满足是与一定的社会进步相联系的，是以经济的发展为基础的，因而相对公众不断增长的文化需求，文化事业产品的供给能力是有限度。这样，在文化事业产品的供给能力有限的情况下，必然产生需求竞争，如优秀或可视性强的演出和影视作品、时尚娱乐项目等的消费就存在竞争。

这里要指出的是，由于文化事业产品还具有层次性、多样性的特点，许多消费项目是在满足公众基本文化要求的基础上，针对不同层次和不同样式的文化需求的公众生产的。如娱乐业就具有这样的特点，因而这类文化产品具有更强的排他性和更强的竞争性，而且，这种竞争基本上是一种市场竞争。此外，一些具有营利性的文化事业产品的竞争也基本上是市场竞争，如报纸杂志中的大多数即是。正因为如此，现代社会中文化事业较之教育事业总体上具有更强的产业特征，文化产业这一概念得到广泛的认可。

（二）外部收益性

在市场经济条件下，文化事业产品的消费是一种大众的消费，文化事业产品的生产首先是针对公众的不同层次的需求展开的,文化事业产品的社会功能也是通过文化消费主体的消费来实现的,即文化事业产品的外部收益是通过内部收益来发挥的。文化事业产品的内部收益,表现为公众在消费文化事业产品后,精神享受和文化娱乐的需求得到了满足,提高了文化素质,为激发创造性和积极性提供了重要条件,促进了自身的全面发展。

文化事业产品的外部收益表现为以下三点。第一,社会的优秀文化遗产将通过文化活动尤其是有引导的文化活动得到继承和发展。同时,文化事业产品的生产和提供的过程也是一个实践过程,正是在这一过程中,符合时代发展又有自己民族特色的当代文化得以形成。第二,与民族的、现代的、大众的、健康的文化的形成和发展相伴随,公众在消费文化事业产品,满足自己精神文化需求的同时,也陶冶了情操、提高了文化修养,进而构成一个良好的社会文化氛围。这不仅有助于公众自身创造力和工作积极性的激发,也有助于道德素养的提高,进而有利于社会的安定。第三,正因为在现代市场经济条件下,文化事业活动与经济有更紧密的联系,因而是社会经济发展的一个增长点。总之,在现代社会中,作为上层建筑的文化事业对社会经济发展起着十分重要的推动作用,成为了社会进步和经济发展的重要力量。正因如此,现代社会中一个国家或地区文化事业的发展水平成为该国或地区社会经济发展水平的重要标志,体现了该国或地区的文明程度。

当然,不同的文化事业产品其活动的直接目标和在社会中的功能是不同的,根据上面对文化事业产品准公共性的分析,依据不同文化事业产品所具有的不同外部性,我们可以得出图 8-1 所示的不同文化事业产品的外部性分布图。

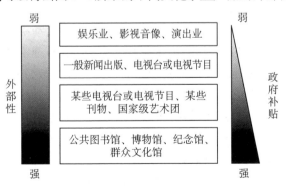

图 8-1 不同文化事业产品的外部性

(资料来源:崔运武编著《公共事业管理概论》(第二版),高等教育出版社 2006 年版,第 329 页。)

三、政府介入文化事业产品市场的必要性

现代社会的文化事业产品较之教育事业产品来说,总体上是一种更市场化的产品。然而,由于文化事业产品属于准公共产品的基本特点,也由于文化属于上层建筑领域,文化事业产品既是一种物质产品,也是精神产品,具有商品性、社会性和思想性合一的特点,在社会的发展中具有重要的作用,是全体公民公共利益的体现,因而政府必须进入文化事业产品市场。这一必要性具体表现在以下两个方面。

(一)文化事业产品的外部性

文化事业产品就其基本方面来说,要满足社会全体成员基本的文化需要,这是一种共同的文化需要,它的外部性最强。但也正是这一外部收益性的存在,往往使人低估其价值,不愿投资,也就是说,仅靠市场是无法保证满足公众基本的文化需求的,因而必须由政府介入,通过一定的方式,加强社会基础文化设施建设,保证公众基本文化需求的满足。同时,这也是政府代表社会对外部收益支付费用。

现代社会中电视广播、诸多的报纸杂志虽然其自身具有经营能力,但是由于其外部性十分突出,政府作为社会外部收益的第三方,应该代表社会对收益支付必需的费用。如代表国家意识形态和主流思想的重要报刊,以及反映国家科学文化事业水平的理论性较强的刊物,具有十分突出的外部收益,故应由政府代表社会对这一收益支付费用。

(二)文化事业产品的特殊性

文化是一种精神产品,属于上层建筑,文化事业活动中贯穿着特定的意识形态和思想价值取向。因此,为了巩固自己的统治,现实中的任何一个国家的统治阶级都不可能对文化事业产品的生产和提供放任自流,政府必然介入文化事业产品市场,对文化事业产品的生产进行必需的引导和管理。当然,不同文化传统和社会政治体制的国家对文化事业管理的方式和程度是不相同的,但进行一定的引导和管理则是同一的。

文化事业产品具有双重属性和价值:既有一般商品的属性,又有特殊精神产品的属性;既有经济效益,又有社会效益。在市场经济条件下,市场机制既有促进文化繁荣以及文化事业产品的社会效益与经济效益相统一的一面,又有导致文化事业产品两种效益相矛盾的一面。矛盾的一面主要表现为文

化事业产品的市场价值与文化价值、高雅文化与通俗文化、民族文化与外来文化,以及经济发展与文化发展的矛盾。应该说,从总的发展趋势来看,越是有文化价值的东西,越能得到多数人的接受和赞赏,从而该文化产品的文化价值与市场价值、社会效益与经济效益会趋于统一。但是,这并不是一个自发的过程,而是有赖于社会从各个方面自觉努力的结果,因为,如果仅仅靠市场机制来进行调解,其结果往往会导向更有眼前经济利益但却不一定更有文化价值的文化产品。因此,政府必须介入文化事业产品市场,在尊重市场机制的基础上,充分发挥政府的引导和支撑作用,促进文化事业产品的社会效益与经济效益的统一。

文化事业产品作为一种精神产品,不仅在作为一个民族和国家的灵魂和价值取向方面需要积极的引导和支撑,而且在微观的文化市场领域也需要政府的规范化管理。因为,如果缺乏必要的规范和监督,在经济利益的驱动下,诸如高价演出和偷税漏税、娱乐业中的低俗服务和赌博、非法出版物和制黄贩黄、走私和倒卖文物等或会大量出现,从而损害一个国家民族的、现代的和大众的文化的形成,影响文化事业的健康发展。就此而论,文化市场的规范和监督是现代社会中一个国家保证文化事业发展必不可少的条件。

四、现代社会文化事业管理的基本内涵

从文化事业产品作为准公共产品及其具有商品和特殊的精神产品属性的情况出发,现代社会文化事业管理的基本格局应是生产主体多元、政府扶持,分类管理、分级指导。具体来说,这一现代社会文化事业管理应具有以下基本内涵。

(一)生产制度

1. 确立文化事业发展规划

与教育事业产品的生产相类似,文化事业的发展也需要制定相应的发展规划。所谓文化事业发展规划,就是在一定的时期内文化事业的发展规模及其所应有的水平,包含了文化事业发展的数量和质量两个方面,这是文化事业产品生产中首先必须解决的问题。文化事业发展之所以需要发展规划,其原因主要在于三个方面。

第一,文化事业产品中的基本部分是关系到社会共同需要的公众文化事

业设施,如公共图书馆、展览馆、博物馆等。这些文化事业产品需要根据整个国家文化发展的总体需要和不同地区的具体情况,合理配置资源,满足公众基本的文化发展需求。

第二,收看收听电视、广播等是当代社会中公众的基本文化需求,这类产品的生产者又有一定的经营能力。这些社会效益和经济效益都极强的文化事业,覆盖范围广,建设投资大,因而必须有一个合理的布局,才能既最大限度地使用资源,又充分发挥其作用。

第三,文化事业产品是一个国家的文明发展水平的重要标志之一,因而国家必须有明确的规划,确立和保证某些反映一个社会文化事业水平又体现其自身民族特色的文化产品的生产。

2. 建立合理的文化产品生产模式

即公共生产和非公共生产。上述不同类别的文化事业产品,在公共产品至私人产品的范围内,其差别是比较大的,因而生产主体的多元性更为必要。在文化领域内,所谓公共生产,是指政府办的文化事业,以公共财政支出作为主要经费来源,如公众的文化事业、国家的电视台、重要的报纸杂志、重点的艺术团体、公共图书馆、纪念馆等。所谓非公共生产即私人生产,是指主要由非公共财政支出来承担经费的文化事业,如娱乐业、音像影视、一般报纸杂志等,在一些国家还有私人开办的电视台,等等。总体上说,现代文化事业产品的生产,应该是生产主体多元化,政府、非政府组织和个人共同参与,国家保证基础和重点,社会共同兴办文化事业的一种生产模式。

3. 文化事业产品生产过程的管理

文化事业产品是精神产品,其生产过程涉及意识形态和国家或社会文化发展方向。如上所述,文化发展过程是一个矛盾过程,是一个需要社会各种力量自觉地促进其发展的过程。因此,为了保证各类文化事业按照人们所认识到的社会发展要求实施生产,就必须对文化事业产品生产过程进行管理。在现代社会,对文化产品生产过程的管理不是管理主体介入生产过程,而是在尊重文化产品生产如艺术作品创作规律的基础上,一方面对违反国家意识形态的文化产品进行严格处理(当今世界上的任何一个国家包括号称最自由的某些西方国家都是如此,只是具体的管理方式方法不同而已),另一方面通过政府与非政府组织如行业协会等,以一定的方式,如评奖、经济政策上的优惠等,积极鼓励、支持符合公众需要和社会文化发展方向的文化产品,批评和谴责落后、不健康的东西,引导文化产品的生产。

(二)提供制度

对于文化事业产品,可以根据其公共性的纯度或外部性分布情况,以及其文化产品的特殊性,采取公共提供、混合提供与市场提供相结合,以混合提供为主的公共政策,构建相应的文化事业产品提供制度。

1. 公共提供

公共提供的文化事业产品,首先应该是满足公众基本文化需要的公共基础文化设施,如现代社会中的社区基本文化设施,如公共图书馆、纪念馆,以及我国现有的群众文化馆、文化站等。这些文化事业产品满足的是公众基本文化需要,其外部收益是最高的,收益面最大而且相对成本最低。因此,这些文化事业产品应采用公共生产并以公共提供(如政府补贴)为主的公共政策。这一补贴为主的方针,基本上是一种近似于无偿提供的财政政策,即使收费,也主要是补贴服务成本。其次是广播电视台和国家电视台。在现代社会,广播和电视已经成为公众获得基本文化需求的一个重要渠道,其同样具有受益面广、相对成本低的特点,因而应该采取公共提供的方式。必须指出的是,广播电台由于其经营能力较弱,广播节目可以采用公共生产、公共提供的方式,而且这种提供方式基本上是免费的。但电视的情况则较为复杂。电视曾经是现代社会影响面最大的传媒,因此,从其作为国家意识形态和政策方针的宣传主导媒体来说,现代国家基本上都建立了完全或主要由国家并基本上免费向公众提供的电视节目生产体制,即公共生产、公共提供。同时,由于电视台有较强的经营能力,随着社会的发展和电视节目的丰富多彩,一些国家仅对电视台中主要进行国家方针、政策等宣传报道的频道提供财政支持,并基本向公众免费提供。

2. 非公共生产、混合提供

非公共生产、混合提供的文化事业产品,在现代社会中主要是一些重要的文艺演出产品和报纸杂志,以及一些电视台或电视节目。其中的文艺演出产品,主要由一个国家中水平最高、具有重大影响力的艺术团体提供,如国家级的艺术团体,政府对其进行一定的补贴或税收上的优惠等,将其收费、质量等纳入政府文化管理,既提供了其基本的经费来源,保证了其基本的生存条件,又通过对其价格的一定的控制,促进这些重要的文化产品向社会普及。同样,对具有类似情况的报纸杂志和私人电视台或其中的某些节目,也应该采用同样的方式向社会提供。

3. 非公共生产、市场提供

在现代社会中,这类文化事业产品也占有相当大的比重,其主要是娱乐业产品,以及大多数的演出业产品、音像影视业产品、新闻出版业产品等。在现代社会中,尤其是在市场经济条件下,这类文化产品行业主要是针对公众不同的个性化和不同层次的文化需求,其经营能力强,通常就是一种市场商品。其作为公共事业产品的基本依据,主要是其外部性,但其外部性又是所有文化事业产品中外部性最小的一类。由于这些文化产品的外部性最小,政府用大量资金去补贴外部性小的事业产品是不合适的,而且,在满足基本文化需求后愿意进行个性化文化消费的人,也具有相应的支付能力,应该由自己支付文化消费的费用才合理。因此,这类文化事业产品应该采取市场提供的方式。

由于文化产品的特性,这种市场提供的方式通常有两种,即收费标准或者由政府管理部门统一核定,或者完全交由文化产品生产者按市场提供来自行确定。前者实际上是一种计划与市场结合的指导价格,而后者则是完全的市场价格。一般来说,与教育产品的市场提供相类似,在完全由市场决定文化产品收费,并且有足够多的产品可以让公众自由选择的情况下,公众是可以通过收费与所获得的收益即精神享受作对比来确定消费的。就此而论,政府在引导文化产品生产时,管其价格,不如管其质量,这样做更符合市场规律,也更能促进非公共生产提供更好的文化产品。

(三) 文化产品市场管理

在现代社会,文化事业产品无论是公共生产还是非公共生产,无论是公共提供、混合提供还是市场提供,都存在一个文化消费需求与供给的问题,即存在文化市场的问题,尤其是文化事业产品的不同类别之间,在非排他性和非竞争性上差别比较明显。许多文化事业产品更接近通常意义上的商品,或本身就是为交换而产生的商品,如娱乐业产品、音像影视产品等。而从另外一方面分析,在商品市场中,文化事业产品由于其表现形式和精神产品的属性,属于市场中的一类特殊商品。因此,文化事业产品的市场管理是整个文化事业管理中的一个十分重要的方面。

文化产品市场管理的基本内容主要有以下几个方面。

1. 文化事业管理规范

文化产品存在特殊性。由于不同国家历史文化传统的不同、社会经济发展水平的不同,以及意识形态和公共管理文化的不同,不同国家对文化产品管理的具体规范不会完全一致。如对文物,有的国家明确规定不许买卖,而在有的国家则可以买卖,但对哪些可以进入市场则完全有不同的规定。因此,文化市场管理规范的建立,必须根据国家或社会的具体情况,制定相应的法律法规,以此构成文化市场管理的基本规范,依法进行管理。

2. 对文化市场经营者的管理

文化产品总体来看是一种专业性较强的产品,这要求文化产品的经营者必须有相应的资质。对于一些承担文化经营和服务的团体、协会等非政府组织来说,本身就是经营者和管理者一身二任。因此,必须对文化产品的经营者和服务者进行管理,尤其是把握好进入市场的资格审查。相当程度上,这是文化市场得以规范运行的基本条件之一。同时,还要对文化市场经营者的行为进行管理,即监督其是否按照国家的有关法律进行经营,对违反法律法规的行为进行查处。另外,在这方面还有一个对文化市场的培养问题,即对文化市场经营者的支持或扶持问题。从我国目前的情况来看,从事文化娱乐业者比较多,其他类型的文化市场经营机构发展还较为弱小,尚不能满足我国经济发展和广大群众多层次文化消费的需要。这就需要政府积极引导,社会各界大力支持和扶持。

3. 对文化产品本身的管理

文化事业产品既是专业性较强的产品,也是一个内容丰富、类别繁多、差异性较大的特殊的商品门类,因而必须针对不同文化产品的特点制定相应的法律法规,进行分类指导、分类管理,将有针对性的管理落实到具体的文化产品和文化服务上。在现代社会中,文化产品管理的重点:一是音像产品管理,二是娱乐业市场管理,三是演出市场管理,四是艺术品市场管理,五是出版物管理。对文化产品管理不是代替经营者对产品进行经营,而是对文化产品能否进入市场进行管理。这一管理既要看文化产品是否具有商品资格,也要看文化产品内容是否符合有关法律法规。

4. 文化产品价格管理

价格管理的主要内容有三个方面:一是对属于公共生产、公共提供的文化产品和服务的收费标准进行检查;二是对实行指导价的文化产品,即非公共生产、市场提供中纳入国家管理价格的文化产品进行管理;三是对一些文化产品实施特殊的税收与价格政策。因为文化产品特殊性的一个重要表现,就是一些文化产品的市场价格与其艺术价值发生背离,有些艺术产品的市场价格甚至不及生产成本,难以为继,但社会对此又是需要的,例如儿童剧的编创和演出就存在这种情况。因此,国家必须运用税收与价格政策,对某些文化产品实施差别税率甚至免税,以对其进行扶持。

5. 社会捐助资金管理

社会力量对文化事业捐助,以支持文化事业发展,是现代社会中通行的做法。社会对文化事业捐助的主要对象是公众文化事业设施建设,以及非营利的文化事业团体。社会捐助资金的管理,主要是指对资金使用是否符合捐助目的的监督管理,是一种外部管理,是依相关法律法规进行的。

第二节　西方文化事业管理

由于文化事业产品的外部性和意识形态属性,西方各国都很注重文化事业的管理。但是当前世界各国之间的文化事业发展存在着差距是不争的事实,这既与各国的经济发展水平直接相关,也能从各国的文化事业管理模式中看出端倪。

当代西方发达国家的文化事业管理,大体上可分为三种模式,即美国式、英国式和法国式。其他欧美各国都分别不同程度地采取类似或兼有美、英、法三国特征的做法。

一、美国:市场主导型

一贯奉行"自由放任""无为而治"文化政策的美国是典型的弱调控型文化管理模式,即市场主导型模式。其主要特征是:社会办文化,政府不直接控制文化产业和文化单位,各类文化单位大多为私人所有;政府不干预文化发展方向,各种文化形式和文化交流都自由发展,一般没有政策限制;依靠民间文化机构开展文化活动,通过各种文化组织、协会的活动沟通与文化界的联系,调节文化与公众的关系。

第一,在管理体制方面,美国对文化、艺术采取松散的间接的管理方式。美国没有一个全面、综合、统一主管文化事业的部门,始终坚持一种"无为而治"的文化政策。美国法律规定,艺术应独立自主发展,创作自由受法律保护,但是根据文化事业产品与经济的紧密联系,政府可以通过经济手段决定对其作品是否支持或引导的态度。政府对于文化产业进行宏观调控的重要途径和手段之一,是建立和健全艺术基金制度,比如设立国家人文基金会。

第二,在组织结构方面,根据是否以营利为目的,美国文化组织可分为营利文化组织和非营利文化组织。

营利性文化组织或是商业性文化机构多种多样,但其根本特征是私人经营、资本运作、市场调节、自负盈亏。营利文化组织以赚取利润为首要目的,向政府交纳税收。根据联邦税法的相关规定,非营利性文化组织并非不能营利,而是指不以利润为首要目的,其所得利润也不得为所有者个人所有,而要将其用于文化事业的发展。公共文化基本上都是非营利文化,如博物馆、图书馆、公园等。当然,在美国,非营利性文化产品并不能完全与公益文化产品画等号。

第三,在管理方式方面,美国政府对非营利性文化产品与营利性文化产品的管理方式是不同的。

对于非营利性文化产品,美国的管理方式最为间接,调控力度也是最弱的。美国非营利性文化经济政策的最大特点是实行免税政策,直接或间接地解决了资金的投入问题。而对于营利性文化产品的政策则是通过制定有关的法律和法规,包括实行财税优惠政策,为营利性文化的发展提供相关的政策环境。例如,1965年美国国会出台的一项法案规定,每年由国会拨款给国家人文基金会和国家艺术基金会,由基金会用于资助非营利性文化团体或单位。当然,国家艺术基金会对非营利性文化团体和个人的资助数额较小而更多地具有象征性意义,大量的文化项目则要靠私人企业捐助或私人捐赠进行。为鼓励对非营利性文化组织的捐助和捐赠,美国联邦税法规定,非营利性的文化组织(营利所得不准用于成员分红)可以享受免税待遇,同时,个人和企业向此类组织捐赠,也可相应减免税赋。这使得政府有可能用较少的资助换取较大的公共效应(每年私人企业对文化企业的捐助是政府资助的10倍),使得公益性文化事业和商业性文化活动都能相得益彰,共同发展。

无论是对营利性文化产品还是对非营利性文化产品,美国都十分重视建立科学的管理机制和现代化的管理手段,主要有行政手段、经济手段和法律手段三类。在行政手段上,政府主要通过制定方针、政策,引导文化的发展。在经济手段上,政府制定了一系列有关的财政、税收和信贷政策,促进文化的发展。在美国文化领域,比较行政和经济手段而言,法律手段发挥着更为重要的作用。美国对文化活动有严格的法律规定,实际运作中,凡是背离法律规定的,政府有权予以取缔,政府和议会间发生冲突时由法院予以裁决。

另外,美国的文化行业服务体系由各种不同的中介机构、协会和基金会等组成,它们在美国的文化艺术活动中发挥着相当重要的作用。它们在连接政府与文化团体或企业的同时,大大减轻了政府部门的负担,使政府职能定位更加准确,文化资源得到较为合理的配置。

此外,在对非营利部分的资金管理方面,美国政府主要通过国家艺术基金会、国家人文基金会和博物馆学会等独立机构对文化艺术业进行资助,同时州和市镇政府以及联邦政府的一些部门也会对文化方面提供直接的资金支持。同时,美国文化艺术团体得到的主要社会资助都来自于公司、基金会和个人的捐助等。而对可营利性部分的资金管理,美国政府将可产业化的文化形式置于市场规则之中,鼓励各方资金按市场秩序发展文化产业,这既表现为对国内资金的全方位吸引,又表现为积极鼓励国外资金融入美国文化产业发展格局。

总的来说,美国文化事业管理模式的最重要特征是"无为而治",即政府除了在政策上提供一定的支持、创建良好的外部环境以外,几乎不直接干涉文化产业的市场运作。该模式的优点主要体现在以下三个方面。

一是充分的自由竞争,资源配置合理有效。

二是文化行政的"小政府、大社会"。在文化领域的管理方面,美国政府注意遵循文化事业自身发展规律,并根据文化事业产品自身特点和文化事业发展的规律,给予文化事业开放、优惠的扶植政策。这既避免了文化事业管理职能上的全能政府主义倾向,一定程度上减轻了财政负担,又鼓励了更多的社会财富用于发展文化事业,从而最大限度活跃了各阶层的文化生活,提高了公众文化的积极性。

三是管理手段科学、规范、灵活,法律化倾向明显。其主要依靠法律手段、经济手段保护文化发展和市场公平竞争的做法,有利于美国文化事业的健康有序、稳步发展。

二、英国:政府市场并重型

英国政府在文化事业管理领域实行政府市场并重型的管理模式。这种模式既注重政府在文化事业管理中的调控作用,也充分注意调动市场与社会自身的作用。总之,英国管理模式的突出特点是政府对文化事业产品的生产与提供保持一定的主动干预,但同时又保持一定的距离,即所谓"一臂之距"的管理模式。

第一,英国设有文化、新闻和体育部,对国家的文化产业进行宏观调控。

英国的文化产业管理还表现在统一文化政策的制定上,早在1993年就公布了题为《创造性的未来》的文化发展战略,奠定了产业发展的基本方向,这也是英国第一次以官方文件形式颁布的国家文化政策。

第二,保持距离与适度分权。

英国政府在文化政策上遵循"一臂之距"原则,这一原则具有两层含义。首先,这种管理模式要求国家与文化生产保持距离,这多是指国家对文化拨款的间接管理模式。其次,这种管理模式同时要求国家对文化采取一种分权式的行政管理体制,即政府行政主管部门只管文化而不办文化。文化政策方案咨询、实施,甚至部分文化经费的划拨等工作均交由代理政府管理具体文化事务的准政府组织完成。因此,适当分权也就成为"一臂之距"原则的应有甚至更为本质的含义。"保持距离"与"适度分权"两层含义相辅相成,共同形成英国文化管理的主导思想,贯穿于各个文化领域的管理政策与具体实践当中。英国政府保持"一臂之距"原则的具体做法首先反映在文化事业管理的组织架构上。

英国实行的是"三级文化管理",即中央政府部门在其与接受拨款的文化艺术团体和机构之间,设置了一级称作"官歌"的准政府组织作为中介,负责向政府提供政策咨询、具体分配文化拨款、协助政府制定并具体实施政策等。中央一级,主要是统领全国文化、新闻、体育事业的中央政府文化行政主管部门——文化、新闻和体育部。文化、新闻和体育部负责制定和监督实施文化政策,并管理全国文化经费的统一划拨。"官歌"是非政府组织,往往由艺术方面和文化事业方面的中立专家组成,它虽然接受政府委托,但却独立履行职责。一方面,"官歌"行使政策咨询或制定政策的权力,以及国家财政权力的一部分;另一方面,"官歌"也避免了政府对文化的直接干涉,保证文化艺术与党派政治脱离,防止政府不正常的审查,并在政党轮替时维护文化政策的连续性。

英国文化管理的三级构架,各自相对独立行使职能,无垂直行政领导关系,但通过制定和执行统一的文化政策,逐级分配和使用文化经费,相互紧密地联系在一起。"官歌"具体负责国家艺术经费和基金的分配和使用,避免了文化主管部门直接干预文化艺术,一定程度上防止资金分配上的政治影响。

第三，英国政府的"一臂之距"原则主要不是依靠行政手段，而是通过政策引导和经济调控达到管理目标。

英国政府没有设立直接管辖的文化艺术团体和文化事业机构。国家级的大型事业单位，如皇家歌剧院、皇家芭蕾舞团、大英博物馆、国家美术馆、大英图书馆等，都是独立运营，并不直接隶属于文化、新闻和体育部。同时，英国政府对文化艺术的支持采取的是区别对待的政策，并通过财政拨款加以体现。资助的重点是国家级的重点文艺团体以及高质量的艺术项目。经营不善甚至亏损的艺术团体，政府不给予资助；能不断出新作和高质量优秀节目的艺术团体，则会得到更多的资助。另外，为了保证政府拨款资助得到良好的效果，艺术委员会对享受政府长期资助的文艺团体鼓励其积极自创收入和争取社会赞助。在英国，即使享受政府长期资助的团体或机构，这方面的资助也只能占其全部收入的30%左右，其余需由其自筹。①

第四，为了繁荣文化产业，英国政府在资金管理上融合了多种渠道。

文化产业属于高危行业，金融企业大多对该行业投资相对谨慎，严重抑制了文化企业的壮大和整个产业的成熟。为了改变这种局面，英国政府加大宣传力度，使金融界了解文化产业，从而向其投放资金。为了解决中小文化企业的经费问题，英国政府还设立了多种资助计划，主要包括小型公司贷款保证计划、地区创业资本基金、创意卓越基金、社区发展财务机构、地区财经论坛等，这些资助计划涉及面广泛。除了贯彻这些措施，英国还实行"政府陪同资助"的机制。同时，英国政府以法律的形式将彩票收益中的一部分投向文化产业，成为文化事业发展中较为稳固的资金来源。

总之，英国的文化事业管理模式，充分重视发挥政府与市场在文化事业领域的作用。保持"一臂之距"并不意味着政府要对文化采取漠不关心的态度。事实上，如何保持好"一臂之距"，做到"不能不管，又不能多管"，对英国历任文化大臣都是一个考验。前国家文化遗产大臣博顿利夫人曾说："我关心，但我不想干预。我尊重那些与我保持'一臂之距'的机构的专业水准。对我来说艺术是重要的，政府来说也同样如此。'一臂之距'的机构需要政府为其制定一个政策框架，让它们能够在这个框架中运作。"②

---

① 范中汇主编：《英国文化管理》，文化艺术出版社2001年版，第89页。
② 同上书，第188页。

三、法国:政府主导型

法国在文化事业管理领域实行的是强调控性文化管理模式,即政府主导型的管理模式。一向秉承"皇家庇护"历史传统并信奉"文化例外"①之说的法国在文化事业管理方面不太信赖市场的作用,而更相信国家扶持和庇护的神通。

第一,完善的机构设置保证了法国政府在文化管理上的高度统一。

法国历届政府均设有文化部,即主管全国文学、艺术、电影、戏剧、音乐、博物馆及保护名胜古迹等事务的政府机构,其主要职能是确保全国文艺方针的执行,充分发挥文物宝库的作用,大力发展文艺创作,并使法国的著作为广大法国人民所接受。文化部在每个大区都设有"文化事务管理局"作为文化部的派出机构,统一对全国文化事业实行协调管理。同时,法国政府还成立了出版社和通信对等委员会、法新社最高委员会、广播电视质量委员会等独立的行政分支机构,分管国内其他各类的文化事业和文化产业。此外,职责几乎涵盖所有文化领域的地方文化事务司,既保证了国家文化产业政策的高效率地具体落实,同时也完成了文化信息部政策与地方利益之间的协调,从而实现法国文化管理上的高度统一。

但值得注意的是,法国政府对文化部门的管理有别于对一般行政部门的管理,表现形式并非行政命令,而是通过签订文化协定的契约形式确保管理目标的实现,这是法国的独创。因此许多公共文化部门拥有很多自主权,有自己的人事制度和自己的收入。

第二,强力度的政府宏观经济调控行为全方位保护和扶持民族文化。

法国政府从王室时代就十分关注文化发展,强调文化与法国"国家形象"密切相关。在今天的法国,文化发展开始被纳入国家经济社会发展的总体规划。法国政府对文化事业及相关产业给予不同形式的财政支持或赞助,如:中央政府直接提供赞助、补助和奖金,来自地方的财政支持,政府通过制定减税等政策鼓励企业为文化发展提供各类帮助等。

第三,因"行业"而"制宜"的管理方式有效引导刺激文化经济的繁荣。

虽然强调控的法国政府没有将文化产业完全交给市场,但这并不意味着

---

① 法国人向有"文化例外"之说,意即任何文化产品均不应被视同一般商品。

法国政府对文化事业领域的干预是"一管到底"的。对营利性的文化产业和文化单位,法国政府一般交由市场调节。对于文化事业,法国政府推行"文化经济一体"的文化工业政策,将其视为经济活动的重要内容。法国政府同时推行"分散文化权力"的政策,通过增加对地方文化机构和组织的拨款,对全民的、各阶层的、群众的文化给予更多的帮助。

第四,法国在文化产业管理上实行政府主导型管理。

法国的文化产业在资金管理上倚重政府的主体作用,主要包括这样几个层面:首先是中央政府直接提供赞助、补助和奖金等,每个从事文化活动的单位、企业都可以向政府申请财政补助;其次是地方政府的支持,法国各级地方政府都有发展文化的财政预算;再次,政府通过制定减免税等规章制度来鼓励社会企业为文化的发展提供各种形式的帮助。

为了完整地落实相关的资助,法国政府还从以下两方面展开资金筹集工作:一是建设文化产业信贷,将一些文化行业(如电影业等)列为重要的产业门类,在增加政府贷款和拨款资助之外,运用信贷方式,鼓励银行和财政机构对文化产业投资;二是建立文化合同制,在对地方重点文物机构给予经常性财力支援的同时,通过协议或合同形式,对地方重要文化建设项目予以投资。应该说,法国文化经费在政府主导的机制之下,得到了充足的保障。

综上,我们不难看出,多元性、复合性是法国政府文化管理模式的主要特征。该模式的优点有如下三个方面。

一是中央集权与地方分权相结合。这既有利于国家文化事业的全局筹划与实施,也有利于调动各地方参与文化事业发展的积极性,增加各地方对文化事业的投入。

二是国家干预与市场调节相结合。这既有利于计划与市场两种手段的相互结合,又有利于对那些需要加强调控的部门实行较有力的控制,也有利于那些可交由市场自由发展的行业充分发展,还有利于保护本国文化产业不受外来文化产业的冲击。

三是文化行政的调控手段多样,既运用经济手段,又运用立法与行政手段,便于灵活管理。

通过对美国、英国和法国政府文化管理模式的分析,我们可以得到如下启示:第一,政府在文化产业事业管理中作用的大小及其发挥作用的方式都是与其各自国家的国情须臾不能分开的,无论是市场主导型、政府主导型,还是政府市场并重型的文化管理模式都有其历史和现实国情的路径依赖;第二,无论哪种管理方式,政府与文化企业、文化事业之间的分工都是明确的,政府的主要职能是制定文化政策、制定文化发展战略、提供公共文化服务;第三,政府主要通过经济手段、法律手段干预文化产业,不过多使用直接的行政手段;第四,政府都是从国家利益出发,高度重视文化产业发展,特别是在涉及国家文化安全方面,通过各种手段保护本国的文化产业,努力使其在国际上有更大的文化影响力;第五,政府文化管理部门无论其名称如何,管辖范围怎样,但其管理职能都比较清晰,部门与部门之间的分工与协作做得都比较好。

第三节 我国文化事业管理改革

随着我国社会主义市场经济体系的逐步完善,如何定位我国政府的文化事业管理职能,完善我国文化事业管理体制,上述对文化事业和文化事业产品属性以及西方各国文化事业管理的经验和模式的分析为我们提供了有益的思路。

一、理顺文化事业管理体制,调整文化事业管理部门结构

目前,我国文化事业管理体制依然过于注重对文化事业的政府管控,公益性文化事业和文化产业,都过多受到政府各层级各部门的直接干预。但这种各层级各部门之间形成的分散重叠的文化事业管理体制无疑对我国当前的文化事业和文化产业的良性发展形成制约,造成管理上的缺位和越位。

从历史根源来看,我国政府文化部门的设计,是一种事业型体制而非产业型体制,政府文化部门主要是按照文化产品的类型来划分行业,设置高度专业化的管理部门。从中央来看,文化系统的行政管理权分散在文化和旅游部、新闻出版署、国家广播电视总局、国家文物局、国务院新闻办等多个行政职能部门。这造成的结果是一方面,过度的专业化分工导致文化部门机构的设置重叠,职能交错,部门之间职能边界不清;另一方面,作为产业发展所必需的文化资源高度分散在各个政府机构部门之中,行业部门的微观管理过细而政府的宏观管理职能"缺位"。

要逐步统一文化管理部门,探索"大文化"管理体制。应在省市一级设立文化广电新闻出版局,以取代文化、广电、新闻出版三局分立,将原来分散在各部门的管理性资源,如政策、条例、法规、特许权、公共财政经费等重新进行归类整合集中,统筹管理社会公共文化事务。随着我国政府大部门制改革的推进,"大文化"管理体制已被广泛认同。实践证明,这种改革思路是正确的,有效的。当然,在进行新的结构调整时,也产生了很多问题,但这只是过渡时期的问题,总的方向是正确的,这一改革正可以为后面的改革积累经验和教训。中央文化部门由于所管辖的直属企事业单位过多,而且这些企事业单位基本上都是国家文化产业、文化事业的支柱,因而在短期内进行急速调整会危及整个国家的文化安全问题,改革风险过大,可以等省市一级的结构调整工作完成,积累丰富经验之后,再行考虑调整的问题。当前的工作,是要配合地方文化体制改革,转变自身行政职能,同时探索建立部委之间协调对话机制的问题。

在实现文化管理部门结构调整的同时,应发挥党委和政府的统一协调作用。在横向管理上,完善党委、政府统一领导下文化、公安、工商等部门各司其职、互相配合、协调一致的文化市场管理工作机制;在纵向管理上,加强对文化产品和服务的市场准入、生产制作、市场营销的监督管理,建立市、区、镇(街道)、村(社区)四级文化市场监管网络。

二、构建适应市场经济需要的政府文化事业管理职能体系

实现政企分开、政事分开,转变政府管理职能,其实质是将过去集中于政府手中的各种职能和权力重新进行配置,一部分要配置给企事业单位,一部分要配置给市场,一部分要配置给社会,一部分要配置给中介组织和行业协会。这一方面可以使政府减压,卸掉包袱,集中精力做好政策制定、战略规划、市场监管、公共服务等工作,另一方面企事业单位也能减掉包袱,轻松上阵。当前,分解政府原有管理职能主要应把其职能配置到具有有效执行力的文化主体上来。

第一,要大力培育和扶持文化中介机构,把文艺演出等大型文化活动的主办权逐渐交给中介机构。当前我国社会主义市场经济还处于刚刚建立尚待完善的阶段,长期以来,本来应由中介机构等文化企业承办的文化项目都是由政府来完成的,所以文化中介机构严重缺乏,文化中介人才严

重不足。

第二,要大力培育文化行业协会,逐渐将一些不适合由政府行使的职能交给行业协会。行业协会更能把握不同文化行业的特性,更了解各个文化行业发展的具体情况,它们在维护行业权益、实行行业自律、制定行业标准、协调行业利益、规范行业经营、培养行业人才、反映行业意愿等方面能够发挥其积极作用。把部分政府行政职能合理分解到行业协会,不但能够减轻文化行政机构的负担,而且会更好地提高管理效能。

第三,要大力培育文化市场,逐渐减少政府干预,主要依靠市场手段而不是行政手段进行文化管理。文化市场的主体不是政府,而是文化企业,政府完全可以通过调节文化市场,然后由市场引导文化企业来实现有效管理。

第四,成立文化行政监管机构,加强对政府文化管理的监督,加强社会机构和专家学者对文化管理的政治参与。长期以来,文化行政部门对文化资源的垄断造成了条块分割、分配不合理、流动不畅等问题,政府垄断文化事业和文化产业政策的制定、施行、监管,制定政策的机构是文化行政部门,管理和评价有关的绩效同样是这些部门,这就需要有一个独立于政府之外的实施监管、评价的监管机构。这个监管机构的成员主要应由行业协会、专家学者、市场人员等组成,既要具有咨询、取证、质疑的权力和能力,又要能够综合反映社会对文化管理的各种期望和意见。

三、改革文化事业管理手段,突出法律手段、经济手段的主导作用

依法行政是依法治国的重要内容,也是转变政府职能的核心问题。我国传统的文化管理方式,一个突出问题就是惯于用制定政策和行政命令的方式进行文化管理。改革开放以来,我国文化事业法制建设取得了比较大的成绩,在调整人们的社会文化关系和社会文化管理等方面基本上做到了有法可依、有章可循,已逐步从单纯依靠政策转向既依靠政策又依靠法律的轨道。但是要看到,当前政府文化管理还没有摆脱传统文化管理的方式的影响,依法行政在这方面还只是处于探索阶段,主要存在以下问题:一是文化管理法律法规尚未形成一个完整的科学体系,文化管理立法数量不多;二是部门规章和行政法规之间、部门规章之间、不同层次的法规之间,相互抵触的情况在

一些地方仍然存在,影响了法规的严肃性和权威性;三是文化部门的执法权威还没有树立起来,缺乏有力的执法和监督检查手段,文化法规的实施经常遇到阻力;四是有法不依、有章不循的问题仍较严重,立法和执法严重脱节,特别是音像市场、娱乐市场等文化产业领域内违法违规现象严重,致使法律的权威性被严重践踏,执法能力严重不足。

鉴于以上问题的存在,需要做好以下几个方面的工作。首先,要加强文化立法工作,使文化管理能够有法可依。制订和修订有关促进文化发展、规范文化市场、保证文化繁荣有序的法律法规,形成与社会主义市场经济相适应的文化法律法规体系,创造公平竞争的法制环境。在文化行政的主要方面,包括文化部门的划分、行使的范围、运行的程序等都要制定相关的法律,都要做到有法可依。其次,要规范文化执法工作,使文化管理能够有法必依、违法必究。文化管理部门职能转变,要求文化部门的行政行为必须在法律规定的范围内依照法律程序实施。在实现管办分离之后,正确处理文化行政部门与文化企业间关系的关键在于"依法",政府不再依据隶属关系进行行政管理,而是依据法律法规的规定和授权进行行政管理和社会服务,而文化企业则应按照法律法规的规定自主运行,接受管理,两者之间是建立在法律法规基础上的关系。只有坚持依法的原则,我们在相互关系的处理上,才能正确地把握定位,才能解决好"缺位"和"越位"的问题。规范文化执法要高度重视文化执法程序,保证执法的公正性和严肃性,按照《行政诉讼法》的规定建立相应的检查、证据、听证、复议、应诉等制度。同时,还要建立文化执法责任制和执法监督制度,用制度来约束执法行为。

此外,在市场经济条件下,要充分运用经济手段,利用税收、金融、产业政策等工具对文化事业的调控作用,尽可能避免直接的行政手段的干预。

四、把握好管理与服务的关系,突出政府的服务功能

转变文化部门管理职能,就是要使文化行政部门转变到经济调节、市场监管、社会管理、公共服务上来,当前的重点就是要正确处理和正确把握管理和服务的关系。一方面,实行政企分开、管办分离之后,文化行政部门与文化企业不再是直接隶属的关系,但是两者之间管理与被管理的关系并没有改变。比如国务院颁布的《广播电视管理条例》第五条明确规定:"县级以上地方人民政府负责广播电视行政管理工作的部门或者机构(以下统称广播电视

行政部门)负责本行政区域内的广播电视管理工作。"这一规定,从法律法规的层面上确定了广播电视行政管理部门与包括广播电视台在内的微观运行主体之间的管理与被管理的关系。另一方面,实行政企分开、管办分离之后,文化行政部门与文化企业又是服务与被服务的关系。现代型政府的基本功能就是公共服务,公共服务是政府的主要职能。把握好管理和服务的关系,关键在于要改变传统的"管理"观念,从更广的含义来看,管理也是服务,管理和服务从本质上是统一的。

当前的问题是我们要改变传统的"管理"观念和"管理"方式,管理不是行政命令,不是直接干预,管理就是服务。管理的目的就是为了解放和发展文化生产力,调动广大文化工作者的积极性、主动性和创造性,繁荣社会主义文化,不断满足人民群众日益增长的精神文化需求,提高全民族的文化素质,促进人的全面发展。对文化事业、文化企业的管理就是制定文化发展战略和文化政策;对文化产品的生产、流通进行规划、引导和监管,指导扶持文化精品工程;培育文化市场,维护健康、公正的文化市场秩序;培育文化管理人员和文化经营人员;加强法律法规建设,营造繁荣文化的良好环境。处理好管理与服务的关系就是要从过去管办不分的传统管理体制下所形成的思维定式中跳出来,根据文化体制改革的新形势,重新审视我们的管理工作,认真履行好社会管理和公共服务的职能,不再干预应该由文化企业自主运作的具体事务。文化管理部门要切实考虑文化事业单位和文化企业单位在改革中的困难,帮助解决在改革和发展中需要解决的问题,为文化事业与文化产业发展提供高效、优质的服务。

五、进行文化事业投融资体制改革,拓展文化事业的投融资渠道

(一)加大对公益性文化事业的投资力度

公益性文化事业的投融资实际上包含两个部分:一是指为保障国家文化安全、社会公平和公民基本文化权益而进行的国家文化基础设施建设和侧重于农村以及西部地区的国家重大文化项目投融资;二是指有关为公众提供文化事业产品和服务的公益性文化事业的投融资,包括图书馆、博物馆、文化广场、科技馆、纪念馆、美术馆、国家基础性社会科学研究机构等。

(二)放宽非公有资本进入文化产业,鼓励投融资主体多元化

改革开放初期,非公有资本就已经进入娱乐、健身等文化领域,随着文化

体制改革的深入,国家在诸多文化产业领域实际上已经允许或默认了非公有资本的存在。2004年8月《国务院关于非公有资本进入文化产业的若干决定》正式颁布,文件总的精神是鼓励投融资主体的多元化,鼓励非公有资本积极参与文化产业发展。文件规定鼓励和支持非公有资本进入以下领域:文艺表演团体、演出场所、博物馆和展览馆、互联网上网服务营业场所、艺术教育与培训、文化艺术中介、旅游文化服务、文化娱乐、艺术品经营、动漫和网络游戏、广告、电影电视剧制作发行、广播影视技术开发运用、电影院和电影院线、农村电影放映、书报刊分销、音像制品分销、包装装潢印刷品印刷等。鼓励和支持非公有资本从事文化产品和文化服务出口业务,鼓励和支持非公有资本参与文艺表演团体、演出场所等国有文化单位的公司制改建,非公有资本可以控股,允许非公有资本进入出版物印刷、可录类光盘生产、只读类光盘复制等文化行业和领域。非公有资本可以投资参股下列领域国有文化企业:出版物印刷、发行,新闻出版单位的广告、发行,广播电台和电视台的音乐、科技、体育、娱乐方面的节目制作,电影制作发行放映。上述文化企业中国有资本必须控股51%以上。非公有资本可以建设和经营有线电视接入网,参与有线电视接收端数字化改造,从事上述业务的文化企业国有资本必须控股51%以上。非公有资本可以控股从事有线电视接入网社区部分业务的企业。

(三)征收文化事业建设费,鼓励对文化事业的捐赠

传统的文化事业管理,国家财政投入是文化事业建设唯一的资金来源,这给国家财政造成了巨大的经济负担,由于经费不足,文化事业发展受到很大限制。从1997年1月1日起在全国范围内开始征收文化事业建设费,2000年通过的《国务院关于支持文化事业发展若干经济政策的通知》决定继续征收文化事业建设费。各种营业性娱乐场所,包括舞厅、卡拉OK歌舞厅、音乐茶座和高尔夫球、台球、保龄球等按营业收入的3%缴纳文化事业建设费。广播电台、电视台和报纸、刊物等广告媒介单位以及户外广告经营单位,按经营收入的3%缴纳文化事业建设费,由地方税务机关在征收娱乐业、广告业的营业税时一并征收。中央和国家机关所属单位缴纳的文化事业建设费,由地方税务机关征收后全额上缴中央金库,地方缴纳的文化事业建设费,全额缴入省级金库。文化事业建设费纳入财政预算管理,分别由中央和省级建立专项资金,用于文化事业建设。中央级文化事业建设费由财政部会同中央精神文明建设指导委员会办公室管理,省级文化事业建设费由省级财政部门会同省级精神文明建设指导委员会办公室管理。

在西方发达国家,企业和个人捐赠是非营利性文化产业的主要经费来源之一,在投融资结构中所占比重很大,我国政府积极借鉴西方国家这方面的实践和经验,为鼓励社会力量资助文化事业、多渠道筹集资金,解决国家财力不足与人民群众对精神文化产品的需求不断提高的矛盾,制定了鼓励文化事业捐赠的具体政策,采取了相应措施。2000 年颁布的《国务院关于支持文化事业发展若干经济政策的通知》规定:社会力量通过国家批准成立的非营利性的公益组织或国家机关对下列宣传文化事业的捐赠,纳入公益性捐赠范围,经税务机关审核后,纳税人缴纳企业所得税时,在年度应纳税所得额 10%以内的部分,可在计算应纳所得额时予以扣除;纳税人缴纳个人所得税时,捐赠额未超过纳税人申报的应纳所得额 30%的部分,可以在计算其应纳税所得额时予以扣除。具体捐赠对象包括:对国家重点交响乐团、芭蕾舞团、歌剧团和京剧团及其他民族艺术表演团体的捐赠;对公益性的图书馆、博物馆、科技馆、美术馆、革命历史纪念馆的捐赠;对重点文物保护单位的捐赠;对文化行政管理部门所属的非生产经营性的文化馆或群众艺术馆接受的社会公益性活动、项目和文化设施等方面的捐赠。新的捐赠政策出台后,极大地调动了社会各界的积极性,企业和个人捐赠数额大幅增加,文化事业经费来源趋于向多元化方向发展。

本章小结

文化事业产品内容丰富,相互间在准公共性上的表现差别较大,总体上可以分为满足公众基本文化需求,和在此基础上的个人不同层次和不同样式的文化消费两大类。加之文化事业产品既有商品属性又有精神产品属性,政府必须介入文化事业产品的生产和提供。文化产品市场管理亦是文化事业管理的一个重要方面。

由于文化事业产品的外部性和意识形态属性,西方各国都很注重文化事业的管理。当代西方发达国家的文化事业管理,大体上可分为三种模式,即美国的市场主导模式、英国的政府与市场并重模式和法国的政府主导模式。但不管采取什么模式,西方各国政府在职能上注重的是文化政策、战略的制定和公共文化服务;在管理手段上注重经济手段、法律手段,而不是行政手段;政府都是从国家利益出发,高度重视文化产业发展,特别是在涉及国家文化安全方面,通过各种手段保护本国的文化产业。

基于新时期我国文化事业发展的需要,借鉴国外文化事业管理的经验,改革我国文化事业管理有必要做好以下几个方面的工作:一是要理顺文化事业管理体制,调整文化事业管理部门结构;二是要构建适应市场经济需要的政府文化事业管理职能体系;三是要改革文化事业管理手段,突出法律手段、经济手段的主导作用;四是要把握好管理与服务的关系,构建服务型政府;五是要进行文化事业投融资体制改革,拓展文化事业的投融资渠道。

概念术语

公益性文化事业　　　　营利性文化事业

文化产业　　　　　　　文化事业管理体制改革

复习思考题

1. 文化事业管理的内涵是什么?
2. 谈谈文化事业与文化产业的联系。
3. 如何理解政府介入文化事业的必要性?
4. 对我国文化事业管理与西方文化事业管理进行比较。
5. 谈谈我国文化事业管理改革的方向。

第九章　卫生事业管理

医疗卫生维系着人民的健康,而健康是生产力,是无价的财富,社会发展需要健康的人力资本,社会发展的最终目的是人民的健康和幸福。正如 1997 年《中共中央、国务院关于卫生改革与发展的决定》所述:"我国卫生事业是政府实行一定福利政策的社会公益事业。"卫生事业是整个公共事业的重要组成部分,政府必须根据卫生事业产品的基本特点和要求,介入卫生产品市场,制定卫生事业发展和改革的方针、政策,满足人民群众对医疗卫生服务的需要,构筑起现代卫生事业管理模式。

第一节　现代卫生事业活动的基本内容及类别划分

卫生事业是现代社会的产物,现代卫生事业指通过对疾病的诊治和预防,通过对公共环境卫生条件的改善,保证和提高公众基本健康水平的活动。

一、现代卫生事业的基本内容

卫生事业也称为"医疗卫生事业",基本内容包含医疗和卫生两个方面。虽然人类治病求医或维护环境的活动有久远的历史,但作为通过对疾病的诊治和预防和对公共环境条件的改善,以保证公众基本健康水平的医疗卫生事业,则是伴随人类进入现代社会而产生的。其活动内涵和范围又与社会进步、经济发展和科技水平的提高密切相关。在人类活动的早期阶段,诊治疾病基本上是私人行为,做不到自觉、系统地预防疾病和维护公共卫生环境。直到人类进入以非生物为动力的机器时代后,人们才开始认识到保证公众基本健康是社会和经济发展的基本条件,也是公民享有的基本权利,提供基本的医疗服务应该是社会的基本行为。另外,生产力的迅速发展积累了足够的社会财富,为公众提供基本的医疗保障提供了可能,现代的医疗卫生事业因此逐步形成,并随着社会的进步而不断发展。

现代卫生事业基本活动通常分为医疗、卫生、医学研究、健康教育、营养干预、突发事故救护等。"医疗"是指医院等单位以治病为主要业务的活动;"卫生"是指防疫站等机构以防治疾病或流行病的发生为主要业务的活动;"医学研究"是指专门从事医学研究的机构或个人所进行的关于疾病病理研究和临床治疗技术研究;"健康教育"就是通过有计划、有组织、有系统的社会教育活动,使人们自觉地采纳有益于健康的行为和生活方式,消除或减轻影响健康的危险因素,预防疾病,促进健康,提高生活质量,并对教育效果作出评价;"营养干预"就是对人们营养上存在的问题进行相应改进的对策;"突发事故救护"是指专门的突发事故救护机构如急救中心,以及承担突发事故救护任务的医疗机构等所进行的紧急救护。

由于医疗卫生事业活动的内涵和范围是由社会经济发展水平决定的,不同国家由于社会发展程度的差异,以及历史文化传统的不同,有着不完全相同的医疗卫生事业活动。例如,由于我国特定的人口状况和经济发展水平,计划生育曾是我国医疗卫生事业的一个重要内容,与此同时,经济发展水平与文化传统决定了我国的医疗保障制度也有自己的特点。

二、现代卫生事业的类别划分

对现代卫生事业活动可以根据不同标准进行分类。从公共事业管理的角度看,按照卫生事业活动的直接目的进行分类更有实际意义。

(一)满足社会共同需要

在现代社会,除了社会的总体经济发展水平和个人收入水平,饮水安全、食品卫生环境安全与卫生(包括生活环境、工作环境和自然环境)、医疗服务以及个人的生活方式等都是直接影响人体健康的重要因素,也成为现代卫生事业活动的基本内容。健康教育、重大疾病预防与控制、环境卫生检测、基础医学研究和营养干预,关系到社会人群健康,不具有竞争性和排他性,是市场机制完全失灵的领域,属于典型的纯公共产品。重大疾病预防与控制、基础医学研究以向人类提供生存服务为前提,而不是以向具体个人提供服务为前提。例如,医学研究是针对某一类疾病而进行的,当这类疾病在社会中已比较有代表性并对社会产生影响时,才会成为医学研究的对象,并且当研究取得成果并全面推广,其受益者就是整个社会。健康教育、营养干预等服务也具有非排他性的特点,且接受的人越多,其效果就越好。健康教育,包括对青少年的健康教育,是公民素质教育的重要内容,是培养公民良好卫生习惯和建立健康生活方式的重要途径,更是提高整个民族文明、卫生、健康素质的根本措施。环境卫生检测,包括水源检测,自来水的水质、细菌指标检测,城乡厕所改造,对饮食卫生的监督,对传染病、地方病及职业病的预防、控制和治疗是避免群发性卫生事件的重要手段,属于公共服务,都是重要的政府职能。政府提供的这些服务,是保证社会公众的基本健康水平和改善生活环境的卫生状况。这里的服务对象是社会公民的集合体,即只要是该社会中的公民,每一个人都应该享受这类卫生服务。由于不是针对具体的个人,而是针对群体而言,既无特定的服务对象,也无特定的受益人,因而具有广泛的非排他性。同时,其产品提供成本并非与受益人数多少有关,而是与政府的检查、检测次数、检查和检测质量等有关。

计划免疫接种、妇幼保健以及一些基本的医疗服务,介于纯公共产品与私人产品之间,或具有非排他性和非竞争性特点之一,或具有较强的外部性,属于准公共产品。免疫接种、妇幼保健等服务,都需要通过逐个个体来完成,都存在着边际成本,具有消费的竞争性,但具有受益的非排他性,具有很强的正外部性。其不仅能给个人家庭带来好处,更重要的是可以给社会整体带来正的外部效应。但两者在性质上还是有差异的,计划免疫接种更接近于纯公共产品,而妇幼保健则更接近于私人产品。

(二)满足个人及家庭需要

医疗活动主要是以满足个人及家庭需要为直接目标的,医疗机构是这类活动的主要承担者。医疗即是对疾病的诊治。而一定时间和区域范围内,患病及其表现通常是一种发生于特定个体的现象,诊治也就是一种个体行为。因而,医疗首先表现为满足个人或家庭的行为。就非传染性的疾病而言,预防和治疗过程中消费的服务和医药物品属于私人物品,是可以分割、排他地消费的。这种医疗活动不完全属于公共服务,其中既有公共服务的属性,也有社会服务的属性。随着社会的进步和公众生活水平的提高,个人的医疗需求越来越个性化,整个卫生事业在满足公众基本需求的基础上,也必须充分适应多样化和多层次的需求。

第二节 卫生事业的公共产品属性

从卫生事业活动的表现形式和结果——产品的角度看,卫生事业产品最突出的特点就是准公共性。卫生事业产品的准公共性,主要表现在以下方面。

一、较强的正外部性

卫生事业产品具有较强的正外部性。外部性是指医疗卫生机构通过诊治患者、预防疾病、改善卫生环境条件、健康教育等方法,免除或避免了病痛,挽救了生命,使生活环境卫生安全,提高了人们的健康知识和劳动力素质水平,有益于社会生产力的发展以及社会的安定和进步。这是一个社会存在和发展的基本条件,也是维护公共利益的需要。要注意的是,卫生防疫机构进行的对诸多恶性流行性疾病的大面积防治,如对白喉、肺结核、天花等的防治,虽然花费的成本很小,但可以大大减少人口的死亡率和社会的治疗费用。地方传染病、职业病也是一定范围内的人群共同面对的,如不及时治疗,不仅危及被感染者的生命,而且会传染他人并进而形成该病的蔓延,产生恶劣的负外部效应。而有效防治的结果也是不可排他性地有益于一定范围内的所有个人。因此,卫生事业产品具有突出的正外部性。

二、一定的非排他性和消费竞争性

从性质上看,不同的卫生事业产品在排他性和竞争性方面差异是比较大的。一般来说,健康教育、重大疾病预防与控制、环境卫生检测、医学研究中的基础医学研究如病理研究以及营养干预,基本上是纯公共产品,具有非排他性和非竞争性。随着公众卫生消费需求的提高和个性化、层次化的出现,在卫生防疫中某些以满足个人及家庭需要为目的的特殊需求存在一定的消费竞争性。医学研究中的临床医疗技术研究,既是一种应用性研究,又涉及社会的共同需求,因而具有一定的非排他性,但也有一定的消费竞争性。这两类卫生事业产品属于准公共产品。

医疗产品总体上具有一定的非排他性和一定的消费竞争性。现代社会中公民享有基本的医疗服务,基本医疗服务体现为一定的医疗保障制度,具有一定的非排他性。由于一定社会中的医疗资源是有限的,尤其是高水平的医疗机构是有限的,且公众个人的医疗消费需求是多样的和有层次性的,因而医疗产品存在着消费竞争。总体上,医疗事业产品是接近于私人产品的准公共产品。

根据以上分析,可以看出卫生事业产品总体上是准公共产品,得出卫生事业产品的外部性排列如图9-1所示。不同的卫生事业产品在公共性上的差异较为明显,之所以要认识和区分卫生事业产品的性质,是因为不同性质的卫生事业产品需要以不同的方式来供给才能够保证其效率和公正。

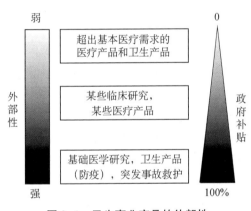

图 9-1　卫生事业产品的外部性

第三节　政府介入卫生事业的必要性

医疗卫生市场不是一个完全竞争市场,而呈现一个垄断竞争的市场结构。由于公共品、外部性、不确定性、信息不对称、诱导需求、垄断等因素引起医疗卫生领域的"市场失灵",其成为一个特殊的市场范畴。因此,有必要利用非市场体制来改进医疗卫生服务市场的效率,发挥政府这只"有形的手"的作用。

一、卫生产品的外部性

现代卫生事业中有些产品的性质接近于纯公共产品,有的是准公共产品,不论哪一类卫生事业产品都具有突出的正外部效应。尤其是公共卫生和基本医疗领域的卫生事业产品,既是一种公共产品,也是一种社会必需品。具有纯公共性的卫生事业产品不宜采用市场提供方式,如果完全按照市场规则来配置具有外部收益的产品,必然会出现"市场失灵"。因此,政府必须对卫生事业产品市场进行必要的干预。而针对不同的卫生事业产品的外部性特征,要采用不同的提供方式。

二、卫生产品信息的不对称

在医疗行业中,卫生产品信息不对称主要表现为提供医疗服务时,医生与患者之间的信息不对称。患者并不能自行确定需要什么样的医疗服务,医生既掌握着患者的病情信息,又负责患者的治疗方案。患者在治疗方面相当程度上依赖医生,一般都是在医生的安排下接受各种检查,服用各类药品,至于这些检查、药品是否必要,消费者自己很难做出正确的判断,他们在接受医疗服务时必须依靠提供者。这就形成了医生与患者之间的信息不对称,消费者没有足够的信息来做出自己的消费选择,医疗服务中供需地位不均等。患者对医疗服务的价格水平也缺乏了解,患者常常是在不知道准确价格的情况下接受医疗服务的,医疗服务中的需求者和供给者之间并不存在平等的交换关系。医生为了获得更多的经济利益,有可能会提供数量过多、质次价高或质量高价格也高的医疗服务及医药用品。在有些情况下过度的医疗服务不仅不能增进人的健康,反而会损害人的健康。

医疗卫生服务市场中的供给者具有垄断性。这是因为医疗卫生服务市场上的产品都是不同质的,由于消费者缺乏医学知识和从众心理,无论患病的程度如何,消费者总是从医院或医生的信誉出发去选择相应的医疗机构,这就使得医疗市场上的大医院、名医形成地方垄断,可以轻而易举地谋取"垄断利润"。

因此,医疗服务市场化的结果有可能会造成供给方的垄断和基于医疗知识技能的专业权力的滥用,所以,必须由政府承担起制定规范、组织监督的责任,对医药用品、医疗服务的质量和价格制定必要的法规予以规范和限制,并进行严格监督。

三、公众对卫生产品需求的不确定性

一方面,由于关系到健康和生命存续,医疗服务的效用极大,作为理性经济人,一旦得病倾其所有甚至负债都要治疗,故医疗服务具有必需品的特性。另一方面,在现实生活中,疾病的发生具有不确定性,即人们无法准确预知自己会不会得病,也无法事先预料自己会得什么病,加之医疗信息不对称,人们无法知道如果自己得病,应当花多少钱进行治疗。这样,人们对医疗卫生产品的需求具有极大的不确定性。特别由于人们往往对自己的健康预期采取乐观的态度,因而对医疗消费基金的准备不充足。一旦疾病发生,就可能出现支付能力不足的问题。医疗服务市场的均衡,不太可能由供需双方通过价格机制达成。如果没有相应的保障机制,必然导致低收入者病情得不到有效控制甚至危及生命,相伴随的是一些家庭也会因此陷入"因病致贫"或"贫病交加"。就此而论,医疗产品是一种优质品,即相对于可能因病发生的种种不良后果,医疗卫生投资的收益是巨大的。经济学研究表明,在完全依靠市场机制的情况下,优质品通常存在着需求不足。因此,政府必须介入医疗卫生市场进行相应的干预。[1]

四、市场配置医疗资源无法实现医疗卫生服务的高效和公平

治疗疾病是人们的基本需要。即使在政府对这类医疗服务的治疗和价格实行管制的条件下,治疗疾病的优先权如果由市场供求关系来决定,结果仍然会出现这样的情况,即:尽管可能需要投入大量资源,但由于是富人的疾病,市场的趋利性便会自发地集中更多的服务,所以富人的疾病往往能够得到优先的治疗机会;相反,即使不需要投入太多资源即可治疗的穷人的小病,却由于无利可图而市场不会集中医疗资源,从而造成资源不足,穷人治不起小病的局面。市场化导致高价药挤出廉价药,高价服务挤出廉价服务,甚至出现高价劣质药通过寻租挤出质优价廉药的现象。医疗机构为了增强总体实力,通过不断举债方式竞相优先添置先进设备、增设豪华病房等高级设施,盲目扩大经营规模。而基本医疗服务却鲜有人问津,但基本医疗服务才是大众最为需求的服务项目,也是受众群体效用最大的项目。市场导向的结果是所有的资源投在了大城市、大医院、高精尖设备和豪华病房上。预防和健康教育恰恰是社会效益最高的,然而在市场机制下,预防医学、健康教育可以给

---

[1] 这里对卫生产品不确定性的分析,参阅了马国贤的论述,特此说明并致谢。参见马国贤:《中国公共支出与预算政策》,上海财经大学出版社2001年版,第414页。

医疗机构带来的收益不大,所以市场不会引导医疗资源走向预防和健康教育。

综上所述,医疗服务领域的特殊性决定了它在当今社会是一个不能被完全市场化的领域。必须确立公共卫生和基本医疗领域的政府主导地位,以非市场化的手段规范和调控医疗服务领域。我国过去政府主导医疗卫生的经验以及其他国家的经验也证明,由政府主导的医疗卫生体制在公平和效率的平衡上要具有明显优势。

第四节 现代卫生事业管理的基本内容

适合以市场供给方式提供的物品和服务,其自由竞争形成的价格机制既可以保障效率,也可以保障机会均等意义上的公正。但是,公共服务需要政府的公共政策加以规范才能保证高效和公正。由于医疗服务的复杂性,医疗服务领域的政策必须以医疗服务的性质为基础才能保证医疗服务的高效和公正。卫生政策在整个公共政策的框架体系中,是公共政策的核心议题之一。卫生政策是政府为了保障人民健康而制定并实施的用以规范政府、公民和医疗机构等社会组织的目标、行为指南、策略与措施的总和。在我国,卫生政策所涉及的范围包括卫生工作的基本方针,卫生事业的发展战略,医疗机构的所有制结构、管理模式、运作机制,卫生监督,检测和医疗保健制度等。由卫生政策构成的现代卫生事业的管理框架应该具有如下的基本内容。

一、制定区域卫生规划

卫生规划是卫生事业管理当中的重要内容,是对卫生事业未来发展的所做的一种预期设计。区域卫生规划是生产卫生产品必须解决的首要问题。所谓区域卫生规划,是指按区域人口卫生服务需求和卫生资源可供量来设置医疗卫生机构,避免盲目发展或发展不足,实现区域卫生资源的优化配置。卫生资源是卫生服务提供过程中需要的全部因素,广义上包括卫生人力、卫生经费、卫生设施、卫生装备和药品、卫生信息等有形资源,也包括卫生技术、卫生服务能力、卫生管理等无形资源。区域卫生规划作为政府部门对卫生事业发展进行宏观调控的重要手段,对于合理使用卫生资源、提高卫生服务效率和满足社会成员的基本卫生保健需求有着非常重要的意义。制定区域卫生规划,应以满足区域内全体居民的基本卫生服务需求为目标。

卫生规划必须适应经济和社会发展的需要,经济、社会发展程度不同的地区,由于财力和面临的主要问题不同,卫生发展的目标、规模和速度也应有所区别。要根据当地宏观经济和社会发展的水平和程度,以及国民经济与社会发展规划中对人群健康的要求,确定与社会经济发展水平相适应的居民健康和卫生发展目标、发展规模与速度。受社会环境、经济水平和行政区划的影响,一般卫生事业区域规划最初都是按照行政区域来制定的,直接的结果是由于缺乏全行业的统筹,大中城市获得比较多的卫生资源甚至供过于求,而广大农村及偏远地区获得的卫生资源相对不足。要以合理配置利用医疗卫生资源、公平地向全体居民提供高质量的基本医疗服务为目的,因此,随着社会的进步和经济的发展,区域卫生规划应在一定程度上突破行政区划。要从当地的医疗供需实际出发,面向城乡,以基层为重点,农村及偏远地区予以重点发展,医疗卫生资源向社区基本医疗服务倾斜,向弱势群体倾斜,适当调控城市医疗机构的发展规模,避免盲目扩张,重复建设,遏制公立医疗机构在提供基本医疗服务中的逐利冲动,保证全体居民尤其是广大农民都能公平、公正地享有基本医疗服务。这正是政府通过增加投入弥补"市场失灵"、优化资源配置的表现。

二、医疗卫生服务的生产与提供

由于医疗产品是接近于私人产品的准公共产品,既有满足公众基本医疗消费的一面,又有满足个性化医疗消费的一面。因而在基本医疗保障制度前提下,应该促成医疗服务市场主体的多元化,即医疗产品既可公共生产,也可非公共生产,产品提供方式以混合提供方式为主,市场提供为辅。

公共生产和混合提供的基本内容是:公共生产的承担者是公立医疗机构,公立医疗机构一般由公共财政投资建设,医疗设备等基建项目也由政府补贴完成。公立医疗机构实行按成本收费、经常性收支自给的收费政策。这里的经常性收支包括医疗机构的人员工资、房屋和医疗设备的维护与更新在内的全部费用。

非公共生产即由私立医疗机构承担医疗服务。非公共生产、混合提供的基本内容是:一些达到一定规模、具有特别医疗水平的私立医疗机构,可以承担属于基本医疗消费的服务,但收费标准必须与公立医疗机构接近,由政府给予必要的财政补贴。

此外,在公立医疗机构中,一些超出社会所规定的基本医疗消费的项目,即通常所说的自费项目,以及大多数私立医疗机构所提供的医疗服务,都应该采用市场提供的方式。

健康教育、重大疾病预防与控制、环境卫生检测、基础医学研究和营养干预,属于纯公共产品,因而应该是公共生产、公共提供。相应地,应由公共财政投入为主,政府应履行其供给的全部责任。

疾病预防、妇幼保健以及一些基本的医疗服务等项目,是接近于纯公共产品的准公共产品,关系到公众基本健康,外部效应高,应主要采取公共生产、公共提供的方式。对于超出公众基本卫生产品消费需求、更为个性化或高层次的预防项目,可以采取公共生产、市场提供的方式。

医学研究中的基础医学研究是纯公共产品,外部性最大,且投入大、风险高,市场不可能承担,应该采取公共生产、公共提供的方式。而其中的临床技术研究,则可公共生产与非公共生产并举,混合提供和完全市场提供。

总之,医疗产品中多元生产主体的存在,对向公众提供更好的医疗产品有重要的促进作用。因为私立医疗机构的建立及运行不需要政府投资,而且布点分散,便于公众就医。市场条件下的私立医疗机构要存在和发展,也必须靠提供优良的服务和合理的价格。只要规范管理得当,私立医疗机构就能够与公立医疗机构形成竞争的态势,从而通过竞争使患者享受到更好的医疗服务。

三、建立统一的全民基本医疗保障制度

由于公众对卫生产品需求的不确定性,决定了政府必须介入医疗产品市场。但是,由于医疗产品的准公共性,在化解疾病风险时,不能采用政府无偿提供方式。因为医疗产品是接近于私人产品的准公共产品,完全公共提供则会形成不公,其结果也必然是公众为了求得平衡,出现无病者就医、小病者大医、超前消费、严重浪费医疗资源的局面。但是,也不能完全采用商业保险方式,因为商业保险的趋利性会导致保险公司进行"逆向选择",即只承担被认定为最不可能生病的人的保险,从而使保险市场失灵。因此,唯有靠政府建立基本医疗保障制度,公众才能真正享受到必需的医疗服务。基本医疗保障制度既是社会保障体系的重要组成部分,即民众的安全网、社会的稳定器,又

作为医疗费用的主要支付方,是医药卫生体系的重要组成部分,因而也是医改的重要领域之一。要保证公民真正享受到基本的医疗服务,关键是要建立一个符合国家或地区社会经济发展水平、符合自己民族特性的医疗保障制度。

城镇职工基本医疗保险、城镇居民基本医疗保险、新型农村合作医疗和城乡医疗救助制度共同构成我国的基本医疗保障体系。

四、建立国家基本药物制度

让人人享有基本医疗卫生服务,必须保障群众的基本用药需求,以有限的资源取得最大的健康效益。党的十七大报告提出"建立国家基本药物制度,保证群众基本用药"的要求。建立国家基本药物制度,不仅有利于优化医药资源配置,保障群众基本用药需求,克服医药资源浪费与短缺问题,还能有效解决看病贵、看病难问题,切实减轻人民群众的医药负担。

"基本药物"的概念,由世界卫生组织于1977年提出,指的是能够满足基本医疗卫生需求,剂型适宜、保证供应、基层能够配备、国民能够公平获得的药品,主要特征是安全、必需、有效、价廉。各国公共医疗保障体系都不可能为民众的所有药物开支付账,因此对所有上市的药品要进行适当的遴选,编制出基本药物目录。我国的"国家基本药物制度",是党中央、国务院为维护人民群众健康、保障公众基本用药权益而确立的一项重要的国家医药卫生政策,是国家药品政策的核心和药品供应保障体系的基础。

建立国家基本药物制度,应在药品生产、流通、使用、价格管理、报销等方面完善相关制度和机制,保证群众能够获得基本用药。其主要包括以下内容。

(1) 完善国家基本药物目录管理。围绕公共卫生和人民群众常见病、多发病和重点疾病,以及基本医疗卫生保健需求,积极组织开展以循证医学证据为基础的药品成本效益和药物经济学等分析评估,遴选国家基本药物,保证人民群众基本用药。

(2) 建立基本药物生产供应保障机制。加强政府宏观调控和指导,积极运用国家产业政策,引导科研机构及制药企业开发并生产疗效好、不良反应小、质量稳定、价格合理的基本药物,避免低水平重复生产和盲目生产。完善基本药物生产供应保障措施,采取各种措施,保证基本药物正常生产供应。

(3) 建立基本药物集中生产配送机制。鼓励药品生产企业按照规定采用简易包装和大包装,降低基本药物的生产成本;引导基本药物生产供应的公平有序竞争,不断提高医药产业的集中度;建立基本药物集中配送系统,减少基本药物流通环节。

(4)建立医疗机构基本药物配备和使用制度。根据诊疗范围优先配备和使用基本药物,制定治疗指南和处方集,建立基本药物使用和合理用药监测评估制度,加强临床用药行为的监督管理,促进药品的合理使用。

(5)强化基本药物质量保障体系。加强基本药物质量监管,强化医药企业质量安全意识,明确企业是药品质量第一责任人,督促企业完善质量管理体系,建立基本药物质量考核评估制度,严格生产经营管理,保证公众用药安全。

(6)完善基本药物支付报销机制。政府卫生投入优先用于基本药物的支付,不断扩大医疗保障覆盖范围,逐步提高基本药物的支付报销比例,提高公众对基本药物的可及性。

(7)完善基本药物的价格管理机制。完善基本药物价格形成机制,健全基本药物价格监测管理体系,降低群众负担。

从2008年开始,《关于建立国家基本药物制度的实施意见》《国家基本药物目录管理办法(暂行)》和《国家基本药物目录(基层医疗卫生机构配备使用部分)》相继发布,标志着我国建立国家基本药物制度工作正式实施。2011年,我国初步建立国家基本药物制度。2020年,我国全面实施规范的、覆盖城乡的国家基本药物制度。

五、构建基于全生命周期健康管理理念的公共卫生体系

政府履行公共卫生管理职能的根本目的是维护群众身体健康,政府组织的一切公共卫生工作都需以此为核心展开。公共卫生与预防保健要以保障公众健康与健康公平为导向,由政府引导、社会协同、全体社会成员参与共享,通过建立医防融合的机制,预防和控制健康风险因素,改善和提升人的身心健康及社会适应能力,提高全民健康水平,维护社会稳定与发展。

突出全生命周期的健康管理理念,不断拓宽公共卫生服务内容,加强服务的综合性、连续性,完善人才、医保、财政、信息等保障机制,最终建立覆盖城乡、各层级之间互联互通、功能完善、运转高效的公共卫生体系。一是转变政府投入公共卫生的管理模式,兴办基层公共卫生服务机构。要通过建立政府办社区卫生服务机构来解决为群众提供有效的公共卫生服务问题。二是

转变政府公共卫生服务的提供方式,突出预防保健功能。建立慢性病、常见病病谱数据库,有针对性地开展疾病防控研究,开展有效的健康教育和行为干预指导,强化群众预防保健,提升全民健康素养,引导群众自我保健。三是坚持基层医疗服务机构基本医疗与基本公共卫生服务并重。

在注重基层医疗机构提高公共卫生服务能力的同时,要加强其基本医疗服务能力。一是政府要强化基层机构能力建设,强化全科医生培养,使基层医疗机构能够提供合格的公共卫生服务产品。二是建立城市公立医院与基层医疗机构对口帮扶建设,使基层公共卫生服务人员与大医院医师定期交流轮换。这样既能保证每一基层公共卫生服务机构能够接受正常的业务实践训练,又能使群众在家门口享受大医院医师的优质医疗资源服务。三是建立大医院与基层医疗机构双向转诊机制。这样既能保证基层医疗机构有足够的业务量支撑运营,又能缓解大医院人满为患的局面。政府通过多措并举,有序提升基层机构基本公共卫生和基本医疗的公共产品提供能力,增强公共卫生产品的可及性和群众的获得感。

六、引导和鼓励社会资本兴办医疗机构

坚持政府主导,并不是否定市场机制的作用,而是明确界定市场机制发挥作用的范围和方式,发挥其在满足多层次和多样化需求、提高微观效率方面的作用。要加大卫生医疗服务的供给,满足不同层次的社会个体对医疗保健的多样化需求,运用市场机制激发生产者的积极性,优化医疗市场的资源配置。政府在保障居民基本卫生保健的前提下,适当引进市场机制,"引入社会资金发展医疗事业"。通过政策引导和鼓励社会力量办医,大力发展民营医疗机构,解决医疗卫生需求与供给的矛盾。鼓励社会资本进入医疗卫生服务领域来弥补政府没有投入或不宜进入的部分,形成民营与公办差异化医疗服务供给格局。放宽民营医院准入门槛,合理引导民营医院进入高端、个性化医疗服务领域,以弥补政府不宜提供这些不能体现公平性的医疗服务产品而导致的供给不足。推进私营部门和公共部门在卫生医疗领域的合作,政府可以采取税收优惠、贷款优惠、财政补贴、招标代购及完善的利益补偿机制等政策,激励社会资本进入医疗服务市场,形成与公立医疗机构并列的医疗服务主体。这样的医疗卫生体制和机制,既能够发挥政府的基础保障作用,又能最大限度激发市场的活力与竞争,促使医疗机构提高服务水平、改善服务

质量。让患者在多元的供给者之间有选择的权利,给公众以"用脚投票"的选择机会,迫使医疗机构对消费者的需求做出反应,满足其多层次、多元化的医疗服务需求。国家有限的卫生资源可以配置到更具有公共效应的卫生服务项目和最需要关注的弱势人群上,提高整体卫生服务的绩效。

政府作为社会公共管理者,制定政策和开展工作必须着眼于包括公私部门在内的整个卫生领域。要结合实际制定和完善鼓励引导社会资本举办医疗机构的实施细则和配套文件,消除阻碍非公立医疗机构发展的政策障碍,促进非公立医疗机构持续健康发展。鼓励和支持社会资本举办各类医疗机构,要放宽社会资本举办医疗机构的准入范围,合理确定非公立医疗机构执业范围,鼓励社会资本参与公立医院改制,允许境外资本举办医疗机构,简化并规范外资办医的审批程序。要改善民办医疗机构的执业环境,社会资本举办的非营利性医疗机构按国家规定享受税收优惠政策,用电、用水、用气、用热与公立医疗机构同价,提供的医疗服务和药品要执行政府规定的相关价格政策。社会资本举办的营利性医疗机构按国家规定缴纳企业所得税,提供的医疗服务实行自主定价,免征营业税。

七、充分发挥第三部门在医疗卫生领域的独特作用

以组织性、自愿性、自治性、非营利性为主要特征的第三部门在医疗市场的健康发展中发挥着无可替代的独特作用,如:以弱势群体或边缘性人群为服务对象的助残、助老、大病救助等公益性的各类基金会或志愿者团体;以消费者互助、信息共享为特点的各类健康教育、慢性病干预俱乐部及抗癌协会等民间组织;介于医患双方之间参与各类医疗辅助类服务的志愿者组织。第三部门既可以发展成公共卫生品的辅助提供者,拓展公共卫生服务的可及性,又可以为公民参加公共事务提供机会,让公民在参与中增加对政府和公共部门的监督,其还可以成为医患之间的沟通桥梁,缓解医患矛盾,减少市场机制的负面效应。[①] 目前我国第三部门总量发展不足,作为承接政府购买公共服务的第一载体,供需矛盾突出。第三部门的发展离不开政府的培育和全社会的大力支持和参与。政府要加快转变职能,逐步实现公共服务由"政府

---

① 陈文辉:《论医疗卫生的公共产品特性及其实现形式》,《宁波大学学报》(理工版)2007年第2期,第268—273页。

直接提供、直接管理"变为"政府购买服务,实施评估监管"的方式。

八、医疗卫生市场的监管

医疗卫生市场是指由供给方(医疗卫生的提供者)和需求方(医疗卫生的消费者)构成的交易关系的总和。卫生产品是丰富多样的,在公共性上的差别也是明显的,生产方式、提供方式和组合方式也是多种多样的。目前在医疗市场上无证经营、虚假医疗药品广告、超出许可范围从事医疗活动以及故意夸大病情欺骗消费者等情况时有发生,给人民群众的身体健康和生命安全带来危害。因此,为了保证公众得到良好的医疗卫生产品,规范医疗卫生市场秩序,确保医疗安全和人民群众的身体健康,促进医疗市场规范有序发展,管理好医疗卫生产品市场就成为卫生事业管理的重要内容。医疗卫生产品市场是一个比一般商品市场特殊的市场,政府实施的市场管理有其特别的内容。

(一)医疗卫生行业准入管理

1. 医疗机构准入管理

医疗机构是以保护人体健康为宗旨,从事疾病诊断、治疗、康复活动的社会组织。为了加强对医疗机构的管理,促进医疗卫生事业的发展,保障公民健康,政府各级职能部门应以《医疗机构管理条例》和《医疗机构管理条例实施细则》以及《医院管理评价指南》《中医医院管理评价指南》为依据,对医疗机构的设置审批、注册校验、增加诊疗科目及变更等许可行为进行规范。对医疗机构的准入管理,要实行政府调控与市场配置卫生资源相结合,推进区域卫生资源配置结构的战略性调整,加快部分卫生资源向社区转移。社区卫生服务则以健康为切入点,集预防、医疗、保健、康复、健康教育和计划生育技术服务六大功能为一体。凡是具备提供社区卫生服务功能的基本条件、符合有关法律法规规定、能独立承担民事责任的法人或自然人均可申请举办社区卫生服务机构。社区卫生服务机构的举办主体由本地方卫生行政部门在广泛征求社区居民意见的基础上,按照公开、公平、择优的原则,采用公开招标的方式确定。政府职能部门要通过准入管理以保证医疗机构的合法性,防止医疗机构过多过滥,无序竞争。

2. 医疗卫生技术人员准入管理

医师是指取得执业医师资格或者职业助理医师资格,经注册在医疗、预防、保健机构(包括计划生育技术服务机构)中执业的专业医务人员。为了规范医师执业活动,加强医师队伍管理,根据《中华人民共和国执业医师法》规定,凡取得执业医师资格或者执业助理医师资格的,均可申请医师执业注册,注册后才能在规定的医疗机构、规定的诊疗范围内开展相应的诊疗活动。未经许可批准的,不得从事医师职业。我国医师资格准入实行考试制度。医师行业准入制度的实施分为报名资格审定、实践技能考试和综合笔试、执业注册三个环节。

在中等职业学校、高等学校完成教育部和卫生部规定的普通全日制3年以上的护理、助产专业课程学习,包括在教学、综合医院完成8个月以上护理临床实习,取得相应学历证书并通过卫生部组织的护士执业资格考试,就可以申请护士执业注册。

政府职能部门应依法对区域内卫生服务机构执业、从业人员实行准入管理。要进行严格的执业资格审核、技术考试或考核,做好执业资格审查工作,严格程序,落实责任,检验从业人员资格证书,确定其真实可靠。严禁医疗机构聘用非卫生技术人员从事诊疗活动。加强对执业医师、护士变更执业地点的监管,对未实行注册管理的医疗卫生技术人员推行培训、考试和持证上岗制度。各级卫生行政部门要结合对医疗机构实施的全面校验工作,建立执业医师、护士以及其他已实行持证上岗制度的专业卫生技术人员的管理数据库,健全卫生技术人员准入的监管体系。

3. 医疗技术的准入管理

医疗卫生技术准入管理制度是指国家为保护和促进人类健康,制定有一定强制性、规范性的医疗卫生技术评估、准入和技术应用的规章制度。为加强医疗技术管理,确保医疗质量和医疗安全,凡是医疗机构首次开展实施的新技术、新项目,或存在医疗风险、社会伦理道德风险的医疗技术,实行准入管理制度。医疗技术准入项目分为探索使用技术、限制使用技术和一般诊疗技术。探索使用技术,指医疗机构引进或自主开发的在国内尚未使用的新技术;限制使用技术(高难、高新技术),指需要在限定范围和具备一定条件方可使用,技术难度大、技术要求高,并由省级卫生行政部门公布的技术项目;一般诊疗技术,指除国家或省卫生行政部门规定限制使用外的常用诊疗项目。医疗机构要开展探索使用、限制使用技术项目等诊疗技术,必须向省卫生行政部门指定的省级医学学术团体申请评估,并提交医疗机构基本情况和相关材料,再向省卫生行政部门申请执业登记。尤其是医疗机构开展人体器官移植技术、非血缘造血干细胞采集和移植技术、人类辅助生殖技术、基因扩增检验技术等必须按规定报批。推行手术分级管理制度,明确规定不同级别的医院、医师施行手术等级,严禁无准入资格者从事相应手术,规范医疗技术的使用,确保医疗安全。

(二) 药品监管

药品监督管理,是国家药品监督管理部门为保证药品质量,保障人体用药安全有效、维护人民身体健康,根据国家的法律、法规、政策,对药品的研发、生产、销售、使用等各个环节的全过程的监督管理。它的实质是药品质量的监督管理,是国家药品行政管理的重要组成部分。药品安全事关人民生命安全和国家稳定,直接影响国家卫生事业的良性发展。

药品监督管理可分为药品行政监督管理和药品技术监督管理。药品行政监督管理是国家药品监督管理的一个重要组成部分,是使政府职能得以顺利实现的重要手段。药品行政监督管理是代表国家对药品在研制、生产、流通、使用过程中的质量监督,以保证药品的安全性、有效性、经济性及合理性。药品行政监管部门通过监督检查与实施行政处罚、发布药品质量公告、采取行政强制措施、行使监督权、实施法律制裁等手段保证药品的质量,维护公众用药安全。药品技术监督管理是指为药品行政监督管理提供检验、检测、技术评审等与药学专业技术密切相关的监督管理。实现对药品的科学监管,必须以科学的技术规范作为依托。药品技术监督管理通过药品质量监督检验、药品技术审评及药品的认证、药品不良反应监测与上市后再评价等几个阶段开展监管。

我国药品监管体系已基本建成,但需要完善。完善药品监管的配套法律法规是提升药品监督效能的前提,应通过法律手段明确药品监管主体。要以专业性监督管理和社会公众性监督管理相结合为原则,以法律手段和行政手段行使国家监督管理权为体现。同时,药品监管客体要兼顾买方与卖方双方交易的人群,从根本上遏制药品生产流通过程中的违规交易行为。关于药监部门的人力与配套设施问题,在有条件的地区,政府应支持配备全科人才与现代化配套设施。对贫困落后地区,政府至少要保障基本的人员配备与经费支持,确保药品监管部门能够全天候执法监督。

(三) 医疗器械监管

医疗器械是指对诊断、治疗及保健有辅助作用的仪器或设备。医疗器械监督管理是国家药品监督管理部门为保证医疗器械的安全、有效,保障人体健康和生命安全,根据国家的有关法律、法规、政策,对医疗器械的生产、经营和使用等各个环节的全过程的监督管理。随着医疗技术的进步,现代医疗器械已经普及,部分保健意识强的民众也开始使用家用医疗保健设备。医疗器械的生产、运用和管理是否规范直接威胁公民的健康。

我国对医疗器械管理的依据是国务院颁布的《医疗器械监督管理条例》以及国家食品药品监督管理局制定的《医疗器械注册管理办法》和《医疗器械经营企业监督管理办法》。医疗器械监管包括医疗器械注册管理、医疗器械生产企业监督管理、医疗器械经营企业的监督管理、医疗器械说明书管理等几个方面的内容。

医疗器械注册管理是保证医疗器械准入质量的源头管理。规范的医疗器械产品的注册管理,是保证医疗器械安全有效的最重要、最关键的环节。国家对医疗器械实行分类注册。境内、外生产企业依据其生产的医疗器械的不同类别在申请注册时需要向各级管理部门提交不同的材料。国家药品监督管理局定期发布医疗器械产品注册公告。对医疗器械生产企业监督管理,规范医疗器械生产秩序是保障医疗器械质量及其安全性的重要手段。开办医疗器械生产的企业必须具备我国《医疗器械生产企业监督管理办法》中所规定的相应条件。医疗器械生产企业超出批准范围生产医疗器械的,必须重新履行审批手续。职能部门要监督生产企业建立并有效实施质量跟踪和不良反应的报告制度,并监督医疗器械生产企业不得向无《医疗器械经营企业备案表》或《医疗器械经营企业许可证》的经营单位或无执业许可的医疗机构销售产品。医疗器械经营企业的监督管理,是规范医疗器械经营秩序、保障医疗器械质量和安全性的重要手段。根据企业经营的医疗器械的不同类别,对经营企业应具备的条件要求及监管办法也不同。监管部门履行《医疗器械经营企业许可证》的年度验证工作职能,监督医疗器械经营企业必须严格按照《医疗器械经营企业许可证》规定的范围销售医疗器械,不得经营《医疗器械经营企业许可证》规定范围以外的医疗器械。医疗器械说明书应当包含产品能正确使用的全部信息,其内容应当真实、准确、科学、健康,并与产品实际性能一致,不得以任何形式欺骗和误导消费者。

医疗器械市场出现的问题主要表现为生产商以次充好、医院盲目采购与滥用。因此,监管医疗器械市场的具体监管工作要从生产商与公立医院两个方向开展。生产商是医疗器械的供给方,政府要以药监部门为依托,制定严密的医疗器械质量标准,采用先进的检测技术,从医疗器械生产商注册到产品流通全程考评,让消费者清楚医疗器械的来源、流向及质量评价。公立医院是医疗器械的采购主体,现在的问题是很多医院不计成本地提升硬实力,盲目采购高新尖设备,造成区域性医疗器械过剩。公立医院是公共事业单位,政府从宏观上控制高精尖设备采购有利于实现资源优化配置。各级卫生行政部门要根据本地医疗卫生资源以及医疗卫生事业发展的需要,合理配置大型、精密、贵重医疗设备。认真执行卫生部、国家发改委、财政部发布的《大型医用设备配置与使用管理办法》,建立医疗设备技术评估准入制度,医疗机构必须获得《大型医用设备配置许可证》才能购进甲、乙类大型医用设备,甲、乙类大型医用设备上岗人员(包括医生、操作人员、工程技术人员等)要接受岗位培训,取得相应的上岗资质。杜绝不合格器械设备、药品、试剂、耗材的临床使用,防止不良设备器械、药品、试剂、耗材带来的医疗质量问题。

(四)药品广告监管

药品广告是药品生产企业或者药品经营企业承担费用,通过一定的媒介和形式介绍具体药品品种,直接或间接地进行以药品销售为目的的商业广告。作为一种信息载体,药品广告能帮助医生、药师和患者了解药品的性能、用途和特点等,有助于人们正确地选用药品,对消费者具有广泛的购药导向性作用。药品广告与一般商业广告之间最大的区别是它推介的医疗活动或商品直接关系到人民群众的健康甚至是生命安全。不良的药品广告,轻者浪费钱财,增加患者经济负担,重者贻误病情,危害公众身体健康,具有较大的社会影响。消费者在了解特定药品的疗效和安全性方面处于信息劣势,通常不具备相关的专业知识背景,鉴别能力有限。在疾病面前,病急乱投医的心理往往使患者处于弱势地位,很容易被不规范的医疗药品广告所误导。药品广告具有不同于一般商品广告的特殊性,其真实性和非误导性对于消费者而言更为重要。因此,政府职能部门应严格监管药品广告行为。目前,国家市场监督管理总局依照相关法律法规负责药品广告的监管工作。

利用广播、电影、电视、报纸、期刊、网络以及其他媒介发布药品、医疗器械、农药、兽药等商品的广告,必须在发布前依照有关法律行政法规,由有关行政主管部门对广告内容进行审查。省级药品监督管理部门是药品广告审查机关,负责本行政区域内药品广告的审查工作。药品广告须经该企业所在地省级药品监督管理部门批准,并发给药品广告批准文号。药品监督管理部门要有效利用广告监测设备,积极开展药品广告监督检查工作,加大对违法药品广告的监测及查处力度。对药品广告发布情况进行检查,对违反《药品管理法》《广告法》《药品广告审查办法》《药品广告审查发布标准》以及《医疗广告管理办法》等法规有关规定的药品广告,撤销其药品广告批准文号。常见的违法药品广告主要有:未取得批准文件擅自发布药品广告,使用伪造、冒用、失效的药品广告批准文件号发布广告,擅自篡改广告审批内容,夸大治疗效果的虚假广告,对禁止、限制性药品做广告,利用名人、医生、患者的名义做宣传,以隐形广告和软广告的形式做宣传等。其中未取得批准文件擅自发布药品广告的现象最为严重。

药品监管部门要严格依据广告审查标准和程序进行广告审批,严把广告审批源头关,确保审查批准的广告符合法律法规的规定,审查批准的广告要及时向社会公示;加大对违法药品广告的监测力度,充分发挥广告监测设备的效能,监测资源合理配置、资源共享,确保监测工作落实到位;突出对违法广告的监测重点,重点加强对都市类报刊、地市级电视频道、信息网站等媒体的监测;加大对违法广告所涉及品种和企业的查处力度,依据《药品广告审查办法》《医疗器械广告审查办法》《保健食品广告审查暂行规定》等有关规章和规定,对监测到的情节严重的违法广告,撤销药品、医疗器械广告批准文号或收回保健食品广告批准文号,进行公告并在相关网站上曝光,对违法广告涉及的企业及品种纳入重点监管对象,进行重点检查。对生产企业经检查存在严重问题,且通过抽样检验发现产品不合格的,一律停产整顿。对经营企业违法经营严重的,一律依法从严从重查处。对严重违法广告涉及的药品或医疗器械一律采取暂停销售的行政强制措施。

(五)药品价格监管

药品价格一直是社会关注的热点问题。药品价格关系到人民的切身利益,关系到医药企业的生存和发展,关系到社会的稳定繁荣,是构筑和谐社会的重要组成部分。政府对药品价格监管基于药品消费的特殊性。首先,药品是医生指导下消费的特殊商品。药品的药理药效和使用具有很强的专业性,绝大多数情况下,患者吃什么药、怎么吃药不是由患者决定的。其次,我国实际存在着药品虚列成本、虚高定价的情况。因此,根据药品的特殊性及我国国情,政府必须加强对药品价格的监管,减轻患者负担。药品价格管理应当在保障国家利益的前提下,保护生产者、经营者和消费者的合法经济利益,正确处理中央、地方、部门、企业相互之间的经济利益关系。各级物价管理机关以及有关业务主管部门,应当严格遵守国家价格法规和政策,做好价格管理和监督工作。政府必须对药品价格进行监管,并不意味着政府管理能够代替市场调节。应实行市场定价与政府定价相结合,履行政府的宏观调控职能。

市场定价是指由经营者自主制定,通过市场竞争形成的价格。除列入政府定价和政府指导价范围的药品,例如麻醉药品、精神药品等特殊管理药品采取由国家统一制定价格的确定方法,并对其销售和使用作出严格规定。其他药品均实行市场定价,由生产经营企业自主定价。药品价格要能够弥补合理生产成本并获得合理利润,反映市场供求,体现药品质量和疗效的差异,保持合理的比价,实行优质优价。但企业自主定价行为也要遵守一定的规则,既要服从价值规律的客观要求,同时也要受到法律和道德规范的制约。

本章小结

卫生事业是指通过对疾病的诊治和预防,以及改善公共环境卫生条件,保证和提高公众基本健康水平的活动。卫生事业管理是对各个层次卫生行政和卫生业务管理活动的总称,是指政府、卫生行政部门及有关行政部门根据卫生事业的规律和特点,将卫生资源进行优化配置,与社会成员共同努力营造健康的生存环境,预防和控制流行疾病,积极开展各类有利于改善卫生条件的工作,从而提升大众的健康水平所进行的活动。

卫生事业一般可分为医疗、卫生、医学研究、健康教育、重大疾病预防与控制、环境卫生检测、基础医学研究、营养干预和突发事故救护等几个方面。卫生事业产品的公共性纯度是不同的,但基本上都具有的一定程度的外部性决定了其总体上属于准公共产品。依据卫生事业产品的公共产品属性程度,对其可选择公共生产、公共提供,或公共生产、混合提供,也可非公共生产、混合提供或市场提供。

公共产品、外部性、不确定性、信息不对称、诱导需求、垄断等因素引起医疗卫生领域的"市场失灵",医疗卫生市场不能完全有效地配置资源,政府必须介入医疗卫生领域。

医疗卫生事业管理的基本框架包括:制定区域卫生规划、确定医疗卫生事业产品的生产与提供方式、建立统一的全民基本医疗保障制度、引导和鼓励社会资本兴办医疗机构、充分发挥第三部门在医疗卫生领域的独特作用以及卫生市场的监管。

国家基本药物制度,是党中央、国务院为维护人民群众健康、保障公众基本用药权益而确立的一项重要的国家医药卫生政策,是国家药品政策的核心和药品供应保障体系的基础。

概念术语

  卫生事业   医疗   公共卫生
  医学研究   突发事故救护   卫生产品的外部性
  区域卫生规划 基本医疗保障制度 健康教育
  公办医疗机构 民办医疗机构   营养干预
  医疗卫生行业准入 药品监管   药品价格监管
  药品广告监管 国家基本药物制度

复习思考题

  1. 卫生事业产品如何分类?其特点是什么?

  2. 为什么政府必须介入卫生事业产品市场?为什么说政府在基本医疗和公共卫生领域居主导地位?

  3. 医疗产品的多元化提供有什么意义?怎样提供?

  4. 谈谈现代医疗卫生事业改革及发展趋势。

  5. 医疗卫生产品市场管理的主要内容是什么?

  6. 我国基本医疗保障制度有哪些内容?实施情况如何?

第十章　体育事业管理

体育事业是当今世界蓬勃发展的行业,既关系到社会公众的身体健康,也与经济发展密切联系。体育事业活动的内涵和方式是随着现代社会的发展而发展的,虽然不同的体育活动具有满足公共需求与非公共需求的区别,但总体上是具有准公共性的产品。准公共性是现代体育事业管理模式构建的基本出发点。

第一节　体育事业管理概述

一、现代体育事业活动的基本内容和分类

现代体育事业有自己的特定内涵。这一内涵是随着现代社会和经济的发展而产生的,也随着社会和经济发展而发展,并日益丰富多样。样态繁多的体育活动与文化活动有诸多的交融。总体特征上,现代体育活动也呈现出与现代文化事业活动诸多的相似之处,并可以按其活动的直接目标和功能,大致分为公益性和营利性体育活动两大类别。

（一）现代体育活动的基本内涵及体育事业的范围

人类通过一定的活动强身健体有悠久的历史,早在古希腊就有专门对身体的训练,我国春秋时代的六艺中的"射""御"也包含对身体的锻炼。但是,对人的身体进行有目的的系统的锻炼,并纳入学校的教学计划用专门的课程来完成,则是随着工业革命开始后所产生的现代教育的一个重要组成部分而出现的,最早对之进行完整而系统论述的是英国哲学家和教育家斯宾塞。因而,现代体育首先是学校一项有目的的教育活动,即体育教育(physical education)。

一方面，随着社会的发展，工作和生活的高节奏既需要强健的身体，也需要通过一定的身体活动使身体和精神得到放松，同时，在和平的环境下，公众还需要通过对竞技运动的欣赏（一种特定的参与），来使自己的感性和激情获得释放，享受一种与艺术表演不同的更为真实的身体艺术活动。另一方面，现代社会的进步和经济的发展使物质日益丰富和休闲时间增多，也为公众进行自身的身体锻炼和经济活动的参与提供了必不可少的条件。因此，体育的含义较之作为学校的一项活动有了极大的扩张，增加了公众强身健体、满足自身娱乐和精神需求的内涵。同时，由于体育设施和体育运动中科技含量的增加，体育活动的水平也成为一个国家或民族科学技术水平和国民体质的水平的标志。

目前，我国学术界认为体育这一概念可以分为广义与狭义两种。广义的体育与"体育运动"概念基本相同，主要包括身体教育、竞技运动和身体锻炼三个方面。其中的"身体教育"即狭义的体育概念，是指有目的、有组织、有计划地促进身体全面发展、增强体质、传授锻炼身体的知识与技能、培养高尚品质和意志等的教育过程，与德育、智育等一起构成整个教育。一般来说，在现代社会中，大众的健身活动较之以往已更有目的和系统，但较之学校体育来说，这一更多属于成人的校外的身体教育在目的性和系统性上还是不足的，不能进入教育而属于身体锻炼的范畴。由于学校的体育活动作为教育的一个重要组成部分已纳入现代教育事业，因此，从整个现代公共事业的分类来看，进入体育事业范围的，应该主要是竞技运动和大众的身体锻炼活动。

（二）现代体育事业的分类

在现代社会，随着社会进步、经济的发展尤其是科学技术的日新月异，公众对体育活动的要求日益提高，体育活动的内容也日益丰富，样式也日趋繁多，其中诸多活动与经济联系日益密切或已成为经济活动的一部分。从体育事业管理的需要出发，可以结合各种体育活动的目的和功能，将现代体育活动大致分为公益性体育活动和营利性体育活动两大类别。

1. 以满足社会公共需要为主要目标的公益性体育活动

本书在分析文化事业时已经指出，人的需要一般可分为三大基本类别，即生存需要、享受需要和发展需要，而现代体育事业活动同样与人的三大需要都有程度不同的联系，其中就有一类体育活动主要关注一定社会条件下的作为社会人的共同需要，即"生存需要"。

具体言之，一定社会对公民体质有特定要求，这一要求既是作为该社会成员承担社会责任所必需,也是作为该社会成员的个体生存和发展所必需。在现代社会条件下,保证身体达到一定的体质要求除了要有卫生产品的提供外,最重要的就是身体锻炼活动。因此,进行社会所能提供和保证的基本身体锻炼活动就成为社会的公共需求,也是公民的基本权利和义务。相应地,现代社会中存在这样一类体育活动,即生产和提供体育产品不以营利为目的,而是以满足社会成员的基本的体育活动需要为目标,着眼于提高全体公众的体质和体育知识水平等,既给公众以一定社会所能提供的最基本的体育活动享受,也保证和维持社会生存与发展所必需的公众身体素质条件。

上述的体育活动通常称为大众体育活动或公益性体育活动,其基本内涵是指一个国家或社会中,每一个公民都应享有而且能够享有的体育生活,或者说,是以大众为活动主体的,主要满足社会共同的文化需要为目标的体育事业活动。现代社会的公益性体育事业活动,主要通过设立公共体育设施,如公共体育馆及社区的基本体育设施等来满足社会公众对身体锻炼的需要。

另外,在现代的体育竞技活动中,由于其活动水平体现了一个国家或地区的社会经济发展水平、科学技术水平,进而也展现着一个国家或地区的地位或尊严,寄托着一个民族情感和地域性归属感,因而当竞技活动在国家间或地区间展开时,如参加奥运会、洲际运动会、单项运动的世界性比赛、全国性的运动会及全国性的单项运动比赛等,代表一个国家或地区参加体育竞技活动,也就成为了一种共同需要。

2. 以满足个人需要为主要目标或具有营利性的体育事业活动

在现代社会中,随着经济的发展,人们对身体的锻炼提出了更个性化的要求,也赋予了更多的含义,因而体育消费已经成为现代社会人们整个生活消费的一个有机组成部分。如上所述,体育活动内涵的发展及可能的满足程度,是与社会的进步、经济的发展密切联系的。因此,在现代经济发展尤其是科学技术水平提高的前提下,面对公众体育需求的多元化,社会能在保证公众基本文化需求的基础上,相当程度上针对不同群体乃至个人的需要,提供相应的体育消费。

这就是说,在现代社会中,还存在着这样的体育活动,即活动的目的是为了满足一定群体层面的体育需求。由于主要针对个人体育消费,因而这类体育产品具有较明显的商品性,具有营利性,并形成了相关的体育市场。由于人们的收入水平、文化水平、体育偏好,以及年龄、民族和具体的个人体质状况等体育消费条件和体育消费能力各不相同，相应地，人们之间的体育消费需求发展的层次与水平、体育消费投资方向与模式也各不相同，从而，不仅形成了体育生产和体育市场的多样性，而且也使这类体育事业有较强的自身发展能力。

这类以满足个人体育需求为主要目标的体育事业，最主要有以下两类活动。

一是各种面向公众的体育健身俱乐部、运动俱乐部等。这类活动中，公众根据自身的需求有选择地进入俱乐部或参加相应的俱乐部的活动，如健身俱乐部、健美俱乐部（这是与文化活动交融的）、各种球类运动或田径运动俱乐部、游泳俱乐部、登山探险俱乐部等。这些俱乐部往往具有相应的运动场馆等，在这些俱乐部开展的体育活动中，公众是体育活动的主体。这些俱乐部实际上有两种类型：一类是以营利为目的的，是体育企业性质，提供的是接近私人产品的体育消费；另一类是相对于职业体育俱乐部而言的业余俱乐部，它以成员以自愿的方式按兴趣结合，实行会员制，其提供的体育消费即为标准的俱乐部产品。此外，还有一些体育企业是以提供活动场馆来进行有偿性的体育服务的。

二是职业体育活动。这类活动的主要承担机构是职业体育俱乐部。就职业体育俱乐部而言，本身就是一个企业，以营利为目标，按照企业要求进行管理和操作，这也是体育产业化的主要表现形式之一。职业体育针对公众不同层次的需求提供高水平的体育消费，竞技性和以取胜为目标是其活动的核心和灵魂。职业运动员是职业体育活动的承担者，如同演艺活动中的演员，但由于以通过相互间真实的激烈的竞技而获取胜利，因而职业体育作为一种高水平的技艺表演，较之文化演出更有生活的真实性。不同类别的职业体育活动对公众而言，所提供的是高水平的满足不同的体育消费需求的体育产品，让公众得到高水平的体育活动的享受。

此外，现代社会还具有一些半职业性的体育俱乐部。这些俱乐部的资金来源主要是企业（有的就是由企业所设）和社会捐助，主要依托大学、企业等而建立。这些俱乐部有计划地对业余运动员进行训练，以追求成绩为直接目的，以尖子运动员为培养对象。这类体育活动虽有锻炼身体的一面，但更接近于职业体育。

二、体育事业产品的准公共性

体育事业产品总体上是具有准公共性的产品,其准公共性与教育和文化事业产品的准公共性有相似之处,表现在以下两个方面。

(一) 一定的非排他性和一定的消费竞争性

体育事业产品的消费大多具有无形性、延伸性的特点,在一定范围内,如一个人进行健身活动、跑步、进行球类活动、游泳、观看体育比赛等,并不影响其他人进行健身活动、跑步、进行球类活动、游泳、观看体育比赛等。也就是说,在一定的范围内,一个人消费体育产品时,并不排斥其他人同时消费,体育产品具有非排他性。但是,这一非排他性是有限度的。因为体育活动大多数需要一定场地和设施,虽然有的活动对场地和设施的要求不高,但毕竟有要求,同时随着社会的进步、体育消费的个性化的出现和体育需求层次的提高,对活动场地和设施的要求也越来越高,而且,对竞技体育的欣赏来说,更是有场地条件限制的。因此,当消费者人数增加到一定数量时,必然需要增加场地设施即增加成本,或者必须限制参与人数。

相应地,体育事业产品的竞争性,表现在如上所述的随着消费者的增加,总成本也必然增加,而体育需求的满足是与一定社会进步相联系的,是以经济的发展为基础的,因而相对于公众不断增长的体育需求,体育事业产品的供给能力是有限的。这样,在体育事业产品供给能力有限的情况下,必然产生需求竞争。这种需求竞争通常产生在普遍受到欢迎的高水平竞技体育产品中,如当今世界上最受欢迎的足球世界杯赛、奥运会的比赛等就存在消费竞争。

这里需要指出的是,如上所述,与文化事业产品相类似,体育事业产品还具有层次性、多样性的特点,许多消费项目是在满足公众基本体育消费需求的基础上,针对不同层次和不同样式的文化需求的公众进行生产的,其中最典型的就是竞技体育项目,以及一些公众可以参与的既是竞技体育项目,也可以成为娱乐项目的台球、保龄球等,因而这类体育产品具有更强的排他性和更强的竞争性,实际上就是一种完全的市场中的供求关系和消费竞争。

(二) 外部收益性

体育活动的主体是人,而且在市场经济条件下,体育事业产品已成为一种消费,因而不论是针对社会公共需求的还是针对个人不同消费需求的体育活动,都具有内部收益,表现为个人体质的提高、体育知识和技能水平的提升、精神得到享受和放松等,乃至体育企业通过提供体育产品获得利润等。同时,体育活动由于自身的特点,也具有明显的外部性。这一外部性表现在以下三个方面。

第一,体育活动尤其是公益性体育活动,在满足全体社会成员的体育消费需求的同时,提高了全社会成员的身体素质与健康水平,从而提供了社会生存发展的必不可少的基本条件之一。正是因为如此,在相当程度上,一个国家或地区经常参加体育锻炼活动的人数及体育人口,体现了该国家或地区的体育运动普及水平,以及该国或地区的公众基本的身体素质与健康水平。

第二,不同层次的不同需求的体育活动的开展,也会推动体育产业与体育市场的发展,从而提高国民经济增长的速度和质量。

第三,全面发展不同层次的体育事业,提高了国家或地区的体育运动水平。一方面,体育活动能给予公众高水平的完全不同于文化艺术之外的另一种感性艺术享受,从另一个重要的侧面陶冶公众的情操。另一方面,体育活动能振奋民族精神,增强国家与民族的凝聚力,塑造良好的国家形象,提高国家声誉,扩大国际影响。在当今世界,这种现象比比皆是。

当然,不同的体育产品由于其活动的直接目标和在社会中的功能是不同的,相互之间在非排他性和竞争性以及外部收益上存在着差别。因此,根据上面分析,依据不同体育事业产品所具有的不同外部性,可以得出图10-1所示的不同体育事业产品的外部性分布图。

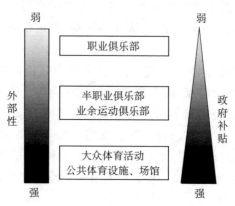

图10-1 不同体育事业产品的外部性

总之,从体育事业内涵及其准公共性来看,一个国家的体育事业的全面发展水平,将直接影响其经济社会文化的发展,并直接影响一个国家国民生活水平的提高,是国民身体素质与健康水平的重要标志。

三、现代体育事业管理的基本内容

在市场经济条件下,具有公共性和准公共性的产品如果完全依靠市场机制来生产和提供,必然是不足的,这是市场机制的缺陷,因而政府必须介入市场。因此,对总体上具有准公共性的体育事业产品来说,政府必须介入体育市场,以其准公共性为依据,选择一定的管理模式,并通过制定体育事业产品的生产与提供的公共政策,形成现代体育事业管理的基本内容和框架。

（一）管理模式选择——综合管理模式

在现代体育事业产生后,世界范围内有三种体育事业管理模式。一是政府管理型（集中型）,即体育产品的生产和提供完全由政府负责,基本上不存在体育产品市场,如以苏联、东欧国家以及改革开放前的中国等采用的模式。二是分散型（社会管理）,即主要由社会体育组织进行管理,政府一般不设专门的体育管理机构,政府对体育事务很少介入和干预,如美国等采用的模式。三是综合型,即介于前两者之间的管理模式,它是指由政府和社会体育组织共同管理体育,政府设有专门的体育管理机构,或指派几个有关的部门负责管理体育。政府对体育实施宏观管理,即制定方针政策,发挥协调、监督职能。社会体育组织在政府的宏观管理下,负责体育的业务管理,如制定项目发展规划、各种规章制度,组织训练和比赛,开展大众体育活动等。世界上大多数国家采用这种管理机制,如英国、德国、法国、韩国、加拿大等。

应该说,各个国家的社会经济发展水平不同,文化传统不同,因而体育管理模式不会也不可能整齐划一。但从绝大多数国家的实践来看,综合型比较普遍,也比较有效果（即大众体育和竞技体育水平都提高,且不需要政府完全包办,也不需要社会有相当高的富庶程度）。实际上,从现代体育事业产品所具有的准公共性来看,综合型更适合体育事业的基本特点。当然,综合型是一个大体处于中间状态的类型,在政府和社会两者结合管理体育的基础上,可以按照具体情况,或偏重政府管理,或偏重社会管理。

（二）大众体育产品的生产与提供

大众体育消费是指满足一个社会公众基本的体育消费需求的消费,是社会的共同需要。作为产品，大众体育具有突出的外部收益，是接近于纯公共产品的准公共产品，如果完全交给市场，会出现供给不足。因此，这类体育产品最合理的生产方式是公共生产，并且公共提供。

在有效的宏观管理的条件下，某些大众体育产品也可以采取私人生产，如交由一定的社会体育协会或体育俱乐部负责，政府以公共财政对这些协会或俱乐部进行必要的补贴，即采取私人生产、混合提供的方式。通常可以采取这种生产和提供方式的，主要是一些原来比较个性化，而随着社会的进步和经济的发展已逐步开始成为一种大众消费的体育产品。这种方式的优点是能充分吸引社会资金投入大众体育活动。

（三）非共同需要的体育产品的生产与提供

这类体育产品主要满足公众个性化、在基本需求满足后的体育消费需求，产品表现形式是更个性化的个人体育消费活动和职业体育活动。承担的机构主要是面向大众提供个性化体育消费的俱乐部、职业俱乐部、半职业俱乐部等。换言之，这类体育产品基本上是现代体育产业的产品，因而，最合理的方式是非公共生产、市场提供。即主要交由市场决定，政府只按有关的法律法规对这一体育市场的运行进行外部监督。

由于这类活动中的经济体育活动在向大众提供高水平的体育享受时，另一个产品是高水平的体育人才培养，而其中的一些人通常在一定时期内要组成运动队代表国家或地区进行比赛，从而具有了较强的外部收益，因而国家可以根据需要，对一些需要支持的非大众的体育活动给予必要的补贴，同时也进行必要的管理。从而，其在一定程度上形成了非公共生产、混合提供。

（四）对国家运动队或地区运动队体育产品的生产和提供

由于现代体育竞技活动尤其是国家间和地区间的体育比赛的存在，使得代表国家或地区的运动队的活动即提供的体育产品，成为现代体育事业产品中外部收益比较突出的产品之一。在综合管理模式下，这类体育产品的生产即对运动队的维持，视情况可以采取不同的生产方式。从理论上说，这类外部收益高的产品通常应该由政府进行干预，进行公共生产，但由于现代职业体育的特殊性，使一些体育类别既有较高的外部收益又具有较强的自我经营能力，如现代足球运动等，因此，在这些类别的国家运动队层面上，可以采取由相关体育协会投入一定费用或吸纳一定社会资金的方式进行运作，而其他的则应由公共生产为主，以市场投入为辅。至于提供方式，这类体育活动产品通常主要采用市场提供，有时也可以采取混合提供。

第二节 西方国家的体育事业管理

一、美国政府的体育事业管理

美国是当今世界当之无愧的体育强国,无论是竞技体育,还是群众体育,乃至于体育技术与体育产业都取得了巨大的成就。是什么成就了美国体育事业的辉煌?我们知道,在美国政府体系中始终没有明确的体育管理部门。20世纪60年代以前,美国政府对体育的直接干预是很少的。"20世纪50年代,国会'不重视'体育。虽然此后30年里,仅职业体育这一块就有近300项议案提交国会,但是只有个别议案成为法律条文。"①但这并不意味着美国政府完全忽视体育事业。相反,美国体育事业今天的成就与美国政府的作用息息相关。总体来讲,美国政府对体育事业的管理可以从联邦政府和地方政府两个层面来看。

(一)联邦政府参与体育管理的方式

1. 参与体育管理的联邦政府部门及其职责

本着"小政府,大社会"的理念,美国政府一直尽可能避免直接干预体育事业。不过,联邦政府的一些部门却关注与体育相关的服务业,这种关注虽然是不明显的、非直接的,但是对体育发展仍然产生一定影响。在联邦政府体系找不到一个直接管理体育事务的部门,内政部(Department of Interior)可能是参与体育管理事务最多的部门,但是内政部不认为他们承担管理与发展体育事业的职责,亦不认为有义务与其他部门合作促进体育发展。因此,迄今为止,美国政府仍然没有明确的体育管理部门。

就美国联邦政府而言,其有11个部门参与体育管理,如教育部、司法部、交通部、国防部等,涉及职业体育、大众体育、学校体育、公众健康与身体活动教育、康复以及体育场地设施的修建等。例如,归属国防部的军事工程部管理河道、水库及其他水路,而这些地方是大众水上娱乐活动的主要场所。因此,美国国防部间接管理大众水上体育活动。再如,归属农业部的林业局管理1.9亿英亩的土地,归属内政部的3个部门——国土管理局管理2.7亿英

---

① 周兰君:《美国政府参与体育管理方式之研究》,《西安体育学院学报》2009年第1期,第22—26页。

亩土地、国家公园局管理 0.8 亿英亩、渔业与野生动物管理局管理 0.9 亿英亩。从财政收入角度看，上述 4 部门的收入超过 12.5 亿美元：主要来源于石油、天然气、煤炭行业，近半数收入上交国库。但是，还有一部分收入来源于娱乐与体育活动。虽然联邦政府不认为他们管理体育，但他们确实参与了体育管理，大部分属于间接管理。这 4 个部门每年支出的费用巨大，但是很难从联邦政府预算中找到投入体育的那部分款项。国会资助一个项目并没有全国性的统一预算，而是由参议员为各自所代表的州争取资金、争取项目，这是较难计算投入体育资金的原因之一。

20 世纪 30—40 年代，政府干预体育的目的是为军队服务，提高军人的身体素质。二战结束后，政府对体育在体质健康方面的功能产生兴趣，体育偶尔出现在政府的议案中。20 世纪 60 年代中后期，国会出台一系列法案，如联邦水上娱乐法案（1965）、野外风景区法案（1968）和国家探险路径法案（1968）。这些法案对发展体育与娱乐服务发挥着持久的影响力。近年来，久坐少动的生活方式产生的负面影响引起政府的注意，加之体育对休闲消费的影响，体育又重新得到政府的关注。

2. 修建体育设施是美国政府参与体育管理的主要方式

体育所具有的经济功能是政府参与体育管理的原因之一。长期以来，美国、加拿大等国用公共财政修建体育场地设施，并且以此作为应对失业和刺激经济的手段之一（尤其在 20 世纪 30 年代）。

联邦政府对体育的关注不多，市政部门、非政府组织和商业组织所提供的相关服务亦不多，这种局面在 20 世纪 30 年代美国"经济大萧条"时期发生了转变。"经济大萧条"既是一场灾难，也是一次转机。民众要求政府有所作为，政府亦做出了回应。联邦政府成立了一些促进就业的组织，如就业促进管理局和民用保护部，这两个部门主要负责修建体育设施。到 1937 年，就业促进管理局用 10% 的预算修建了约 1 万个体育场地。这些工程主要用于大众娱乐体育活动，不过部分场地用于竞技体育和娱乐表演。

二战期间，联邦政府仍然继续修建体育设施，如运动场、游泳池和森林公园等。此外，联邦政府向非政府组织（如红十字会）以及军队提供基金用于开发体育人力资源，以满足人们对体育休闲的需求。二战期间，联邦政府不仅增加了体育场地设施，更为重要的是提供了高质量的体育与娱乐活动服务。60 年代实施"伟大社会"计划，为了让城市居民参加体育活动，联邦政府投入 6.5 亿美元用于修建城市公园与娱乐设施，各市政府在城市内以及居民小区陆续修建一些小型的公园并配备简单的健身设备。公众免费使用这些体育设施,其成为居民主要的体育健身场所。此后,联邦政府开始减少投入。

到20世纪70年代,修建体育设施的资金主要由州财政支付,联邦政府只投入很少一部分。尤其是里根政府明显减少对体育与娱乐项目的投入,这一趋势保持至今。由于认识到国际体育赛事对经济的影响以及近年来体育场馆建设费用不断增加,联邦政府的资金主要用于国际体育赛事的场馆建设,如奥运会、世界杯等。如果没有联邦政府的支持,主办城市和主办州无力承办国际赛事。例如,1996年亚特兰大奥运会,3.5亿美元财政投入中有1亿来自联邦政府。尽管在某一时段,政府发挥了重要作用,但总体而言,联邦政府在场地设施的修建过程中只发挥辅助作用,如提供启动资金。

过去30年以来,联邦政府参与体育的趋势越来越明显,但在联邦政府机构中仍然没有一个专门的体育主管部门。难点有二:一是政府如何与单项体育协会建立一个切实可行的工作关系;二是如何在政府机构中确定一个适合管理体育的部门。难点在后者。由于体育功能的不断变化,政府对体育的关注点亦不断变化。此外,其他领域的政策会涉及体育。例如从人权角度通过的法案为体育发展创造了条件,其中1972年通过的教育修正法案为女性平等参与竞技体育开启了新篇章,1990年通过的残疾人法案,为残疾人参与体育活动提供了保障。

3. 美国联邦政府参与体育管理的特点

(1) 很少涉及体育政策领域。

(2) 联邦政府的多个部门间接管理体育事务,部门之间合作不多。

(3) 联邦政府在修建大众体育场地设施方面发挥一定作用,有时是短期资助,有时资助某些项目,有时只是为了增加就业机会,有时联邦政府出资建设场馆,由地方政府管理维护。不过,联邦政府并非稳定而持续地投资修建大众体育设施。

(4) 尽可能发挥单项体育协会、奥委会等民间机构在体育事业管理中的作用。迄今,美国各单项体育运动大多设有全国性的体育协会,但都不是政府机构,并不负有行政职能,只是起到行业自律和各协会成员之间协调联系的作用。

(二) 地方政府参与体育管理的方式

1. 体育管理主体——公园娱乐部

地方政府管理体育、休闲娱乐事务的部门是公园娱乐部。州公园娱乐部对自然资源的管理并不多,其管理职能体现在设置市、县级公园娱乐部,此举是为了促进旅游业发展或经济增长。有统计数据显示：1 400 万亩公园用地每年吸引 6 750 万游客，消费约 8 亿美元；北达科他国家公园的游客消费 7 100 万美元/年，而公园维护费用为 280 万美元/年。① 不过，随着城市化的进程，出现部门合并现象。20 世纪 60 年代，公园娱乐部通常是独立的部门，但是现在多数都已进行了合并。

县级政府部门将提供服务与管理自然资源（如野生公园、海滩和天然公园）相结合。公园娱乐部在 20 世纪 80 年代中后期开始遇到困难，由于联邦资金的大幅削减或终止直接影响地方部门提供服务，裁员是许多公园关闭的主要原因。1945—1955 年，公园娱乐部的预算占市预算的 1.5%；从 1979 年起，其预算只占市预算的 0.6%，这直接影响服务质量，令参加有组织的体育娱乐活动的人数减少 52%。近年来，由于特许权的实施，一些营利组织开始参与公共资产的管理，如高尔夫球场、溜冰场，市政部门每年可以获得场地租金并且不承担设施维护责任。

2. 多组织合作，提供体育与娱乐服务

尽管公园娱乐部是主要的管理部门，但其他市政部门也提供相关服务。例如，警察局管理青少年体育联盟，公众住房部门开发娱乐中心。

非政府组织亦发挥一定的作用，如成立于 1980 年的中央公园管理委员会，不仅每年提供 1 600 万美元的资助，而且还提供数千小时的志愿者服务。此外，学校为公众提供很多娱乐机会。从 20 世纪起，立法机构通过立法，要求学校对公众开放体育场地设施以满足大众参加体育活动的需求。学校是公众日常活动的中心成为美国的传统，这也是对公园等不能满足人们体育与娱乐需求的补偿。自 20 世纪 70 年代中期以来，市政决定不再单独对公园娱乐部投入资金，而是投入到同意让居民在其校园健身的学校。以科罗拉多州斯普林斯市为例，全市 12 所学校只有 1 所拒绝参加此项计划。学校亦是农村地区主要的体育活动场所。由于农村人口居住分散，通常由志愿组织（如基督教青年会）与其他组织共同合作，如农民协会、学校董事会和县级政府等，组织相关活动。

3. 公园娱乐部的发展特点

（1）许多城市继续削减公园娱乐部预算，政府资助仅能作为启动资金。

---

① 转引自周兰君：《美国政府参与体育管理方式之研究》，《西安体育学院学报》2009 年第 1 期，第 22—26 页。

许多公园由州、市和商业资金共同资助运营,如位于印第安纳州首府的白水河国家公园(包括主题公园、动物园和体育中心)。

(2) 部门合并成为发展趋势。独立的公园娱乐部逐渐减少,多数合并到市政部门以节省预算,但这样做有可能削弱服务的专业性。

(3) 公园娱乐部的经费来源趋向于使用者付费和特许权经营。以旧金山市为例,1968年公园娱乐部收入为150万美元,到1990年增加为2 000万美元,其中25%的收入来自公园停车费,25%来自市政管理的高尔夫球场,5%是场地租赁费。尽管如此,公园娱乐部仍然与志愿者组织和商业组织合作,如:志愿者清洁公园,商业组织赞助植树,动物学协会为动物园筹资。[①]

总体而言,公园娱乐部为大众体育的发展发挥了重要作用,但是由于近年来财政资金不足制约其提供良好的场地设施和专业服务。而社会对体育休闲服务普遍支持,为公园娱乐部与学校和其他非营利组织、志愿者协会提供了良好的合作平台。

二、西方发达国家政府参与体育事业管理的特点

在当今西方发达的资本主义国家,体育事业一般比较发达,这既是生产力高度发展的表现,同时也是体育事业管理模式选择的结果。总的来讲,西方发达国家的体育事业管理采取的是以市场化为基础的社会运转和管理模式。尽管各国采取的方式不尽相同,但均以市场经济为基础,以商品交换为前提,在宏观控制条件下完善社会自我协调和发展机制。在社会体育发展和运行中,则多采用以俱乐部为基础,以等级联赛为杠杆,以社会化、商业化为支柱的自我协调管理形式。

体育全球化进程使各国政府对体育的认识逐步加深,政府参与和管理体育的力度亦不断加强,不过各国政府管理体育的方式各有不同,具体的主管机构亦不同。例如,英国的体育管理事务先后由环保署、教育部、遗产部及文化、新闻与体育部负责;澳大利亚体育管理部门先后为旅游局、环保署、社区发展部,后来又调整为旅游局、环保署;加拿大体育管理事务在不同时期分别由卫生部、劳工部、遗产部等部门负责。而美国政府迄今仍没有明确的体育

---

① 转引自周兰君:《美国政府参与体育管理方式之研究》,《西安体育学院学报》2009年第1期,第22—26页。

管理部门。这些变更并非由于政府优柔寡断,而是政府对体育功能再认识的回应,并根据体育在不同时期的主要特点做出的积极调整。

  美国和德国的发展模式是西方资本主义发达国家体育体制的典型代表。因为这两个国家有下列特点:体育人口众多,竞技水平又高;体育俱乐部体制完善,体育产业化基础扎实;体育竞赛市场既活跃,体育法规又健全;老百姓参加体育活动的积极性既高涨,体育场馆的活动内容又丰富;新闻电视广播媒体既重视关注,老百姓的体育价值观念意识又现代、新颖。虽然两国的体育事业管理体制有所不同,但它们之间存在着共性。美国和德国体育发展模式的主要共同点可以概括为以下五个方面:一是在体育行政管理体制方面,都采取民办官助,主张体育自治;二是在社会体育运转机制方面,都以体育协会、体育俱乐部、学校体育、社区体育等为基本活动单位开展各种形式娱乐、健身和体育竞赛;三是在社会体育运行调控方面,都以法律为准绳,以竞赛规则为依据,以等级联赛为杠杆实施调节和控制;四是在体育资源配置方面都以体育市场大小为依据,根据体育商品的价值和体育服务性质来确定和配置;五是在国家体育的政治职能、目标、战略、政策和手段方面也奉行有宏观控制的社会自我协调。但近几年来这两个国家都在不同程度地加强宏观控制。

第三节 我国体育事业管理改革

一、当前我国体育事业管理体制

  "体制"是关于国家机关、企事业单位的机构设置、隶属关系和权限划分等方面的体系与制度的总称。体育事业管理体制从本质上讲,是政府干预体育事业的范围以及如何加以干预的具体表现,是国家有关体育事业的管理体系与制度的总称。

  自 20 世纪 50 年代以来形成的中国体育事业管理体制被称为举国体制。这一体制虽然伴随计划经济体制产生,但并未伴随计划经济体制的结束而结束,一直延续至今,仍在发挥着重要作用。只是随着中国经济体制改革,特别是开始建立社会主义市场经济以来,才开始发生了某种程度上的变化。

(一)"举国体制"的内涵和实质

所谓"举国体制",就是"一切体育事务都由政府的体育行政部门来操办和控制"[①]的管理体制。"举国体制"是20世纪下半叶中国体育事业实施的一种特殊的体育管理体制与运行机制,是中国当代竞技体育快速发展的制度保障与基础。这种体育事业管理方式既针对竞技体育发展,也针对群众体育发展,它是一种组织资源,在这种体制下,政府的宏观调控作用得到极大的发挥。

我国体育"举国体制"的实质就是充分发挥社会主义制度集中力量办大事的优越性,利用我国土地辽阔、人口众多的特点,把丰富的体育资源挖掘出来并充分利用,通过竞争与协同,提高中国体育的整体实力,实现为国争光的目标。具体到竞技体育的"举国体制",就是以奥运会等重大国际赛事取得优异成绩为目标,以政府为主导,以体育系统为主体,以整合、优化体育资源配置为手段,动员、组织社会力量广泛参与,在国家层面上形成目标一致、结构合理、管理有序、效率优先、利益兼顾的竞技体育组织管理体制。

(二)当前我国体育管理体制的组成结构

随着我国改革开放的不断深入,特别是国际体育交流的日益深入,体育产品需求日益多样化,我国的体育管理体制在继承"举国体制"的基础上,进行了一定程度的适应性调整。当前我国的体育事业管理体制是由政府行政体育管理系统和社会体育管理系统两个子系统组成的。中国政府的体育行政管理部门具有主要的管理权限,表现在以下三个方面:第一,政府体育行政管理部门具有宏观的决策、计划、协调、监督权力,体育发展战略、全民健身计划和奥运争光计划等均出自国家体育总局;第二,政府体育行政管理部门仍进行相当一部分微观管理,包括竞技体育和群众体育的业务管理,事实上,大部分运动协会的办事机构仍是体育局下属的事业单位;第三,政府体育行政管理部门对社会体育管理组织具有指导、监督职能,如国家体育总局对中华体育总会、中国奥委会和中国体育科学学会即拥有以上权力。

随着中国的改革开放,社会体育管理组织系统在逐渐加强。这表现在社会体育组织数量的增加和权力的加强两个方面。

1. 政府体育行政部门管理系统

政府体育行政管理系统又分为两个子系统,即政府专门体育行政管理系统和政府非专门体育管理系统。

---

① 刘青:《转型时期中国体育管理的发展与改革》,《成都体育学院学报》2007年第6期,第1—6页。

专门管理系统是由各级体育局所组成的,通常称为体育局系统,它是体育管理主系统。在这个系统内,下级体育局受上级体育局在业务上的指导,同时受该级人民政府在人事、财务等方面的行政领导。如省、自治区、直辖市体育局受国家体育总局的业务指导,又受省、自治区、直辖市人民政府的行政领导。这种体制是矩阵式的管理体制,通常称为双重领导体制,又称为"条块体制"。在政府专门体育行政管理系统内部,最高领导权力属于国家体育总局。国家体育总局是国务院主管全国体育工作的职能部门,下设司局和处室。此外国家体育总局还管辖若干事业单位,如国家体育总局直属院校、运动管理中心、单项运动协会、科研单位以及体育报社、人民体育出版社等单位。

政府专门体育管理系统的基层机构是县级及县级市体育局。目前一些县(市)体育局已与教育或卫生部门合并,但仍设专人负责体育工作。

政府非专门体育管理系统是指在国务院所属各部委中的一些相关机构(有些部委还设有体育行政管理部门),如教育部设有体育卫生与艺术教育司,统管全国学校体育。国防部等也设有体育行政管理部门,负责本系统的体育工作。大多数部委中未设体育行政管理部门,但设有体育事业单位,如各行业体协。各行业体协在所属部委领导下,作为中华全国体育总会的团体会员,负责开展本行业的体育运动。

2. 社会体育管理系统

与政府体育行政管理系统类似,社会体育管理系统也分为两个子系统,即社会专门体育管理系统和社会非专门体育管理系统。

社会专门体育管理系统由专门从事体育管理工作的社会组织构成,它下面又分三个子系统,即中华全国体育总会系统、中国奥委会系统和中国体育科学学会系统。

中华全国体育总会的团体会员包括下列群众体育组织:

(1) 省、自治区、直辖市体育总会;

(2) 全国性的单项体育协会;

(3) 全国性的行业、系统体育协会;

(4) 中国人民解放军的群众体育组织。

中国奥委会委员由以下人员组成:

(1) 所有隶属于为国际奥委会所承认的国际单项运动联合会的全国运动协会代表,他们在全体委员会议和执委会中应占多数;

(2) 国际奥委会的中国委员是中国奥委会执行委员会的当然委员,并拥有相应职权；

（3）社会和体育界人士及运动员代表。中国体育科学学会下面设若干个专业委员会或分会，如体育社会科学分会、运动生物力学分会、运动医学专业委员会、体育情报信息专业委员会等。

3. 社会非专门体育管理系统

某些群众性的组织不是专门的体育组织，但它们下设体育部门，如工会下设文体部，共青团下设军体部。它们分别负责职工、青年中的体育工作，并与其类似组织构成了社会非专门体育管理系统。

二、我国体育事业管理体制改革的必要性

（一）当前体育事业管理体制自身存在问题要求改革[①]

"举国体制"经过50余年的运作，其基本特征是：政府以计划经济手段配置体育资源，以行政手段管理体育；政府既是"办"体育的主体，也是"管"体育的主体。"举国体制"体现出强烈而鲜明的国家意志，它有利于集中有限的人力、财力、物力更快地发展体育运动，特别是使竞技体育在国际体坛中充分发挥其优势，缺点是缺乏社会自主性和运行机制的灵活性。这种由上而下、政府集中领导的体育管理体制容易产生种种弊端，如思想过分僵化、权力过分集中、行动过分统一、限制社会对体育的参与和支持、政府体育经费负担过重、群众体育与竞技体育发展比例失调等。改革开放以后，体育事业生存与发展的内外环境发生了重大变化，突出表现在两个方面：一是以市场为取向的经济体制改革使原有体育体制与转型中的经济体制出现矛盾，政府包办一切体育事务的管理方式举步维艰；二是体育事业规模不断扩大，结构日益复杂，人民群众对体育的需求水平进一步提高，且呈现多样化、差别化的发展态势。这时，现行管理体制的不适应性开始显露，主要表现为体育事业发展经费不足和体育行政部门管、办矛盾突出两个方面。因此，推动体育社会化、科学化、产业化和职业化，建立与社会主义市场经济相适应的、符合现代体育发展规律的新型体育体制与运行机制势在必行，即要不断进行体育体制创新，积极寻求社会的支持，扩大社会组织对体育管理与发展的参与程度，充分发

[①] 王东升：《论我国体育管理体制改革的动力与趋势》，《体育文化导刊》2007年第6期，第50—51、57页。

挥社会办体育的自主性和实效性。

此外,举国体制下,体育资源分配不合理。过去由于经济发展水平低,体育资源较为紧缺,我国的体育管理体制是封闭型的。我国的学校体育、竞技体育、企事业单位体育各自成体系,每一个学校、企事业单位都有自己小而不全、不容外人涉足的体育领域,呈现出大封闭体系中的小封闭。而体现了举国体制优势、集中了体育资源的竞技体育系统更是封闭和垄断的,资源利用不足,培养目标单一,加剧了资源配置的不合理性。运动员被分割在各级体育部门,彼此间流动困难,国家又包办国家队和省级运动队伍,运动员长期接受单一的专业化训练,职业适应能力差,退役运动员重新择业困难。同时,体育系统运行的成本加大,效率低下。由于运动训练体系的封闭性堵塞了该系统与社会的互动:一方面大量场地设施在训练竞赛之余闲置;另一方面其与社会脱节,无法利用社会的教育资源、科技资源和人力资源等。竞技体育与群众体育的发展严重失衡,运动项目布局与项目发展失衡,条块分割严重,资源配置不合理,重复性投入多、效益低,严重制约了体育事业和体育产业的发展。

这种资源配置的不合理,也体现在各省区低层次的体育设施和科学设备的投入上,即使承担着我国一线运动队训练任务的训练基地的资源配置也存在着明显的缺陷。如一些训练基地缺乏专业科研人员,缺乏科研设备,多数基地只能为运动员提供必要的生活和训练条件。此外,多数基地仅能提供单一运动项目的训练服务,致使基地建设成本高,资源利用率低,处于低水平状态,难以满足高水平运动训练的需要。

(二)外在体育需求要求改革体育事业管理体制

1. 大众体育热潮的到来

进入21世纪,我国人口健康和体育锻炼的问题日益受到重视,这个几乎涉及全国4.9亿户家庭和14亿人口的重大民生问题,必定会波及群众体育。像工业发达国家在20世纪60年代出现"第二奥林匹克运动"一样,我国必定会出现一个大众体育的热潮。因此,我们必须有充分的组织准备和物质条件准备。现在的体育管理体制存在很多不足,所以我们必须改革。

2. 现代信息技术的发展

随着信息技术日趋成熟,信息技术革命的成果已经渗透到国民经济和社会生活的各个领域,向管理体育事业的体育管理机构提出了新的挑战。随着信息技术的渗透和普及,整个社会文化水平的非均衡状态发生了根本的变化。由于信息量的快速膨胀,时效性增强,使得旧的体育管理制度随着社会信息化程度的提高而难以应付。

3. 体育服务的多样化需求

我国国民经济不断发展,人们生活水平不断提高,大众体育服务势必是公共服务的重要组成部分,也是重要的政府功能输出。为公民提供满意的体育服务将成为政府工作的一项重要任务。以前,政府通过行政手段把大部分体育资源运用于竞技体育,导致我国的大众体育相对落后,无法满足人们的健康需求。现在,随着时代的发展和人们生活水平的提高,公民的体育需求越来越呈现出多样化的特点,而政府提供的公共体育服务存在着行政效率低下、服务质量不高等问题,难以满足公民日益多样化的体育需求。因此,政府必须吸纳企业及其他组织加入,提供公共体育服务,并且向它们提供优惠的便利条件。

4. 体育的商业化、职业化

20世纪以来,现代体育的商业化和职业化已经极大地改变了体育的面貌。不仅体育物质产品成为商品,同时体育服务产品也在商品市场上体现出独特的价值。在这种背景下,体育组织必须适应市场经济的发展,必须面向市场转变运行机制,提高管理水平和管理效率。这种状况首先对政府体育行政机构转变职能提出了新的要求。一方面,政府必须遵循市场经济的游戏规则,在体育商业经营活动中只能做裁判员,而不能介入体育商业事务。另一方面,体育的职业化与商业化的发展,使得现代体育管理领域和管理方法都与以往不同。随着现代体育管理与经营水平的提高,现行的政府体育行政机构已经难以有效地承担现代体育某些领域的管理事务。

三、我国体育事业管理的改革趋势

当前我国体育事业管理体制存在诸多弊端,而市场经济条件下人们对体育事业的需求已发生变化,我们要借鉴海外体育事业管理的经验,重新定位体育产品的供给方式,特别是大众体育产品的供给方式。改革我国体育事业管理体制是当前我国体育事业管理改革的重心。

(一)改革大众体育产品的供给方式

目前由政府提供的公共体育服务内容较过去已经大为丰富,但仍然存在着行政效率低下、体育产品和服务质量不高、难以满足公民日益多样化的体育需求等缺陷。尤其是政府在市场经济的大背景下,无论是财力方面,还是管理方面,都已难以像计划经济体制时代那样完全承担面向公众的体育服务。① 在这种情况下,创新大众体育产品的供给方式,拓宽大众体育产品的供给渠道,成为体育事业管理改革的必然趋势。

1. 大众体育产品非政府供给的必要性和可行性

正如前述,大众体育产品公益性强,政府的公共生产、公共提供是理想的模式,但是很显然,就当前而言,政府无力承担相应的开支,也没有必要完全由政府公共生产、公共提供。事实上,在当前市场经济条件下,大众体育产品具备了采用非政府供给方式的几个条件。第一,大众体育产品特别是营利性大众体育产品的规模和范围是相对有限的,这使消费者能够采用契约的形式,自主地通过市场来获取。由于消费者数量有限,达成契约的交易成本较小,因此有利于采用非政府供给的方式。第二,公共体育产品的消费具有成熟的排他性技术,在公共体育产品供给过程中普遍采用了门票、会员制等排他性技术,能够有效地排除"搭便车"现象,使交易成本大幅度降低,为非政府方提供这类产品创造了可能性。第三,政府扶持和政策的放开使公共体育产品非政府供给具备了必要的制度,准公共产品的非政府供给必须首先明确产权,供给者要有产权上的保障,只有强制性的产权才能使产权所有者形成对产权的良好预期,从而有足够的激励措施来行使产权。当前,各地政府已经有一些制度来保障公共体育产品非政府供给方的合法产权,确保了非政府投资方能够合法地通过提供公共体育产品而获得应有的利益,从而吸引了更多的社会力量和私人加入公共体育产品的供给行列。

不同类型公共体育产品的非政府供给具有不同的可行性。对于公益性公共体育产品,由于消费是公共性的,政府供给是主要的方式,部分靠社会、非政府资源供给。例如:作为公共体育产品的非政府供给方,可以通过出售公共体育产品的广告权、冠名权、电视转播权等而获利;作为政府方面,可以采用承包的方式,向社会公开招标公共体育产品的经营权,请专业的体育管理集团从事公共体育产品的开发和管理,从而达到在公共体育产品领域有条件地引入非政府供给的目的。一方面,对于精英体育产品,主要由国家投资解决人才培养、国家队建设和大型公共体育设施建设等;另一方面,对于相关

---

① 肖前:《公共体育产品非政府供给的可行性与途径》,《体育学刊》2005年第4期,第128—130页。

体育产业,应该放开让社会参与,特别是对为提高大众身体素质服务的项目和单位,政府应给予支持,采取减免税、优惠贷款措施等鼓励非政府供给方的参与。

对于俱乐部型公共体育产品,由于本身就是市场经济运作的产物,因此更应该鼓励非政府部门如私营企业等参加投资,一些便于市场化经营的项目更应如此。在西方发达国家,体育健身娱乐场所的经营大部分靠私人投资。实际上,对于俱乐部型公共体育产品,利用各种社会力量办体育更加具有活力和发展潜力。广州就借助市场力量为居民提供了大量的标准羽毛球场,这仅靠政府公共投资难以完成,其大大促进了体育运动消费市场的发展。借助社会、企业等非政府力量发展大众体育事业是很有市场和大有可为的。

2. 大众体育产品非政府供给的途径

(1) 公益性大众体育产品的非政府供给。公益性大众体育产品的公共性很强,最合理的生产方式依然是公共生产,即由政府供给。供给方式可以是完全免费,也可以收取一定费用作为场馆维护和提供服务的成本补充。同时,在具有有效的宏观管理的条件下,某些大众体育产品也可以采取私人生产,非政府供给。实际上,目前一些常见的大众体育产品的供给已经逐步采用这种方式。例如,广州市体育局就与大量单项体育协会保持着合作关系,依托这些体育社团举办各种群众体育活动。这种方式可以使体育管理部门从繁杂的体育产品生产供给事务中解放出来,集中力量履行对公共体育事业的监督、管理、政策制定和法规调控职责;同时这种方式还合理调动了政府以外的社会资源来为公共事业服务,充分发挥了体育社团及其他组织的积极性与创造性,令政府的意志得到更广泛的体现。

(2) 竞技性体育产品的供给。这类体育产品的供给可以视情况采取不同的方式。在国家队建设方面,过去通常采用政府供给的方式,即完全由政府负责国家队的运作费用。现在,其他途径逐渐多了起来。一种是采取由相关体育协会投入一定费用或吸纳一定社会资金的方式,例如由中国篮协辖下的各级国家篮球队的建设;另一种是采取与企业合办或共建国家队的方式,例如由广州奇星药业集团与中国足协共建中国女足。这两种途径实际上都引入了非政府供给的方式,并且正在逐渐为各级国家队和地方队所采用。

(3) 营利性大众体育产品的供给。这类体育产品主要满足公众个性化的体育消费需求,最合理的供给途径应当是非政府供给。上文提到的广州市羽毛球运动的供给就是一个比较典型的例子。实际上,这类营利性公共体育产品的市场需求正随着公众生活水平的提高而急剧扩大。我国目前体育消费的主体集中在城市和经济发达的沿海地区,例如长三角、珠三角等地区的体育消费非常旺盛,是营利性公共体育产品的重要市场。在这类产品的供给中,政府应放手让私营企业、社会团体等非政府组织发挥作用,以非政府资源进行产品的生产和供给,而政府部门则重点把好市场准入和监督两个关口,引导和监督这类营利性公共体育产品市场的健康发展。

3. 政府在公共体育产品非政府供给过程中的作用

公共体育产品的非政府供给对政府体育事务管理部门来说是一个挑战。政府体育管理部门应当积极转变自己在体育管理中的角色,在管理方式上进行根本性转变。最主要的转变就是政府体育部门要改变既"掌舵"又"划桨"的现状,将决策与执行分离,将管理重点放在强化政策投入和宏观监控的职能上。近年来,西方发达国家政府积极创造各种条件,将能够推向市场的体育产品尽可能采用市场化的方式进行运作,并积极动员和鼓励社会团体、企业及其他社会组织参与体育管理及体育市场的竞争。它们积极地引入市场机制,在不扩大政府规模、不增加公共财政支出的情况下,由政府负责确定体育服务的质量标准,以合同的形式,通过投标者的竞争,将原先由政府提供的公共体育服务转让给私营公司、非营利组织等机构,以改善公共体育服务的质量。同时,政府自身则积极转变职能,将精力主要集中于强化政策投入和宏观监控的职能,把作用集中于更为基础性的方面,如精英体育产品的提供以及建立法律和产权基础、向非政府供给者提供制度激励等,吸引私人、社区和其他非政府组织广泛参与到体育公共产品供给中来。上述西方发达国家的某些经验可以为我国当前的体育事业改革消化、吸收和借鉴。

不过公共体育产品由非政府供给绝不意味着政府逃避责任。相反,政府应该集中精力发挥更加重要的作用。第一是应该发挥保障作用。即通过合理、有效的制度建设,保障非政府供给方的合法利益,吸引社会团体、企业及其他社会组织参与体育管理及体育市场的竞争。第二是发挥监督作用。无论是纯公共产品,还是准公共产品,其目的都是为了满足公众需要,实现某种公共利益。而公共产品采用非政府供给后,由于制度约束的缺失,可能会出现某些有违公共利益的行为。对此,政府的体育管理部门必须采取干预措施,加强对非政府提供公共产品的制度约束。例如,政府应该以保障公众的公共福利为原则,将公共体育产品的价格控制在合理的基础上。第三,政府要给予准公共体育产品消费者一定的支持。消费者相对于公共体育产品非政府供给方往往是弱者,政府因此有必要为公共体育产品的消费者提供必要的支持,如组织成立各种体育公共产品协会等,促使公共体育产品的非政府供给方提高产品品质和服务质量。

(二) 我国的体育事业管理体制改革探索

我国体育管理体制改革应该根据实际情况,切实考虑到我国体育运动的自身情况和国情等,围绕利益关系的调整、产权制度的创新和政府职能的转变三个方面展开。

1. 政府、体育组织之间的关系调整

几十年的实践证明,我国传统的体育事业管理模式不仅使政府陷入了大量的具体管理事务,管了自己不该管也管不了的事务,还严重限制了体育社团、体育协会和地方政府管理体育的积极性和创造性。因此,国家应该在向地方政府和体育社团分权的同时,努力调整政府同体育社团的关系。政府与体育社团的关系将是一种法律和协议的关系,而不是直接管理关系。这种关系的重要标志就是政府侧重国家体育发展目标确立之后,政府往往围绕自己的主要政策目标与体育社团签订协议,体育社团只有达到政府的政策标准,实现了政府为其规定的目标,才能获得政府的经费资助。

2. 政府与社团结合型的管理模式

随着我国体育管理体制改革的不断深入,具体的体育基本由政府宏观调控下的体育社团以及私人机构控制和管理。在这种管理体制中,政府将决策与执行分离。具体地说,政府的侧重点在政策法规与体育发展战略的制定与实施方面。体育的事务性工作,如赛事管理、专业人员的培训、体育活动的组织与策划、体育产业的经营与开发等则完全由体育社团承担,形成了一个统分结合、分工合理、各尽所能的高效率的管理体制。从权力的分配看,表现为上层决策与管理,将具体的执行和操作权逐步与社会组织和团体共同分享,从而使体育社团不再形同虚设。国家通过计划进行体育资源配置,体育社团通过市场运作获取利益,逐步形成政府实行宏观管理与政策导向,社会团体实施层次化、专业化管理、政府与社会团体密切协作的科学体育管理体制。

3. 体育的层次化管理

体育行政部门切实实行精兵简政,尽可能地避免多头管理,向地方政府及其他社会团体分权。国家在向地方政府分权的同时,也积极地向准行政机构、体育社团和其他社会体育组织分权。分权以后,国家把主要的精力集中于提升国家高水平运动在国际上的竞争力,而地方政府的注意力则完全集中在大众体育的推动上,实现了体育的层次化管理。

4. 政府的工作重心将逐步向大众体育转移,形成竞技体育与群众体育协调发展

由于历史的原因,我国体育运动的发展曾出现"重竞技,轻大众"的现象。随着科学技术的日益发达,人们生活水平的逐渐提高及工作方式的改变,人们传统的体力劳动方式日趋减少,越来越多的人开始注意到进行体育锻炼增进身体健康的重要性。这就促使政府必须大力发展大众体育运动,增加大众体育设施建设,培养社区体育指导员,制定相关政策法规,从而保证我国大众体育与竞技体育的协调发展。

本章小结

体育事业大体上可分为以直接满足公众基本需要和公众个人需要两大类,基本表现为公益性体育活动或大众体育活动,以及营利性的俱乐部和职业体育活动。前者应该以公共生产、公共提供为主,后者则应该非公共生产、市场提供为主。国家运动队带有较强的外部收益,其产品理论上应该公共生产,但现实中可以多样化。

当今世界体育强国之一的美国,迄今为止仍然没有一个专门主管体育事业的政府机构或部门。联邦政府对体育事业的管理主要是间接管理,尽可能发挥单项体育协会、奥委会等民间机构在体育事业管理中的作用。州政府也主要是通过公园娱乐部以及发挥民间组织的作用来实现对体育事业的管理。总之,一些西方发达国家多数以体育协会、体育俱乐部、学校体育、社区体育等为基本活动单位开展各种形式娱乐、健身和体育竞赛,充分运用市场机制在体育资源配置中的作用,突出社会自我协调。

我国长期以来对体育事业的管理一直实行"举国体制",这一体制体现出强烈而鲜明的国家意志,它有利于集中有限的人力、财力、物力更快地发展体育运动,为我国的奥运战略的实现做出了重要贡献,但缺点是缺乏社会自主性和运行机制的灵活性。适当消化、吸收、借鉴一些世界体育强国的经验,同时考虑当前我国群众对体育产品需求多样化的需要,改革体育产品,特别是公共体育产品的供给模式,改革体育事业管理体制,发挥多元主体共同参与的管理模式的作用,调整政府体育管理职能,是当前我国体育事业管理改革的总趋势。

概念术语

公益性体育活动　　　营利性体育活动　　　举国体制
竞技体育　　　　　　群众体育

复习思考题

1. 大众体育产品的外部收益性有哪些？
2. 谈谈我国政府在体育体制管理改革中的角色转换。
3. 比较中外体育事业管理模式。
4. 公共体育事业产品的非政府供给方式和途径有哪些？
5. 谈谈我国现代体育管理改革的趋势。
6. 谈谈我国大众体育与竞技体育的发展趋势。

第十一章 公用事业管理

公用事业属于国民经济和社会发展的基础性行业,也是典型的民生行业,与社会公众的日常生活联系十分紧密。因而必须将其纳入政府公共事业管理的框架。从产业经济属性看,公用事业大多兼有私人产业与公共产业两种经济属性。这就决定了单一的市场机制或政府调节机制以及单一的私人部门或公共部门经营都不可能很好地解决公用事业产业的可持续发展和公用事业产品的有效供给问题。因此,公用事业的管理制度安排必须走市场与政府混合调节、私人部门与公共部门混合经营之路。与此同时,政府必须通过制定相关的公共政策作为管理的基本框架,既保证公用事业的经济效益,更要实现其社会效益。

第一节 现代公用事业的基本内容

一、公用事业的内涵

"公用事业"一词来源于英语中的"public utilities"。按照《韦氏英文大辞典》的解释,"public utilities"是指"提供某种基本的公共服务并且接受政府管制的行业"。美国学者詹姆斯·班布里特认为公用事业可以被划分为两类:第一类是在供应商与消费者之间通过某种耐久而有形的设施,直接或间接地提供持续性或重复性的服务,如能源供应、通信服务和城镇给排水等;第二类是从事公共运输和公共输配的行业,如提供地方性或区域性交通和输送的公交、铁路、航空、水运、油气管道等。

从公用事业产品的覆盖范围来看,对公用事业的界定有两种。一种是狭义的公用事业范畴,即强调区域概念的市政公用事业。例如,美国《公用事业法》对公用事业的一般性定义是:"所有那些直接或间接地为了实现公共目标,或在持有特许经营权、许可证等的条件下,由公司、机构、合伙人、个人或财产委托人在供暖、制冷、能源、电力、给排水、垃圾处理、油品、燃气或照明等行业所从事的生产、储存、运输、销售和服务。"2000 年,原国家建设部出台的《城市市政公用事业利用外资暂行规定》第二条指出:本规定所称城市市政公用事业包括城市供水、供热、供气、公共交通、排水、污水处理、道路与桥梁、市容环境卫生、垃圾处理和园林绿化等。另一种是广义的公用事业范畴,认为只要是除了纯公共物品以外的其他类型的公共物品,即俱乐部公共物品、地方性公共物品和混合物品等均属于公用事业。从这一定义出发,公用事业部门不仅包括供水、供气、供热、城市公交、园林绿化、污水和垃圾处理等市政公用事业物品,还包括电力、电信、邮电、有线电视、互联网、交通(公路货运、铁路、航空)等。[①] 本章所说的公用事业属于广义的范畴。

二、公用事业的技术经济特性

(1)网络性。"网络"由纵横交错的不同路线或管道构成,网管传输是多数公用事业的共同特点,如自来水传输、煤气管网、公交线路等。由一个企业提供一个网络,往往比由多个企业分别建设不同的路线的成本之和要低,因而网络经济是一种范围经济。有些行业的网络经营与运营经营基本是合为一体的,难以将其分开,如自来水和管道燃气,因而其范围经济非常强;有些行业则较容易将网络与运输分开,如公交系统,因而其范围经济比较弱。

(2)自然垄断。由于网络特性,很多公用事业在开始运营之初,需要在前期投入巨资建造管网和设备,而相比之下运营的费用(即边际成本)较小。因而其成本结构体现出很高的固定费用和较少的变动费用,随着产出量的扩大,其平均成本必将下降。这种成本结构决定了公用事业企业的强规模经济性。而且,这种成本特性还有效地阻止了其他竞争者的进入。因为平均成本是下降的,原企业的成本肯定比新进入者低,当新企业试图进入时,原有企业

---

① 周耀东:《中国公用事业管制改革研究》,上海人民出版社 2005 年版,第 33 页。

可以使用"捕食定价"①策略击退竞争对手。因而，公用事业具有自然垄断的特点。

（3）市政公用事业的区域性垄断。从产业链的角度分析，市政公用事业一般是上游的生产和下游的终端销售之间的网络传输环节。与全国性的网络传输如铁路和电力不同，市政公用事业具有区域性垄断的特点。

（4）结构性竞争。对于网络型公用事业，其生产和销售环节的市场结构相对于垄断性的中间环节，更具有竞争性。从生产环节来看，公交车辆、自来水厂、天然气井等都可以有多个此类企业存在；而销售环节也可以同时存在多个竞争者。由于中间部分具有自然垄断的性质，而上下游却是可竞争环节，所以企业往往试图将垄断力量向上下游延伸，可能将上下游纵向合并，变竞争为垄断，形成"捆绑销售"②的性质。

（5）不可替代。一些公用事业的产品具有不可替代性，即不存在相互替代的产品，例如供水。不可替代性加强了该种公用事业的垄断性，而具有替代品的公用事业产品则存在竞争性的基础，例如相对于供水，管道燃气、公共交通等则存在不少的竞争性替代品。

（6）准公共物品。一些市政公用事业，如消防、垃圾处理、环境保护、道路清洁和园林绿化等，不具有受益排他的特点，因而属于准公共品的范畴。

（7）两方面需求。从需求角度来看，市政公用事业提供的产品绝大多数具有两方面需求，即：一方面，它们是生活必需品；另一方面，在消费超过一定数量之后，又是非必需品。例如，水、燃气等是城市居民的生活必需品，需求的价格弹性很小，尤其是水，其价格弹性接近于零。但是这类产品在"基本需求"满足之后，却有一定的弹性空间。这种特性使得这些公用事业企业在一定的必须产量范围内，相对于消费者具有谈判优势，从而在市场博弈中居于主动地位。但超出这一产量范围外，就面临较大的价格弹性和更多的竞争者。

必须指出的是，公用事业行业种类很多，它们各自有着不同的技术经济特征，这些区别影响到它们的产权制度、经营模式和政府的监管方式。

---

① 企业为了挤掉竞争对手，采用将价格压低的策略，甚至将价格定在平均成本水平以下，这种意在挤垮对手的定价策略称为"捕食定价"。

② 从经济学角度看，捆绑销售产生于生产企业在某种产品上业已存在的垄断能力。通过"搭售"，企业可以让新产品也部分甚至全面地具备垄断能力。

第二节　政府介入公用事业产品市场的必要性

按照经济学的划分,政府介入公用事业产品市场的行为属于政府管制的范畴。传统的政府管制是对"市场失灵"的回应,即为保障经济顺利健康地运行,政府应该采取管制手段来纠正市场的失灵之处。这里,希望通过管制来纠正的"市场失灵"主要针对市场不提供公共物品、自然垄断、信息不对称、外部性问题、"普遍服务"。

一、公共物品的特性与政府管制

在任何社会中,人们的需要可分为对公共物品的需要和对私人物品的需要。实现这些需要既可借助市场的力量也可依靠政府的权威。一般来说,私人物品的竞争性和排他性决定了其由私人部门通过市场机制提供效率更高。而公共物品则因为其非竞争性和非排他性,应该由政府公共部门通过财政预算来提供。传统的经济学认为,提供公共物品是政府的重要职能,甚至政府本身也可以被视为一个公众用税金集体"购买"和"消费"的公共物品。

与私人物品相比,公共物品具有非排他和非竞争的特性。非竞争性的特点导致由公共部门提供公共物品比由私人部门提供公共物品更有效率。其原因有两个:一方面,当一个人使用某一物品的边际成本等于零时,不应对该物品实行限制性使用,但如果该物品由私人企业提供时,私人企业必将对使用该物品进行收费,从而限制人们使用该物品,这将导致公共物品的闲置,造成效率的损失;另一方面,如果完全依靠私人提供公共物品,则可能导致公共物品供应量的不足。

另外,由于公共物品具有非排他性,因而难免出现某些个人虽然参与了公共物品消费,但却不愿意支付公共物品的生产成本的现象,这就是所谓的"搭便车"问题。"搭便车"的存在进一步降低了私人企业的投资热情。

既然在公共物品的消费过程中不存在一种类似于竞争市场的协调刺激机制,难以避免一些消费者的"败德行为",那么,就只有依靠强制性的融资方式来解决公共物品或服务的供给。事实上,政府一方面通过征税方式获取了资金,另一方面又将征税所取得的资金按照社会福利原则来提供和分配公共物品。

正是由于传统上认为公用事业所提供的产品是一种公共物品,所以,为达到资源的有效配置,政府对公用事业的经营和管制也就顺理成章了。

二、公用事业的技术特征与政府管制

如前所述,公用事业的一个最基本的技术特征是:通过网络传输系统,主要是管网(自来水、煤气、排污)、线网(电信、电力)、路网(铁路、公路)、渠网(灌溉)以及场站(机场、港口、码头、车站)提供服务。在绝大多数情况下,这种网络传输系统具有很强的资产专用性。也就是说,它只能用来传输某一种服务,而不能移作他用;它只能服务于特定区域,而不能转移到其他区域。所以,一旦在公用事业,特别是在网络系统上,进行了投资,这种投资就会"沉淀"下来,形成巨大的"沉淀成本"。公用事业的这一基本经济技术特征又派生出以下特点。

第一,投资具有严格的不可分性。即在一定范围内,要么全部提供,要么全部不提供,不可能只提供一部分。桥梁建设、网络投资、道路投资即是如此。

第二,规模经济效益特别巨大。网络投资一旦完成,随后的产品或服务流量越大,平均成本就越低,边际成本也将长期呈递减之势。

第三,初始投资量巨大,建设周期长,但一旦建成,所需的经营资本数额较小。

第四,很多公用事业具有自然垄断性。自然垄断性取决于两个因素:一是规模经济,二是范围经济。这两个因素共同决定了公用事业领域必须保持必要的垄断。规模经济的原理在于生产要素的不可任意分割性(indivisibility),范围经济的原理在于成本的弱增性(subadditivity)。首先,由于生产要素的不可分性,规模经济意味着生产的平均成本随生产水平的扩大而减少,所以"规模经济"要求企业的生产经营规模足够大,从而有效地降低单位产品的固定成本,进而降低产品的平均成本,在竞争中获取竞争优势。其次,由于成本的弱增性,企业必须将密切相关的业务有效地整合起来,进行一体化经营,从而节约市场交易费用,加强企业的市场竞争力,所以范围经济意味着在某一多产品的产业中,由一家企业生产所有产品的成本小于多家企业分别生产这些产品的成本之和。对于具有规模经济效应和范围经济效应的产业如果采用高度竞争的市场结构,则其中的任何厂商都将缺乏规模经济和范围经济,也就不会有较低的成本结构。邮政、电信、电力、铁路等公用事业的规模经济和范围经济效应非常显著,如果采用高度竞争的市场结构,则其中的任何厂商都难以实现较低的成本结构,显然,对于自然垄断企业,只有保持其垄断局面才能维持良好的经济效益。

既然自然垄断的形成具有不以人们的主观意志为转移的客观必然性,那么,公用事业领域必然会存在垄断。此时的垄断具有更低的成本结构,带来了显著的经济效率。但是,一个企业一旦摆脱了外部的束缚,成为价格的制定者(price maker)而不是价格的接受者(price taker),它就可能制定大大高于成本的价格,攫取高额的垄断利润,从而损害消费者的利益,带来社会福利的净损失,因此垄断又是有害的。基于此,政府必须在允许垄断存在的基础上对其进行严格管制。其手段主要是,一方面通过准入管制来形成和维持垄断,另一方面又通过价格管制和其他管制手段来防止自然垄断下的企业在自由决策时所产生的不良经济后果。有些时候,政府可能认为一劳永逸的管制办法就是将其国有化,使自然垄断性质的公用事业行业成为国有企业,完全置于政府的管理之下。

三、信息不对称与政府管制

信息不对称(asymmetric information)是指市场中交易的一方所掌握的信息量比另一方多的状态。通常,在机会主义和利己之心的驱使下,信息量多的一方往往倾向于"欺瞒"进而"欺骗"信息量少的一方。在商品市场上,一般是生产者所掌握的信息量多于消费者,因此消费者常常因自己的"无知"而蒙受损失。对信息不对称的分析以阿克劳夫于1970年建立的"柠檬"市场模型[1]最具代表性。[2]

模型假定有两种旧车,一种是高质量的,一种是低质量的。在信息完全对称的情况下,买方和卖方都准确地知道他们所交易的是何种档次的汽车,因此可以构建出如图11-1的两个市场。图中的 S_H 和 D_H 分别代表了高质量旧车的供给与需求曲线;S_L 和 D_L 分别代表了低质量旧车的供给与需求曲线。在信息对称的前提下,"明察秋毫"的消费者当然能够各取所需,按质论

---

[1] "柠檬"在美国俚语中表示次品或不中用的东西,所以"柠檬"市场模型也被称为"次品市场模型"。

[2] George A. Akerlof, "The Market for 'Lemons': Quality Uncertainty and the Market Mechanism", *The Quarterly Journal of Economics*, Vol. 84, No. 3, 1970, pp. 488-500.

价,不会被欺骗。但是,现实生活中,车辆的卖者通常比买者拥有更多的信息。当买者不能分辨旧车质量的好坏时,他们只能把所有的旧车都视作是中等质量的车,因此出现一条"中等"质量车的需求曲线 D_M,如果高质量旧车的售价(均衡价格)是 10 000 美元,而低质量旧车的售价是 5 000 美元,则消费者意愿出价可能就是 7 500 美元左右。这样的价格抑制了高质量旧车的供给和成交(在图上假设最终的成交量是 250),而刺激了低质量旧车的供给和成交(图中假设的成交量是 750)。当消费者发现自己所购买的旧车多数是低质量的旧车时,他们的需求转移了,新的需求曲线可能是 D_{LM},它意味着旧车是中低质量的。需求曲线的向左移动,使旧车的销售组合进一步转向低质量的旧车。这样的过程还将动态地持续下去,直到高质量的旧车完全被"驱逐"出市场,这时低质量的旧车完全垄断了市场。

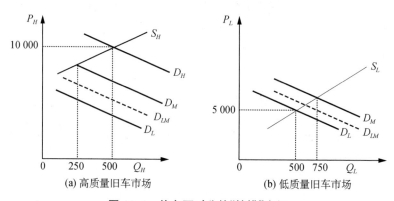

图 11-1 信息不对称的"柠檬"市场

"柠檬"市场的例子清晰地揭示了当存在信息不对称时,信息量多者对信息量少者的"剥削"。而信息不对称在任何一种经济中都是普遍存在的,政府管制的目的之一就是要降低获取信息的成本,特别是在以下三种情况下,需要政府的管制:其一,供给者通过使消费者上当受骗而获得利润,这时消费者即使得到诸如民事法庭判定的法律补偿也比政府管制的代价高;其二,消费者可能因为信息不全面而做出了错误的判断,这种错误判断的代价又很高;其三,由于某些原因,市场的价格也不足以反映该产品质量的好坏与成本的高低。

对于公用事业中的信息不对称,政府通常可以采取两种管制的方式。

一种方式是政府尽量设法收集公用事业产品或服务的信息,并提供这些信息,比如强制要求厂商对产品做出确切性的表述,禁止误导性的陈述和广告等。但是,当消费者很难理解产品所涉及的专业术语和技术数据时,就不是简单地提供信息能够解决的了。这时,政府可以采取的另一种管制方式是建立或实施产品质量标准,或者向合格的厂商发放生产经营许可证。通常,一般的消费者都不会具有评价不同的公用事业产品的技术含量与构成成分的专业知识,因此,在这些产品向公众出售或提供前,政府管制机构就应该颁布行业标准,或特许这些产品的生产和销售。

四、外部性问题与政府管制

外部性是经济学中的重要概念,它是指某一经济主体(如厂商或个人)的活动对其他厂商、消费者甚至是社会造成了有利或有害的影响,但该厂商或个人并未获得相应的报酬或并没有承担相应的损失。外部性的存在是经济学家支持政府管制经济的基本论据之一。

一般情况下,公用事业部门提供了正向的外部性。首先,公用事业部门提供的产品和服务与社会公众的生产和生活密切相关。所以,公用事业的好坏直接反映了人们的生活质量,它的发达与否标志着国民生活水平的高低。其次,从产业经济的角度划分,公用事业部门提供一国发展所必需的基础设施,是最重要的基础产业,它的发展和壮大将会极大地促进整个国家或地区国民经济的发展。既然公用事业部门的很多活动会产生巨大的公益性或称正向外部性(外部经济),政府理应通过宏观规划和具体的管制活动(例如发放补贴),促进这种有利于社会的正向外部性。

但是,公用事业部门的有些活动也可能带来负向的外部性(外部不经济)。例如:自来水生产企业供应的自来水未达到一定的卫生质量标准,就会损害消费者的健康;未经完全处理的污水排入江河湖泊,则会污染水源。这些都是对社会有害的负向外部性。解决这类外部不经济的问题,同样需要政府的管制,比如政府采取制定饮用水卫生标准、污水排放标准,制定处罚政策(例如惩罚性税收)等管制手段,从而尽可能地减少乃至消除公用事业部门可能出现的种种负的外部性问题。

总之,外部效应的内在化过程就是政府动用管制等制度安排形式纠正外部效应,使资源配置由不具有效率到具有效率的过程。

五、普遍服务与政府管制

作为一个"经济人"(economic man),生产者投资设厂的目的是追求利润的最大化,核心是成本与收益的分析。在成本既定的情况下,利润的高低直接取决于收益的多少,而收益的多少又与消费者的"货币选票"息息相关。通常"货币选票"多的,反映了消费者对该商品的评价高,则厂商的收益就好;反之收益就会受影响。如果某项产品需求量小,而投入的成本巨大,例如向人烟稀少的地区提供电力、通信、铁路运输等产品和服务,则一个追求利润最大化的厂商决不会做此蚀本的生意。但是从大局来看,在人口稀少的地区发展公用事业对于促进落后地区的社会经济进步和保持社会整体的正义与公平具有积极的意义。因此,从社会最优效用角度出发,要解决这一问题,就需要政府责无旁贷地伸出其"看得见的手",亲力提供,或者通过其他管制手段,如价格补贴或要求提供"普遍服务"①等,促使企业提供这类物品和服务。事实上,这也是一个外部正效应的问题,政府对这些公用事业物品的供给其实就是对外部正效应的鼓励和扶持。

图11-2反映了政府对落后地区公用事业供给的扶持。从图中可以发现,在有些需求不足的地方,厂商通常不愿意提供公共物品。这时,政府可以通过两种方式来刺激供给的增加:一种方式是政府补贴私人生产者,鼓励其提供公共物品[如图11-2(a)];另一种方式是政府组织公有企业直接提供[如图11-2(b)]。这些做法都有效地缓解了公用事业物品供求的矛盾。

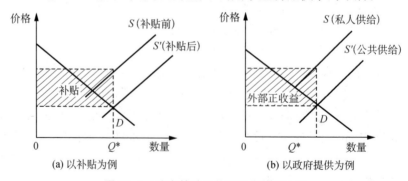

图11-2 政府鼓励公共物品供给的方式

---

① "普遍服务"是指在受政府管制的产业中,由政府管制机构所规定的受管制企业必须承担的服务项目。其中就有要求厂商向偏僻的地区或人口稀少的农村等提供公用事业物品的职责。

基于以上的原因,传统上,公用事业一直被许多国家视为是政府的重要职责,大量的公用事业是由国家、地方和基层政府直接兴办的,国家财政一直是其主要甚至绝对的资金来源。但是,在公有公营的体制下,公用事业领域普遍存在官僚作风严重、效率低下、不计经营成本、竞争不足和监管不力等弊端。针对这一现实问题,公共管理理论界提出了新的政府管制理论及改革建议,强调在公用事业领域引入市场竞争机制,以提高经济效率。这在实践上表现为20世纪70年代以后,一些国家开始了旨在促进竞争、提高效率、增进福利的公用事业市场化①改革,主要措施是理顺政企关系、打破垄断。这一改革迄今仍无停歇的迹象。

与市场化前的企业绩效相比,各国的公用事业市场化一般都取得了令人瞩目的成就。首先,市场化强化了竞争。竞争是一种优胜劣汰的机制。民营化事实上是将竞争和市场力量引入公共服务和公共品提供的过程。竞争是民营化成功的关键。其次,民营化有利于充分吸收民间的知识、技术和资本。一般而言,公用事业的市场化可以广泛地动员社会上闲置的资金和技术参与到公用事业的建设中来,从而焕发公用事业的生机。正如萨瓦斯所言:"民间投资者和有经验的商业借贷者的参与,有助于更好地保证一个项目在技术上和财政上的可行性。"②但是必须看到,公用事业市场化的改革中也有一些争议之声。它们主要集中于市场化后的价格上涨和公用事业市场化的边界方面。

第一,公用事业价格上涨的争议。政府进行公用事业市场化改革后,很多地区和行业的服务价格出现了不同程度的上涨。有人认为,价格上涨是多种原因导致的,例如政府增加税赋、改革前期的定价不合理、供求结构失衡等,并不是市场化改革就会带来价格的上涨;虽然价格上涨,但是也促进了竞争,改善了服务。但也有人认为,价格上涨是对公共利益的损害,必然削弱市场化改革的推动力。

第二,公用事业市场化边界的争议。学术界、政府内部、公众对于公用事业的市场化改革方向虽然基本达成了共识,但是对究竟哪些环节需要政府控制,哪些可以市场化,对之还是存在争议。世界银行在1997年的年度报告中指出:"公用事业是天然垄断性的,因此,除非它们受到调控和管理,否则,私

---

① 市场化,也被称为"民营化",就是要充分利用多样化的所有制形式和运作关系来满足人们的需求,从而实现公共利益。
② [美]E. S. 萨瓦斯:《民营化与公私部门的伙伴关系》,周志忍译,中国人民大学出版社2017年版,第15页。

营公用事业经营者就会像垄断者一样,限制产量并提高价格。这会给整个经济的效率和收入分配带来恶果。"①以美国加利福尼亚州为例,1996年,该州放松了对电力部门的调控,2001年初就出现了严重的电力短缺,造成的损失高达数十亿美元。

第三节　现代公用事业管理的基本内容

公用事业的公共属性决定了该领域不是一个单纯的市场领域,实行政企分离的政府管制体制后,企业将拥有独立自主的生产经营决策权,并以追求利益最大化为目标。但是,许多公用事业在某些环节上拥有自然垄断的性质,当仅存在一家或者极少数几家企业的情况下,如缺乏政府的有效监管,这些企业可能滥用市场垄断力量,通过制定垄断价格、降低服务质量等途径谋求垄断利润,扭曲社会的分配效率。为了保障公共利益,减少公用事业市场化后的公共风险,客观上要求政府采取必要的管制措施,以规范公用事业企业的行为。从各国政府的经验来看,现代公用事业政府管理的内容包括四个方面:一是强调法律监管,即以法制建设为先导,在法律框架内进行公用事业的改革,同时厘清政府的监督边界;二是调适经济性管制,即强调对公用事业企业的激励性管制,从而提升企业绩效;三是强化社会性管制,即以保障劳动者和消费者的安全与健康、保护环境、防止灾害等为目的,对公用事业生产者的相关活动设立标准,建立规范;四是提供财政资金支持,即政府为促进社会的公平和谐而为公用事业产品的生产和消费提供各种资金支持。英国在实行政企分开的管制体制后,就从制定有关政府管制法规、颁发和修改企业经营许可证、制定并监督执行价格管制政策、管控企业进入和退出市场等方面实行对公用事业的全面管理。

一、强调法律监管

法律监管一直是发达国家进行政府管制的通常做法。很多国家经过长

---

① 世界银行:《1997年世界发展报告:变革世界中的政府》,蔡秋生等译,中国财政经济出版社1997年版,第6页。

期的发展,已经形成了一套缜密的公用事业法律监管体系,它包含法律文本的制定和监管机构的设立两大方面。

(一)法律文本的制定

英国是公用事业市场化改革的领军者,在公用事业市场化改革之前,其就先用法律厘清政府的监督界限。1984年,英国政府颁布了《电信法》,废除了英国电信公司在电信业的独家垄断经营权并允许民营化;1986年颁布《煤气法》,废除英国煤气公司的独家垄断权并进行民营化;1989年颁布《自来水法》,允许10个地区自来水公司民营化;1989年颁布《电力法》,把电力企业分割为电网、分销和电力生产公司并允许民营化。这些法律的颁布,使英国的市场化改革具有了法律依据和实施的程序,确立了政府监管的总体框架。在公用事业市场化改革的过程中,发达国家都加快了立法和法律调整的步伐,逐步完善市场监管的法律基础,并配以更为严格、细致的技术标准作为重要执法依据,力图最大限度提高公用事业管制的严密性。美国相继出台了《安全饮用水法案修正案》(1996)、《食品质量保护法》(1997)等法规。欧盟在2001年全面修订了1992年通过的《欧盟通用产品安全指令》,进一步强化对消费者的保护,并明确规定违规厂商必须收回有危险或可能有危险的产品,否则将受到严厉处罚。在日本,与公用事业有关的"管制法"主要有《电气事业法》《煤气事业法》《热力供应事业法》《自来水法》《废弃物处理法》《道路运送法》《电信事业法》《铁路事业法》等。这些法律对公用事业主体形成了监督制约的规范。

(二)监管机构的设立

监管机构是管制法规的主要贯彻执行者,对其机构设置和职能根据时代发展进行优化重组,是加强公用事业领域经济社会管制的重要手段。以产品安全管制为例,1997年,加拿大依据《食品检验局法》成立加拿大食品监督局,统一负责食品、动物、植物的监管和检验。2001年,德国成立消费者保护、食品和农业部,履行保护消费者、保证食品安全以及推进适合于环境和动物的农业生产三大职能。欧盟按照2000年《食品安全白皮书》成立欧盟食品安全管理局(EFSA),2002年该机构正式开始运作,专门负责食品安全管制。

在西方发达国家,公用事业的监管机构通常拥有独立的法律地位,以尽可能地减少其国内政治因素对管制决策的影响,使管制机构具有专业性、公正性和灵活性。以美国为例,其公用事业的组织结构分为联邦级管制机构和州级管制机构两种。联邦一级有四个独立的管制委员会,它们是:联邦通讯委员会——管理州际和国外电话和电报业务;联邦能源管制委员会——负责水力发电项目、州际电力批发和天然气的输送和销售业务、石油运输管道费率管制等业务;原子能管制委员会——负责民用原子能的许可证颁发和原子燃料的回收、安全等的管制;证券与交易委员会——负责监督实施《证券法》《公用事业控股公司法》,对电力和天然气控股公司的财务和结构进行管制。在州级独立管制机构中,美国50个州,加上哥伦比亚特区(华盛顿)都有自己独立的管制委员会,其中,在电话电报业有51个,电力行业有50个,天然气行业有50个,给排水行业有43个,州以下的电力、天然气、煤气行业有37个,电力合作组织有23个。[①] 这些管制机构从委员会成员的选举制度、任期制度、运作程序等多个方面摆脱了来自行政高层干预的可能性,因而被人们习惯地称为"独立"管制机构。

(三)管制管制者

管制管制者对于提高政府管制的质量和效率具有重要意义。为管制管制者,一些发达国家建立了管制监督机构,简化了行政程序,增加了管制的透明度。透明度能克服导致管制失灵的许多诱因,减少搜寻成本,降低消费者和市场参与者面临的不确定性,尤其重要的是,透明度是反腐败的利器。日本在公用事业立法建制的同时就非常注重对监管主体的监督,通过议会监督、行政监察、投诉处理、行政诉讼、审议会和意见听取会这五种制度安排来保证监管主体公平监管、有效监管。

二、激励性管制

激励性管制是有关国家针对政府管制中企业的低效运营状况而给予企业提高内部效率的诱导和刺激性方法的总称。为了提高内部效率而给予的激励方法是多样的,但归根结底可分为两类:一是给予竞争刺激,用外部的力量迫使企业提高经营效率;二是给予企业提高经营效率的诱导,获得的成果便是给予企业的报酬。这是从内部力量上刺激企业提升效率。前者主要有特许投标制度(franchise bidding)和区域间竞争(yardstick competition),后者主要有社会契约制度(social contract)和价格上限制(price cap)。

[①] 郑超豪:《我国政府规制机构独立性问题及其实现途径》,《改革与开放》2014年第1期,第1—2页。

（一）特许投标制度

有些基础设施服务，如各种网络运营、自来水厂、机场、港口等具有明显的规模经济效益和自然垄断性，只能交给一个企业或少数几个企业经营，不能开展业务上的竞争。但是政府如果给予某个企业垄断性的经营特许权，由于缺乏竞争的压力，便有可能产生企业不努力提高内部效率的倾向。作为缓解、排除这一弊端的手段，可以使用的一种方法便是将所给予的经营特许权限制在一定的时期内，在特许期结束之后，再通过竞争投标制来给予企业特许权。在这种制度下，政府在提供公共服务和某种公用事业服务时，先通过公开招投标的形式，给予在竞标中获胜的企业以垄断经营权，同时，为了给予企业不断提高内部效率的压力，这种垄断经营权的使用是有时间限制的，许可期过后，再通过竞争投标来决定将特许权授予那些能够以更低的价格提供更优质的服务的企业，这种制度就是特许投标制度。

特许投标制度最初由德姆塞茨较为完整地引入政府管制改革的研究领域，其后由波斯纳在美国 CNN 的垄断供给权问题上，进一步提出具有操作性的政策建议。这一制度的核心是将竞争引入垄断经营权的获得里面。它通过拍卖或者招投标的方式，准予多家企业竞争某一产品或服务的特许经营权，最终中标的企业通常是最具效率的，它或者是同等价格水平下的质量最高者，或者是同等质量下价格最低者，或者是要求补贴最少者，或者是最能接受政府预定方案者。由于特许经营权是有年限限制的，如果这一个企业不思进取，那么在下一次的投标中，它也将被淘汰出局。因此，在合同期限内，市场上虽然没有直接竞争者，但一直存在着争取下一轮合同的潜在竞争者，这种潜在的竞争为合同按质按量实施提供了有效保证。为继续获取特许投标合同，中标企业必将不断革新，降低成本，改进质量和提高效率。采用这种方式，如果在投标阶段有比较充分的竞争，那么价格就有可能达到平均成本水平，从而获得特许经营权的企业也只能获得正常利润（收支相抵）。

在图 11-3 中，假定有三家企业来竞争某个特许经营权，并且每家都采取了平均成本定价的方式。我们以 AC_i 来表示第 $i(1,2,3)$ 家企业的平均成本曲线；D 表示市场的需求曲线。图中的各家企业之所以拥有不同的平均成本函数，是因为各自生产技术、管理条件等的差异所造成的。在平均成本定价的方式下，因为 $AC_1<AC_2<AC_3$，所以 $P_1<P_2<P_3$。再假设各家企业提供的产品或服务是同质的，则低廉的价格就成为竞标获胜的唯一条件，无疑，政府管制者必然选择企业 1。

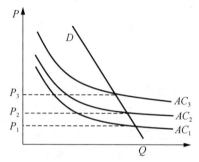

AC_i：平均成本曲线　　D：市场需求曲线

图 11-3　特许投标制度下的最优结果

特许投标制在一定程度上解决了政府管制者与生产企业之间的信息不对称问题。它不仅使企业通过竞争提高了效率，而且大大减轻了管制者的负担。在发达国家的实践中，特许投标制度取得了一些很成功的范例。例如，1986 年伦敦商学院的一项研究表明，英国地方政府在公共环境卫生业务中引入特许投标制之后，在保持原来的服务标准的同时，成本平均下降了 20%，每年节省了 13 亿英镑的开支。[①] 但是，在实践中特许投标制度未必能确保有效的竞争。首先，投标者可能串谋。为了获利极大化，投标企业之间有进行妥协、合谋的可能。尤其是参与投标的企业数量越少，这种可能性就越大。其次，存在着另一种的信息不对称。现有企业在经营、销售方式和需求结构等方面所掌握的信息也比新加入的投标企业要更充分，难免在下一轮的竞标中出现"欺生"现象。而且，现有企业在取得特许权期间，随着经营、服务而获得了经验性效益，能够实现更低的成本的可能性比新加入的投标企业要大。凡此种种都可能降低了投标竞争的效果。

(二) 区域间竞争

区域间竞争是指将受管制的全国性垄断企业分为几个地区性企业，以独立于本区域市场的其他区域中与本区域受管制的垄断企业生产技术相同，面临的需求相似的垄断企业的生产成本作为参照依据，制定本地区垄断企业的价格管制水平。区域间竞争制度的目的就是使特定地区的企业在其他地区企业成就的刺激下提高自己的内部效率。

---

① Stephen J. Bailey, *Public Sector Economics: Theory, Policy and Practice*, Macmillan Press LTD, 1995, p. 369.

1985年，美国麻省理工学院的教授安德烈·施莱弗提出了一个区域间竞争理论的模型，揭示了这一制度设计的机理。[1]

假设 n 个地区市场中各有一家垄断性企业，各企业所面临的需求曲线均为 $Q(P)$，各企业的平均单位产品成本为 c_0。各企业为了降低成本所投入的固定费用为 z，从而使平均每单位产品的成本增至 $c(z)$。由于各企业的平均成本是递减的，因此如果政府采取了边际成本定价的价格管制，就会造成企业的亏损，因此政府必须给予企业相应的补贴。假设每个企业所获得的政府补贴为 T，则企业的利润 π 为：

$$\pi = [P - c(z)]Q(P) - z + T \tag{11-1}$$

尽管可以根据式(11-1)计算出收支平衡约束下(此时 $\pi=0$)的社会福利最大化的最优价格 P^* 和最优固定费用 z^*，但是由于信息不对称，政府并不能准确地知道企业的成本函数，以至于政府其实无法制定出依托成本的最优价格。而且，企业并不会投入降低成本的费用 z，因为 z 并不能为企业带来利润的增加。因此，施莱弗指出，真正可行的方案不是采取各企业的价格分别由各企业的成本决定的方式，而是应该采取由其他企业的平均成本 $\frac{1}{n-1}\sum c_j$ 决定的方式，各企业为降低成本而支出的固定费用 z 也同样取决于其他企业的平均值 $\frac{1}{n-1}\sum z_j$。相应地，政府管制的价格 P_i 和政府的补贴 T_i 也应该是：

$$P_i = c_i = \frac{1}{n-1}\sum c_j \tag{11-2}$$

$$T_i = z_i = \frac{1}{n-1}\sum z_j \tag{11-3}$$

这样，企业 i 的利润为：

$$\pi = \left[\frac{1}{n-1}\sum c_j - c(z_i)\right]Q\left[\frac{1}{n-1}\sum c_j\right] - z_i + \frac{1}{n-1}\sum z_j \tag{11-4}$$

式(11-4)表明，在其他地区垄断企业的平均成本和政府补贴给定的条件下，

---

[1] Andrei Shleifer, "A Theory of Yardstick Competition", *The RAND Journal of Economics*, Vol. 16, No. 3, 1985, pp. 319-327.

如果企业 i 想要获取更多的利润,就必须不断地降低自己的成本 $c(z_i)$,从而带来垄断企业经济效率的提高。

实行区域间竞争的管制方式,管制机构必须要确保获得在有效益的经营状况下有关成本和服务的信息,如果特定企业取得了优秀的经营绩效,管制机构就可以此作为区域间的标准来指导其他企业提高内部效率。但是,区域间竞争模型的致命缺陷是假定所有的企业在相同的环境中经营。事实上,不同地区的垄断企业的经营环境是有差异的,这种差异还将带来企业间成本的差异。因此,不同地域企业的间接竞争究竟有多大的可比性和可操作性是值得商榷的。如同特许投标制度一样,区域间竞争也存在着竞争究竟能发挥多大作用这一问题。

(三)社会契约制度

社会契约制度,又称"成本调整契约",是指政府管制机构与被管制企业签订合同,就产品价格、质量、成本等一系列指标做出约定,并根据企业的执行情况而给予一定的奖励或是惩罚。这一制度的根本目的有两个:第一,激励企业在既定的价格管制框架内降低成本;第二,引导企业达成政府的管制目标,例如环境保护、能源节约等。由于这一措施采取了合同约定的形式,因此其具有法定的约束力,但是它又比法律和法规要灵活得多。社会契约制度之所以作为一项激励性管制的良策而闻名于世,源于美国的电力事业管制改革。

美国的电力改革起因于 1973 年的石油危机。20 世纪 70 年代,石油的大幅提价导致世界范围内能源供应成本急剧上升。美国的许多电力公司因此陷入旷日持久的财务危机。为此,美国政府于 1978 年通过了《公共企业管制政策法》。作为《国家能源法》的补充部分,该法案试图通过节约能源和提高效率来保障国家的能源安全,同时也借此敦促各州关注电力管制体系中长期的低效率状况。在此背景下,各州相继进行了电力管制体系的改革,其中的很多州都引入了社会契约制度。这一制度的主要内容是各州的管制机构与被管制者(电力企业)之间就设备运转率、热效率、燃料费、外购电力价格、建设费等签订一揽子合同,能够实现对比合同规定成绩好的企业给予奖励,否则给予处罚的目标。

例如,亚利桑那州的电力管制机构与该州的电力企业签订的合同约定以设备运转率 60%—75% 为基准:设备运转率在这一基准范围内不予奖励或惩罚;设备运转率达到 75%—85% 时,则将由此节约的燃料费的 50% 奖励给企业,其余的返还给消费者;设备运转率超过85%时,则将全部由此而节约的燃料费全部奖励给企业;设备运转率在50%—60%时,由此增加的燃料费的50%由企业负担;设备运转率仅仅只是在35%—50%时,由此而增加的燃料费全部由企业负担;若设备运转率未达到35%时,管制机构将在下一合同期内重新考虑这一基数。

(四) 价格上限管制

价格上限管制是在英国电话通信公司实行民营化时被提出来的。它是在给予企业提高内部效率刺激的基础上的价格管制方式,即管制机构和被管制企业之间以类似于上述社会契约制度的形式签订价格改动合同,规定了价格的上限,使价格原则上只能在这个上限以下自由变动,如表11-1所示。

表11-1 英国的价格上限管制模型的 X 值(或 K 值)

管制产业	价格管制模型	X 值或 K 值
电信	RPI-X	$X=3(1984—1989)$ $X=4.5(1989—1991)$ $X=6.25(1991—1993)$ $X=7.5(1993—1997)$
煤气	RPI-X+Y	$X=2(1987—1992)$ $X=5(1992—1994)$ $X=4(1994—1997)$
电力输送	RPI-X	$X=0(1990—1993)$ $X=3(1993—1997)$
电力销售	RPI-X	X 值在0—2.5之间
自来水	RPI-K	K 值平均为5.4

资料来源:M. Armstrong, J. Vickes, *Regulatory Reform: Economic Analysis and British Experience*, MIT Press, 1994.

注:第一,在煤气的管制模型中,Y是指由批发到零售的转移成本,允许的转移成本以1992年英国煤气价格指数为准,并要求每年降低1%,以刺激效率的提高;第二,在自来水产业中,K值表示X+Q,Q是为达到英国和欧共体(欧盟)的法定质量水平而发生的各项成本。

英国的价格上限管制采取了 RPI-X 模型:RPI表示零售价格指数(retail price index),即通货膨胀率;这是由管制者确定的,在一定时期内生产效率增长的百分比。例如,在 X 固定为3%的情况下:如果某年的通货膨胀率为5%,那么企业的最高提价幅度为2%;如果某年的通货膨胀率为2%,则该企业必须降价,其幅度为 RPI 减去 X 的绝对值,即 1%。这个模型的优点是:第一,政府是通过在一定时期内控制有关产业价格上涨的幅度,而不是直接限制企业的利润水平来增进企业的效率改善的;第二,企业在给定的价格限制下,要想提高利润,只有不断提高技术,降低生产成本;第三,该方法的操作比较简单,它既不需要详细了解企业的成本构成、效率状况、生产能力的变动等因素,而且还给予了企业必要的缓冲时间。

显然,这里 X 值的确定是管制者与被管制者谈判的焦点,同时也是影响该模型实际运用效果与应用价值的一个主要的困难。对 X 值的确定必须考虑到以下这些因素的影响:资本成本、现存资产的价值、未来的投资计划、未来的生产能力的变动、未来的需求状况、X 值对现有或潜在竞争的影响。通过资本资产定价模型(capital asset pricing model)和股息增长模型(dividend growth model),代入不同的 X 值可以产生不同的现金流量值,管制者可以根据需要选择与合适的现金流量值相匹配的 X 值。由于不同产业的技术经济特征不同,因此 X 值在不同的产业间,甚至在同一产业的不同地区间也有很大的差异性。

价格上限管制,在理论上通过给予企业提高生产率的动力,可使竞争领域的价格达到均衡价格,在垄断部门形成收支均衡价格。但是,规定价格上限后,实际中各个企业的价格常常会停留在价格上限。而且,该模型对基年价格本身是否合理,如何确定使管制者、消费者和受管制企业都满意的符合实际生产效率的增长率等,仍然无法得出结论。

三、强化社会管制

自 20 世纪 70 年代以来,发达国家开始了放松公用事业管制的动向,所谓"放松管制"就是在市场机制可以发挥作用的产业,完全或部分取消对价格、市场进入、投资、服务等方面的各项管制条款,促进新企业和原有企业或者原有企业之间的竞争。放松管制的目的就是要用竞争来促进企业内部的改革和技术创新,促进企业提供更多更好的产品与服务,不断降低价格或收费水平,从而最大幅度地促进社会的福利。按照放松管制的程度看,放松管制有两层含义:一是完全撤销对被管制产业的各种价格、进入、投资、服务等方面的限制,使企业处于完全自由的竞争状态;二是部分地取消管制,即有些方面的限制性规定被取消,而有些规定继续保留,或者,原来较为严格、繁琐、苛刻的规则条款变得较为宽松、开明,如在进入管制中,原来的审批制改为备案制等。

西方发达国家的实践表明放松管制并不意味着所有管制措施的终结。一方面,即使在公用事业领域放松了进入管制,引入竞争因素,也仍然保留了价格管制等多种管制制度,并以激励性管制方法对传统管制方法进行改良。另一方面,政府在放松对公用事业行业的经济性管制的同时,社会性的环境保护、消费者保护、产品质量、工作场所安全、劳动保护等方面的管制不但没有放松,反而得到了加强。因此,放松管制实际上是"松紧结合"的管制改革,即放松管制与强化管制并重,在总体放松管制的前提下,局部强化管制,尤其是社会管制。

日本经济学家植草益认为:社会性管制是指以保障劳动者和消费者的安全、健康、卫生、环境保护、防止灾害为目的,对产品和服务的质量和伴随着提供它们而产生的各种活动制定一定的标准,并禁止、限制特定行为的管制,如关于信息的提供,安全、环境、质量标准,索赔权利等。[①] 为了实现这些目标,政府在禁止特定的行为和进行经营活动限制的同时,也根据资格制度、审查检验制度以及标准认证制度制定的对特定行为的禁止和营业活动的限制进行补充。社会性管制的内容非常丰富,在美国,社会性管制集中在三个方面:保证健康和卫生、保证安全、防止公害和环境保护。因此,美国把社会管制定义为 HSE 管制(Health,Safety and Environmental Regulation)。

社会性管制是一种相对较新的政府管制。它出现于 20 世纪 70 年代,由于环境污染、产品质量低劣会引发一系列社会问题,出于对居民和消费者健康与安全的关注,西方各国陆续设立了许多有关健康、安全和环境保护的政府管制机构,如美国的环境保护局、消费者安全委员会等。1995 年后特别是进入 21 世纪以来,管制改革在全球范围内迅速蔓延。发达国家改革的目的是为改善社会性管制的质量,提高社会性管制的效率。为此,他们采取了以下主要措施。

第一,引入以成本-收益分析为核心的管制影响评价程序。一方面,成本-收益分析要求管制机构在颁布规章之前必须进行成本-收益分析,这是管制机构实施管制前对市场失灵的现实把握和政策准备,也是对将要发生的管制成本和收益的一种预期,更是决定管制能否被通过的关键,只有收益超过成本

---

① [日]植草益:《微观规制经济学》,朱绍文、胡欣欣等译,中国发展出版社1992年版,第22页。

的管制才能被通过。另一方面,对现存的规章进行成本-收益评估,实际上是对规章的绩效进行评估。通过评估考察监管机构是否达到了管制的预期目标,并提出相应的改革建议。引入成本-收益分析使成本最小化或收益最大化成为管制机构制定公共政策的约束条件,可揭示管制到底是促进了社会福利,还是减少了社会福利,从而使政府管制建立在科学的量化基础上,避免主观臆断和盲目决策。

第二,改革传统的社会性管制方式,引入多种替代性措施。20世纪90年代以来,发达国家纷纷对传统的社会性管制方式(命令与控制)进行了改革,出现了一系列替代形式。新的管制方式主要有信息披露和教育、绩效标准的广泛利用、引入市场导向型的管制方式、自愿管制等。在众多的替代方式中,信息宣传活动得到越来越多的应用,排在第一位,绩效管制排在第二位,但被人们寄予厚望的市场化的管制方式排名较低。其原因在于存在着来自利益集团和公众的抵制。①

第三,管制环节前移,提高主动预防能力。早期社会性管制更多的是针对最终产品或者污染、事故等最终结果,总体上属于事后被动的应对和惩处。随着对风险认识的逐步深入,社会性管制方式已由事后被动应对逐步转变为事前主动预防、事中积极控制、事后快速处置相结合的全过程管制方式。管制法规由针对最终产品的质量标准,逐步演变为涉及最终产品、半成品、原料的全方位标准体系。管制过程也由事后调查惩处演变为对生产全过程的控制,正在形成由原料生产到加工过程直至最终产品及服务的全程管制,甚至在涉及环保及工作场所安全等方面,管制已经延伸到项目规划及设计这样的起始环节。②

四、提供财政资金支持

公用事业带有明显的准公共品特性和外部效应,一个社会是否提供了优质的公用事业产品是考量政府公共职责的重要方面。公用事业市场化的目的是提高绩效、增进全民的福利,这并不意味着政府公共服务职能的弱化。

---

① 苏晓红:《社会性管制改革的国际经验与我国的路径选择》,《经济纵横》2008年第12期,第110—112页。

② 李明:《美国社会性管制制度变迁及发展趋势——兼论中国社会性管制制度的完善》,《郑州航空工业管理学院学报》2007年第5期,第85—88页。

事实上,随着社会经济发展和城市化水平的提高,政府的公共服务职能其实是不断加强的。例如,美国是发达国家中市场化程度相当高的国家,但是美国并不是让市场完全承担公用事业提供职责的国家。相反,美国政府对于公用事业提供明显的财政资金支持,这可以在每年的联邦和地方政府的财政支出列表中反映出来。这里主要以美国的公交资金来源和地方水处理为例进行分析。据报道,美国公交的资金37%来自客票收入,5%由联邦政府补贴,21%由州政府补贴,34%由市政府补贴,其余通过营业税、消费税和发行债券补齐。① 而在地方水处理方面,美国通常实行联邦政府转移支付、"清洁水州立滚动基金"、市政债券建设费用共同投资的投资模式。地方政府(县、市、镇)负责建设和运营生活污水处理设施,建设资金主要来源于各级政府的公共财政支出、发行市政债券,运营管理费用主要来自污水处理费。美国城市生活污水处理设施建设的具体投融资结构为:以地方政府或地方政府下属的污水处理公司为项目法人进行建设,以联邦和州政府公共支出下的转移支付资金,以及由此衍生出来的其他资金机制为主要资金来源,以地方政府公共财政预算和地方政府资信担保下的市政债券融资为第二资金来源。②

公用事业所提供的产品大多是人类的生活必需品,这类商品的需求在一定幅度内具有需求刚性的特点。居民对于此类商品的需求既不会因为价格的波动而带来需求量的大幅波动,也不会因为自身收入的增减而导致需求的大幅波动。由于这种特点,当公用事业的价格出现上涨时,对于低收入人群的影响要远远大于高收入人群。由于政府是公共受托人,承担着不可推卸的公共责任,尤其是对弱势群体承担责任。因此,在公用事业的市场化进程中,政府有必要出台一些扶助低收入人群的政策措施。

第一,提升低收入者的消费支付能力。提升支付能力的办法有直接性办法,即给低收入消费者发放特定公用事业产品的补贴;间接性办法是提高低收入消费者的最低生活保障水平。这两个办法的目的都是改善低收入人群对各项公用事业改革的承受力。相对而言,间接办法造成的替代效应较小,不会干扰到价格体系。而直接补贴则具有定向性,容易达成政府的扶助

---

① 卢洪友等:《中国城市公共事业经营管制机制研究》,经济管理出版社2007年版,第152页。
② 李珍刚:《城市公用事业市场化中的政府责任研究》,社会科学文献出版社2008年版,第261页。

目的。

第二,降低消费价格门槛,也就是要让低收入的消费者能够以较低的价格消费公用事业商品。这实际上是政府对公用事业进行价格监管的一个方面。可选择的价格结构体系一般有两种:一是生命线费率,即对必要的最低消费水平线以下实行免费,超过这个水平的或者以平均成本定价或者以边际成本定价;二是分段累进制价格,即将价格按照使用量分为两段或更多段,每一分段对应一个价格,一般是价格随着分段而累进增加。例如,在自来水使用上:如果用水量在起始分段用水量的上限范围内,只需支付一个相对较低的单位用水量水费;如果超出这个上限但小于第二阶段上限,则增加部分的水量要支付更高单位用水量的水费;依此类推。实践经验表明,第二种价格结构优于第一种,它既不过度扭曲价格配置资源的效果,也兼顾了低收入阶层的普遍利益。

本章小结

从公用事业产品的覆盖范围来看,对公用事业的界定可分为狭义的,即强调区域概念的市政公用事业,以及广义的,即除了纯公共物品以外的其他类型的公共物品这样两个范畴。公用事业具有网络性、自然垄断等七个方面的技术经济特性。

公用事业提供产品的公共品属性、公用事业的技术特征、公用事业存在的信息不对称、公用事业的外部性问题和公用事业普遍服务要求等因素的存在,使政府必须介入公用事业产品市场。

现代公用事业政府管理的内容主要包括以下四个方面:强调法律监管,调适经济性管制,强化社会性管制,提供财政资金支持。

概念术语

公用事业改革　　　政府管制　　　市场化路径　　　准公共品
经济效益　　　　　社会效益

复习思考题

1. 市政公用事业包含哪些行业?
2. 市政公用事业产品常见的技术经济特征有哪些?
3. 政府介入公用事业的原因是什么?

4. 公用事业市场化改革的原因和目的是什么？
5. 政府管理现代公用事业产业的基本框架是什么？
6. 公用事业激励性管制的主要做法有哪些？
7. 发达国家在改革公用事业社会性管制方面有哪些新动向？

参考文献

图书

[1] 陈振明等:《公共管理学》(第二版),中国人民大学出版社2017年版。
[2] 崔运武:《公共事业管理概论》(第二版),高等教育出版社2006年版。
[3] 崔运武:《公共事业管理概论》(第三版),高等教育出版社2015年版。
[4] 邓心安、王世杰:《现代科技管理》,经济管理出版社2002年版。
[5] 范中汇:《英国文化管理》,文化艺术出版社2001年版。
[6] 郭庆旺、赵志耘:《公共经济学》,高等教育出版社2006年版。
[7] 国家统计局:《中国统计年鉴2019》,中国统计出版社2019年版。
[8] 李鲁:《卫生事业管理》(第二版),中国人民大学出版社2012年版。
[9] 李水金:《西方公共行政思想史》,中国社会科学出版社2021年版。
[10] 李珍刚:《城市公用事业市场化中的政府责任》,社会科学文献出版社2008年版。
[11] 梁万年:《卫生事业管理学》(第4版),人民卫生出版社2017年版。
[12] 卢洪友等:《中国城市公共事业经营管制机制研究》,经济管理出版社2007年版。
[13] 马国贤:《中国公共支出与预算政策》,上海财经大学出版社2001年版。
[14] 世界银行:《1997年世界发展报告:变革世界中的政府》,蔡秋生等译,中国财政经济出版社1997年版。
[15] 苏旭:《法国文化》,文化艺术出版社2001年版。
[16] 王沪宁:《政治的逻辑——马克思主义政治学原理》,上海人民出版社2016年版。
[17] 王俊豪:《政府管制经济学导论——基本理论及其在政府管制实践中的应用》,商务印书馆2017年版。
[18] 王名:《非营利组织管理概论》(修订版),中国人民大学出版社2010年版。
[19] 魏娜:《公共管理的方法与技术》,中国人民大学出版社2004年版。
[20] 张成福、党秀云:《公共管理学》,中国人民大学出版社2001年版。
[21] 张成福、党秀云:《公共管理学》(第三版),中国人民大学出版社2020年版。
[22] 赵玉林:《创新经济学》,中国经济出版社2006年版。
[23] 周耀东:《中国公用事业管制改革研究》,上海人民出版社2005年版。
[24] 周志忍:《当代国外行政改革比较研究》,国家行政学院出版社1999年版。
[25] 朱斌:《当代美国科技》,社会科学文献出版社2001年版。

[26] [美]保罗·A. 萨缪尔森、[美]威廉·D. 诺德豪斯:《经济学》(第12版上册),高鸿业等译,中国发展出版社1992年版。

[27] [美]戴维·E. 麦克纳博:《公用事业管理:面对21世纪的挑战》,常健等译,中国人民大学出版社2010年版。

[28] [美]丹尼尔·耶金、[美]约瑟夫·斯坦尼斯罗:《制高点——重建现代世界的政府与市场之争》,段宏、邢玉春、赵青海译,外文出版社2000年版。

[29] [美]道格拉斯·诺斯、[美]罗伯特·托马斯:《西方世界的兴起》,厉以平、蔡磊译,华夏出版社2009年版。

[30] [美]格罗弗·斯塔林:《公共部门管理》(第八版),常健等译,中国人民大学出版社2012年版。

[31] [美]理查德·威廉姆斯:《组织绩效管理》,蓝天星翻译公司译,清华大学出版社2002年版。

[32] [美]梅丽莎·A. 希林:《技术创新的战略管理》,谢伟、王毅译,清华大学出版社2005年版。

[33] [美]桑贾伊·普拉丹:《公共支出分析的基本方法》,蒋洪、魏陆、赵海莉译,中国财政经济出版社2000年版。

[34] [美]托马斯·戴伊:《谁掌管美国——里根时代》,张维、吴继淦、刘觉俦译,世界知识出版社1985年版。

[35] [美]G. M. 格罗斯曼、[美]E. 赫尔普曼:《全球经济中的创新与增长》,何帆等译,中国人民大学出版社2003年版。

[36] [美]W. 理查德·斯科特、[美]杰拉尔德·F. 戴维斯:《组织理论:理性、自然与开放系统的视角》,高俊山译,中国人民大学出版社2011年版。

[37] [美]保罗·萨缪尔森、[美]威廉·诺德豪斯:《经济学》,萧琛译,商务印书馆2013年版。

[38] [日]植草益:《微观规制经济学》,朱绍文、胡欣欣等译,中国发展出版社1992年版。

[39] [英]丹尼斯·C. 缪勒:《公共选择理论》(第3版),韩旭、杨春学等译,中国社会科学出版社2010年版。

[40] J. S. Wholey, K. E. Newcomer, *Improving Government Performance: Evaluation Strategies for Strengthening Public Agencies and Programs*, Jossey-Bass, 1989.

期刊论文

[41] 陈文辉:《论医疗卫生的公共产品特性及其实现形式》,《宁波大学学报》(理工版)2007年第2期。

[42] 陈晓春:《私人产品与公共产品的性质与成因研究》,《湖南大学学报》(社会科学版)2002年第6期。

[43] 陈振明:《公共管理的实践变化与学科转型》,《公共管理评论》2019年第3期。

[44] 崔运武:《当代中国公共管理的模式转换与理论构建》,《云南大学学报》(社会科学

版)2006 年第 2 期.

[45] 崔运武:《论我国城市公用事业公私合作改革的若干问题》,《上海行政学院学报》2015 年第 4 期.

[46] 崔运武:《论当代公共管理变革与学科专业发展和教材建设》,《云南行政学院学报》2016 年第 4 期.

[47] 李明:《美国社会性管制制度变迁及发展趋势——兼论中国社会性管制制度的完善》,《郑州航空工业管理学院学报》2007 年第 5 期.

[48] 李文钊、董克用:《中国事业单位改革:理念与政策建议》,《中国人民大学学报》2010 年第 5 期.

[49] 李晓蕙、齐晓亮:《公共事业管理专业特色建设的思考与实践》,《中国高等教育》2019 年第 23 期.

[50] 林尚立:《公共管理学:定位与使命》,《公共管理学报》2006 年第 2 期.

[51] 刘青:《转型时期中国体育管理的发展与改革》,《成都体育学院学报》2007 年第 6 期.

[52] 娄成武:《新时期中国公共管理学科的特点与发展趋势》,《公共管理与政策评论》2021 年第 4 期.

[53] 吕恒立:《试论公共产品的私人供给》,《天津师范大学学报》(社会科学版)2002 年第 3 期.

[54] 苏晓红:《社会性管制改革的国际经验与我国的路径选择》,《经济纵横》2008 年第 12 期.

[55] 孙晓冬:《中国事业单位的改革历程及其逻辑》,《中国行政管理》2022 年第 4 期.

[56] 王东升:《论我国体育管理体制改革的动力与趋势》,《体育文化导刊》2007 年第 6 期.

[57] 吴华长、谢水明:《事业单位绩效评估指标体系研究》,《内蒙古农业大学学报》(社会科学版)2009 年第 4 期.

[58] 吴越:《国外如何推进教育公平?》,《齐鲁周刊》2018 年第 21 期.

[59] 肖前:《公共体育产品非政府供给的可行性与途径》,《体育学刊》2005 年第 4 期.

[60] 熊建辉、张鹤:《追求卓越 促进教育者影响的最大化——对话美国国际教育荣誉学会访华代表团》,《世界教育信息》2012 年第 19 期.

[61] 薛澜:《中国事业单位改革:高等教育的案例》,《中国机构改革与管理》2015 年第 1 期.

[62] 袁义才:《公共产品的产权经济学分析》,《江汉论坛》2003 年第 6 期.

[63] 张康之:《公共管理:社会治理模式的转型》,《天津社会科学》2002 年第 4 期.

[64] 张勤:《事业单位改革的方向与对策分析》,《中国行政管理》2003 年第 10 期.

[65] 张培菡:《美国联邦教育部 2019 财年总预算增加 39 亿》,《世界教育信息》2018 年第 9 期.

[66] 郑超豪:《我国政府规制机构独立性问题及其实现途径》,《改革与开放》2014 年第 1 期.

[67] 中国行政管理学会联合课题组:《关于政府机关工作效率标准的研究报告》,《中国行

政管理》2003 年第 3 期。

[68] 周兰君:《美国政府参与体育管理方式之研究》,《西安体育学院学报》2009 年第 1 期。

[69] G. A. Akerlof, "The Market for 'Lemons': Quality Uncertainty and the Market Mechanism", *The Quarterly Journal of Economics*, 1970, 84(3).

[70] E. E. Bailey, W. J. Baumol, "Deregulation and the Theory of Contestable Markets", *Yale Journal on Regulation*, 1984, 1.

[71] E. R. Brubaker, "Free Ride, Free Revelation, or Golden Rule?", *The Journal of Law & Economics*, 1975, 18(1).

[72] J. M. Buchanan, "An Economic Theory of Clubs", *Economica*, 1965, 32(125).

[73] R. H. Coase, "The Lighthouse in Economics", *The Journal of Law and Economics*, 1974, 17(2).

[74] K. D. Goldin, "Equal Access vs. Selective Access: A Critique of Public Goods Theory", *Public Choice*, 1977, 29(1).

[75] S. Peltzman, "Toward a More General Theory of Regulation", *The Journal of Law & Economics*, 1976, 19(2).

[76] T. L. Saaty, "A Scaling Method for Priorities in Hierarchical Structures", *Journal of Mathematical Psychology*, 1977, 15(3).

[77] P. A. Samuelson, "The Pure Theory of Public Expenditure", *The Review of Economics and Statistics*, 1954, 36(4).

[78] D. Schmidtz, "Contracts and Public Goods", *Harvard Journal of Law & Public Policy*, 1987, 10.

[79] A. Shleifer, "A Theory of Yardstick Competition", *The RAND Journal of Economics*, 1985, 16(3).

[80] G. J. Stigler, "The Theory of Economic Regulation", *The Bell Journal of Economics and Management Science*, 1971, 2(1).

[81] R. S. Kaplan, D. P. Norton, "The Balanced Scorecard—Measures that Drive Performance", *Harvard Business Review*, 1992(1).

图书在版编目(CIP)数据

公共事业管理/崔运武主编. —2版. —上海：复旦大学出版社，2023.6
(复旦博学. 公共管理(MPA)硕士系列)
ISBN 978-7-309-16578-4

Ⅰ.①公… Ⅱ.①崔… Ⅲ.①公共管理-研究生-教材 Ⅳ.①D035

中国版本图书馆 CIP 数据核字(2022)第 201499 号

公共事业管理(第二版)
GONGGONG SHIYE GUANLI (DI-ER BAN)
崔运武　主编
责任编辑/张　鑫

复旦大学出版社有限公司出版发行
上海市国权路 579 号　邮编：200433
网址：fupnet@fudanpress.com　http://www.fudanpress.com
门市零售：86-21-65102580　团体订购：86-21-65104505
出版部电话：86-21-65642845
上海盛通时代印刷有限公司

开本 787×960　1/16　印张 23.25　字数 392 千
2023 年 6 月第 2 版
2023 年 6 月第 2 版第 1 次印刷

ISBN 978-7-309-16578-4/D・1141
定价：58.00 元

如有印装质量问题，请向复旦大学出版社有限公司出版部调换。
版权所有　侵权必究